《新華日報》记载的新四军

宣城市档案局（方志办） 主编

安徽师范大学出版社
·芜湖·

责任编辑：李克非
装帧设计：张德宝

图书在版编目(CIP)数据

《新华日报》记载的新四军/宣城市档案局(方志办)主编.—芜湖：安徽师范大学出版社，2019.2
ISBN 978-7-5676-3629-3

Ⅰ. ①新… Ⅱ. ①宣… Ⅲ. ①新四军—史料 Ⅳ. ①E297.32

中国版本图书馆CIP数据核字(2018)第123250号

《新华日报》记载的新四军
宣城市档案局(方志办)　主编

出版发行：安徽师范大学出版社
芜湖市九华南路189号安徽师范大学花津校区　邮政编码：241002
网　　址：http://www.ahnupress.com
发 行 部：0553-3883578　5910327　5910310(传真)　E-mail:asdcbsfxb@126.com
印　　刷：安徽芜湖新华印务有限责任公司
版　　次：2019年2月第1版
印　　次：2019年2月第1次印刷
开　　本：787 mm×1092 mm　1/16
印　　张：28
书　　号：ISBN 978-7-5676-3629-3
定　　价：75.00元

《新华日报》对新四军的宣传报道

1938年1月11日，《新华日报》在武汉正式创刊。10月25日，因武汉沦陷迁至重庆，1947年2月28日被迫停刊。《新华日报》是中国共产党在国统区创办的第一份面向全国发行的机关报。它在发刊词中宣布："本报愿在争取民族生存独立的伟大的斗争中作一个鼓励前进的号角。""本报愿为前方将士在浴血的苦斗中，一切可歌可泣的伟大史迹之忠实的报道者记载者；本报愿为一切受残暴的寇贼蹂躏践踏的同胞之痛苦的呼吁者描述者；本报愿为后方民众支持抗战参加抗战之鼓动者倡导者。"宣传抗日是《新华日报》的中心课题，其中宣传新四军在大江南北的抗战占了很大比重。本书采编了约200篇关于新四军抗战的新闻报道，下面略加说明：

一、在《新华日报》上报道新四军抗战的几位特别记者

抗战时期，中共前方与后方联系不便，通讯很不发达，记者在前方采访的消息往往很难及时传回后方，为了争夺受众，《新华日报》派在新四军活动地区的记者、特派员发回的稿件，大多是比较长的通讯、特写，虽然时间稍稍滞后，但报道的深度广度显然比消息上了一个大大的台阶，从而突显出了《新华日报》在相关报道方面的结构性优势。在众多的记者、特派员中，特别著名的有几位：

吴强（1910—1990），长篇小说《红日》的作者，原名汪大同，江苏省涟水县高沟镇人。少年时的吴强就常以文学自娱，1933年2月，他参加了中共领导下的中国左翼作家联盟，1935年9月，吴强在陈望道主办的《太白》杂志发表了短篇小说处女作《电报杆》。就读于河南大学期间，以吴蔷、叶如桐等笔名在上海《大公报》和茅盾主编的《文艺阵地》上发表过反映抗日战争生活的短篇小说。1937年，吴强与王阑西、姚雪垠一起创办抗日救亡刊物《风雨周刊》。抗日战争全面爆发后，吴强投笔从戎，1938年8月，在皖南泾县云岭参加新四军，第二年10月加入中国共产党，曾任新四军政治部宣教部干事、科长，在皖南时他一面用手中的枪对敌英勇作战，一面用手中的笔反映部队和根据地的火热生活，写下了独幕剧《皖南一家》、三幕剧《繁昌之战》（与李增援、邵惟、王于畊等合作）等。他到皖南参加新四军仅两

个月，就于1938年10月16日以吴蔷的笔名在《新华日报》发表了《活跃在江南敌区的新四军》一文，他可以算作《新华日报》在新四军的特约通讯员了。

华岗（1903—1972），字西园，浙江省衢州市龙游县人，中国现代哲学家、史学家、教育学家，1925年8月加入中国共产党。1928年5月，去莫斯科出席中国共产党第六次代表大会和中国共产主义青年团第五次代表大会，回国后任青年团中央宣传部长、团中央机关刊物《列宁青年》主编。1937年10月，任中共湖北省委宣传部部长，筹办《新华日报》，任总编辑，兼《群众》周刊主编。1955年受"胡风反革命集团"案株连被捕，1972年5月17日于济南市山东省监狱去世。1980年平反后，骨灰安放于济南英雄山革命公墓。1938年7月7日他以华西园的名义在《新华日报》发表通讯——《活跃东南战场的新四军》。《新华日报》的总编辑亲自拍马上阵，为新四军摇旗呐喊。

在新四军中待得时间最长、撰写通讯报道最多的当属石西民了。石西民，原名石士耕，1912年出生于浙江省浦江县壶源乡石宅村。1929年加入中国共产党。1930年3月，石西民担任了中共上海沪东区委宣传部干事，同时兼任中共中央机关报《红旗》的通讯员。"七七事变"爆发后，石西民以《申报》记者的身份，赶赴华北前线采访。1937年，在武汉参加《新华日报》的筹建，在该报工作9年。武汉失陷后，中共中央东南分局的同志建议石西民到新四军军部去，于是，当年11月，石西民去了新四军。他采写的大量有声有色的通讯，打开了大后方人民的眼界。石西民关于新四军报道中记述的许多故事，至今还在流传。石西民在新四军军部，还筹备组织了《抗敌报》的出版工作，并担任最初几期的编辑，他还发起了出版《新四军一日》的活动，为新四军培训了新闻干部。本书节选了石西民《报人生活杂忆》有关新四军的章节，作为本书的"附录"，希望能帮助读者阅读理解。

二、以事实为基础的抗战报道，让人民群众知晓新四军在大江南北敌后的抗战真相，提振了全民抗战必胜信心

一是不遗余力宣传新四军抗战业绩。

从1938年4月20日发表《欢送新四军第八团队上前线》（报道长江以北的新四军）起，《新华日报》的战地新闻开始对活跃在大江南北的新四军作持续报道，1938年5月27日发表《出征的前夜》，报道长江以南的新四军先遣支队准备出动苏南抗日；随后又相继发表了《新四军在皖南》（1938年6月16日）、《迂回南京》（1938年7月5日）、《活跃东南战场的新四军》（1938年7月7日）、《活跃在江南敌区的新四军》（1938年10月16日）、《一年来的新四军》（1939年2月26日）、《江南

游击区横断面》(1939年3月3日)、《陈毅将军访问记》(1939年4月6日)、《新四军捷报》(1939年10月6日)《血战大江南北的新四军》(1939年8月30日)等众多战地通讯;1938年"五一"前夕,《新华日报》连续两天刊登项英的报告,总结新四军一年来的抗战成绩:一年来,新四军参加大小战斗234次,缴获各种枪支1600多支,击毁汽车190多辆,俘获敌军249人,打死打伤日寇3200多人,对新四军华中敌后抗战作了一次全景式扫描。这些战地通讯、"军事报告"带来的新四军抗战成绩,使人感觉到消息来源清晰,真实可信。

《新华日报》1938年8月27日题为《军民合作破坏交通,新四军准备粉碎围攻》的报道,则向中立者展示了新四军和沦陷区老百姓团结一致、同仇敌忾、共同抗击日寇的画面,给人以极大的振奋,这样的报道既能稳定同盟者,又能感动淡漠者。《开展中的皖南救亡运动》(1938年8月14日)、《抗战声中的泾县》(1938年8月20日)、《文化运动在皖南前线》(1939年12月7日)、《今日皖南》(1940年3月4日)、《火热的军队节约运动》(1940年2月6日)、《皖南军民协力生产》(1940年11月5日)、《夜工——在新四军修械所里》(1940年6月12日)、《大江南北敌后新文化的成长》(1940年10月21日)等通讯集中介绍了新四军在华中建设抗日基地的情况,有利于增强民众对持久抗战的信心。《在新四军与四个俘虏的谈话》(1939年3月27日)、《从敌军信件中所看出的敌情》(1939年3月22日,林植夫)、《日寇在江南》(1939年4月8日,林植夫)、《加紧粉碎日寇在江南游击区的反宣传活动》(1939年4月17日、18日)、《日寇在江南的政治阴谋》(1939年8月30日)等通讯则反映了新四军卓有成效的敌工工作。

这些相关报道,真实展现了新四军在前线奋勇抗敌的光辉业绩,极大地提高了新四军的威望,给广大军民以极大鼓舞。

二是大力维护抗日民族统一战线。

发展进步势力,争取中间势力,孤立顽固势力是中国共产党统一战线的策略总方针,《新华日报》是党在国统区宣传这一政策的主阵地,面对国民党尽一切可能的新闻污蔑和封锁,抹杀中共抗日的成果,报纸以事实说话,反对分裂,揭露国民党制造分裂的反动行径,维护统一战线。

1939年6月12日,国民党驻湘鄂边第二十七集团军总司令部派特务营一个连,突然包围了新四军驻湖南平江县加义镇的通讯处,并将中共江西省委副书记兼湘鄂赣特委书记、新四军高级参谋涂正坤、中共湘鄂赣特委组织部部长罗梓铭、新四军驻赣办事处秘书兼江西省委组织部部长曾金声、中共湘鄂赣特委秘书主任吴渊及通讯处工作人员吴贺泉、赵绿吟等残忍杀害，制造了举世震惊的"平江惨案"。惨案发生后，中共中央对国民党当局提出了严重抗议和谴责，要求国民党当局严惩肇事凶手，并将事件真相昭告天下。1939年7月7日周恩来、叶剑英在重庆举行了追悼平江通讯处遇害烈士大会，1939年8月13日《新华日报》出了"平江惨案"悼念专版，追悼新四军平江遇害烈士，同时了发表涂正坤、罗梓铭、曾金声的简历。

1941年爆发了震惊中外的皖南事变，国民党新闻对外宣传是新四军不遵守命令而受到军事制裁，是整饬军纪，中国共产党对此予以坚决有力的反击，《新华日报》根据中共中央指示，连日刊登抗议文章，揭露国民党当局消极抗日积极反共的倒行逆施，揭露国民党统一军令政令的虚伪宣传。其社论《抗议无法无天之罪行》写道："呜呼！命令！命令！军纪！军纪！天下无穷罪恶均假汝之名以行！"《新华日报》于第一次反共高潮期间，发表多篇社论揭露国民党五届五中全会以来制造的反共血案的实质，以赢得社会各界的普遍同情与支持。1月17日凌晨《新华日报》刊登了周恩来题词："为江南死难者志哀！""千古奇冤，江南一叶；同室操戈，相煎何急！"果敢揭露此次事件的背后阴谋，表达了民众的巨大悲愤。这些为中国共产党政治上全面反击国民党的进攻做出了自己独特的贡献。

三是大力塑造新四军领导人正面形象，提升中国共产党在国统区的影响与声望。

新四军领导人的形象，关系着中国共产党领导下的军队是否真正抗日的问题，实际上则关系着中国共产党的形象，是人民群众了解政党组织、认同政党行为的重要因素，直接影响政党在人民群众中的声望与评价。《新华日报》创刊时，新四军也刚成立不久，1938年1月21日，《新华日报》就发表了叶挺军长"抗战到底"的题词，打出了新四军坚持抗战、坚决抗战的旗帜。1939年10月7日《新华日报》发表了《叶挺将军谈新四军艰苦奋斗》报道，叶挺代表新四军向全国人民进一步表明了新四军艰苦奋斗的抗战意志。1938年2月2日、2月3日《新华日报》发表了项英《南方三年游击战争经验对于当前抗战的教训》一文，1939年4月28、4月29日又分两次发表了项英《新四军一年来抗战的经验与教训》一文，分别配发了项英和叶挺的照片，1938年2月16日还发表了李一氓的《游击战与正规战》一文，这些文章的发表表明新四军不仅有抗战的勇气，也有抗战的谋略，新四军领导人并不是一介武夫，而是善于从战争中学习战争、是有理论思维的卓越领导人，他们不是国民党宣传的"土匪"，而是民族抗战的希望。《新华日报》还通过发表《陈毅将军访问记》（1939年4月6日），粟裕《芜湖近郊官陡门的奇袭》（1939年10月7日）等文章，刻画新四军将领在前方带头英勇抗战奋勇牺牲的英雄形象。

对英勇牺牲的新四军将领,《新华日报》也着力宣传,借以展示新四军的牺牲精神,表明中共为民族解放不惜流尽最后一滴血,坚决抗战到底的决心。1939年3月30日《新华日报》发布了新四军第一支队"英勇的参谋长胡发坚光荣殉国"的消息。1946年4月,《新华日报》出版纪念专刊,追悼叶挺等17位"四八烈士",纪念刊特别追溯了叶挺等为人民坐过监牢、为革命九死一生的光辉历程。读者可以从这些平凡而又伟大的中共革命党人身上体会到一种坚强无畏的牺牲精神。

三、宣传报道的特点与经验

抗战时期,《新华日报》面临特殊形势,国民党方面掌控了强大的宣传机构和舆论传播网络,同时,国民党又凭借着这一舆论优势,散布谣言,给中共带来了负面影响。《新华日报》理所当然地开展有针对性的舆论宣传,着力宣传新四军在敌后的抗战,让国民党的谣言在铁一般的事实面前不攻自破。但这只是《新华日报》承担的一种责任,斗争者责任,同样重要的《新华日报》还是两党之间的合作者及调停者。围绕着不同的角色定位,其宣传报道呈现出自己的特点。

(一)以情感人,用事实说话。情感的认同是心理接受的基础,创刊之初,为了缓和国统区民众对《新华日报》的敌意,从情感上认同《新华日报》,中共做了不少工作,发刊词申明民族大义。整个报纸存续期间,对中共领导的新四军抗战做了大量连续客观的报道,坚持用事实说话。

(二)顾全大局,抗战为上。《新华日报》通过自己的新闻报道,对国民党坚持抗战的一面,衷心认同,并展示自己的尊重与敬意,在宣传新四军抗战的同时,对国民党军坚持抗战的壮举也进行了广泛深入的宣传报道,对国民政府的抗战动员抗战谋略予以充分的肯定,这些都为中共打开局面、掌握话语权争取了主动。

(三)战地通讯,独树一帜。从内容形式上,《新华日报》与《中央日报》等其他报纸相似,都是在积极正面地宣传全国军民上下齐心,共同抵抗侵略的事迹。但《新华日报》战地通讯很是特别,记者、文人、特派员游走大江南北华中抗战的各地,以亲身经历,最直接、最深刻地去报道前线的情况,以战地通讯的形式反映战事实况,不仅使报道增强现场感,同时还补充了消息的简约。这就使《新华日报》增加了可读性,开阔了人们的视野。

(四)抗日新闻,抢占高地。国难当头,抗日新闻信息当然是当时所有信息中市民们最关心的,《新华日报》在抗战期间始终牢牢抓住这一"制高点",对报纸的版面和传播的内容进行设计调整,从内容上看,报纸上很难找到几条与抗战建国无关的新闻，抗战新闻信息占据了主体，开始时头版是关于抗战的社论，不久，把在二版刊登的国内战事新闻提到一版，并在编排上突出处理，基本上做到了新闻净化的程度。其《团结》副刊在突出艺术风格和艺术样式多样性的同时，也与要闻版密切配合，具有明显的抗战色彩。

（五）让战士叙述亲身经历的战斗故事。石西民回忆，在前线采访时，发现经常有新四军战士讲述他们亲身经历的战斗故事，听来活灵活现，生动感人，就想："要是他们用自己的语言把这些故事写下来，寄给《新华日报》发表，不是更有助于大后方人民了解我们英勇善战的新四军吗？"于是《新华日报》上就有了《火线下的报道》这样的通讯，在这篇通讯按语里，编者说，报道神圣的抗日战争中的英雄业绩，"最主要的是要努力开展在全国南北战场上亲自在与敌人肉搏奋战的战士中的通讯工作。我们相信，从战士活生生的血的斗争中来描写他自己所参与的战斗故事，一定是有血有肉的。""帮助战士的写作尽可能获得发表机会，我们相信在今后的战地通讯工作上，将随着抗战的新阶段而放出异彩来。"

（六）以子之矛，攻子之盾。《新华日报》采用了一种新闻策略，就是通过大量引用国民党中央社的消息，把自己想说的话说出来。中央社是中国国民党中央所属通讯社，开始主要报道党务消息，后来报道内容扩大至国内外新闻并向全国各地报纸供稿，成为国民政府的舆论机关。抗战时期，新华日报大量采用中央社消息，报道新四军抗战，让受众更加确信，新四军敌后抗战的真实性，使国民党关于新四军"游而不击"的谣言不攻自破。《英勇的参谋长胡发坚光荣殉国》（1939年3月30日）的消息，就是引用了中央社屯溪29日电。对于新四军三支队1939年底保卫繁昌之战，《新华日报》除了发表长篇通讯——《皖南空前的胜利——繁昌战役》外，还在这篇通讯发表前后，多次引用中央社的电讯，通过国民党之口宣传新四军抗战功绩。

结束语

在抗日战争的艰苦环境中，《新华日报》以其多重且准确的身份定位，强力宣传新四军，有力地配合了中国共产党在军事战线的斗争，起到了中共喉舌的作用，有力地打击了日本侵略者，鼓舞了全国人民抗战必胜的信心。

目　录

一九三八年

一九三九年

一九四〇年

一九四一年

一九四二年

一九四五年

一九四六年

一九三八年

叶挺抗战到底题词

新華日報

中華民國二十七年一月二十一日 星期五

歡聲雷動中 蘇聯最高委會閉幕 通過人民委員產生新政府 全國代表到會場熱烈慶祝

莫洛托夫仍繼任 新人民委員會主席

德對中日調解 已發表正式聲明

法西斯侵略結果 意在阿苦惱不安

侵略魔手又伸向拉丁美洲

抗戰到底 葉挺 書

因造艦防東洋海盜 敵竟向英美蘇狂吠

巴黎時報評遠東局勢 謂英美均已準備應付

抗戰中的幾個問題 陳紹禹先生在抱冰堂的講演

法右派贊成旭丹

近衛要人民吃苦

英海軍在馬來演習

美轟炸機參加演習

外籍軍事家觀察 長江以南敵難活動 寇迂迴戰術已完全失敗 自認堅苦久戰局面開始

西叛艦西駛展緩攻擊

麥克諾特

《新华日报》1938年1月21日第1版整版

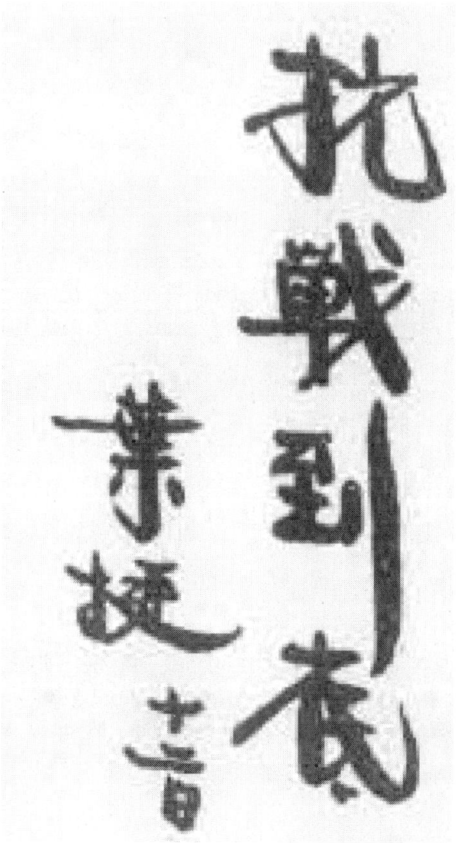

题词详文

项英：南方三年游击战争经验对于当前抗战的教训

中華民國二十七年二月二日　新華日報　星期三　第三版

世界反侵略大會報告
十一國團體抵制日貨
一萬二千三百萬人不用日貨

宋慶齡赴倫敦參加大會

日內瓦流傳謠言
中國代表團發表宣言
謂要求制裁暴日完全根據盟約
外傳運動法美參戰實怪誕可笑

專論
南方三年游擊戰爭經驗對於當前抗戰的教訓
項英

英海軍大操 明日開始

法援助西政府軍
贈送大批食料衣服

中蘇英法討論
中國之聲明書

四國之決議案
業已起草完竣

日寇侵略野心無止境
荷政府增加國防經費
充實荷屬東印度防務

松井攻擊英同情我國
謂英國政策超過保護利益之程度
不加修正恐將引起不必要的衝突

英不割讓菲屬殖民地
意國輿論替德鼓吹讓予
軍略上關係英力加反對

敵通過緊急增稅案
侵略中國發行公債三萬萬

人民陣綫已逐漸普遍
德民衆反法西愈烈

八國委員會開會
討論修改盟約問題

短評
回民奮起殺敵

《新华日报》1938年2月2日第3版整版

專論

南方三年游擊戰爭經驗對於當前抗戰的教訓

項　英

一　南方堅持三年游擊戰爭對於抗戰的意義

自「九一八」事變發生後，中國共產黨和蘇維埃紅軍即堅決主張對日抗戰，隨後又要求全國軍隊與紅軍訂立共同作戰的協定，全國一致抗日。當時這種主張還未取得國民黨的同意，因而沒有達到停止內戰一致對外的目的，使得我們為了堅持抗日主張不得不進行自衛戰爭。一九三四年十月，主力紅軍為着到達抗日前線開始了長途遠征，同時在江西留下了一部武裝力量，來領導群眾，以保持南方經過七年血戰所建立的民族革命陣地和保護工農大眾已得的利益。在這種任務下，我們曾百折不回地繼續了三年的堅持的游擊戰爭。

在這三年堅持的游擊戰中，大部份的蘇區被佔領，被截斷，使得我們不得不各自獨立作戰，陷於各個孤立奮鬥的狀態下　並且我們又是以最劣等武裝的游擊隊來與挾有優良武器，數量超過我們三十倍至五十倍不等的正規軍作戰，可以說我們是在非常困難和最惡劣的條件下長期苦鬥着的。可是我們終於克服了無數的艱險和困苦，終於最後的獲得了它的結果：

第一，保持了南方的許多游擊戰的支點，這些支點成為目前抗日戰爭中戰略的主要支點。

第二，保持了經過十年血鬥所鍛鍊的武裝力量，這種力量將在當前抗日的民族革命戰爭中成為一個堅強的力量。

第三，堅持的為實現共產黨抗日救國的主張而奮鬥，以百折不回的精神，卒至達到抗日戰爭的實現。

第四，紅軍主力二萬五千里的長征，創造了空前的偉大的事業，我們配合主力紅軍，堅持了三年的游擊戰爭，對於中國革命在目前新階段的開展中，起了推動機的作用。

最後，也是最重要的一種結果，就是我們三年堅持的游擊戰，成為目前抗戰中一個實際的榜樣，對於爭取抗戰的徹底勝利，是有非常重大意義的。

目前抗日民族革命戰爭的主觀客觀條件，是與我們堅持三年的游擊戰爭的主觀客觀條件不相同的，具體的說，目前的條件更優於我們當時的條件，更有獲得最後勝利的把握。最大的不同，就是那時是處在國內戰爭的環境裏，現在是全國一致團結抗日；那時我們是在重軍包圍之下，是在各個截斷的狹小的地區內，進行各個孤立的奮鬥，現在有全國廣大幅員與日寇作戰，進退自如；那時我們是以劣勢兵力和最原始的武器與數量超過我們幾十倍且有精良武器的軍隊作頑強的苦鬥，現在我們的武器雖比日寇差，但與我們在游擊戰中比較起來要好得多，特別是軍隊的數量要優於日寇。

把這些條件拿來比較，就不僅可以堅定我們抗戰的信心，而且可以明顯的告訴我們有最後勝利的絕大把握。我們三年堅持游擊戰，就是最好的一個榜樣，足以打破對於抗日戰爭缺乏信心的「恐日病」「唯武器論」的失敗主義，揭破漢奸親日派的和平妥協的投降陰謀。

二　三年游擊戰爭與群眾

在極端困難與非常惡劣的環境下我們依靠些什麼條件去取得勝利呢？主要的是依靠共產黨的領導，依靠我們能夠正確的分析和估計各個的鬥爭形勢，適應各個鬥爭的主客觀條件　決定我們的行動方針；依靠游擊戰術的靈活運用，能夠隨機應變，以適應各個時期對方進攻的手段；依靠最忠實於革命和民眾利益的堅強幹部作骨幹；依靠有最高度政治覺悟以及有經常政治工作的武裝部隊；最後而且最主要和最基本的　是依靠廣大民眾的熱烈擁護和積極參加，使武裝與民眾結成一片。這最後的一項對於我們目前的抗日戰爭是特別值得我們注意的。

從一九二五——一九二七年大革命失敗後，南方各地廣泛的開展了游擊戰爭，特別是以井岡山的游擊戰爭爲最重要；接着中央蘇區建立起來。從主力紅軍開始長途遠征後，又轉到游擊戰爭。現在游擊戰爭又成爲抗日戰爭中戰略上所必須採用的一種戰術。但是這幾個時期的游擊戰爭在內容上是否完全相同呢？我們的回答是不相同的。因爲在各個時期內，主觀的客觀的條件，不能完全相同，每個時期游擊戰爭的實質，是根據當時主客觀條件來決定的。雖然在基本原則上，大致相同，但是在基本原則所包括的各個具體問題上，還是有差異的。

我們三年堅持的游擊戰爭，比起井岡山時期，是更帶羣衆性的。當井岡山游擊戰爭的時候，國內的矛盾還沒有南方三年游擊戰爭時代的那樣尖銳，那時候在戰爭的繼續上也還有一些中斷和休止的時候，在對我們的進攻上還是多採用軍事的正規的戰爭，在鬥爭的任務及戰爭的條件上，也都有些不同。我們南方三年游擊戰的特質，是在於更加以羣衆做基礎，我們整個鬥爭的主要方式，是以武裝的小部隊配合廣大羣衆的動作，若是沒有羣衆，離開羣衆，那麼我們卽不能堅持不能存在。

我們在一個區域裏，曾有二年半的時期，經常轉移不停，因爲山上的樹木多數被砍得一根不留，叢木野草多數被燒得精光，如果我們死停在一個山裏，卽要被發覺被消滅，所以我們必須經常從此山移到彼山，而且轉移的時候很短促。這一事實說明了我們的艱苦環境，在戰術上不僅是小部隊的戰鬥動作，而且更主要的是羣衆中的工作。依靠羣衆才能利用一切可能條件和優點，來保持和發展自己的力量。

再舉一些事實來說。例如，在一九三五年，我們曾有一次被圍困在山裏；附近的民衆，被驅逐乾淨，四面包圍封鎖得非常緊密，我們不僅沒有餓死在那裏，而且每天還能有白米吃，還能夠行動。這完全是由於羣衆的幫助。他們在深夜的時候，會自動的想盡一切方法，冒險送米給我們。這就是說，我們的一切鬥爭都變成了羣衆自己的鬥爭。在去年正月間，又有一次，進攻我們的部隊，離我們只有八里路的光景，那時是很危險的，可是我們馬上就知道了，因爲羣衆很快的就把消息告訴了我們。諸如此類的事情，簡直不勝枚舉，羣衆成爲我們的耳目，同時又是手足

在當前的抗日戰爭中，應該包括井岡山時期及三年來所堅持的那兩種游擊戰。現在八路軍的作戰，是帶有游擊戰及山地戰的性質；在許多條件下，我們可以而且也應該採用堅持三年的游擊戰方法。特別在現在，當游擊戰爭在整個的抗日戰線上，日益　着重要地位的時候，接受和學習三年堅持游擊戰爭的經驗與教訓，是更有重大的意義和必要的。主要的是應當深刻認識，對於羣衆的緊密聯系是保證勝利的必要條件；我們要爭取抗戰的最後勝利，就必須發動廣大羣衆，與羣衆打成一片。三年堅持的游擊戰爭與第八路軍的遊擊勝利，就是最顯明不過的說明。（未完）

专论详文②

项英：南方三年游击战争经验对于当年抗战的教训（续完）

中華民國二十七年二月三日　新華日報　星期四　第二版

敵援池河向我猛襲
臨淮關已聞前方傳來砲聲
敵派傀儡赴寧夏煽惑回民

濟寧一度攻入
我向泗水挺進

宣城我游擊隊
擊潰增援敵軍

滬敵屠殺我七同胞
華中傀儡組織正積極進行

空軍殉職

英新使

越南華僑

敵機飛炸蚌埠

寇軍禽獸行爲

熱烈進行救亡運動

反侵略宣傳週

巢湖附近敵傷亡慘重

專論

南方三年游擊戰爭經驗對於當前抗戰的教訓（續完）　項英

《新华日报》1938年2月3日第2版整版

專論

南方三年游擊戰爭經驗對於當前抗戰的教訓（續完）

項　英

三　堅持三年游擊戰的戰術特點

上面約略說了三年堅持游擊戰的任務和實質。根據這些，確定了我們對於游擊戰術的靈活的應用。在這裏，一般的原則我不多說，只着重的說三年游擊戰爭中戰術上的一些特點。

一般的說來，山地的地形是便利於游擊戰爭的，但是這不是絕對的。在下述兩個條件下，平地也可以進行游擊戰爭：第一是廣大羣眾的幫助，第二是游擊戰術的正確應用。領導者要能根據主客觀條件靈活的實現自己的行動。當然，沒有山地，游擊戰爭的困難，就比較的多。

在南方，因爲人口很密，交通發達，不僅各縣多有汽車道，而且每個山都有大路。在這樣的條件下，就必須根據羣眾條件與游擊戰術原則來决定如何配合羣眾如何保持並發展武裝力量的辦法。在三年堅持游擊戰爭中，我們在游擊戰術上加上了過去沒有的一些原則。第一，用俗語來說，就是『賺錢就來，賠本不幹』，每次戰爭，我們一定要以最小犧牲換得大的代價；第二，『有把握就打，無把握就溜』，就是說要一下能把對方弄死才來，否則决不輕易去打；第三，走不贏的時候就隱藏起來，這『躲』的辦法，過去是不知道的；第四，有利的時候就集中來打，否則就分散；第五，利用對方的弱點和空隙的地方去進攻；第六，是『有路不走，沒路就走』，因爲有路的地方大概都有埋伏，對方常帶着乾粮，在路旁埋伏着一兩天不動，我們只得找沒路的地方走，所以時常使我們身上受到許多刺傷。整個說來，我們『躲』的功夫，是好的。但有很大的缺點，就是利用弱點進攻對方這點，還比較差。

其次，要講到戰術上的主要條件。第一，「解敵情」，時時刻刻對於對方的情形，要清楚的知道，因爲對方和我們一樣常是突然進攻的，要了解對方，完全要依靠羣眾，而且羣眾須要有相當的訓練，知道怎樣去探聽消息，更要緊的，是知道怎樣把消息傳達給我們。我們在這方面曾有很大成績，曾佈滿了羣眾在我們的邊界上，而且他們很好的完成了自己的任務。第二，有情報後，判斷要迅速，不容有絲毫的猶豫，很快的即下决心，佈置行動。第三，對於對方的特性，應有清楚的認識。如當時某某軍隊，主要的是靠埋伏，但他們經常隔兩星期就要休息一星期，因此，我們當他們埋伏的時候就不動，歇的時候就動。對於以堡壘爲主要的對方就不同。他們除正規軍外，還組織地方反共隊等，正規軍戰鬥力强，地方反共隊就比較弱得多，可是反共隊長於技，對於地形很熟識。所以我們所採取的戰術，就儘可能避免和正規軍作正面戰，多打地方反共隊。他們聯合起來力量比我們大的時候，就實行『溜』。對反共隊不能採取『躲』的辦法，就應當打他們的埋伏。

最後，我們游擊戰術運用的最主要的一個特點是在於羣衆的配合。在對方進攻我們的時候，必須發動周圍的廣大羣衆，組織游擊小隊行動起來，以分散對方的注意力；必須動員廣大羣衆來幫助我們對付對方，例如他們命令羣衆砍山，有時候一天也砍不了一根樹，命令他們搜山的時候，時常發現了我們，不去報告。

我們的戰術是應該根據主觀客觀的條件及我們的任務來決定的。以上的一些原則　應當根據各該地的條件，來靈活的應用。在目前的抗日戰爭中，對於游擊戰術的原則是應該了解的，但更重要的，是應該懂得怎樣去靈活的運用這些原則。這三年堅持的游擊戰爭，無疑地是給了我們許多寶貴的經驗，值得我們去學習的。

四　對於當前抗戰的主要教訓

我們堅持三年的游擊戰爭，已經獲得不少的經驗和教訓，這些經驗與教訓可以給予當前的抗戰以極大的幫助。爲着堅持抗戰到底，爲着爭取抗戰最後勝利，必須運用這些經驗和教訓到當前的抗戰中去。其中最主要的可以指出幾點：

第一，要有正確的總的方針，才能領導鬥爭達到最後的勝利，否則經過了最大的代價，却不能獲得最後的成功。我們三年來堅持的游擊戰爭，正因爲在共產黨的正確方針之下，才能在長期的艱苦困難中堅持鬥爭到底。在目前抗戰中，中國軍隊作了很大的英勇戰鬥，但我們在軍事上却受到不少的挫敗，我們必須細心檢查失利的主觀原因。我們不能不指出，這上面的原因是在於把抗戰只限於政府軍隊的片面抗戰，並在戰術戰略上多偏於單純的消極的防禦。這是目前抗戰中最大的危險。我們應該接受痛苦的教訓，只有堅持抗戰，實行全面抗戰，變更我們的戰術戰略，才能保證取得最後的勝利。

第二，民衆力量是最偉大的。我們三年堅持的游擊戰爭主要的就是依靠民衆力量。若是沒有民衆的擁護和參加，那麼不但不能取得勝利，而且不能堅持長期鬥爭以至遭受失敗。因此，我們認爲，目前的抗戰只限於政府的軍隊的抗戰，沒有成爲全民的抗戰，甚至懼怕民衆參加，是一種自殺政策。這樣繼續下去，不但不能保證獲得最後的勝利，而且也不能堅持到底。我們希望能夠迅速糾正這種錯誤，改革政治機構，開放民衆運動，動員全中國的民衆參加到抗日戰綫上去，轉變單面抗戰爲全面的抗戰。

第三，我們以劣勢的兵力，能與優勢的部隊作長期的苦鬥，這正因爲我們的軍隊有高度的政治覺悟。指揮員與戰鬥員團結一致，有經常的政治工作，特別與羣衆有密切的聯繫。沒有這樣的部隊，就不能頑强的堅持戰爭到底。目前中國抗戰的軍隊是表現了英勇奮鬥與壯烈犧牲的精神，但除八路軍外，軍隊的組織與生活，大多數還是繼續着過去的舊制度，甚至在戰爭中發生嚴重脫離羣衆的現象，這當然要重大的削弱軍隊的戰鬥力，影響整個的抗戰。我們必須依照革命軍隊的組織，教育，生活，關係，來改造目前抗戰的軍隊，使官兵一致，軍民一致，這樣才能保證在持久抗戰中獲得最後勝利。

大家知道，八路軍在山西一帶不斷的獲得勝利，到處受到民衆的熱烈擁護，到處與人民打成一片，主要的是由於他們具備了上面的三個條件。不僅目前八路軍的勝利是一個實際例子，而且大革命時代北伐軍的勝利，也是歷史上的好例子。

我們爲了堅持抗戰到底　爲了爭取最後勝利，就應該迅速把政府軍隊的片面的抗戰轉變，全面的全民族抗戰，轉變單從正面的消極防禦爲積極防禦，採取側面的進攻和運動戰與游擊戰，改造抗戰的軍隊爲官兵一致軍民一致的革命軍。若是執行了這些轉變，那麼，我們一定能夠在持久的抗戰中取得最後的勝利，一定能把日本帝國主義驅逐出中國去，完整我們的山河，使中國從殖民地化的危急狀態下拯救出來，成爲眞正獨立自由幸福的民主共和國！

陆军新编第四军司令部启事

《新华日报》1938年2月12日第1版整版

陸軍新編第四軍司令部啓事

本軍自奉命編制以來，因各部隊分散，湘，鄂，贛，皖，閩，豫，浙各省現已分別派員點驗編整完畢，集中待命，唯各該部隊原屬紅軍游擊隊，編制之後，全軍所有薪餉給養，均由本軍向軍政部領發，本軍及各該部隊并未派人在外捐募，乃近查上列各省區，皆有奸徒假冒名義敲詐財物，且造作各種謠言，肆行挑撥，意圖增加磨擦破壞團結，并妨害本軍名譽，現特登報公告，凡各地有假借本軍及本軍所屬部隊名義，向外騙詐者，准各地民衆向當地長官扭控法辦，至本軍及本軍所屬部隊則向奉公守法，特爲申明統希垂察

启事详文

李一氓:游击战与正规战

中華民國二十七年二月十六日 新華日報 星期三 第四版

爲召開陝甘寧邊區工人第一次代表大會致全國各地工運同志及全國工友書

同蒲鐵路工會第一屆代表大會宣言

全國戰時教育協會成立宣言

運輸慰勞品免稅 財部頒佈簡便辦法 電各省府飭屬遵照

漢女青年會 籌辦工作登記

武昌商會 勸募戰士寒衣

武漢中小學

武漢缺煤

國聯防疫隊 即將來鄂工作

團結

「有知有識」和「無知無識」

游擊戰與正規戰 李一氓

游擊隊之歌

淮礦一夜

我們從上海去

《新华日报》1938年2月16日第4版整版

游擊戰與正規戰

李一氓

對於抗日戰爭的戰略與戰術的問題，因爲第八路軍以地十幾年來從事游擊戰的豐富經驗，在西戰場上，頗顯身手，首先是平型關戰鬥的勝利，這與奮了全國各地對於游擊戰爭的認識，於是許多戰區都以各樣形式從事於游擊隊的組織，許多出版物，都以游擊戰爲題材。但是有許多人，對於游擊戰的了解，不管是從組織游擊戰的也好，鼓吹游擊戰的也好，批評游擊戰的也好，都發生一些偏向。誠如陳西瀅先生在十六日的武漢日報星期專論所指出來的，「失意軍人，地方士劣，流氓土匪，借了這名詞作活動的號召」，這在組織游擊隊的問題上，沒有從發動被敵佔領區及戰區的人民，從事武裝自己，以抗拒日寇，而專門以收編民軍土匪爲事，這的確不好。可是這種辦法和抗日游擊戰爭的基本出發點是背馳的，因爲今天的游擊隊是發動人民自己武裝，動員羣衆抗拒敵人，游擊隊本身必須是人民自己，游擊隊的唯一敵人是日寇，游擊隊的戰術是靈活擾亂敵人以配合正規戰鬥，游擊隊必須保護人民自己的利益，沒有這些條件，就不能成抗日人民的游擊隊。因此不能把「擾亂秩序，妨害治安」的某些不良的現象，歸罪到游擊戰的本身。

自然在鼓吹游擊戰的某些出版物，過高的估計了游擊戰的力量，認爲這是抗日戰爭的唯一戰略這當然是極有害的觀點。不知道游擊戰是輔助力量，這是劣勢兵器對付優勢兵器的最好作戰方法之一，然而他不能最後解決戰鬥，要驅逐日寇出中國，必須有正規的機械化的幾十個國防師，以正規的運動戰和陣地戰加上游擊戰，才能和日寇作決定的戰鬥。

只有正規戰，沒有游擊戰，不能戰勝日寇；只有游擊戰，沒有正規戰，也不能戰勝日寇。

可惜今天批評游擊戰的人，譬如陳西瀅先生，就是因噎廢食的表現；第一游擊戰依然不能阻止日寇的前進；第二游擊戰在少數將領的口中成爲保存實力的護身符；第三游擊隊被失意軍人，地方士劣，流氓土匪利用來借名活動，似乎游擊戰本身便是一個要不得的東西。

陳先生特別對於八路軍之不能措制敵人於晉北，以及太原失守，來證明游擊戰的效力之微乎其微。我所曉得的，八路軍在四個月來的二百次以上的戰鬥中，主要的一些戰鬥，如平型關戰鬥，還不是甚麼游擊戰，應該是而且實際是正規戰，不過不是陣地戰而是運動戰。以八路軍武器之劣，人數之少，他是完成了他的任務的，在西戰場上，八路軍那時并不能起決定的作用。企圖以八路軍之游擊戰的勝利而尙不能保着太原來證明游擊戰的無用，這是白費氣力的事。東戰場上，北戰場上，以及西戰場上，各個集團軍，可以說除了十八集團軍之外，都是採取的陣地戰，但平津濟南上海杭州南京蕪湖都相繼陷失了，陣地戰也沒有能夠保衛得住這些地方，是不是我們就可以做下這樣的結論：陣地戰全無用處，因爲他沒有保住這些地方。同時在太原失守以後，日寇雖傾全力在津浦線上，以謀奪獲徐州，西侵隴海沿綫，但在晉南今天始終未受敵人的摧殘，相反的，反而集結晉察力量來對八路軍，這是不是八路軍深入敵人後方的明效呢？

至於說游擊隊紀律之壞，「恃衆橫行，擾亂治安，妨害秩序」，這也不是絕對的事實，如果這游擊隊是從開展民衆的游擊戰爭中產生出來的話，他是有高度的政治覺悟，一定與民衆打成一片，自覺的遵守紀律，如果是民軍土匪改編而政治訓練還沒有相當的深入，又爲壞的分子所利用，自然不能保障紀律的嚴明。可是我們不能因此就根本否認游擊戰術，我們站在爭取抗戰最後勝利的立場上，應該虛心初無成見的去深刻的了解這一問題，這裏還需指出的是正規軍的紀律，在某些部份，如已公開的李服膺部，韓復榘部，其紀律之壞，恐尤超過上述百倍，是不是我們就可做下這樣的結論：正規軍也要不得呢？

我想正規的陣地戰還是需要，并不因爲沒有守住某某幾道防線；正規軍還是需要，而且要加强其正規化到眞正國防軍的程度，并不因爲某某部的紀律敗壞，而把陣地戰和正規軍說得不值一文錢。

對於抗日戰爭的戰略，戰術的問題，還是中國民族存亡關頭最重要的一個，迫切需要討論的，但像陳先生那樣以一貫的說「閒話」的態度來對付問題，而且多多少少的含些惡意的中傷誣蔑，如以湯玉麟爲游擊戰略的開山祖之類，便根本不合事實。

對游擊戰不好捧上天去，也不應該加以輕蔑。

我以爲第一，游擊隊今天必須是由發動人民武裝抗日而成立起來的游擊隊；第二，游擊隊必須遵守紀律，特別要保護人民的利益；第三，游擊隊的戰鬥必須在戰略上及戰役上取得與正規軍的配合；第四，特別要强化現有的軍隊使之有眞正的作戰能力，紀律化與機械化，不惟不對守的防線背進，而且要反攻，有這樣的國防軍，我們就能夠取得最後勝利。

通讯详文

欢送新四军第八团队上前线

中華民國二十七年四月二十日　新華日報　星期三　第四版

職業界青年努力工作

鄭州慰勞將士募捐運動

將失彭通電唸給朋友聽　男女老少無不慷慨捐助
——一個募捐的好方法——

豫東軍民的團結

鄭州失業工人問題
河南省府已復工抗總會
准照所擬參戰辦法解決

豫西河防中的軍民關係

抗日婦女衛隊

團結

戰地工作半年
——救亡演劇第十一隊報告——

歡送新四軍第八團隊上前線

一位讀者的來信

讀書與救國

《新华日报》1938年4月20日第4版整版

歡送新四軍第八團隊上前線

文敏生

入們今天都感覺到輕鬆，愉快，特別在東寨門外那片荒涼廣大的空場上，更現得活躍有生氣。紅綠色的標語點綴了遼闊的樹林，場子的中央搭起了台子，台前橫懸着：「歡送新四軍第八團隊出動抗日大會」的匾額。

上午九點鐘了，軍隊，民衆，如潮水般的擁進了這座寬大空洞的會場。首先是抗敵後援會和各聯保送來了一千多條毛巾和幾百雙鞋子，以後是不斷的從各村莊上來了白髮的老人，年青的女人，提着鞋子，鷄蛋，饃，菜，……還有整排列隊的學生，人數愈來愈多，隊伍像鄉間賣藝的江湖客一樣被民衆團團的包圍起來，說話聲，呼喊聲，小孩哭聲，唱歌聲，嘈雜紛亂：

「給，這是一雙鞋！」

「給，這是一點吃食！」

「他們或她們從粗布手巾裏拿出了饃菜之類的東西。

「謝謝，你們真是太費心了！」

「那裏的話，自家人。」

大家都微笑着，交談着，鼓勵着，在他們熱情的面孔上充分的表現出：「上前線去了，我們慶祝你們勝利！」

「朋友！暫別了，我們以後把勝利的消息不斷送給你們！」這裏充滿了人間眞摯的友愛，沒有一點虛僞的殘渣。

周團長那頎長的影子，和那副赤紅的臉，在台口出現了，接着台下是一陣雷鳴般的鼓掌，騷動的人海裏平靜下去了！

「同志們：我們所希望的日子來到了，我們要到前線上去，我們今天要宣誓！」團長特別提高了他那使人暈倒的粗壯腔調：

「……爲了民族，爲了國家，爲了子子孫孫，我們只有抗戰到底，……我們擁護國民政府及蔣委員長領導全國抗戰，我們服從軍事委員會的統一指揮，……不把日本强盜趕出中國去，不把漢奸托匪肅清，誓不罷休，……謹此宣誓！」

緊跟着誓詞的煞尾，激憤的人羣裏，爆發了震天動地的怒吼：

「上前線去！」

「把日本帝國主義打出中國去！」

「擁護蔣委員長抗戰到底！」

「中華民族解放萬歲！」

經過了宣誓之後，民衆歡送大會開始了，抗敵後援會的委員以及從鄉間來的農民代表，都到了台上。首先是黃主席慷慨激昂的講演：

「……八團隊的全體同志們：你們爲了抗日救國，爲了民族統一戰線的實現，已經在這裏奮鬥了四年，現在更爲了要保衛我們的河南，我們的家鄉去和中華民族的死敵拚命了！……今天我們歡送你們出動，在不遠的將來，我們更要歡迎你們凱旋歸來。……」

一次一次鼓勵情感的演詞，都被雷般的鼓掌聲，和高徹雲霄的呼喊聲吞沒了。

最後由周團長向羣衆作了答辭：

「親愛的父老兄弟姊妹們：……我們向你們這種熱情致敬禮！我們感謝你們送來了許多禮物，但我更希望，你們以後對抗日軍人家屬從多方面去幫助……」

「團長你放心！」從台

下千百個喉嚨裏迸出了同樣意思的聲音：「我們將用盡一切力量去幫助他們！」

「這是應該的。」

武裝戰士們幾乎都要流出眼淚了，——是感激和興奮的淚——槍在他們手裏抖顫，像幾千斤重的鉛石壓住了他們的胸脯，他們舉起了森林般的鐵拳：

「拿我們最後的一滴血，答復民衆們的援助和期待！」

「不打走敵人永不回頭！」

大會完結了，隊伍開始出動了，——他們沒有整齊的服裝，有的甚至連鞋襪都沒有，但每人都有一顆熱烈的復仇的心。

遂昌欢迎过境新四军

中華民國二十七年五月六日 新華日報 星期五 第四版

遂昌歡迎過境新四軍

安源礦區的救亡工作

中國國聯同志會 發表重要宣言

團結

「讀書即救國論」的一個實例

參加五一後的感想

把繪畫帶到農村裏去！

讀者信箱

《新华日报》1938年5月6日第4版整版

遂昌歡迎過境新口軍

田家

縣抗日自衛會成立的前一天，接到鄰縣電話，說新四軍部隊二三天內一定要經過這里，這消息全城的人都知道了，於是一時議論紛紛，有的主張歡迎他們，有的主張不僅不應該歡迎而且不要把他們進城，主張歡迎他們者的理由是新门軍已經得到政府承認的抗日軍，現在是各黨各派精誠團結一致抗日時候，抗日高於一切，一切服從抗日時候，所以不管任何黨派軍隊，凡是經過這里的都應該歡迎，並且這已有先例在前了，過去第口路軍口口的部隊經過這里，我們也歡迎過了，我們對於新门軍當然也同樣歡迎。

自衛會選舉成立以後，在茶話會上把歡迎新口軍問題提出來向杜專員討論了，誰都想不到，這胖胖的專員，却會答覆這樣有遠見英明的話來，他說，我主張要歡迎，一點不必討論，因爲我們如果不開大會來歡迎他們，他們自己來召集民衆開會時候，那我們參加不參加呢：事情要做在別人上前，不應該做在人家的後面。

歡迎新口軍的籌備會同招待委員會就在杜專員的確切答覆後成立起來，並且決定了開個軍民聯歡大會，不到半天功夫，在汽車站上，街街里貼滿了「歡迎上前線去殺敵的新口軍」，「歡迎保衛大浙江的新口軍」等標語，同時在車站前面懸掛着一個布做的橫幅，上面寫着「歡迎新口軍」的五個大字聯。

三月廿四日上午十一點鐘，新口軍的隨軍服務團先到了，縣長秘書親自迎接他們到縣政府客廳里，接着區黨部特派員也到了，大家談了一會，就替隨軍服務團在民教館找個臨時辦公處、三點鐘光景，新口軍大隊到了，縣長黨部各機關及各界民衆五百多人到汽車站去歡迎。經過街上，老百姓都用驚奇的眼光凝視着，歡迎着。

就依照籌備會規定，晚上在王家祠堂舉行了空前的軍民聯歡大會，到會的羣衆有五六千之多。縣長首先報告開會意義，他說得非常深刻而有遠見，最使人感動的是這幾句話了，他說：「民國十六年國共兩黨都爲了中華民族解放合作過，後來兩黨不幸而分裂了；可是現在正因爲兩黨的目的是一樣，大家都爲着中華民族解放，所以現在又合作起來，這不是偶然的所以將來在共同建國基礎上也必然要合作下去」。他說完之後，台下的掌聲口號聲眞如春雷一樣大發了。

第二報告的是這里區黨部特派員，他眞不愧算國民黨的優秀份子，從他的平日行動來看，他對于抗日是非常堅決的，那天晚會上的一番講演，更顯出了他的英明的政治家風度了，他劈頭就說，「過去的一切不必再談，從今天起，在抗日高于一切，一切服從抗日的原則下，國共兩黨應該更緊密的拉起手來」。隨後又說到只有全國人民精誠團結，才能爭取抗戰最後勝利，接着是新口軍司令口口將軍與隨軍服務團陳團長演說及對這里的熱烈歡迎致萬分感激的敬意。

最後是遊藝，隨軍服務團也參加了一個「烽火」的節目，散會的時間已經到十二點多了，可是終沒有發現有一個羣衆疲倦樣子，秩序之好也是從來所沒有的，這麼擁擠着的羣衆沒有一點喧嘩聲。

黨部與各機關第二天上午又舉行了一次新口軍上級將官茶話會，在這次會議討論了許多關於動員民衆工作方法，游擊戰等問題，同時替新口軍籌募五十元錢。

下午，新四軍方面發覺了還有好幾個政治犯沒有釋放，於是向縣政府要求立卽釋放，據說還有二個，是判決無期徒刑與十五年監禁的，這二個政治犯，法律上是縣長沒有權力釋放，必須經過上面的允許，才能釋放，同時縣長答應向專員公署請求，必有圓滿解決辦法。

新口軍在這里各機關和千萬羣衆熱烈的歡送之下去了，這給了羣衆極好的印象，新的認識。他們明白新口軍是紀律良好的抗日軍，是眞正能做到與老百姓打成一片的軍隊。

，萍礦小學的職工夜學也是值得介紹一下的，這是三四個熱心救亡運動的外地青年，借用礦小的教室，每夜義務的教課，一百多個學生全是工人，這個學校只有三四個禮拜的歷史，可是讀書的工人已經組織了歌詠團演講隊每週輪流到街頭去宣傳，幾個平日說話都怕臉紅的工人，居然也成爲羣衆演說家了，在五一勞動節的時候，他們還預備演「打鬼子去」呢。

又：青年談話會是一個不拘形式的研討組織，會員有的是小學校長，有的是後方醫院的工作者，有的是青年服務團的團員，他們每禮拜六舉行一次聚會；在一個預定的談話中心下，彼此坦白的交換意見，並且爲了充實自己起見，他們還設立了一個圖書館，書雖不多，但在精神食糧極感恐慌的安源，也算不易了。

出征的前夜

中華民國二十七年五月二十七日　新華日報　星期五　第四版

向德國的母親們呼籲

多洛勒斯

出征的前夜　夏一才

訪問江西青年服務團

《新华日报》1938年5月27日第4版整版

出征的前夜

夏平才

新四軍先遣支隊，是由各獨立基本單位中抽出一部份具備了特殊條件的指戰員而組成的。他們從過去的戰爭中鍛鍊出來，大多數的身上都帶着傷疤。他們曾受過人間稀有的艱苦，吃過二十多種的野草，有整整兩年或者是數個月沒有見過房子的，在高山深林中過生活。因此，在他們之間，我們可以觸摸到一種强健的體力和鋼一樣的意志。

今天，他們帶着這些優良的特點，踴躍地加入先遣支隊，每個人都感到快樂和光榮。

在一個深春的晚上，他們決定馬上就要出發。軍中同志們一聽到這個消息，就爲之舉行一個歡送會。

在歡送會上，被歡送的隊員排列在兩旁，其他的同志們整着隊形，屈膝坐在地上。

會在嚴肅的空氣中開始了。同志們一個個來演講了，從未講過話的同志，今晚也上台了，年紀很輕的小同志也手舞足蹈說出很有意義的話，會唱歌的，唱出了悲壯的歌聲，其間有幾位女同志被會場的熱烈的情景所感動，也有硬着喉嚨說不出話的，也有流着淚的。並且房東先生，也特地買了一籃糖果，送給我們，同時還演了說，表示他個人對我們這一羣先遣隊同志的敬意。

尤引大家注意的是朱團長的訓話，他說：「希望你們將來領着一大批羣衆來歡迎我們，作爲今晚我們歡送會的回禮！」丁祕處主任乂懇切地說：「勇敢犧牲是容易的，艱苦奮鬥是很難的，你們必需具備鋼鐵一樣的堅强性來迎接今後萬重的困難；就是到危急的時機，也須保持我們偉大中華民族兒女的姿態……」

一位同志在蒼黃的燈光下，朗讀他對我們的別言，那是一詩一，充滿着熱情，帶着美麗的音節，並且含着革命青年所應具的理智，在他的宏亮的喉嚨裏，唸出這悲壯的詞兒。他的淚——含着敵愾的偉大的同志愛的——隨聲而下，像從瓶裏瀉出來的葡萄酒，聲音也有些咽哽不清了。

那時，我眞眞感覺着上戰場是件光榮的事，世界上再沒有比爲「祖國生存」而赴沙場再光榮的了。

第三天的清早，我們在同志們整隊歡送下，在嚴肅的空氣中與親愛的同志們作別了。

「同志們，你們先走，我們就來！」

「勇敢的完成你們的任務！」

「預祝你們的勝利！」

「打倒日本帝國主義！」

「中華民國萬歲！」

我們在隊長領導下也喊了回答的口號：

「同志們，我們在前線相見！」

「同志們，我們在敵人後方相見！」

大家坐在大樹下，等待着出發。但忽然吹號整隊，進了一個古老的大廟裏去。原來是聽項副軍長最後一次的訓話。他帶着那慈愛又嚴肅的好像自己的父親一樣的微笑，手拿着照相機，親自給先遣隊拍了照，結束了勞苦多天的工作——組織先遣隊的工作。

然後，開始了他的訓話：「同志們！你們是我們新四軍的先鋒隊啦！代表啦！你們的任務是多麼重大，我們新四軍今後的勝利，全靠你們的努力，你們的努力可以說是我們將來的勝利的基礎。不僅這樣，你們的偉大的使命能迅速地完成，是直接的影響××戰場，整個的抗戰，……」

為了表示誠懇地接受軍長的寶貴指示的回答，我們唱了一個激奮的歌。

不久，汽車一輛輛地來了，各指戰員帶着手溜彈執着鋼槍有秩序的地上了車。

嗚的一聲，我們的車在「義勇軍進行曲」的雄壯的歌聲中向前開動了。

全國的民衆急待新四軍的捷報，而這捷報又是要靠先遣支隊的努力，努力吧！努力來爭取這重大使命的完成。

通讯详文②

访问江西青年服务团

中華民國二十七年五月二十七日　新華日報　星期五　第四版

向德國的母親們呼籲

出征的前夜

訪問江西青年服務團

《新华日报》1938年5月27日第4版整版

訪問江西青年服務團

楚屏

江西青年服務團從今年初產生到現在，雖只有三四個月的歷史，然而他們已經創造出許多可觀的工作成績。當時因東南戰局失利，京滬相繼失守，許多江浙與華北流亡青年來到江西，政府為了適應抗戰的需要並解決青年工作問題，乃召集他們加以短期訓練，並組織這個江西青年服務團。最初有團員一千四百人左右，其中有大中學生，機關職員，也有留學生及其他知識份子，由省政府主席熊式輝任團長，總幹事為王枕心先生，是一位很有歷史的國民黨員。

服務團共分十大隊，另外還有一個宣傳大隊與技術隊，分配在江西各市縣工作，現在他們的隊員，已經較前減少，因為有一部份已經被調到地方政府機關去工作，現在剩下隊員近有八百人左右。記者此次路過江西，特去訪問他們的總團部與在九江工作的第三隊與在南昌工作的第一隊。現在特為本報讀者做一次客觀的報道，以供各地救亡工作者的參考。

他們的工作目標有兩個，即·（一）啓發民衆之民

考。

他們的工作目標有兩個，即·（一）啓發民衆之民族意識並堅強其抗敵必勝之信心。（二）策動全省民衆參加抗敵實際工作。根據這兩大目標，他們除了擴大抗戰宣傳以外，並協助當地政府辦理後方各種勤務事宜，如調查統計各種物品之生產消費與價格漲落情形，調查登記當地公私醫院中西醫士及看護士，偵察並消滅漢奸及敵方間諜之活動，防止奸商乘機操縱物價，防止奸人偷運物品接濟敵人，徵集各種前方軍需物品，設法救濟難民慰勞傷兵，辦理抗敵將士家屬之需辦事項及殉國烈士之家屬善後事項等。雖然到今天為止，他們對於自己所規定的任務還有許多沒有能夠實現，然而也確實做了不少的工作，創造了許多可貴的工作成績，如識字班露天學校歌詠隊等等。他們在南昌工作的第一隊隊長何士德先生，就是一位很有名的歌詠家，他以前曾在上海新華藝術專科學校當過教授，做過很多救亡歌曲。他們的兵役宣傳曾經幫助政府解決許多徵兵的困難，他們的「青年服務」週刊已經出到第八期，這個刊物在江西沉寂的出版界有很大的作用，他們在各地所出的壁報也能吸引很多的讀者，尤其可貴的就是他們不僅在城市中奔走呼號，而且有一部份隊員能夠真正深入到農村與工廠中去進行最基本的救亡工作。

可是由於江西社會對於民衆運動的疑懼成見與他們的工作方法還不能完全適應新的環境，使他們在工作中遇到許多的困難和阻礙。不久以前曾經有一部份黨政當局對於他們所貼的標語發生不滿，認為既在江西還沒有失守，為什麼要喊「打回老家去」「武裝保衛江西」，甚至認為「主張中途妥協就是漢奸」的口號，也是有意中傷，後來經過多方面解釋，這種不必要的疑懼始漸消除。最近他們在工作中又發生幾件不幸事件 第一件是他們在貢州舉行擴大宣傳週時，

件不幸事件 第一件是他們在貢州舉行擴大宣傳週時，

有一天遊藝中演「救國救民」的話劇，內中有一幕漢奸罵政府的話，這原是暴露漢奸出賣祖國的醜態，以加強民衆反漢奸的決心，可是竟有人認為這個話劇是污辱政府，勒令停演並當場捕去團員三人，後經交涉始行釋放；第二件是服務團在[illegible]開抗敵宣傳大會，裏面有一幅漫畫題為「萬衆一心」，其意義自然是表示中國四萬五千萬一心抗日，然而當地駐軍長官亦發生誤會，說「萬衆一心」四字亦可表示日寇一心侵略中國，認服務團為漢奸，當即包圍服務團隊部，捕去隊員八人並橫施毒打，後雖交涉釋放，然已受傷甚重，這種不幸現象現在已引起一部份賢明當局的注意，並且，服務團諸君，也更在運用精誠團結的精神，努力工作，以完成抗戰建國的神聖天職。

五月七日寄自浙贛路上

新四军在皖南

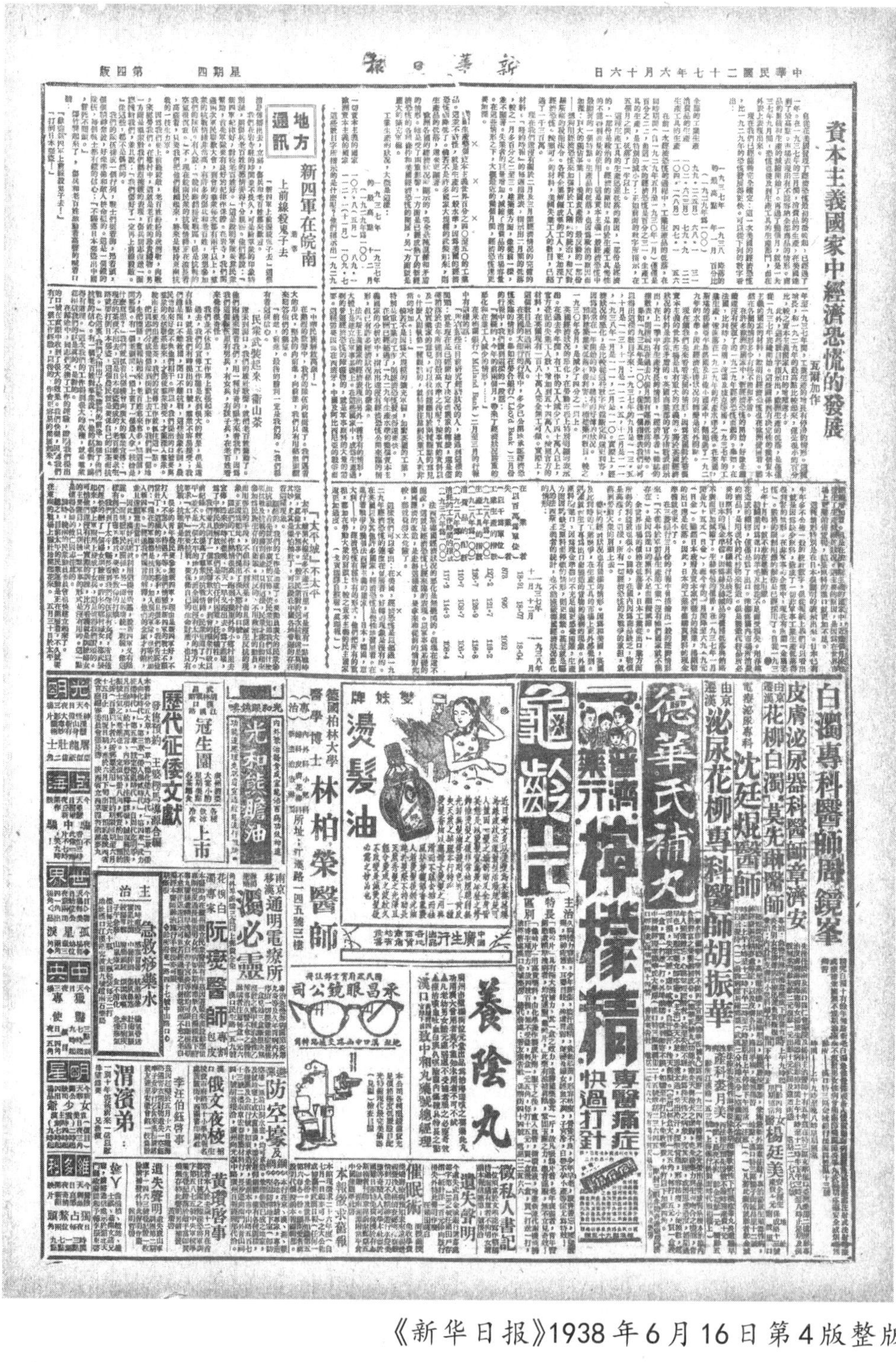
新華日報
中華民國二十七年六月十六日 星期四 第四版
資本主義國家中經濟恐慌的發展
地方通訊
新四軍在皖南
白濁專科醫師賡鏡峯
德華氏補丸
檸檬精
龜齡片
湯髮油
林柏榮醫師
養陰丸
歷代征倭文獻
濁必靈
阮雯醫師
急救痧藥水
防空壕
俄文夜校
渭濱弟
黃瑞啓事
遺失聲明
微私人書記
催眠術

《新华日报》1938年6月16日第4版整版

地方通訊

新四軍在皖南

上前線殺鬼子去

葉 莘

「新四軍上前線殺鬼子去」這個消息傳播出去，立刻，傷兵和老百姓都來歡迎。

我們在岩寺駐的時間並不長久，可是給羣衆的印象特別深，同傷兵老百姓的感情弄得十分親密。他們都說：「新四軍紀律好，對待老百姓好。」這是說明軍隊要靠民衆幫助，首先軍隊要有良好的紀律作保證。在岩寺，我們開過兩次軍民聯歡大會，到會的羣衆每次都有兩千以上，羣衆的抗戰情緒非常高，有許多的傷兵和老百姓，還想參加我們的隊伍。有人說：「皖南雖然接近戰區，但是抗戰的空氣很沉寂。」不，現在皖南民衆的抗戰情緒正在滋長着，高漲着，只要我們把他們組織起來，將來是堅持東南抗戰的一枝生力軍。

因爲我們要上前綫殺敵，老百姓紛紛的送酒啦，肉啦，來慰勞我們。在鄉村中，這就是老百姓的珍貴禮物。另一方面是羣衆對我們熱烈擁護的表現，傷兵同志還送一面錦旗給我們，並且說：「我們傷好了一定再上前線殺敵。」像這些，都不是偶然的。

我們的隊伍排成一個行列，戰士們挺着胸，昂着頭，個個精神奮發，好像準備和敵人拚命似的。這是一個鐵的隊伍，每個戰士都有鐵的信心：『不驅逐日本强盜出中國，誓死不回頭。』

爆竹聲起來了，傷兵和老百姓激動着高聲的喊着口號：

『歡迎新四軍上前線殺鬼子去！』

『打倒日本强盜！』

「中華民族解放萬歲！」

在熱烈的歡聲中，我們的隊伍向前挺進了。我們邁着大的步伐，堅决的向前進，向前進，我們只有用熱血頭顱來回答他們的熱望。

「前進，前進，最後的勝利一定是我們的。」我們都有着這個信心。

民衆武裝起來 衛山茶

還未到湯口，我們的雄壯歌聲，就把老百姓驚動了。他們跑過來圍着我們，用一種好奇的眼光來看我們，因爲我們這個隊伍里有男兵，有女兵，有孩子兵，在老百姓看來覺得很奇怪。

我們並不休息，工作馬上緊張起來。

過去，我們的宣傳工作雖是收到很大的效果，但是還有缺點，就是我們有時提出的口號，羣衆不容易接受；我們總是開口不離救國，閉口不離抗戰，這些抽象名詞，農民聽起來好像不與他們相干。所以，我們提出的口號要與羣衆的生活聯系起來，才能使羣衆接受，才能深入羣衆。

皖南主要的出產是茶，我們的宣傳工作就抓住這一點。把同志們分成幾個隊到街頭上去工作。我們到一個地方，先把標語，畫報貼起來，老百姓愈來愈多，把這個問那個。有一個老頭問：『牆上畫了一個農人拿一枝槍是什麼意思？』我們就抓着這個機會向廣大的羣衆宣傳：『現在的茶賣不出去，這是日本强盜造成的，老百姓要求生路就要打倒日本强盜，這個農民就是要保自己的山茶而抗戰。』在這裏，我們又指出了抗戰勝利的前途，加强了他們抗戰的信心。有一個老百姓對羣衆說：『他的話很對，講得有道理。』這次我們的工作得到很大的收穫，就是羣衆都相信我們的話是真的，是對的。

在歸途中，同志們交換了工作的經驗，證明我們提出的口號在實際中收到了很大的效果。我們快樂，因爲我們有了一個工作經驗，以後的工作會更容易的開展起來。

「太平城」不太平

太平，離開火線至多不過二百里，可是沒有一點戰時空氣，眞像太平無事。一般的民衆對於這次抗戰是莫明其妙，尤其是懼怕抽壯丁，可以說在中國各地普遍的存在着這種現象。

顯然的，我們的工作是加重了。要動員廣大的民衆參加抗戰，首先就要作廣泛的宣傳，使民衆知道我們爲什麼要抗戰及抗戰的勝利前途，只有這樣，民衆才能自動起來參加爲民族生存的自衛戰。相反的、不用政治上的動員，而用強迫的手段，不但得不到效果，而且能發生反抗的現象。正因爲如此，我們提出了深入鄉村的口號。

同志們的工作熱情很高，跑到十幾里外的小鄉村里去宣傳，回來的時候很晚、明天一早又跑出去。爲了祖國，爲了中華民族解放，我們是不怕任何困難，任何犧牲。

我們並且開了一個軍民聯歡大會，到會的羣衆打破以前紀錄。大大的提高了羣衆的抗戰情緒。民衆知道了「太平」並不是一個太平的地方，而全國也沒有太平的地方。要求「太平」就要抗戰，要保衛自己的生命財產，也只有抗戰，抗戰就是生路！

很多的青年農民要參加新四軍，理由是新四軍好，不打人，不駡人，待遇平等。他們情願作新四軍的戰士不願當壯丁，這樣的事情，每天都有，而且很多。我們告訴他們：「現在的軍隊都是抗日的，加入別的軍隊，也等於加入新四軍。」經過我們婉言的解釋，他們的念頭才打銷，並且還願去當壯丁。

因此，漢奸托匪就利用這機會造謠，說新四軍又有陰謀。一面挑撥軍民的關係，另一面是破壞統一戰線，像這樣有利於日寇的謠言，要給予致命的打擊。

我們到了太平，縣長看到我們隊伍里有女兵，所以他們趕快的辦了一個婦女訓練班。許多的鄉村婦女，都武裝起來，穿上軍服馬上變成了女兵，這是值得我們讚頌的。可惜他們還沒有經過實際的訓練，比方看護就是訓練婦女的主要課目，只訓練一點軍事的形式是沒有用的。這一點是值得各地的救亡同志注意的。

同時，皖南的民衆動員委員會也快建立起來了。

總之，目前太平的民衆運動是正在開展着，不久就要在東南的戰場上強壯地開起花來。

五月三十日於太平

通讯详文②

《新华日报》18日电：新四军克复吕家驿

中華民國二十七年六月二十日　星期一　第二版

我空軍又建奇功 炸焚安慶四敵艦

全椒呂家驛被我克復

舒城等處義勇軍蠭起

蘇皖戰場

豫東戰場

我軍猛攻鹿邑

豫東民衆紛起殺敵

馬頭穎牛歇山一帶對峙中

華北戰場

我軍進佔臨汾九洲壁

運城敵突圍被我擊潰

河南平原上的我軍砲隊

南口戰事吃緊 平魯敵退朔縣

華南形勢

敵艦砲擊潮汕海門

政治消息

嚴肅戰時軍紀 龍慕韓執行槍決

違抗命令貽誤戎機

敵寇暴行

敵機昨三批襲粵

敵機轟炸海口瓊州

大同敵强拉民夫

被注射嗎啡針已達六千餘人

敵軍厭戰

谷正綱赴東戰場前線

戰鬥中的平津游擊隊

武漢紗廠工人訪問記

勞動過度生活沒有保障 改善待遇應加注意

《新华日报》1938年6月20日第2版整版

退去。阜寧方面，敵有增加，我軍正反攻中。

戰場

（本報十八日電）我新四軍×支隊周部十五夜**克復呂家驛**。十六晨敵軍三千餘，由舒城南進，該部當即迎頭迎擊，與敵激戰三小時，斃敵二十餘，俘日寇一人。嗣敵增援益衆，我乃轉移至公路西側，繼續側擊敵軍。是役我陣亡二人。又該支隊高部連日在三河鎮方面與敵接觸，以通信發生阻障，詳情未悉。

（中央社貴池十九日電）十八日敵機兩度轟炸東流城，及城東之張溪鎮，一次十二架，一次五架，共投彈五六十枚。

（中央社青陽十九日電）大通江口迄羊山磯間登陸之敵，經我昨晚加派得力部隊，於十二時三面搜索前進，包圍襲擊，敵以無備，倉皇應戰。激戰至今晨黎明前，卒爲我軍擊退。殘敵紛竄回艦內，共斃敵五十餘人。今晨□羊山磯附近江面，又駛到敵艦七艘，內有二艘係運輸艦，滿載敵軍，似有再行登陸企圖，我已嚴密監視中。

（中央社青陽十九日電）在荻港附近登陸之敵，經我痛擊，死傷達三四百，我軍某營亦有壯烈犧牲。又據搜獲敵屍符號，知登陸之敵屬池田部隊。

（中央社青陽十八日電）東流至德間江面，停泊敵艦十三艘，向東流砲擊。昨（十七）日敵機八架飛東流東門外，投彈廿餘枚。荻港板子磯附近，有大小敵艦三十餘艘，汽艇十一艘，在該兩處登陸之敵兵約千餘。牛歇嶺鳳凰山均爲敵佔領，荻港敵艦六艘，沿北岸上駛。銅陵有敵艦一艘，汽艇六艘，向上游行駛，大通羊山磯有敵艦五艘。

馬頭嶺牛歇山一帶對峙中

（中央社青陽十九日電）十八日晨大小艦艇卅餘隻，泊抵荻港江岸，發砲六百餘發，轟我陣地。至午，敵即陸續登陸，我守軍猛烈射擊，敵兵翻身入水者，百數十名，敵乃分兵在荻港及其附近之板子磯陸續强行登陸，先共約兩千名，我堅決抵抗，又斃敵甚多。惟我亦傷亡官長三員，士兵數十。**現敵我在荻港西南之馬頭嶺牛歇山間對峙中。** 又敵艦十八日晚，十九日晨，繼續增多，荻港上游之羊山磯附近發現敵艦廿餘，似又有在大通和悅洲等地登陸之企圖。

（中央社繁昌十九日電）三山鎮之敵，原僅千餘，現已增加。昨晨起不時向我□□□及□□一帶擾亂射擊，我未理會。

（中央社繁昌十九日電）灣沚附近連月來，霉雨連綿，山洪暴發，河堤被水冲决，洪流順决口東下，至蕪灣鐵路及公路，均被水冲毁及淹沒。今日據報蕪灣間，敵火車已五日未見駛。

新四军进袭下蜀站

中華民國二十七年六月二十三日 星期四 第二版

新華日報

敵犯華陽被殲滅

我軍克復中牟尉氏

荻港一帶在激戰中

蘇皖戰場

新四軍進襲下蜀站

南京地區民衆奮起殺敵

豫東戰場

華北戰場

我總攻臨汾極得手

擊敵數百燬敵機三架

滄州以西已無敵蹤

敵向道清西段增防

南澳入混亂狀態

魯東八縣均在我手

華北我軍進抵古北口

敵寇暴行

參政會開會前夜

褚輔成陳博生先生意見

政治部對全國民衆宣傳大綱

《新华日报》1938年6月23日第2版整版

新四軍進襲下蜀站

南京地區民衆奮起殺敵

（本報專電）一、新四軍我陳支隊一部十七日進襲南京鎮江間之下蜀車站，敵據堅頑抗，我當將附近鐵路電線完全破壞。二、我陳支隊一部十八日晨在鎮江南卅里之衛岡附近伏擊南開敵三百餘人，當斃敵土井少佐一名，今井大尉一名，日兵卅餘人，其餘狼狽潰散，我繳獲步槍廿餘枝，短槍二枝，日幣七千五百餘元，日寇文件及其他軍用品甚多，我傷亡十四人。三、我軍自衛岡轉移以後，鎮江敵五百餘人附炮數門，坦克數輛，裝甲車十五輛，到衛岡及東昌衛附近，慘施燒殺。我軍聞訊，當即反擊，敵望風竄回鎮江。四、我陳支隊另一部于十七十八兩日，分途將鎮江丹陽間劉家村附近鐵路湖堤東三橋段公路，及南京附近雙廟張廟段公路，完全破壞。五、我軍到達南京地區後，民衆極爲興奮，軍行所至，常有數百武裝民衆配合行動，抗戰情緒極高。

消息详文

民众输送队

中華民國二十七年六月三十日　新華日報　星期四　第四版

晉東南的抗戰部隊

軍隊與地方政權

軍民關係

部隊政治工作

星洲僑胞發起

擴大援助八路軍運動

地方通訊

民衆輸送隊

高爾基被害二週年紀念在延安

讀者信箱

關於投考「抗大」和「陝公」

投考「魯迅藝術學院」

離婚啓事

軍用毒氣治療學

德華氏補丸

老牌禮和洋針

急救痧藥水

林柏榮醫師

防空壕

冠生園

遺失圖章

遺失作廢

《新华日报》1938年6月30日第4版整版

地方通訊

民衆輸送隊

紫劍

敵人的血腥鐵蹄已深深的踏進了河南腹地，毗連戰區的××地方，一切人們尤其是農民大衆，已在活躍着了。由於新四軍第□團隊後方留守處不斷的宣傳，這裏的羣衆，都認識了敵人的殘暴，爲要保衛自己的家鄉生命財產，非堅決參加抗戰，驅逐日寇出中國不可。

近日有××師、××軍、……等，大批隊伍向××移動，經過這裏，爲的戰爭上的便利，首先將輜重輸送到××地方。這裏是山地又無公路，因此運輸上發生很大的困難。

在這種情形之下，新四軍第□團隊留守處感覺到有火速援助的必要，於是他們就馬上作了一個政治動員鼓動羣衆幫助友軍××師的運輸。羣衆是在活躍着的，經過了他們的勸導。在三十個小時內，足足來了三百個農民當伕子，這些伕子個個都非常踴躍，他們拿着担子和繩子，他們說：『幫助友軍運輸，是爲抗日而出力呀！』這羣伕子都是自願來的，完全不是强抓的。

××的大街上，農民伕子排着一條長而整齊的隊伍。在小學校的運動場中，他們靜靜的等候着人領他們去担輜重品，他們是那樣的親熱，是那樣的團結。他們呈現着微笑，而堅强的面孔，他們的心是在跳動着。

「……敵人快要殺到我們頭上了，……要保護我的家鄉生命財產，……那只有幹！……只有大家都幹！……誰出什麽力就出什麽力……」這是□團隊留守處的一位同志，乘着這個空兒，說的幾句話。

「好呀！你說怎樣就怎樣幹！日本鬼子來啃還能太平嗎？……」是羣衆中的一個人的回答，他代表了這一羣人的呼聲。

夕陽斜照着，一條巨蛇似的纖流，在蠕動着，一面小白旗在前頭，上邊寫着「隨軍××師兵站部民衆輸送隊」，「民衆輸送隊」五個字特別大，××師和□團隊留守處幾個負責招呼的同志，面孔上都表現了莫大的愉快。每個人的肩上都滿担着東西，互相督促着前進，「趕快走呀！我們還要回來收打麥子呀！」負責押送的武裝同志們——××師兵站部及八團隊留守處都派有一二人，他們個個却落在羣衆的後面，成了行軍中的督促者。

經過了一夜行軍，走上了六十里的山路，到達目的地第二天午後一個個都勝利的「凱旋」而歸了。在途中滿受了武裝同志們的優待，他們說：「在往年服兵役，出伕子，常常是受磨待，而且一去許久不能回來，現在眞正軍民合作了！××軍這樣辦法多麽好呀！一來不誤我們的家事，二來又援助了抗戰……」。××師兵站部的負責者也稱揚道頌：「我們在別的地方，羣衆是逃避的，抓不到伕子，常常在運輸上，發生多大的困難，想不到這裏的民衆這樣好，給我們很大的幫忙……。」

仍然在小學校的運動場，大家集合在那裏靜聽着慰勞的談話，一直至天快黑的時候，才分散各自回家去了。

迂回南京

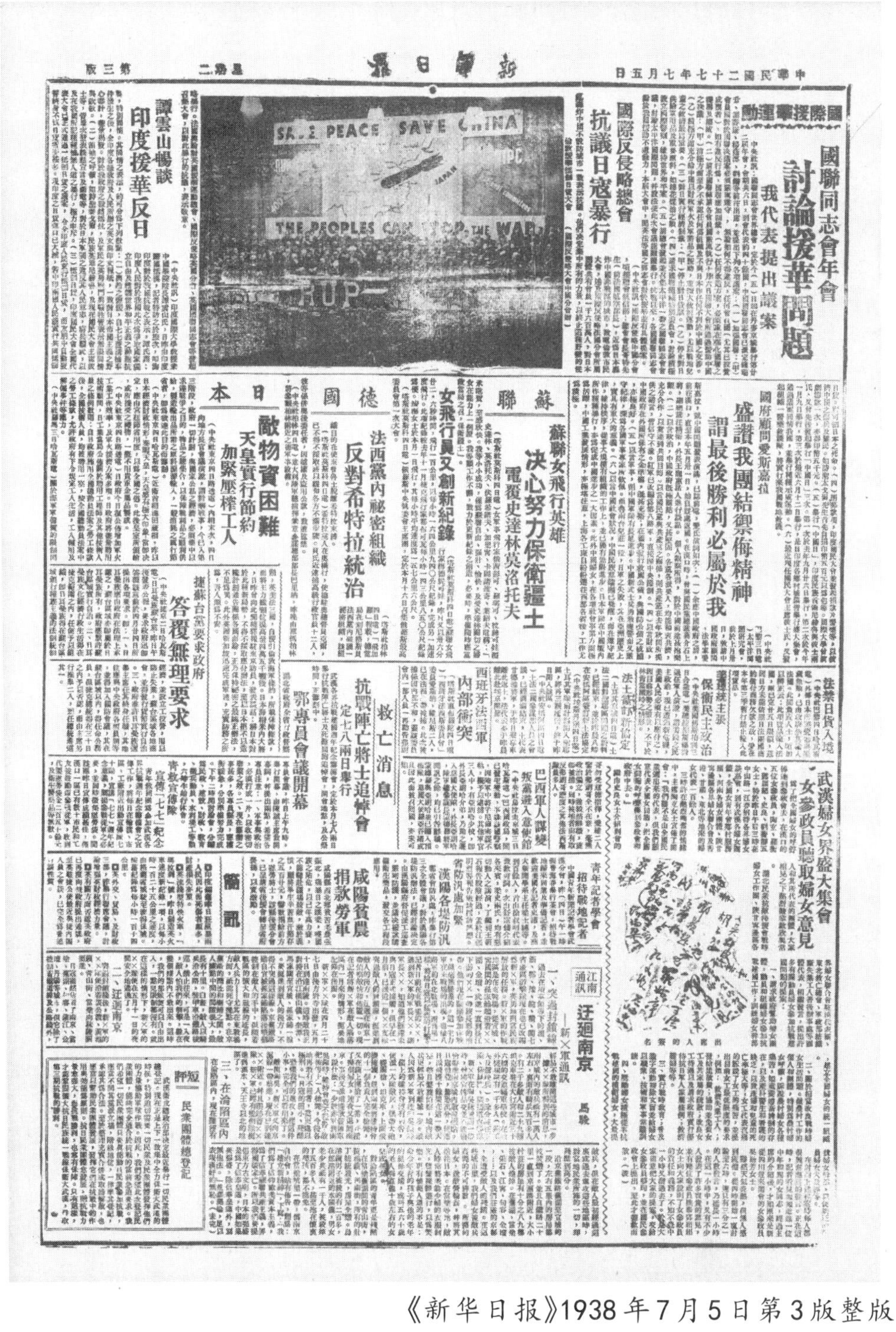
新華日報

中華民國二十七年七月五日 星期二 第三版

國際援華運動

國聯同志會年會 討論援華問題 我代表提出議案

國際反侵略總會 抗議日寇暴行

譚雲山暢談 印度援華反日

國府顧問愛斯嘉拉 盛讚我國團結禦侮精神 謂最後勝利必屬於我

蘇聯女飛行英雄 決心努力保衛疆土 電覆史達林莫洛托夫

女飛行員又創新紀錄

法西黨內秘密組織 反對希特拉統治

敵物資困難 天皇實行節約 加緊壓榨工人

答覆無理要求

武漢婦女界盛大集會 女參政員聽取婦女意見

救亡消息

抗戰陣亡將士追悼會 定七八兩日舉行

鄂專員會議開幕

咸陽貧農捐款勞軍

簡訊

迂迴南京 新×軍通訊 馬駿

短評 民衆團體總登記

《新华日报》1938年7月5日第3版整版

一九三八年

江南通訊

迂迴南京

——新×軍通訊

馬駿

一、突過封鎖線

過去在項英領導下的湘、浙、鄂、豫、皖、贛、閩七省邊區游擊隊現在也已改編爲新×軍，英勇地担當民族解放的任務。新×軍的作戰地區是在東戰場，從宣城、寧國間的孫家舖起沿着××湖、金壇、武進一直到長江下游的××一帶狹長形的地帶。他們現在雖剛參加作戰，但毫無疑義的，這一生力軍，在東戰場的出現，也像八路軍的在北戰場、西戰場一樣，將給日寇以猛烈的打擊。

記者日前在東戰場的××，遇到新×軍的軍長××，副軍長××，知道他們雖還未與日寇正式接觸，但早在一月前，已派遣一個××支隊突過敵人的封鎖線，挺進到敵人的後方，迂迴在南京一帶偵察敵情和佈置一切。現在記者將新×軍在敵人陷落區內一月來的情形，扼要地記錄在後面。

新×軍××隊在四月二十七日由後方岩寺出發，五月十日到達南陵。這時敵我正對持在沿江橫山鎮、奎潭、馬家園至宣城、孫家舖一線。要挺進到敵人的後方，不得不突過這條線。京蕪鐵路雖自宣城孫家舖陷落後整個控制在敵人的手中，但隨着戰區的擴大和戰線的延長，敵人兵力——尤其在東戰場方面，祇能死守據點。在京蕪路的灣沚和廟舖之間，敵人據點中間的間隙很大，最長有十里。白晝，敵人以騎兵沿公路，裝甲車沿鐵路梭巡，禁止往來，可是一入夜，敵人怕我們的襲擊，躲在幾個據點內不敢出來。這時，我們的部隊便可以自由出入，一點兒限制都沒有。就在這樣的情形下，新×軍的××隊便在五月十一日的夜間安全地通過了。

二、迂迴南京

突過封鎖綫後，新×軍的××隊便沿着裘公殘、黃池鎮、青山街、當塗向秣陵關挺進。

日寇雖然佔領了南京、當塗、蕪湖、句容、鎮江、金壇、丹陽等城市，但它除了控制着鐵道線及公路綫外，

軍通訊

輕易不敢離開這些城市一步，據××隊所得到的消息，南京城內的敵兵祇有一萬人左右，裏面有騎兵五百多人。有二千多敵人和二十九輛坦克車駐在大行宮附近三十六標的交通輜重學校。在[illegible]外機場駐有一千多人（[illegible]人及駕駛兵）。除分駐在下關、儀鳳門、廣播電台等處。

新×軍在陶吳秣陵關一帶時，曾將宣傳品交老百姓偷偷帶進南京城內散發張貼。日寇發覺，驚恐萬分，便逐日派飛機十餘架在這一帶天空，終日盤旋偵察，城內敵兵更輕易不敢離城一步。敵人因爲新×軍到達陶吳鎮時，鎮上的維持會沒有報告，便派一大隊敵兵，攜帶大砲、機關槍、坦克車，上面飛機掩護，趕到陶吳將維持會的十一個負責人完全槍斃，又在鎮上擄搶了一番，并淫了幾個婦女，連夜又退回南京。事後又派飛機散發傳單，說什麼：一少數赤軍到陶吳鎮時，維持會竟不報告，故把彼等十一人槍斃，今後各地再敢有不報者，當更處以極刑。」日寇的膽小、殘酷，恐懼我們的進攻，從這件小事，完全可以看出來了。

離開陶吳，新×軍又向京滬綫一帶前進，現在已到達××附近。并且跟蹤着××隊。新×軍已經有幾個隊挺進到溧水、天王寺以北的地區了。

三、在淪陷區內

在淪陷區內，現在雖沒有敵兵，但在敵人最初經過這裏或過去進攻這些地區時，對當地民衆所施的一切，却殘酷到萬分。

沿京蕪鐵路蕪湖至宣城的一段，左右五里內的房屋都被焚燬了。並且自鐵路二十里一直到京滬路附近，大小村莊的房屋有十分之八九都被敵人燒掉。在蕪湖、當塗、采石、江寧、句容、金壇、……以及我們莊嚴的京都，全遭受敵人的殘踏。在這些城市里，我們婦女被敵兵姦斃的不可勝數。所擄的婦女，送敵營輪姦，并將其送往日本。在當塗等地，敵人時常將老翁少婦的衣服剝光，雙雙裸體遊行，以爲笑樂。更有慘絕人道的事是：命令年青的孩子與他的老年的祖母交媾，或叫五六十歲的老人強姦他十歲左右的女兒或孫女。

對淪陷區的青年更是殘酷，在當塗、蕪湖間的青山街、黃池鎮、河南街，所有的壯丁統統殺光，房屋全燬。烏溪鎮男子被殺的有二百多，在郎溪附近的水陽鎮，男女老少共祇有一千人，被殺掉了五百多人，甚至抱在懷裏的嬰孩，都不能免。

在當塗坑里一帶，僞南京自治會貼有佈告，題爲：「建立新精神」，下寫：「我們爲了信仰歐美資本主義，爲了信奉蘇聯共產主義，弄得國破家亡。所以我們要提倡東方古文明，日本的強盛是爲了信奉皇道，中國如果要強盛，除信奉皇道外，別無他法。」荒謬絕倫，足以表現漢奸的無恥。（未完）

通讯详文

迂回南京(续)

《新华日报》1938年7月8日第3版整版

江南通訊

迂廻南京

——新四軍通訊

馬駿

（續）

四、覺醒的民衆

在京蕪鐵路沿綫，民衆自發組織的武裝自衛團體，已似雨後春筍似的在產生，不斷給敵人以打擊。秣溧公路及大王寺到溧水的公路，沿路民衆自衛力更強，少數敵人境已不敢下鄉。小丹陽附近的徐山濮滄塘各村莊，民衆也已有自衛的武裝，槍枝自七八十枝至×百餘枝不等。

但是這些民衆自發組織的武裝自衛團體，如大刀會，紅槍會——尤其是在溧水以北廣大地區內的大刀會，因爲沒有良好的領導者，存在着很濃厚的迷信神權心理和牛封建性，對於日寇他們毫無客氣的給以猛烈的打擊，但對於我們在這地區內少數紀律不嚴的游擊隊，也時常給以襲擊。在淪陷區內民衆對於抗戰是異常熱誠和十分堅決，但怎樣使這些牛封建性的如大刀會等武裝組織，爭取他們走上正常的道路，加深他們領導者在政治上軍事上的認識，培養一批良好的幹部，同時以同樣的方×來改造少數不完善的游擊隊，對於這些問題，政府及各戰區司令長官，應以極大的×力來迅速改造。

六月十四日寄自[illegible]

通讯详文

新四军进迫丹阳

《新华日报》1938年7月6日第2版整版

蘇浙戰況

新四軍進迫丹陽

溧陽敵進犯被擊退

（本報六日晨專電）一、我新四軍陳支隊之一部連日將丹陽、金壇間敵新修之濯纓橋，丹陽南果馬廠之東石橋，丹陽北之東三橋全部破壞，鎮江至溧水之公路爬平，并於東夜襲丹陽城，敵緊閉城門頑抗，連日不敢出城，恐慌異常，宣佈前發良民證無效，須從新登記。二、我新四軍陳支隊一部，摧毀秣陵門僞政權時，該處正徵集青年婦女卅餘人，準備即送南京，供寇軍蹂躪，當經訊明，一一護送回家，民衆抗敵情緒，益加興奮。三、近數日敵自徐州撤到京鎮一帶者甚多，皆衣履不整，極形狼狽，并運到敵死灰甚多。據云：均爲黃河決口所淹斃，爲數近兩萬。

（本報六日專電）我新四軍陳支隊，上月十三日，破壞江南鐵道，采石磯，銅井間鐵橋三座；寒日破壞南京鎮江線，及南京至秣陵關間公路一段；廿日破壞磁湖南京間之

消息详文①

鐵橋一座，並將敵口朱門兩處偽政權摧毀，收獲輕機關槍四挺，步槍六十餘支，因通訊阻礙，昨始得報。

（中央社廣德五日電）四日晨溧陽之敵，向我上興埠上沛埠一帶來犯，激戰三時，敵潰退溧陽，沿途將所有民房全部焚燬。

（中央社金華四日電）武康吳興各駐敵千餘，十九日吳興敵向南潯移動，有攻我游擊隊之企圖，三四兩日，富陽蜈蚣山之敵，向南岸砲擊二百發，企圖不明。

（中央社上海五日合衆電）外國海軍消息稱：頃有破壞不堪之日驅逐艦一艘，由揚子江方面駛抵吳淞口。

（中央社屯溪五日電）杭州有敵陸戰隊一部約千餘，新到之敵約三千。係由敵國內十九期被徵壯丁，年齡最多爲二十二歲，又敵汽車百餘輛，在天王寺至句容公路間活動。

（中央社廣德五日電）洪林橋所有民房，全部被焚，據報，該地已無敵蹤，僅東北約二公里之沈墉村，有敵約百餘。

消息详文②

活跃东南战场的新四军

《新华日报》1938年7月7日第6版整版

活躍東南戰場的新四軍

華西園

四軍的前身是過去在項英、陳毅、張鼎丞、鄧子恢、劉英、黃道、高俊亭、周俊民諸同志領導下的湘、鄂、贛、浙、閩、皖、豫七省邊區游擊隊，當一九三四年十月，那時的紅軍主力軍爲着到達抗日前線開始了長途遠征，同時在上述七省邊區留下了一部份武裝力量，來領導羣衆，以保持南方經過七年戰鬥所建立的民族革命陣地和保護工農大衆的利益。自去年「七七」蘆溝橋事變發生，中國神聖自衛戰爭開始，各黨派攜手團結共赴國難，紅軍改編爲國民革命軍第八路軍，不久南方游擊隊亦奉命改編爲國民革命軍新編第四軍，並委葉挺爲軍長項英爲副軍長；但因稍費時日，故直至今年三月間始得集中待命，旋奉命開赴東南戰場前線參加殺敵，担當民族解放的任務。即自五月間齊赴屯溪岩寺集中，五月間齊赴屯溪岩寺集中，從宣城甯國間的孫家埠起，沿青弋江、長江、太平、石埭、青陽、南陵直到金壇武進並長江下游的一帶地區，均有新四軍蹤跡。他們雖剛參加作戰不久，但憑無畏義的，這一支生力軍在東南戰場的出現，也像八路軍在西北戰場一樣，將給日寇以猛烈的打擊。記者於一月以前因視察江南戰場之便，曾得與新四軍官兵同志接觸。那時我因親眼看到他們全體官兵那種要求殺敵的英勇氣概與軍民關係的增進，就有這樣堅決的信念。這支軍隊雖然集中不久新成立的，本身有許多弱點，政治工作與軍事訓練，都還不夠適應客觀抗戰的需要，大規模作戰的作風還正在培養之中。所有這些弱點都證明新四軍的力量還正在生長之中。但是，雖然如此，新四軍究竟是從廣大民衆中以及長期鬥爭中孕育出來，它有革命的光榮傳統，當高度的自覺紀律，正因爲這種強點，所以他們能夠始終保持官兵一致與兵民一體的良好作風，才能處處得到民衆的擁護。他們從江西、福建、浙江等地一路開赴安徽前線，集中時幾乎到處都受到民衆的歡迎和歡送，甚至連六七十歲的老媽媽也自願替他們燒茶送水。當記者由淳安赴徽州的旅途中就曾親耳聽到民衆稱譽新四軍爲「天下第一軍」。有一個茶商曾經這樣說：『抗戰開始後我們這里至少經過四十萬的大軍，然而從沒有看見過這樣好的軍隊，新四軍雖然武器太差，然而他們一定能夠趕走日本鬼子。』又如他們在岩寺駐紮的時候並不長久，可是給予當地居民的印象却非常深刻，他們經過軍民聯歡大會，號召民衆武裝起來保衛山茶，大大提高了民衆的抗戰情緒。有一個戰地服務團的同志曾這樣告訴我說：

『沿路都有很多的青年農民要參加我們新四軍，理由是新四軍好，不打，理由是新四軍好，不打人，不罵人，待遇平等。他們情願作新四軍的戰士不願當壯丁』。

『這樣的事情，幾乎每天都有，而且很多。我們告訴他們：「現在的軍隊都是抗日的，加入別的軍隊，也等于加入新四軍。」經過我們婉言的解釋，他們的念頭才打消，並且還願意去當壯丁』。

正因他們官兵一致都有着相當高度的政治覺悟與到處得到民衆的擁護和援助，所以他們一開始和日寇交鋒就得到了相當勝利。據上月二十三日前線來電：

『我新四軍陳支隊一部於十七日進襲南京鎮江間之下蜀車站，敵據堅頑抗，我當將附近鐵路電線完全破壞。十八日晨在鎮江南三十里之衛岡附近又伏擊南開之敵三百餘人，當斃敵土井少佐一名，今井大尉一名，日兵三十餘人，其餘狼狽潰散，我繳獲步槍二十餘支，短槍二支，日幣七千五百餘元，日寇文件及其他軍用品甚多，我亦傷亡十四人。同時我陳支隊另一部於十七十八兩日分途將鎮江丹陽間劉家村附近鐵路湖堤東三橋段公路，及南京附近雙䦨張䦨段公路完全破壞。我軍到達南京地區後，民衆極爲興奮，軍行所至，常有數百武裝民衆配合行動，抗戰情緒極高。」

又據今日（六日）晨前方專電，我新四軍已進迫江蘇丹陽，溧陽敵軍進犯已被擊退，原電如下：

「一、我新四軍陳支隊之一部連日將丹陽，金壇間敵新修之溧陽橋，丹陽南呆馬廠之東石橋，丹陽北之東三橋全部破壞，并於東夜襲丹陽城，敵緊閉城門頑抗，連日不敢出城，恐慌異常，宣佈前發良民證無效，須從新登記。二、我新四軍陳支隊一部，搗毀日本門偽政權時，該處正徵集青年婦女卅餘人，準備即送南京，供寇軍蹂躪，當經訊明，一一護送回家，民衆抗敵情緒，益加興奮。三、近數日敵自徐州撤到京鎮一帶者甚多，皆衣履不整，極形狼狽，并送到敵死屍甚多。我新四軍陳支隊，上月十三日，破壞江南鐵道，采石磯，銅井間鐵橋三座；本日破壞南京鎮江綫，及南京至秣陵關間公路一段，廿日破壞磁湖□□京間之鐵橋一座。」

這自然還只是新四軍初試鋒芒的一點小勝利，然而這點小勝利也不是偶然得到的。除了前面所說他們具備有的基本條件外，原來他們早在一月以前，就已經派遣了一個先遣支隊突過敵人的封鎖綫，挺進到敵人的後方，迂迴在南京一帶偵察敵情和佈置一切。這個先遣支隊，是由各獨立基本單位中抽出一部份具備了特殊條件的抗戰員而組成的。他們從過去的戰爭中鍛練出來，大多數的身上都帶着傷疤，他們曾受過人間稀有的艱苦，吃過二十多種的野草，有整整兩年或者是數個月沒有見過房子的，在高山深林中過生活。因此在他們之間，我們可以觸摸到一種强健的體力和鋼一樣的意志。他們帶着這些優良的特點，躍踴地加入先遣支隊，每個人都感到快樂和光榮。他們在四月二十七日由岩寺出發，五月十日到達南陵。這時敵我正對峙在沿江横山鎮、夜灣、馬家園至宣城，孫家埠一綫，要挺進到敵人的後方，必須突破這條對峙戰綫。京蕪鐵路雖自宣城孫家埠陷落後整個控制敵人的手中，但隨着戰綫的延長，敵人兵力祇能死守幾個據點。在京蕪路的灣沚和剛鋪之間，敵人據點中間的間隙很大，短則五六里，最長的有十五里，白天敵人以騎兵沿公路，裝甲車沿鐵路梭巡，禁止行人往來；可是一到夜間，敵人因爲怕我們的襲擊，總是縮在幾個據點內不敢出來。就在這樣的情形下，新四軍的先遣支隊便在五月十一日夜間安全通過了。

突過封鎖綫後，新四軍的先遣支隊便沿着黃公渡、黃池鎮、譚山街、當塗向秣陵關挺進。日寇雖然佔領了南京、當塗、蕪湖、句容、鎮江、金壇、丹陽等城市，但牠除了據點着鐵路綫及公路綫外，輕易不敢離開這些城市一步。

據××隊所得到的消息，南京城內的敵兵祇有一萬人左右，裏面有騎兵五百多人，有二千多敵人和廿九輛坦克車駐在大行宮附近三十六標的交通輜重學校。在城外機場駐有一千多人（連工人及飛機兵），餘分駐在下關、儀鳳門、廣播電台等處。

新四軍在陶吳、秣陵關一帶時，曾將宣傳品分給百姓，偷偷帶進南京城內散發張貼。日寇發覺，驚恐萬分，使逐日派飛機十餘架在這一帶上空盤旋偵察，城內敵兵輕易不敢出城一步。

離開陶吳，新四軍又向秣陵一帶前進，現在已到達××附近，並且跟蹤着××隊。新四軍已經有幾個隊挺進到溧水，天王寺以北的地區了。

最近新四軍已經與敵人進行着浴血的戰鬥，并取得許多勝利。如下蜀車站之襲擊，京滬路許多橋樑之破壞，伏擊敵軍給養運輸，俘獲敵華中特務機關經理員等等，這都指明這個富於游擊戰爭經驗的軍隊，將會使京滬敵軍坐臥不安，焦頭爛額。

新四軍因爲和八路軍及其他友軍一樣，堅決的團結在「堅持抗戰到底爭取最後勝利」的國策周圍，在最高統帥蔣委員長領導之下，能夠依照革命軍隊的組織、教育、生活、關係來充實改造自己，使官兵一致，軍民一體，到處與人民打成一片，到處受到民衆的熱烈擁護。所以初上前綫參加抗戰，就能有這樣可貴的收穫，它的前途正像項英同志自己所說的一樣：「我們一定能夠在持久的抗戰中取得最後的勝利，一定能把日本帝國主義驅逐出中國去，完整我們的山河，使中國從殖民地化的危急狀態中拯救出來，成爲真正獨立自由幸福的民主共和國。」

七月六日晚

新四军袭击京沪新丰站

中華民國二十七年七月八日　新華日報　星期五　第二版

反攻湖口斃敵三千

湖口東龍頭山已為我收復
彭澤西南石澗橋我獲大勝

沿江戰況

國民參政會會議第二日

上午

四部長提出報告

下午

汪議長之開幕詞

國參會電慰蔣委員長

汪精衛先生

蔣委員長開幕時致詞

華北戰場

游擊隊進襲太原

膠濟路被我破壞

豫東戰況

鹿邑敵無積極動作

我軍襲擊東河獲勝

蘇浙戰況

新四軍襲擊京滬新豐站

繳獲敵步槍焚燒敵車

我空軍飛滬偵察

抗戰週年紀念日

蔣委員長告全國軍民書

越打越團結

越戰越堅強

一定要取得

最後的勝利

《新华日报》1938年7月8日第2版整版

[illegible]

新四軍襲擊京滬新豐站

繳獲敵步槍焚燒敵軍

（本報電）新四軍一、一日夜我陳支隊一部，襲擊京滬路新豐車站，敵守備隊廣江中隊百餘，頑強抵抗。經我軍猛烈衝鋒，當繳獲步槍六枝，將敵驅出車站，退據碉樓，我乃縱火將其完全焚毀，未生逃一名，我亦傷亡連長以下數人。車站軌道當即徹底破壞。

消息详文

新四军剪灭朱逆永祥

《新华日报》1938年7月11日第2版整版

新四軍剪滅朱逆永祥

（本報前方專電）江南游擊隊朱永祥部紀律最壞，欺凌民衆，不啻匪寇，近由戰區司令長官部，將其撤職，詎朱逆不惟不思悔悟，反派其參謀長林楚才去南京與敵寇接洽叛國，本月六日敵派僞軍二百餘人，到朱門附近接應朱逆叛變，幸新四軍奉到司令長官電令，對該部嚴格監視，相機解決，當即派隊向僞軍迎擊，將其全部擊潰。一面派隊配合民衆武裝，分途追擊朱逆，當將朱部完全解決，繳獲步槍一百五十枝輕機槍七挺，重機槍二挺，迫擊砲二門，此項槍械。卽發當地民衆自衛。至朱逆永祥及其副司令韓令昌，均已捕獲，解送戰區司令長官部法辦。該地自朱部解決後，民衆抗日情緒益爲發揚。

消息详文

沦陷后的江南一角

中華民國二十七年七月十三日 星期三 新華日報 第三版

英所提撤退西志願兵計劃
蘇聯輿論不信任能成功
謂此計劃足以危害西政府軍

英白皮書內容

蘇聯報紙輿論

西政府軍梅扎將軍
稱伐倫西亞爲第二瑪德里

英國

下議院
討論英意協定問題

法國報紙意見

巴力斯坦局勢嚴重
英國政府正謀解決

蘇聯波戴列夫教授
論中國戰時經濟

法阿曼哥將軍
著文抨擊侵略者

國聯調查報告
經濟恐慌日形嚴重

悼陳桂天君

送別流亡的幼童（特寫）

救亡消息

總動員委員會
武漢區將成立

淪陷後的江南一角

《新华日报》1938年7月13日第3版整版

戰地通訊

淪陷後的江南一角

江南敵情

本報特派戰地記者 馬駿

在上海撤退，杭州、南京相繼陷落，以「蘇杭天堂」馳名的繁華的江南一角，便整個地淪入敵手了。半年來，這一角內幾千萬民衆便在敵人屠殺，姦淫……種種殘酷的壓迫下過着非人的生活。

敵人自佔領江南這一角後，爲了夢想佔領整個中國，除了幾個重要的據點，城市以及交通線外，它并沒有配備很多的兵力。據最近的統計，日寇在我們首都附近各縣總數[illegible]萬餘人，內駐南京交輜學校二千餘人，××中學二千餘人，南京飛機場千餘人，句容三百餘人，金壇五百餘人，溧水二百餘人，天王寺、薛埠鎮、劈橋鎮、桂陵關、湯水鎮各百餘人。溧陽敵本來駐三百餘人，因爲六月五日我×××軍×××師×旅在上興埠襲擊了敵人一次，敵人傷亡二百餘人，現在由長興，宜興增援已達千餘人，鎮江、丹陽，[illegible]民進各有敵人數百至千餘人不等。

敵人在這一帶兵力主要部署是依據京滬鐵路及公路幹線爲交通上戰略上的大動脈。京滬路及蜿蜒在這一地區內的公路，如南京天王寺溧水線，鎮江句容溧陽長興線，句容金壇武進線，武進江陰綫，……在白天，敵人通常以鐵甲車（沿鐵路）或坦克車（沿公路）四輛擁護步兵一個連——一百至二百人——担任巡查，并且有時，還夾雜着一部分臨時抽來的當地壯丁。

過去在據點周圍附近幾里內，敵人派兵三五成羣的到鄉村去找「花姑娘」，但自新四軍部隊挺進到敵人的後方及游擊隊在這一地區內的活動，敵人少數已不敢輕易出外了。

敵人一般欺騙政策

帝國主義爲了解決它本身的矛盾，它不得不向外侵略，同時，向外侵略另一個國家時，它的藉口總是「宣揚文明」——好像被侵略的是「非常野蠻」，而它——帝國主義——自身則「非常」文明，爲了文明，它不得不來「侵略」一下一樣。這，如意大利之侵略阿比西尼亞，便說是爲了「宣揚文明」，日寇瘋狂的進攻中國也說是爲了「宣揚皇道」。所以隨着敵人的燒殺，姦淫後面，在陷落區內，敵人又來了它一套拿手好戲——「宣揚皇道」。

敵人在這一帶施行的一般欺騙政策——也就是所謂「皇道」——是：[illegible]

一、「[illegible]使南京僞組織在各縣各鄉鎮張貼佈告，說：「中國爲了信仰歐美資本主義、[illegible]共產主義，以致失敗，日本[illegible]信仰皇道，所以[illegible]後，應當信[illegible]二[illegible]上層資產[illegible]

[illegible]「綱」[illegible]。

通讯详文①

三、僱用許多流氓當僞軍，引導敵人下鄉强姦婦女并唆使這些僞軍搶刼和姦淫婦女。

四、大大反宣傳徐州失陷，開封失守，武漢危急，來增加江南人民的悲觀失望情緒；

五、捏造抗戰已給人民以無限痛苦，歪曲我們的最高統帥及抗戰最堅决、最願意爲整個民族犧牲及艱苦奮鬥的共產黨，挑撥抗日民族統一戰線。

六、宣傳游擊隊在戰略上毫無作用，徒苦人民，——抓住我們少數游擊隊的敗壞紀律——游擊隊要搶，就要到河南的綠林，用不着到江南後方來搗亂——來迷惑我們的人民。

七、隨着新四軍挺進到敵人的後方，敵人便大肆宣傳，[illegible]同時隱藏着徐州開封失落，敵人[illegible]行一個[illegible]開封[illegible]强迫居民參加[illegible]否則即罰款，坐牢，殺頭。更强迫人民武裝請願，要求[illegible]游擊隊，以示人民對[illegible]具有好感。

敵人一方面焚燒你的房屋，一方面殺你的兒子，一方面姦淫你的妻族，同時一方面又强迫你歌頌『皇軍』的『偉績』，『皇恩浩蕩』，好像這一切是出於『皇軍』所『賜』，否則你還要不得了一樣。你倘是人，你能受得？——不過，在這些欺騙政策中，已顯示出，敵人對我們游擊隊——尤其是對游擊擅長的新四軍十分恐懼，想用懷柔和欺騙政策使我們的民衆不致參加和幫助游擊隊。

「我們是中國人，中國决不會亡」

縱然敵人用燒殺政策來威脅我們的民衆，用欺騙政策來懷柔我們的民衆，但江南這一角內的人民仍堅决相信：『我們是中國人。』同時『中國决不會亡』。

江南人民半年來沒有見到中國正式軍隊，也不了解全國抗日情形，（在敵人封鎖中，過着苦悶的生活）可是仍沒有失掉對抗戰勝利的信心。新四軍來後，和文字突過封鎖線，陸續深入到南京、鎮江、句容、丹陽、金壇、無錫、蘇州、上海這一帶時，人民熱烈歡迎，有喜極欲狂的，有大呼狂叫的，有的說從此可以安心過日子了……情况真是熱烈空前。

關於人民自動武裝組織起來反抗敵人的壯烈事件，在記者一月前回南京一篇通訊中已較詳細述及。現時這些組織正在發展壯大，和成長的過程中。并且已經有新四軍將京滬路鎮江丹陽間之姚家村一段及京杭國道之寶堰至張廟一段，鐵路及公路全部破壞，得到附近民衆的幫助很大。

江南這一角是陷落了，但淪陷區內的民衆并沒有忘掉我們的國家，我們的政府，我們的抗戰，特別是更關懷——假使[illegible]他們很難得到什麽消息——更期待着國軍的到臨——現時戰區及前方文化供應問題已被大家重視，在實力設法了，但淪陷區內的民衆渴望着得到後方印行的書報，得以知道我們抗戰的情形，在他們精神上的慰藉，更堅定他們最後勝利的信心，瞭解敵人欺騙的宣傳，這不是也值得文化界全體人士的重視呢？

（[illegible]二十四日寄自南陵）

新四军在南京句容间伏击南开敌军

中華民國二十七年七月十九日 新華日報 星期二 第二版

我克彭澤東南要地
敵艦進窺九江當被擊退
皖東我軍已收復洪林橋

沿江战况

南昌昨晨空戰
擊落敵機四架

華北战场

北平被我游擊隊包圍

犯晉城敵軍被我擊退

冀南豫北游擊區

包西一帶戰况甚烈
敵屢受創傷死亡甚重

苏浙战况

新四軍在南京句容間
伏擊南開敵軍

南翔我游擊隊與敵激戰

華南形势

敵企圖再犯南澳

政治要聞

延安各界抗戰週年紀念大會
向蔣委員長致敬

參政會駐會委員
明日舉行談話會

敵寇暴行

敵機昨轟炸華南

湘省衡陽株州遭空襲

電賀八路軍

國府孔院長嘉獎

《新华日报》1938年7月19日第2版整版

新四軍在南京句容間

伏擊南開敵軍

南翔我游擊隊與敵激戰

（本報十八日專電）新四軍陳支一部十日在南京句容間之×塘市附近，伏擊敵南開汽車九輛，載敵二百餘人，正包圍解決之際，敵分山南京句容增援四五百人，在飛機唐克掩護之下，猛烈馳援，我乃轉移，計擊斃四十餘人，毀汽車四輛，獲軍用品一部，我傷亡各二人。

（中央社屯溪十七日電）南京湯康吳興一帶之敵，多患頭痛，自稱發生瘟疫。

（中央社上海十八日路透電）我方游擊隊今日在南翔一帶與敵軍發生衝突，激戰約二小時。今晨二時五十分，此間可聞機關槍聲，係自南京市傳來。另悉南京附近現亦有戰事，因原分佈於京杭國道地區之我方游擊隊，現正展開其活動範圍也。游擊隊多利用山地爲作戰根據地，故敵軍形勢，甚爲困難。浦東方面日來形勢較爲平定。滬上近郊各地難民均紛紛遷入市內居住。海鹽嘉興等地來此難民，數日來已達五千以上。

消息详文

新四军消灭汉奸武装

中華民國二十七年七月二十五日 新華日報 星期一 第二版

姑塘苦戰予敵重創
繳獲甚多我陣地轉危爲安
敵犯香山被我軍英勇擊退

沿江战况

華北战場
犯晉敵均遭慘敗

動員婦女參加抗戰建國工作大綱

華南形勢
厦門敵士兵反戰
與我游擊隊合作一致行動
禾山一帶混戰敵惶恐萬狀

犯南潯敵倘促無進展

蘇浙战况
南京鎮江間
新四軍消滅漢奸武裝

敵寇暴行
粵漢路昨遭敵狂炸

昨襲梧州

山西戰局鳥瞰

給何司令的家書

東戰場的戰略形勢

《新华日报》1938年7月25日第2版整版

蘇浙戰況

南京鎮江間 新四軍消滅漢奸武裝

（本報廿二日專電）「遲到」新四軍×支隊一部十五日在南京鎮江間之下蜀街附近，消滅漢奸武裝孟謝兩部約百餘人，繳長短槍六十餘枝，輕機槍兩挺，子彈兩千餘發。

消息详文

宜兴游击队

《新华日报》1938年7月26日第4版整版

五、她們的希望

她們在技術上，在物質上，都是非常貧弱的，都需要全國熱心救亡人士，與以切實的指導和援助。

她們的化裝品，都是些土顏料配合的，她們化裝老頭的鬍子，用的是山羊的鬍子。我們知道她們在這樣物質困難條件下，她們還是不斷的在工作，不斷的在努力。

宜興游擊隊

白葉

宜興自去年底淪陷，受盡敵人的鐵蹄蹂躪，民衆的抗戰意志日益高漲。加以宜興三面有山，在地勢上足以集結多量游擊隊，與敵周旋，因此目前的宜興成了江南游擊活動的重要根據地之一。

當敵人長驅直入的時候，經過的地方見屋就燒，見人就殺。可是敵人老是沿着公路鐵路跑，離公路鐵路六七里的地方都不敢去，這種事實，江南各地都是一樣。假使武裝的戰士或城鄉的壯丁，當敵人來的時候，把制服脫掉了，找個離公路稍遠的地方，休息兩天，不久就有游擊的機會到來。若是想和敵人苟安，妥協，結果就等於自殺。某縣的偽組織委員老爺的千金，也要被皇軍強姦，你要向憲兵司令部報告，他會說：『事情已過，不必深究。』本來漢奸的女兒，當然和「皇軍」應當親善，可是我們普通老百姓，怎受得了？這也是游擊隊擴大的原因之一。

宜興鄉間自從中央軍退後，鄉鎮沒有了保護。不得不集中民間的槍枝組織民衆武力以自衛，同時沒處退卻的散兵，也慢慢的集合起來，由村中優秀青年率領走上游擊之路。記得游擊隊宣誓的那天，鎮上各處懸着國旗，那時候人民已經三個多月不見國旗了，一旦重見，就像遇着久別的親人一樣，滿街是人，個個興奮異常。孩子們唱着義勇軍進行曲，沉寂了三月的鄉村，立刻又復活了。

游擊隊，大部份是本鄉人，自己在家裏吃飽了飯來幹，零用都不要。一部份是鎮上的臨時警備員，吃鎮上的公費，晚上給鎮上守夜，鎮上有幾個有錢的青年，自願毀家紓難，拿出錢來養活游擊隊和職員。這樣一來，最重大的經費問題就解決了。至於槍械的來源，一部份是退兵，自己就有好的槍，其餘村鎮有自衛槍的，又加入了隊伍。有槍而不能加入幹的，就把槍枝借給別人去幹，最生問題的到是子彈，自己所有的子彈只會少不會多。這問題直到和中央軍有了聯絡之後才解決。

可是懂得游擊戰術的人才，那邊非常缺乏，連找一本關於游擊戰的書籍都不容易。

自從今年新年中央軍挺進到皖蘇邊境廣德寧國一帶，宜興的游擊隊就與中央軍取得聯絡，一邊引中央軍攻被寇軍佔領的宜興縣城，恢復縣政府。一方面繼續開始向金壇縣敵軍進攻，同時和橋方面也開始攻擊漕橋敵軍，焚燒武宜路各橋樑，激戰月餘，直到敵軍調增大隊，聯合空軍，大施壓迫，始退出縣城。所有應戰部隊，絡續結集張渚山岳地帶，與城中敵軍對峙，另一部份游擊部隊，化整為零，伏處四鄉，待機出擊。

我們宜興三區民衆游擊隊，前後和敵人作戰多次，死傷僅五人，內中一個是某小學的教員，兩個是曾參加滬戰的軍士，兩個是當地的農民。

末了，我有幾個意見獻給後方的同志，第一希望有游擊經驗知識的人才到淪亡區域去，那邊現在極需要指導的人才。沒有事情的江南老鄉，極應受些訓練，回去服務。最低限度也應多請些關於游擊戰的書籍，回去講述。第二希望大家設法運輸大批實用的良好的游擊戰術書籍到淪亡區域去，在淪亡區域工作的人很痛苦，不懂游擊戰術，往往吃虧。（運書回去並不難，打小路走，打山路走都可以）。第三希望通訊的人才到淪亡區域去，尤其是無綫電工具和人才，至為需要。現在游擊隊的通訊方法純用人跑，消息太慢，往往失卻襲擊的機會。非常可惜。第四、希望鐵路工人到淪亡區域去，江南的游擊隊，渴望着有人去幫他們做拆路毀橋的工作，他們不知道怎樣去很省事的，很快的把鐵路破壞。第五、希望政府給游擊隊一個有力的援助。

欢迎游击队上前线

中華民國二十七年七月二十九日 新華日報 星期五 第四版

專論

反對查禁救亡書報

吳敏

歡送游擊隊上前線

查禁書報之一幕

反侵略進行曲

讀者信箱

查扣抗戰書報

車站收書的一幕

抗議沒收新華日報

碼頭上沒收書籍

《新华日报》1938年7月29日第4版整版

歡送游擊隊上前線

紫劍

一羣活潑潑的青年，從昏蒼蒼的朝影中來到了，他們各自帶着各自的工具，一會兒將這條難渡過的巨流上，架上了很長的一條木橋，這就是給被歡送的游擊隊同志們渡過用的。

隨着曙光的發亮，人陸續的增加着，木橋的兩端滿擠了無數人的羣。

『祝游擊隊出馬打勝仗』『游擊隊是中華民族的優秀兒女』『你們先前走我們就跟上』……滿街貼着這樣各色不同的新標語。

×　×　×

空氣是緊張極了，每個人的心都是在跳動着，羣衆的情緒高到白熱化，都是在憤怒着，充滿殺敵抗戰的心情，都是在微笑着，人人表示着無限的親愛與團結，都是在希望着，最後的勝利一定屬於我們……。

有的行列很整齊，有的是隨便立着的人，是那樣的多，秩序是那樣的整齊，每個人的目光，都注視那古老的城門。

『我們都是神槍手……』『走上前去我們是抗日的游擊隊……』『起來！不願做奴隸的人們……』歌聲一陣陣的響起來了。

『歡送游擊大隊上前線殺敵！』『游擊隊勝利萬歲！』……口號參雜在歌聲中，這寂靜的早晨，立時動盪起來了。

昨天在歡送大會上，沒有來得及送禮的人，現在也拿着禮物趕到了，有遠的，有近的，有男女老幼，有拿着雞蛋，有拿着菓品，還有拿毛巾鞋子。

『我不曾聽說過八路軍新四軍打過敗仗，誰都沒見到過他們有開小差的，……』這裏的百姓們的議論着。

一條長蛇似的隊伍從隆約的城門口中穿出了，他們的精神是健壯的，雄偉的，活潑的，他們是年青的，他們團結，……這條長蛇似的鐵流向前蠕動着。

城內一陣陣的呼喊在嚮着『打倒日本强盜！』『游擊隊勝利萬歲！』……

這是小學、這是商民救國會，這是婦女救國會，這是農民代表，這是新四軍××團隊後方留守處的工作人員。……一街兩行擠滿了人，這條長蛇似的鐵流，就從這人巷中穿過了。口號聲歌聲，……震動了這寂然的天空，在每一個悲壯的口號之下，小小的旗子在每個人的頭上搖一陣。這時候說不出的悲壯熱烈緊張的情緒在每個人的心上，都在淚花花的相望着將拳頭握緊緊的。

每個游擊戰士同志們，個個表示出動殺敵的決心。但同時在這些親愛的同志要別離的當兒，又流露着依戀的樣子一步步的走着，一步步的敬禮，一步步的握別，一步步的囑言。……鐵流渡過了木橋，踏上泥濘不堪行走的小道，通過了很長的人巷，走入了崎嶇的山路。無數人的羣，排着很長的大隊，追隨在這出動戰士同志的後面，前進，前進。

『聽吧！不久勝利的消息就傳來了，某某游擊隊在某某線上殺敵勝利……。』

『看吧！這些神勇的游擊隊，不久凱旋而歸了，這是如何的榮耀。』

『人家游擊隊同志們多麼幸運呀，能夠早去前線殺敵……我們要努力學習，一定不落在他們的後面……』

『……………』

人們都是這樣不同的議論着。

×　×　×

無情的雲又聚起來了，接着又是濛濛的細雨，使這條泥濘的小道，又滑得不能走動，但熱烈的心，是不會被這自然所征服的，歡送的大隊，仍是在後面追隨着，已經走過數里的路程，在一個山嶺上立定了脚步，作暫時最後訣別。

各代表們作了臨別的贈言，政治的鼓勵。

『同志們！暫別了！我代表×××向出動殺敵的你們，致最熱誠的敬禮，你們先前走我們就跟上……。』

『祝你們凱旋而歸，帶着勝利品，祝你們多殺幾個敵人……。』

『……………』

接着這個單的講辭，游擊隊也出來了一位活潑的青年，他答覆了同志們的敬意，他的答辭是那樣有力而悲壯。

『同志們！暫別了，在這個臨別的時候，我代表着游擊大隊的同志們，以熱愛的心情向歡送我們的同志們，表示無限的謝意！我們僅憑着我們的能力來發揮我們應有的抗戰力量，我們絕不負同志們的企望，……我們用熱血和敵人拚……。』

長時間的掌聲震動了山谷。

隨着招手，游擊隊的後影，在崎嶇的山谷中看不見了。但遠遠還聽到『起來！不願作奴隸的人們……』的歌聲。

《新华日报》前方专电：新四军袭击巢县附近石涧铺之敌

中華民國二十七年八月一日 新華日報 星期一 第二版

太湖以西敵受挫折

江南我軍克復沙河以北高地
血戰一週彭湖已入我軍掌握

沿江战况

黃河防汛

文化食糧在前方 本報特派員 漢夫

華北战場

冀東游擊隊
佔領冀熱邊境長城線

我游擊隊克復豐潤縣

論目前戰局——注意敵人沿江躍進 葉劍英

我團攻擊張店劉敵

敵國人力竭蹶徵抽僧道參戰

敵又用毒氣毒彈

晉西我軍襲擊中陽

蘇浙战況

餘杭一帶游擊隊進擊敵軍

華南形勢

閩各地壯丁踴躍入伍

敵艦擾鼓浪嶼

敵汽油儲藏處失火

敵寇暴行

寇軍炙食我平民

德安天主教堂被炸燬

黃濤談南澳我軍奮鬥 表現百粵民氣不可侮

法三大報記者 若聖雷諾將抵昆明

《新华日报》1938年8月1日第2版整版

（本報前方專電）新四軍第×支隊一部二十九日襲擊巢縣附近石澗鋪之敵，將敵全部消滅，繳獲長短槍百餘枝。

（中央社南昌卅一日電）卅一日，我軍由沙河南昌鋪向九江之敵襲擊，紗帽山西北，至沙河東北校村一帶高地，完全奪回，午後敵市川支隊，復向我砲擊，協同步騎兵來犯，發生激烈之爭奪戰，紗帽山一帶高地，仍在我軍固守中。

（中央社鄱陽新廿一日電）南潯方面我敵仍在沙河以南相持，卅一日無激戰，沿江之馬頭附近及瑞昌以東，無敵情。

（中央社德安卅一日電）敵主力向在星子附近，未南犯；連日企圖在沙洲站以北，突破鐵路線，被我軍迎擊堵截，已後退。賽湖東南岸及沙河一帶，在激戰中。敵在鄱陽湖西岸，約有三個混成旅。

《新华日报》31日专电：新四军袭击石涧铺之敌

中華民國二十七年八月二日　星期二　新華日報　第二版

我攻潛山斃敵千餘
九江以南正激戰中

沿江戰況

武漢動委會今日成立

皖東戰況

夏邑民衆武裝殺敵

華北戰況

我攻克晉城陽城沁水
華北游擊隊聲勢浩大

滇中的選縣

豫氏敵有道撲吳王渡企圖

蘇浙戰況

我游擊隊在滬郊活躍

英總領及工部局
向敵方提出抗議

華南形勢

南潯守軍發揮游擊戰

我克東台如皋爲各重要據點

滬杭敵軍有增加
企圖犯我浙贛路

政治要聞

汪精衛先生解釋
中央各機關遷渝原因

行政院昨舉行會議
任命王纘緒爲川主席
張羣爲重慶行營主任

鄂兵役機關實行改組

敵在安慶
擄掠兒童

《新华日报》1938年8月2日第2版整版

（本報卅一日專電）一、新四軍×支隊一部二十九日襲擊石澗鋪之敵，將敵全部消滅，繳獲長短槍百餘枝。二、巢三河鋪各有敵三百餘人，黃洛河運漕各有敵百餘人，舒城之桃鎮，有敵百餘人。三、淮南路現已改爲汽車路，現敵仍在大批强迫附近居民趕修中。

关于新四军战地服务团

《新华日报》1938年8月3日第4版整版

地方通訊

關於新四軍戰地服務團

一

姚念

我們的戰地服務團，是一個擁有幾百個團員的組織。其中有留學生、大學教授、大學生、中學生、有先進的工人，有年紀僅從九歲到十三歲的兒童，也有不少從前過着小姐生活的女同志。我們大家俱抱了一個堅强的決心：把我們個人的生命和一切幸福，都獻給中華民族的解放事業，獻給未來的新中國！

（一）我們是怎樣生活着？

我們，服務團同志是怎樣生活着呢？這也許是大家最先注意到的。記得項副軍長曾和我們說過：『服務團同志是非武裝的戰鬥員，是政治工作的幹部人材。』一般說來，我們是跟隨着部隊，生活在戰鬥的環境裏，這樣，我們的生活便要做到最低限度的軍隊化，和集體化。

從裝束上看來，我們是一個士兵。就是從生活上說來，我們也的確像一個士兵。不但我們所要用的東西要自己揹，而且我們還要輪流的揹槍，担米。說我們苦嗎，那可不竟然，因爲肉體上的痛苦，終敵不過我們精神上的愉快。

新四軍的物質條件是相當苦的，一般講來，除了那每天上下一律的三餐之外，零用錢是極少的；可是服務團同志在這點上却被優待着，因爲他們知道服務團的同志，向來是過着較好生活。所以每月的零用錢，居然能領到和副軍長一樣的最高數目——五元。

我們的生活是緊張的，同時也是嚴肅的，而且又是活潑的。我們靈活的運用作息表，出操，工作，學習，休息。

每隔幾天，我們便開一次生活檢討會，把我們幾天中生活的優點和缺點都指出來：優點發揚它，缺點改正它。

（二）我們是怎樣學習的？

歷史的巨人列甯同志說過：『沒有革命的理論，就沒有革命的行動。』所以我們服務團的同志，大家俱不放鬆學習的機會，不斷的教育自己，提高自己的政治認識，以及堅强自己的抗戰意志。

新參加的同志，跟着老的同志邊走邊學着歌詠。排戲的同志們因爲他們每一到宿營地，便要出台表演，沒有長的時間給他們準備，所以許多他們的台詞也就是在出發時邊走邊唸熟的。假如我們在宿營地有一天以上的住宿時，那麽，我們的首長：副軍長，參謀長，政治部主任，便會在百忙中抽出時間給我們講課。我們的課室，就是大村蔭，或者就是大路邊。上過課後，便分組的討論着當天所講的課題，如果發覺有什麽在討論會中不能解決的疑點，那麽我們的首長就重新爲我們解答。除了講課之外政治部還不時的指定幾個政治題目給同志們作政治測驗。

（三）我們是怎樣工作的？

不放鬆一處地方的羣衆工作，不放過一塊空白的牆壁，這就是我們工作的方法。因爲在羣衆的集合裏，在牆頭壁角上，服務團常能留下很深的印象和痕跡。

一般的說，我們的工作是宣傳，鼓勵和組織。在組織方面，我們因爲許多客觀的環境，還不能盡量發展，但我們已組織了婦女動員會，和兒童歌詠隊等。

這兒還應該特別提到的，就是家庭訪問，軍民聯歡，和慰勞傷兵等類的工作，已得到很好的效果。

家庭訪問工作，特別是女同志們做的最有成績。很多的婦女同胞都給她們深深的感動了。記得有一處地方的許多老百姓，稱我們的女同志爲「花將軍」。

說到軍民聯歡會，那是我們和地方當局以及老百姓打成一片的盛會。這會中的主席團都是地方當局主持，節目由我們担任，但時常也由當地學校機關或救亡團體來客串。這樣，我們便在廣大的羣衆集合中，說明本軍在蔣委員長領導下，堅决抗戰到底的決心，以及鼓勵民衆抗敵情緒，和軍民合作之重要。

在我們宿營地附近，假如有傷兵醫院的話，我們便到那兒去慰勞受了傷的英勇的戰士，爲他們寫家信，詢問前線情形，並教他們唱救亡歌曲。記得在××，我們出發時，幾百位掛彩同志手裏拿着小旗子，排成整齊的隊伍，大呼着口號來歡送我們。在××時，還有許多受傷較輕的同志，很誠懇的給我們打草鞋，從此就可以看出傷兵同志對於服務團的感想。以上就是我們新四軍的戰地服務團的生活和工作的概況。我們知道在工作上還有許多缺點，所以我們還是時時刻刻地在學習，工作，並從學習和工作中來訓練我們的集團。

二

侯清白

（一）我們的早晨

晨光熹微中，値日隊長撮了個電木哨子，在嘴邊「噓」的一聲，就像霹雷似的驚得同志們從軍毯裏跳了起來，毫不遲疑的穿上全副武裝，很熱練的摺疊了軍毯，有次序的整理了內務。

十分鐘後，第二次的哨子響了；在一塊平正的草坪上，同志們列成了幾行縱隊，有男的，有女的，有兒童；都聽候隊長的點名，接着是一二一的齊步走，一二三四的跑步，還有頭部、腰部、四肢的柔軟操。

太陽從晨霧裏透進了每家屋子的窗戶，照見了每間房裏的陳設。這時候早操還在繼續中，同志們的寢室裏，祇有一個値日的在打掃，靠壁的兩邊地板上，平鋪着一張張灰黑的軍用毯，很齊整的分列兩旁。一個壁角里，放着一張小桌，上面排列着整齊的漱口杯；底下是一雙雙的草鞋，布鞋，膠鞋，是同志們替換用的；左右兩壁，一面掛着一排排的背包，一面是掛着一方方的毛巾。正面的壁上，揭貼着同志們日常修養的標語：

「發揚同志間的友愛」！

「養成快樂活潑的作風」！

「反對自高自大的態度」！

「肅清小資產階級自由散漫的惡習氣」！

「時間就是生命，我們要努力爭取」！

「動作要迅速，思想要敏捷」！

「要注意衛生，維持清潔」！

「遵守鐵的紀律，保持本軍優良的傳統」！

「…………」。

同志們早操回來了。都拿着毛巾和漱口杯，到河邊的清流裏去洗刷隔夜的積汚，操罷的汗滴。回頭就是第三次哨子響，大家用漱口杯盛着稀粥，圍住幾張板桌上的鉛罐，齊向鉛罐裏進攻，要把牠消滅！

（二）我們的學習

「學習學習再學習」，「努力努力再努力」！是同志們日常的兩句口號；所以同志們除了工作和休息的時間外，就一些不放鬆的在努力學習着。

我們的學習方式：是按時上課，個別研究，集體討論。學習的科目：有軍事、政治、經濟、技術等各部門；凡是有關抗戰的革命理論，應用技能，時事分析等，都是同志們所要求瞭解和練習的。

我們除了請學術界的名人，和技術的專門家來講授以外，同志中間也有不少富有學識的人才，像對於繪畫，戲劇，歌詠，日語，舞蹈、體育、寫作等，都可以互相傳授。這因爲我們的同志中，有留學生，大學生，中學生和技術工人的原故。

在上課的時候，不論是在天井裏、操場上、荒野間，一排排的同志們，席地而坐，都靜靜地一面傾聽，一面記錄、個別研究的時候，同志們散在樹蔭下、寢室裏、草地上、膳堂中，默默地進行寫讀工作，尋求他研究的心得。

每隔若干時日的晚上，要舉行學術討論的座談會；同志們預先圍住了長檯上的燭火，傾聽主席指定的同志報告，然後由同志們起來補充，或提出相反的意見，大家踴躍發言，激烈的爭辯，就是在小組研究時，也是這樣，最後就是由主席或主席請定的人來作結論；這樣以後，同志們對某個問題，就有更深刻的理解了。

（三）我們的工作

我們的學習，就是爲了要工作，並且是要在戰地上工作，甚至還要到敵人後方去工作。所以我們的工作是偏重於政治的，對象就是民衆、部隊、和敵軍。對民衆是動員組織，對部隊是鼓勵士氣，對敵軍是渙散他們軍心。我們的學習，完全要配合這些工作，但同時又要在這些工作中來學習，使工作和學習打成一片；因此我們不斷努力的學習，不斷努力的在工作！

我們工作的計劃和分工，有工作組的組織。我們以工作的性質，分成了九個組。分：總務、通訊、繪畫、戲劇、攝影、舞蹈、普通宣傳、羣衆動員、陸台調査。由各組組長指揮組員，照預定的計劃去工作。因爲各組間有密切連繫，所以是各帶專門性的分工合作，容易收到完滿的成績。

每逢什麼紀念節，或每到了新的宿營地，就是我們工作熱情最高的時候；在每個有羣衆的角落裏，都有我們同志的蹤跡；有的街頭演講；有的個別訪問，有的演街頭劇，有的寫貼標語和壁畫，有的教兒童唱歌，組織兒童歌詠隊；這些全是同志們的傑作。

在每次工作完畢以後，就開工作檢討會，把每次工作的經過，提出公開檢討，所有的優點，要保持和發揚，所有的缺點，要改正和克服；所遇的困難，要討論解决；這樣，可使工作時常在進步。

（四）我們的隊伍

我們在行軍中，時常唱着：「我們的隊伍是廣大強壯了。」這不僅是口頭唱唱而已，事實確是這樣：在全國的任何服務團中，决找不出有二百以上的同志，在一個領導之下工作；而且還包含男、女、兒童，各個省籍，各等程度，各個階層。

我們不分男、女、兒童，一樣的待遇，一樣的背着自己的行李，作長途的跋涉。我們都有自覺的紀律，切實的執行傳統的八項注意：就是一、上門板，綑禾草；二、房子掃乾淨；三、說話要和氣；四、買賣要公平；五、借東西要還；六、損壞東西要賠償；七、痾屎找茅廁；八、洗澡避女人。因此，我們在老百姓家宿營，不但不惹老百姓討厭，而且還表示歡迎，臨別要依依不捨。這因爲我們在老百姓家裏住，一些也不妨害他們的工作，反要幫助他們工作。

我們的生活能軍事化，並不是靠首長命令來維持的，這完全是由於同志們有高度的政治覺悟，和發揚自我批評的精神。同志們一有了錯誤，就要接受其他同志的批評。同志間的友愛，也勝如兄弟。

开展中的皖南救亡运动

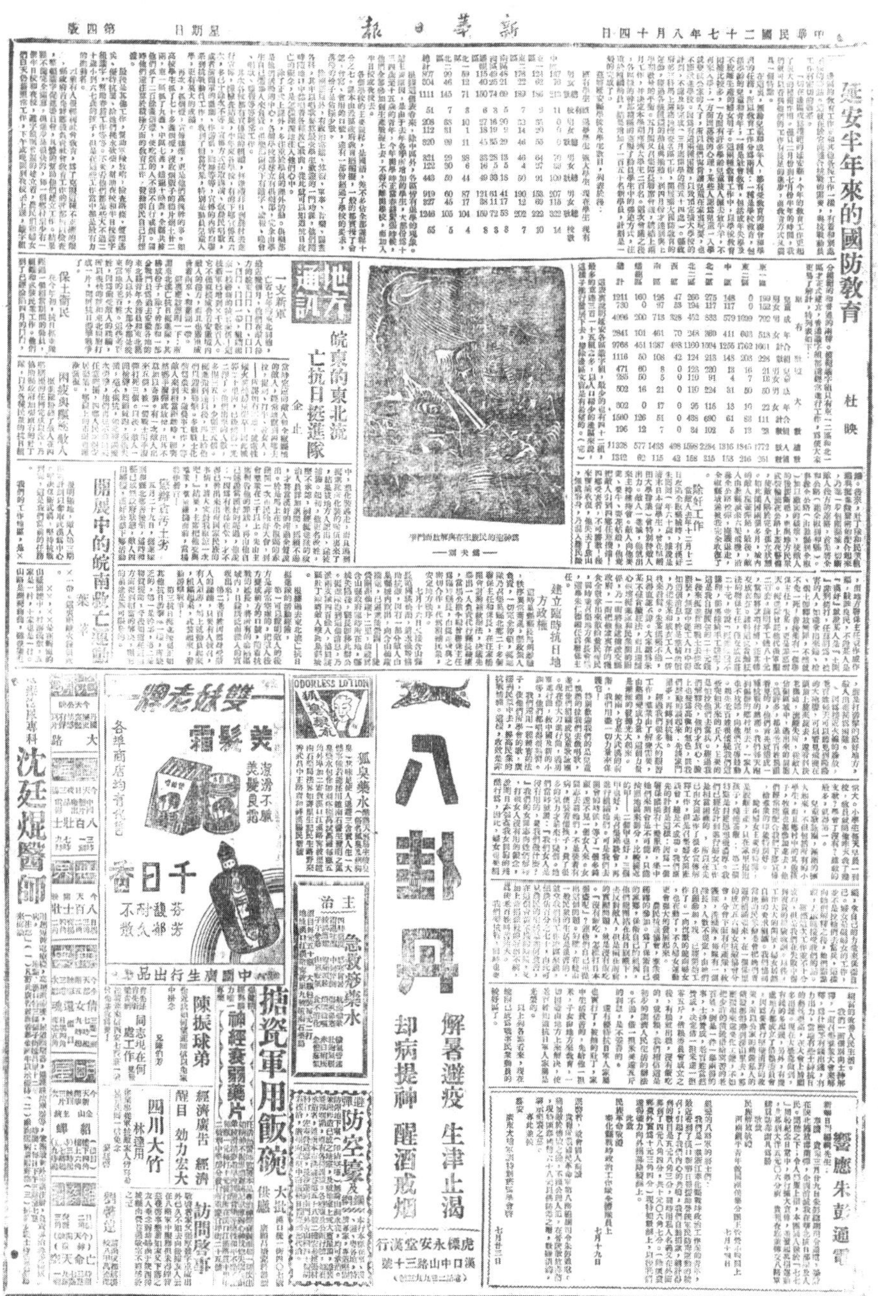
中華民國二十七年八月十四日 新華日報 星期日 第四版

延安半年來的國防教育 杜映

地方通訊

皖東的東北流亡抗日挺進隊 金止

開展中的皖南救亡運動 業辛

建立臨時抗日地方政權

響應朱彭通電

八卦丹

解暑避疫 生津止渴

却病提神 醒酒戒烟

虎標永安堂漢行 漢口中山路三十號

雙妹老牌 美髮霜

千日香

搪瓷軍用飯碗

陳振球弟

四川大竹

沈廷焜醫師

《新华日报》1938年8月14日第4版整版

開展中的皖南救亡運動

葉挺

很明顯地，敵人第三期作戰計劃以奪取武漢爲中心。堅決保衛武漢，堅持抗戰到底，這是我們當前的任務。

我們的工作地區，是××一帶。這裏距離火線很近。

××，××是在蜿蜒的山脈圍繞中，村落疏散，五家是一村，十家也是一村。山路是彎彎曲曲，雖很難走

通讯详文①

，倒是打游擊的最好地方，敵人出進甚爲困難。

因爲接近火線的緣故，老百姓每天可以聽見到隆隆的大砲聲，可以看見飛機在頭頂上旋來旋去，還看到扶老攜幼，流離失所，從敵人佔領區域中，逃出來的同胞。這許多，都是老百姓親眼看見的，他們首先就造成一種抗戰的熱潮。我們每天跑到偏僻的鄉村里去，一家人也不放鬆，向他們宣傳鼓動。起先老百姓很懷疑我們這些突如其來的丘八，主要的是怕拉他們去當兵。經過我們解釋後，他們才放心，臉上也變爲高興的氣色，同我們懇懃的談起來，先談家門里事，再轉到抗戰。

經過我們很多大的艱苦工作，羣衆由了解變需要，由熱潮變成力量，這個力量是漸漸的發揚光大起來。

皖南，它是大武漢的前衛，我們用盡一切力量來保護它！

特別歡迎我們的是兒童，親熱的拉我們去教唱歌，並把他們組織成兒童歌詠團。現在像大刀進行曲，義勇軍進行曲，救中國及新的小調等，他們都唱得很熟習。

我們還用一種競賽的法子，使他們所學會的歌，廣播到民衆中去，提高民衆的抗戰情緒。這樣，收效是非常大。小學生每天早晨一到校，教員就問他昨天教了幾支歌？學會了沒有？誰教的最多，就得第一。

兒童歌詠團，漸漸的擴大起來，不但包括所有的小學生，而且鄉村中的其他孩子，牧童也都參加進去，他們經常能配合我們下鄉宣傳，給羣衆的印象特別好。

皖南婦女主要的特點；是脫離生產，只在家里抱抱孩子，燒燒茶飯；第二個特點是封建思想很濃厚。我們已經估計到進行婦女工作是相當困難的，所以在先已由女同志作了很多宣傳解釋工作，但是召集婦女開座談會，總是不成功。我們原先的計劃是這樣：因爲一個聯保縱橫有十幾里路，集中她們來開會是不可能，只能按照地區來劃分，比較接近的甲——二個甲也好，三個甲也好，先召集座談會，再進行組織她們。可是我們去開會的時候，等了一個多鐘頭，還不見一個女人來。女同志去請她們，不是裝着有病，便裝着懷孩子，費了很多的氣力才請來十幾個。她們當時就說：『我們女人是沒有用的，要我們做什麼？』我們的女同志向她們解釋，打破女人沒有用的觀念，說明日本强姦我女同胞的殘酷行爲，因此，婦女也要組織，拿自己的力量來保衛自己。婦女是做婦女的工作，並不是拉她們去當兵，這樣向她們解釋之後，她們點點頭，表示能接受我們的話。

雖然這次工作並不十分成功，但是我們在失敗中得到寶貴的經驗教訓。以後，工作大大的開展，婦女居然自動的要求組織。我們協同當地的民衆動委會把她們普遍的組織起來，在一個保里的成立五六婦女抗敵協會分會，分會下面有生產隊，救護隊，洗縫隊，每隊有一個隊長，人數不規定，由她們自願參加，現在已經開始工作了。一向沉默的皖南婦女，也在動了，不久婦女運動更會强大的發展起來。

農民抗戰協會，羣衆很踴躍的參加。爲了保衛自己的家鄉，保衛自己的祖國，他們能團結在抗日旗幟下，去反對敵人，但是橫在面前的實際問題，就是沒有飯吃。『沒有飯吃，怎樣打日本强盜呢』？連他們自己也提出這個問題。的確，在皖南一般民衆的生活是很苦的，就拿我們向工作地區來說，佃農佔百分之七十，由此可見農民的生活是如何貧苦，在這個青黃不接的時候，又加上苛捐雜稅的層出不窮，眞使老百姓叫苦連天。

我們要抗戰，同時也要相當的改善人民生活。

我們一面個別向士紳解釋，一面召集羣衆大會來解釋，爲什麼要有錢出錢，有力出力，當地有些士紳抗日的熱忱很高，在大會上情願多出錢。現在大概能做到，有錢的多出錢，另外，有幾處地方都成立了借糧委員會，因爲要實行堅壁清野的政策，所以公家的積穀私人的積穀都得搬到深山里去，那麼搬起來還要化工錢，不如把少許的積穀借給窮苦的老百姓，倒是一件一舉兩得的事，士紳贊成，老百姓當然贊成，決定借一担米還一担零五斤，借糧委員會成立之後，有糧就出糧，沒有飯吃的，就借糧，我們相信這是初步的調濟人民生活的辦法。不過，借一担米要還五斤的利息，是不妥善的。

還有優待抗日軍人家屬也實行了，被抽的壯丁，家中生活貧苦的，先給他一担米，子女由地方來教育，一切困難由地方上來解決，使老百姓知道抗日軍人家屬是光榮的。

以上列各點看來，現在皖南已成爲戰事民衆動員的較好區了。

新四军一度攻入句容

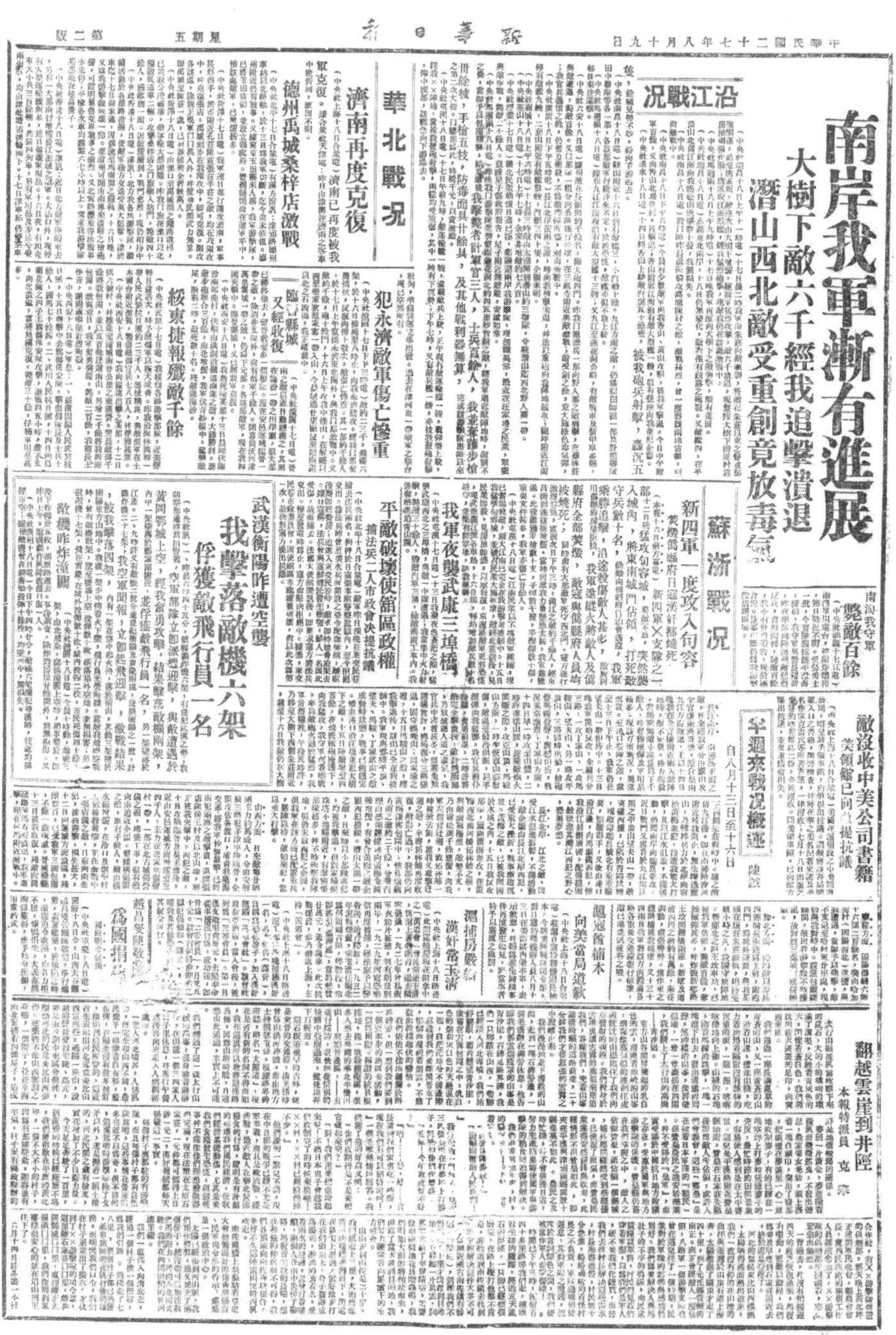

《新华日报》1938年8月19日第2版整版

蘇浙戰況

新四軍一度攻入句容

焚燬偽縣府日寇漢奸都燒死

（本報十六日前方專電）新四軍×支隊之一部十二日晚猛攻句容城，乘敵不意，突然襲入城內，將東南城門佔領，打死敵守兵數十名，餘敵向偽縣府自治會逃竄，我軍乘勝追擊，沿途殺傷敵人甚多，敵旋利用偽縣府房屋拒抗，我軍遂縱火將敵人及偽縣府全部焚燬，敵寇與偽縣府人員均被燒死；同時尚有大部敵軍死守西北門，雙方進行激烈巷戰，直到次日下午三時，鎮江之敵約千餘人，經東昌街到達該城增援。當時因敵我力量懸殊太甚，我軍遂撤退。此役繳獲步槍數十支，子彈數千發，手溜彈數十個，重要文件甚多，我軍亦傷亡廿餘人。

（中央社屯溪十八日電）江南民衆以不堪敵軍蹂躪，現已奮起殺敵，刻大江南已完全在我游擊隊控制中。十五日我猛襲句容城，並號召民衆大施破壞，敵經此重創後，見民衆即殺，見房屋即燒，以示報復。京滬路敵軍更形恐慌，現武進鎮江間各車站，十六日起，每站增加敵兵數十名駐守，並築有防空壕，防我進襲。

消息详文

甘棠镇的一天工作

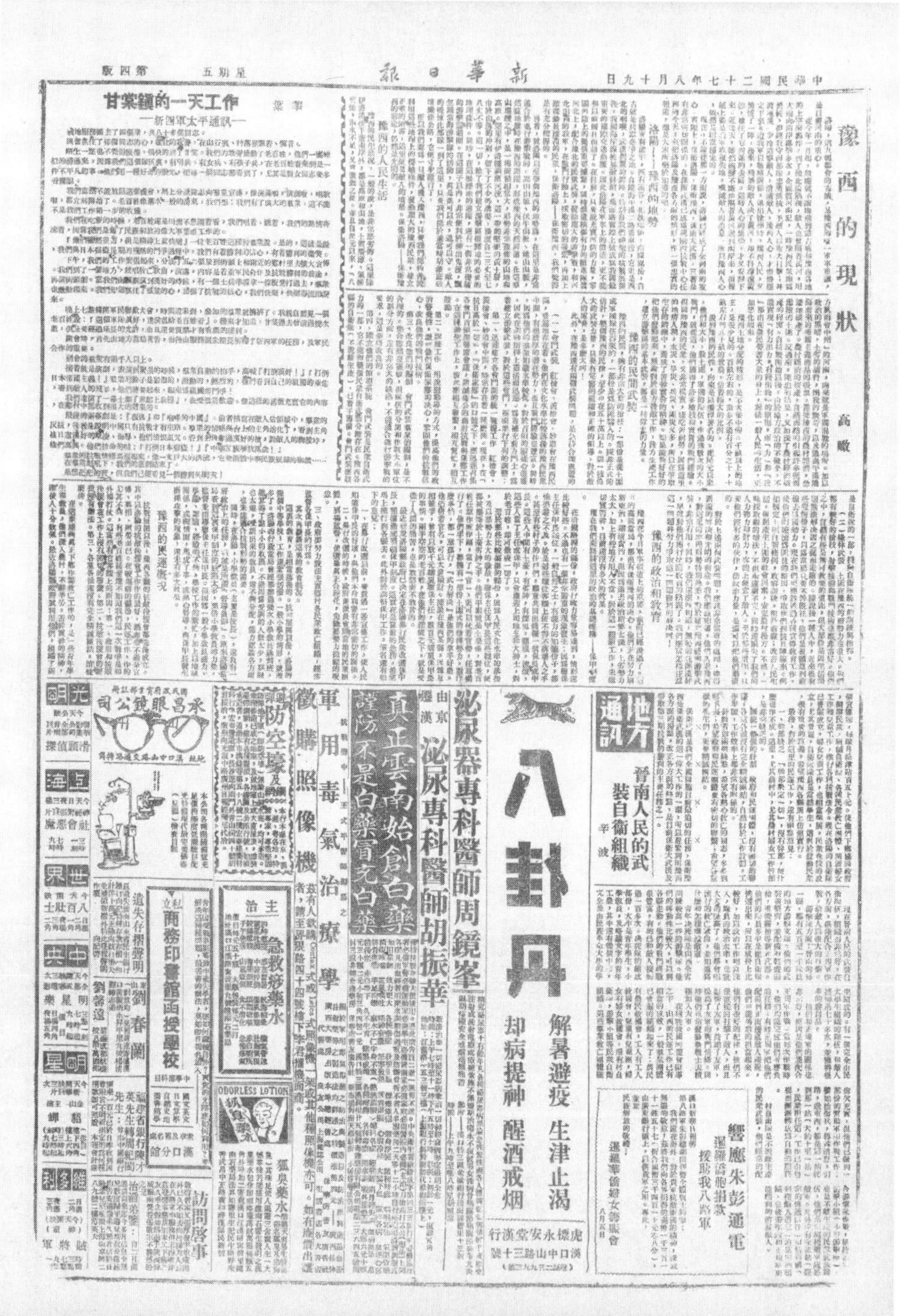
中華民國二十七年八月十九日 新華日報 星期五 第四版

甘棠鎮的一天工作

豫西的現狀

八卦丹

《新华日报》1938年8月19日第4版整版

甘棠鎮的一天工作　葉莘

—新四軍太平通訊—

戰地服務團去了四個隊，共八十多個同志。

興奮抓住了每個同志的心，雄壯的歌聲，在山谷裏、村落里飄着、飄着。

路上一點也不覺得疲倦，很快的到了甘棠。我們的歌聲驚動了老百姓，他們一窩蜂似的湧過來，因爲我們這個隊伍裏，有男兵，有女兵、有孩子兵，在老百姓看來倒是一件不平凡的事。他們用一種好奇的眼光，把每一個同志都看到了，尤其是對女同志要多看幾眼。

我們當然不能放鬆這個機會，馬上分派同志向羣衆宣傳，像演講啦，演劇啦，唱歌啦，都立刻開始了。老百姓像潮水一般的湧來，我們想：我們有了廣大的羣衆，這不能不是我們工作第一步的收獲。

我們在吃飯的時候，老百姓還是川流不息圍着看，我們唱着、跳着，我們的熱情奔流着，因爲我們是爲了民族解放的偉大事業而工作的。

『他們雖然很苦，但是精神上眞快樂』一位老百姓這樣對羣衆說。是的，這就是說，我們與日本强盜長期的殘酷的鬥爭過程中，我們有着勝利的信心，有着勝利的微笑。

下午，我們的工作緊張起來，分成了五六個隊到街頭上和附近的鄉村里去擴大宣傳。我們到了一個地方，就唱救亡歌曲，演講，內容是着重軍民合作及抗戰勝利的前途，再演街頭劇。當我們街頭劇演到漢奸的時候，有一個士兵準備拿一條板凳打過去，羣衆也激動起來。我們知道抓住了羣衆的心，加强了抗戰的信心，我們快樂，快樂得流出淚來。

晚上七點鐘開軍民聯歡大會，時間還未到，參加的羣衆就擁擠了。我親自聽見一個老百姓說：『這個軍隊眞好，還演戲給老百姓看』。後來才知道，甘棠過去曾演過幾次戲，但是要經過保長的允許，而且還要買票才有看戲的權利。

開會時，首先由地方當局報告，而後由服務團朱團長解釋了新四軍的任務，及軍民合作的重要。

到會的羣衆有兩千人以上。

接着就是演劇，表演到緊張的時候，羣衆自動的拍手，高喊『打倒漢奸！』『打倒日本帝國主義！』羣衆的臉子是嚴肅的，激動的，熱烈的，他們看到自己的祖國的垂危，看到敵人的殘暴，他們將要起來，起來爲祖國而鬥爭！

我們還演了一幕土劇『送郎上前線』，很受羣衆歡迎。像這樣的舊戲充實它的內容，在鄉村中能收到很大的效果的。

最後的兩幕劇是：『復仇』和『咆哮的中國』。前者描寫在敵人佔領城中，羣衆的反抗，後者是說明中國只有抗戰才有生路。羣衆的情緒與台上的主角溶化了，看到主角被日寇漢奸的欺凌、侮辱、他們憤恨詛咒。看到主角奪過漢奸的槍，對敵人的胸膛時，他們高興。他們拚命的喊：『打倒日本强盜！』『中華民族解放萬歲！』

羣衆的抗戰情緒高漲起來，像一支巨大的洪流，它要衝毀中華民族奴隸的枷鎖……

在羣衆怒吼下，我們的戲劇結束了。

是黑茫茫的夜，但我們已經看見一個勝利的明天！

抗战声中的泾县

中華民國二十七年八月二十日　新華日報　星期六　第四版

八月二十之回憶　何香凝

回憶廖仲愷先生的片斷　葉劍英

地方通訊　抗戰聲中的涇縣　敦寬

河南江左鎮的民衆　默丁

《新华日报》1938年8月20日第4版整版

地方通訊

抗戰聲中的涇縣

敎寬

涇縣是皖南的一個縣份，在青弋江旁，北通南陵、蕪湖，南通皖浙交界的徽州。自從蕪宣失陷，大通、繁昌告急之後，涇縣就也成了最前線了。而青弋江更具有重要的意義。因爲敵人不攻皖南則已，若攻皖南，惟一的交通大道除宣歙公路外，就當推這條河流。所以在這種情形之下，當地民衆動員工作的情形，也許很値得我們注意。

這裏本有一個動員委員會，係成立於去年九月間，成立的經過是這樣：當宣城失陷的時候，涇縣的地方秩序很紊亂，到了年底×××軍駐涇縣時，方才恢復原狀。軍長就發起組織涇縣動員委員會和一個軍政幹部訓練所。召集當地父老紳士開會，討論救亡及保衛涇縣的問題。後來又由軍政幹部訓練所派人負責訓練壯丁，凡十八歲至四十五歲的人，均須到所訓練。後來由地方農民開會，決定爲了適應當地生產的需要，分爲兩期：第一期受訓十八歲至三十五歲，第二期受訓由三十六歲至四十五歲。第一期受訓成績，僅就一個小鄉來說，爲數就達九百餘人，時間經兩個多月，至五月八日，在縣經總動員委員會校閱後，因春耕緊迫，即暫時告一結束。

到了今年底，紀律嚴密的新四軍到了當地，經過多方的推動和努力，就組織了現在的所謂涇縣民衆動員會，工作是一天天的緊張起來，此外並又組織了工商動委會及難民後援會等。同時還有十幾個婦女識字運動班和壁報編寫處等。

自從這個組織動員之後，就影響到各縣各區的民衆，如雲嶺、茂林、楊村、曹村四處動員委員會分會，就於此時自動成立；婦女救亡協會、農民代辦所等團體，也如雨後春筍一樣蓬勃而生了。

農民們也感覺到日本鬼子的殘暴和時局的迫切，以及從各處逃來的難民的口中所聽到的日寇屠殺和姦淫婦女的情形，他們覺到惟有開展游擊戰爭，保衛自己的田園家產，保護自己的父母妻子，是別無他法。在這種情形之下，他們就派了代表到縣府去請願，要求答應他們成立農民救亡會，取消僱傭兵役制，代替以義務兵役制，改善農村經濟，派人指導生產；同時他們自己也担承三種工作：第一負責捕緝漢奸；第二組織游擊隊深入敵區；第三每人每月捐出衣食費兩毛，作爲救濟流亡難民及慰勞傷兵之用。

關於農民緝拿漢奸的情形，可舉幾個例子在此地。前月十八日有一個從茂林歸來的老百姓說：不久前有一個漢奸假裝乞丐模樣潛入茂林，被當地農民捉住。又有一次當敵機轟炸南陵的時候，一個年青的傢伙，穿着白色學生裝從七塘小路過來，適巧這時有一個農民在田裏耙草，看見他形跡可疑，便問他從那裏來，他說太平來。農民又問他從太平來，爲什麼走這條小路，他慌了，自料無法應付，就想逃跑，但後來終被農民們捉住。審問的結果，他原來是皖北人，並在他的身上搜出某軍槍彈統計表及各關兵力配置略圖各一份。從此農民們就更加深警惕，凡是生人到了當地，都要盤查。

尤其是自從新四軍部隊到來之後，他們到處做救亡工作：演講、表演、唱歌等，同時使這一帶的毗連的縣份也組織起農民訓練班、地方自衛隊。更有一般女同志，天天和老百姓在一起，爲老百姓們服務，解釋前綫的戰況，由於她們的影響之下，許多守舊的婦女，都走出了大門積極參加各種救亡工作，和當地的農民們一起來保衛涇縣！

河南江左鎮的民衆

默丁

高大而雄偉的山巒，在江左鎮的四周倔強地聳立着，它扼住隴海路西去要道，現在這處地方的民衆是動員起來了。在江左鎮以及其外圍的村子的街頭巷尾，你可以看到那忙碌而興奮的一幕——學生大隊的伙伴們，他們的足跡，踏遍了每一個有人烟的地方，他們的歌聲，喚醒了每個角落里正在酣睡的人們，漫畫、壁報、標語成了人們談話的材料，幾次話劇的公演，會換了這兒人們的很多的同情淚。『日本軍閥是我們的死敵』，這幾個字在每個人的腦海裏印得很深。『拿起刀槍保衛家鄉

《新华日报》20日前方专电

新華日報
中華民國二十七年八月二十一日 星期日 第二版

都昌方面敵我激戰
我奪回丁家山擊退大樹下敵
北岸敵軍主力集結宿松西北

沿江戰況

華北戰況
八路軍克復泗水
該軍曾一度攻入濟南城
津浦北段交通大部被毀

滄州靈山一帶
二萬餘僞軍反正

辛店敵我激戰中

美寄胤雜誌
時被盜竊

太原離石
我軍推進

山東平原縣長
馬士宏被俘不屈服
痛罵漢奸叛國無恥
隨從姜某拔刀自刎

豫北沁博敵陷我重圍
道清敵兵多人厭戰潛逃

蘇浙戰況
餘杭富陽戰事激烈

政治要聞
中國國民黨中央
九月中將開中全會議
國民參政會各項決議
政府正在辦理執行中

三民主義青年團
組織中央團部幹事會

宋慶齡先生昨日抵粵

于院長昨日飛抵重慶

敵寇暴行
寇機昨襲粵漢廣九路
南澳失陷後
獸軍肆行焚殺刼掠

八百壯士團旗
工部局交還謝團長

平陽毒炸法教堂
法派重抗議敵暴行

渝各界下午旗
紀念廖仲凱

警備司令部
槍斃兩漢奸

師長薛蔚英
貽誤軍機
執行槍決

最後消息
小協約國政治會議

意拒不撤退干涉軍

石家莊西南三角地
本報特派員

《新华日报》1938年8月21日第2版整版

（本報二十日前方專電）一、新四軍×支隊之張團一部，於十五日晚襲擊盤踞龍潭下蜀間倉頭橋之敵約百餘人，經我突然猛擊，敵一聞槍聲即驚惶逃走。我軍乘勝猛攻，打死敵軍八名，傷十餘名，餘四處逃竄。此役計繳獲步槍十餘支，炸彈兩箱，子彈二千餘發，機槍套一個，呢大衣八件，其他軍用品甚多。我傷排長指導員各一，戰士傷亡共六名。二、句容城之敵自被新四軍圍攻後，敵現增至六百餘人，不許民衆入城，見人即開槍射擊，甚爲恐慌。

新四军痛击敌寇

《新华日报》1938年8月26日第2版整版

蘇浙戰況

發動地方武裝

新四軍痛擊敵寇

京鎮間敵兵車遭襲擊傾覆

（本報二十四日前方專電）遲到：一、新四軍□支隊一部，卅日夜撲滅南京鎮江間高資鎮敵之綏靖隊，獲駁殼槍四枝，手槍一枝，步槍十四枝，斃敵十五人，俘數人；駐下蜀之敵愴惶退集龍潭，駐高資敵百餘人不敢來援，殘敵狼狽竄往鎮江，我乘機大量破壞鐵路，現鎮江南京間交通已斷絕三日。二、該支隊另一部配合地方武裝，廿九日在丹陽北之孔家村東吳橋附近，破壞鐵道一段，鎮江開上海敵軍車一列當被顛覆，我乘機猛擊，當即斃敵數十人，內軍官五人，嗣因敵援大至，我乃安全撤退，毫無傷亡。三、該支隊另一部卅日夜在丹陽鎮江間之西山背破壞鐵道一段，并伏擊敵由鎮江東開火車一列，斃敵十餘人，我亦傷亡十餘人，現鎮江丹陽間交通亦已斷絕兩日。

消息详文

军民合作破坏交通，新四军准备粉碎围攻

中華民國二十七年八月二十七日 星期六 第二版

新華日報

反攻瑞昌形勢轉佳
星子南牛尾墩已被我克復
我擊退沿桃六公路西犯敵

沿江戰況

華北戰況

冀東偽軍全瓦解

八路軍克復滿城
偽軍四百餘全部反正
城安東毀敵汽車十餘

蘇浙戰況

軍民合作破壞交通
新四軍準備粉碎圍攻

晉南大捷戰之始末

美政府將向日提交涉

周部長佛海昨發表談話

政治消息

敵寇暴行

《新华日报》1938年8月27日第2版整版

軍民合作破壞交通

新四軍準備粉碎圍攻

珥陵鎮激戰斃敵少將司令

（本報廿四日前方專電）（遲到）一、我新四軍□支隊一部廿二日動員當地民衆四千餘人，配合□□軍之一部及□□地方游擊隊在東昌街、天王寺一帶，破壞公路十餘段，每段長二三里，深三四尺。毀橋樑五座，電綫電桿卅餘里，仍在繼續破壞中。另一部將**溧水天王寺間之公路橋樑均予澈底破壞。**

二、南京向秣陵關、陶吳鎮前進之敵千餘人，本月廿六日進抵丹陽鎮。由采石東進之敵千餘到霍里、石馬附近。當塗東進之敵三四百人到護駕墩附近。句容、天王寺增敵六百餘人。溧陽西北之謝村亦到敵，似係溧陽敵丹生部隊。另蕪湖進抵清水河之敵亦有配合向我進攻模樣。**我正準備粉碎敵各路圍攻。**

（中央社屯溪廿六日電）溧陽南渡一帶之敵，近增至三千餘，金壇、薛埠、天王寺、溧水各地之敵，前增至五六千，刻有他調模樣。

（中央社屯溪廿六日電）我□挺進隊廿三日晨在珥陵鎮附近發現敵汽艇七艘，拖民船十餘隻，載兵數百，向金壇及丹陽輸運。我當由間道繞至敵前設伏，待敵艇迫近，當猛烈襲擊。敵登岸抵抗，我官兵奮不顧身，衝入敵陣，一時刀光血影，至爲壯烈。激戰至下午二時，**將敵全數殲滅。計斃敵少將司令官一員，俘獲甚多。**內有重要參謀一員，輕機槍二挺，擲彈筒十餘枚，步手槍無算，輜重數船，刻正清查中。是役我方亦有壯烈犧牲。

（中央社宜溧二十六日電）敵入見部，篠井部，鈴木部計三千五百人，馬五百六十匹，近由錫赴宜，軍容不整。現錫宜錫澄兩路，每日有敵汽車五六輛，滿載敵兵往返，虛張聲勢。又京滬路錫鎮間鐵路公路橋樑均被我破壞，交通完全斷絕。刻江南熱血青年紛起組織游擊隊。

（中央社香港廿五日電）滬訊：江北新生港息，東台、鹽城被我游擊隊克復後，現已包圍如皋。南通方面，亦發

新四军捷报（8月27日前方专电）

中華民國二十七年八月三十日 星期二 新華日報 第二版

我軍全線反攻瑞昌

敵屢犯磨山我軍英勇擊退 六安東北兩門敵我激戰中

沿江戰況

華北戰況

八路軍邢台告捷

我軍向濟南市區進迫

津浦路濟線我聲勢日大

蘇浙戰況

新四軍捷報

天馬山粉碎敵陸空軍會攻 舒城桐城我奮勇衝鋒殲敵

蘇北各縣次第克復

朝鮮士兵厭戰被看管

美艦摩羅卡西號安全

招待外國記者席上 郭廳長談團結抗戰

保衛武漢中國共團結更鞏固 敵造謠煽惑離間感情均失敗

半週來戰況撮述

敵寇暴行

敵機昨狂炸京山

最後消息

餘杭富陽指日可下

《新华日报》1938年8月30日第2版整版

蘇浙戰况

新四軍捷報

天馬山粉碎敵陸空軍會攻
舒城桐城我奮勇衝鋒殲敵

（本報廿七日前方專電）一、新四軍口支隊一部，廿三日在丹陽東南車頭橋附近，配合隔河友軍口部夾擊由金壇北駛敵汽艇六艘，當即斃敵廿餘人。餘敵登岸頑抗，經我反覆突擊，幷抄擊敵後，卒將其大部消滅，殘餘小部向丹陽潰竄。擊斃敵人除墜落水中外，東岸遺屍卅餘具，生俘一人，獲槍數枝，其餘大部槍枝被敵拋置河內，正撈取中。是役我傷亡連長二，亡一戰士，傷廿餘人。二、口支隊一部配合民衆在天王寺句容間破壞公路，適敵汽車駛來，當經猛烈突擊，斃敵十餘人，毁汽車一輛。三、廿六日敵步騎千餘，配砲數門，飛機十餘架，向我天馬山鷄籠山一帶猛攻，經口門支隊分出敵軍前後左右猛烈突擊，激戰終日，予敵重創，敵毫無進展。四、口門支隊一部，廿六日晚襲擊舒城桐城間大樹街之敵數百人，經我猛烈衝鋒：連續突破敵人三道工事，斃敵無算，繳獲馬步槍廿餘枝，望遠鏡一架，其他軍用品甚多。

消息详文

新四军进袭南京

《新华日报》1938年8月31日第2版整版

蘇浙戰況

新四軍進襲南京

麒麟門激戰痛創敵寇

漢奸傀儡喪胆將逃遁

圍攻丹陽敵狼狽撤退

（本報廿九日前方專電）一、新四軍□□支隊之一部，廿四日，襲擊南京麒麟門，與敵激戰約二小時，斃敵甚多。嗣敵千餘人配坦克車廿餘輛增援，我乃安全撤退。該支隊另一部將湯水麒麟門間公路破壞數段。南京附近經我連次襲擊後，敵僞異常恐慌，一日數驚。漢奸傀儡多準備逃遁。二、□□支隊一部二十五日在二聖橋附近伏擊敵掩護修路部隊，斃敵二十餘人，我亦傷亡七人。該支隊另一部，二十三日在句容湯水間破壞公路數段。三、進佔丹陽鎮之敵，經我連日襲擊，損傷頗多。十八日已狼狽撤退。

消息详文

新四军捷报(9月3日前方专电)

《新华日报》1938年9月6日第2版整版

蘇皖戰況

新口軍捷報

合肥桐城間予敵重創
當塗一帶我斬獲頗多

（本報三日前方專電）一、我新冂軍第冂支隊一部，一日在桐城南項家河附近伏擊敵由桐城南開汽車數輛，騎兵數十，經我猛烈突擊，當斃敵卅餘人，獲槍十餘支，子彈四箱，其他軍用品文件等甚多，並毀敵汽車一輛。同日該支隊并將附近之楊橋完全燒毀。二、第冂支隊另一部上月卅日在合肥舒城間之董家崗附近伏擊敵汽車一輛，斃敵卅餘人，獲軍用品甚多。三、冂支隊一部上月廿五日午在雞籠山與敵激戰，結果斃敵廿餘人，我方無傷亡，獲敵作戰命令，石井旅團作戰命令地圖文件等及軍用品甚多。四、冂支隊一部上月廿六日伏擊敵由小丹陽駛當塗車一輛，斃敵十餘，傷廿餘，車被擊毀，獲軍用品甚多。

消息详文

新四军复奏奇功

中華民國二十七年九月七日 新華日報 星期三 第二版

瑞馬間我反攻順利
廣濟東南一帶山地敵我對峙
犯固始敵三面推進被我驅逐

保定僞軍千餘反正

滬地同胞 踴躍獻金

華南形勢
敵寇圖騷擾粵閩沿海 敵航空母艦一艘抵金門

敵寇暴行
武漢八月份空襲統計

蘇皖戰況
安慶桐城一帶
新四軍復奏奇功
毀敵汽車卅餘輛有斬獲

華北戰況
我軍克復陶林
離石敵犯喬家溝
敵三路猛犯溫縣

津浦南段固鎮收復

晉察綏邊的游擊戰

政治要聞
國府訓令軍政各機關 切實保障人民權利
向蔣委員長獻旗致敬
國民參政會 駐會委會週內可開成
魯災民呼籲 請續發賑款普遍救濟

最後消息
敵軍犯岷山大敗潰退
我反攻黃梅又獲勝
黑石渡敵潰退霍山
希特勒發表宣言

俘虜痛恨敵軍閥
歐亞機被襲經過詳情
滬敵刺傷我工友
津英法租界 戒備敵擾亂
敵在張莊屠殺民衆
南昌遭空襲 擊落敵機兩架

《新华日报》1938年9月7日第2版整版

蘇皖戰況

安慶桐城一帶

新门軍復奏奇功

毀敵汽車卅餘輛續有斬獲

（本報六日前方專電）一、我新门軍在葉項指揮下，门支隊一部，一日在桐城潛山公路之范家崗附近，伏擊敵南開汽車數輛。當經兩路猛烈突擊，除先頭車輛狼狽兎脫，斃傷不計外，當場擊毀敵車一輛，內有敵官兵十餘人，并有形似门门人者三人，獲長短槍八支，子彈四箱，文件數十件，其餘軍用品甚多。我受傷五名。二、门支隊另一部，三日在棋盤嶺附近伏擊敵由安慶開桐城汽車八十餘輛，被我擊毀三十餘輛，斃敵四十餘人，獲槍廿一支，文件彈藥及其他軍用品甚多。嗣安慶敵步騎坦克車大部來援，我乃安全轉移。我陣亡一人，傷五人。

積極破壞敵軍交通

（中央社屯溪六日電）江南我軍，協同各當地民衆積極破壞公路鐵路，一星期來成績如次：一、宜與公路被破壞橋樑二座，毀路面三段。二、廿四日晚，破壞武進東三里之上莊鐵橋一座，毀鐵軌一段。三、卅日在車山口九江間設伏狙擊由珠琳鎮西犯之敵，斃敵卅餘，獲手槍一支。四、灣蕪間鐵路，廿八日全被破壞，現尚未修復。

消息详文

新四军教导队写信慰劳友军

中華民國二十七年九月十二日 新華日報 星期一 第三版

捷克問題

向漢倫黨讓步後
捷總統發表對德妥協演說
明日談判少數民族問題要目
全歐注視捷局德續攻擊捷克

國聯
我代表進行會外談話
堅主實施第十七條
不制裁日寇我或將退出國聯
蘇外長請英法考慮退讓惡果

救亡消息
武漢印刷工會
歡送工友上前線
擴大徵募寒衣運動
限期組成工作隊

蘇聯 兒童射擊賽
美國準備參加 汎美會議
法國內閣 定今日舉行會議
奧斯陸公約國開會
蘇台區歷史與反法西運動

英內閣發表聲明
不再向德提警告
以英法軍力阻德

德國
德西方邊境
實行封鎖領空

蘇聯
莫斯科軍區秋操畢

短評 我代表在國聯的活動

簡訊

卅萬封慰勞信運動
新四軍教導隊
寫信慰勞友軍

徵求十萬封慰勞信

政治部話劇第二隊
演劇宣傳

《新华日报》1938年9月12日第3版整版

卅萬封慰勞信運動

新四軍教導隊
寫信慰勞友軍

前線抗戰的將士們！

為了我們幾千年來的歷史和文化，為了我們幾千年來祖宗留傳下來的土地，為了我們幾千年來黃帝的血統，為了我們自己的生存和自由，為了千萬年後子孫的幸福，為了整個國家民族的獨立和解放，你們，在日本法西斯的瘋狂進攻中，在敵機的猛烈轟炸中，在大砲的爆裂中，在機關槍的掃射中，在坦克的猛烈進攻中，毅然決然地站在自己的崗位，三番四次前仆後繼地給敵人以嚴重的打擊。同志們！每次你們前方抗戰劇烈的消息傳來時，我們腦前就立刻映畫着那一幅幅悲壯的血肉橫飛的圖畫，我們的心在激烈地跳動，我們血在沸騰，我們咬緊了牙根，我們的手，緊緊地握着那鐵青的武器，我們，是在熱切地盼望上前線來，把我們的血肉與你們的膠着在一起。

不要回顧後方，不要為後方的事情担心，我們已經團結起來了，我們已經武裝起來了。在這裏，我們數百多個同志，每天在過着嚴格的軍事生活，我們在學習着打靶，在學習着打游擊，我們在學習着一切的軍事知識和技術。一個多月後，你們可以在戰場上見到我們，你們將會相信後方的民衆是正在動員起來的，知道現在全中國的青年正在組織起來，武裝起來的也一定不少，那麽你們勇敢地放心地前進吧！同志們！後方幾千萬，幾萬萬的同胞是都會踏着你們的血跡前進的。謹致

民族解放的敬禮！

新四軍第四支隊教導隊啓　八月廿三日

慰劳信详文

新四军又大捷

中華民國二十七年九月十五日 新華日報 星期四 第二版

馬頭鎮我轉移陣地

南岸戰事益趨緊張

大通一帶敵沿江西犯遭堵擊

犯潢川敵被阻我切斷黃廣路

沿江戰況

新四軍又大捷

犯曲陽敵兩千餘悉數擊潰

我軍發言人鄭重闢謠

我消滅張店敵五百餘

最後消息

《新华日报》1938年9月15日第2版整版

蘇皖戰況

舒城合肥路上 新四軍又大捷

毀敵汽車五十一輛斃敵無數 獲大批軍火文件地圖醫藥

一、我新四軍第□支隊一部，十二日晚在舒城合肥公路之花子崗附近，伏擊敵由桃溪開合肥汽車一百五十餘輛。我軍狙其通過半數，猝起突擊，當擊毀敵汽車五十一輛，斃敵八十餘人，傷者不計其數，繳獲三八式步槍廿四枝，輕機關槍一挺，刺刀七十餘把，重要文件六十餘件，軍用地圖七十餘幅，軍旗十餘面，西藥約廿箱，洋藥及其他軍用品無算，我無傷亡。二、□支隊一部十一日晚配合地方游擊隊數百，分□路襲擊陶吳之敵。該敵倉皇向秣陵關逃竄。另一部十一日晚配合地方武裝，破壞陶吳地之橋樑數座，毀公路線數里，現該路已不通車。同時并將湯口至秣陵關間公路電線徹底破壞。

（中央社淮陰十三日電）一、徐州之敵最近在城南迭遭我武裝民衆襲擊，在桃山一帶曾擒敵五十餘名，斃敵百餘名。二、徐南山地三堡至曹村之間，有敵千餘名。

（中央社淮陰十三日電）如皋之敵百餘名，昨向郎家莊騷擾，經我軍迎頭痛擊，斃敵七名，傷十餘名，餘即退去，同日白蒲之敵二百餘名，向樂家甸進犯，經我另一部守軍沉着應戰，亦被擊退。

新四军予敌严重打击

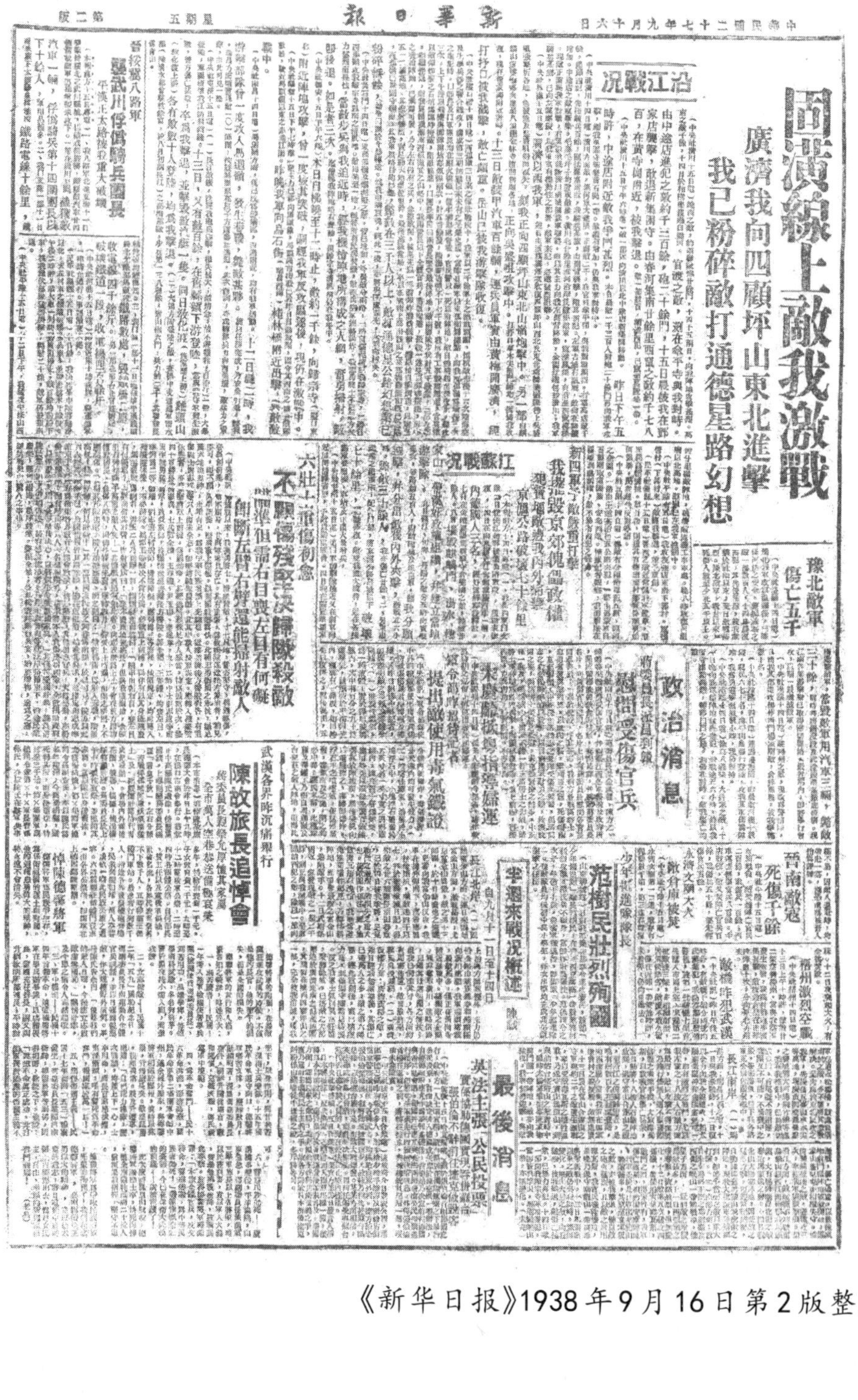
中華民國二十七年九月十六日 新華日報 星期五 第二版

固濟線上敵我激戰

廣濟我向四顧坪山東北進擊

我已粉碎敵打通德星路幻想

沿江戰況

豫北敵軍傷亡五千

政治消息

陳故旅長追悼會

最後消息

《新华日报》1938年9月16日第2版整版

新四軍予敵嚴重打擊

我擣毀京郊傀儡政權

犯寶堰敵遭我內外痛擊

京滬公路破壞七十餘里

江蘇戰況

（本報前方十四日專電）（一）、我新四軍門支隊二日在鎮江句容間破壞公路數段，現仍未修復。（二）四日在南京附近江寧縣截獲汽車一輛，內德國人二名，經好言解釋後釋放。七日在金壇溧陽間襲擊守衛建橋之敵，斃敵廿餘人。八日擣毀麒麟門、湯水、棲霞山一帶漢奸政權組織，并建立當地游擊隊。九日鎮江、句容、丹陽之敵分五路向寶堰進攻，每路約五百人，附騎砲兵及坦克車，經我分頭迎擊，并分出敵後內外夾擊，激戰五六小時，斃敵三十餘人，我亦傷亡廿餘。（三）、另某支隊之鐵道破壞隊，配合門部，將京滬公路丹陽城以下破壞七十餘里，已難修復。敵受我重大威脅，近在各據點重要路線、車站及市鎮大量增兵。

（中央社屯溪十五日電）我門軍游擊隊最近又在南京附近展開活躍，予敵以嚴重威脅。四日我在鎮宜路潘家橋邀擊敵軍，當毀敵軍用汽車三輛，斃敵三十餘，同時并將鎮澄段及武澄段路基徹底破壞。現江南各部游擊隊已取得密切聯絡，最近期內，即將舉行會攻，以期一鼓殲滅敵軍。

（中央社淮陰十四日電）駐揚州之敵，現改為警備隊，日前我某部進攻揚州西門楊家廟敵，倉猝應戰，被我擊斃數十名。

（中央社淮陰十四日電）連雲港海面，昨晨敵汽艇十數艘，載兵六七十名，由平山島強行登陸，攻我某軍側翼陣地，我奮勇迎擊激戰數小時，現仍對持。

（中央社淮陰十四日電）徐東八義集、大許家之敵，十一日晚向我單集陣地猛烈進犯，激戰達五六小時，終以我所守據點鞏固，轉移□□之線。刻仍在對峙。敵我傷亡均重。

南京安庆一带新四军痛歼寇伪

新華日報
我乘勝會攻馬廻嶺
瑞昌方面我克太陽寨老虎頭
固潢公路我軍猛攻鄧店于店
沿江戰況
政治消息
向蔣委員長致敬
南京安慶一帶
新四軍痛殲寇僞
華北戰況
八路軍捷報
文化界慰勞前線將士
最後消息

《新华日报》1938年9月17日第2版整版

蘇浙皖戰況

南京安慶一帶
新四軍痛殲寇偽

獲大宗重要文件軍需毀汽車七輛
消滅傀儡組織多處捕獲著名漢奸

（本報十五日前方專電）一、我新四軍囗支隊一部十三日晨在安慶高河鋪間伏擊敵汽車八十輛，當擊毀汽車七輛，斃敵二十八人，俘日兵三名，繳槍五支，軍用地圖十二幅，重要文件三百件，毛毯百餘條，其他軍用品甚多，我傷排長一人。二、我囗支隊另一部十三日消滅安慶西洪家鋪一帶偽維持會數處，繳長短槍廿八支，經民衆請求，槍斃著名漢奸十餘名。三、我囗支隊一部六日晚襲擊當塗東北石馬磯山守敵二百餘，戰約二小時，斃敵警戒兵十餘名。同日另一部在溧水城郊附近獲著名漢奸吳之章一名。四、我囗支隊一部七八兩夜連續襲擊南京附近之江寧鎮及板橋車站，斃敵三十餘人，獲槍十餘支。另一部於八日十日將祿口、秣陵關、陶吳鎮區及當塗慈湖間公路、橋梁、電線完全破壞。

我新四军迭告捷

新華日報　中華民國二十七年九月二十二日　第二版

血戰六晝夜我克松山
田家鎮戰局趨穩定
潢川西犯敵遭痛擊傷亡奇重
商城敵南竄受挫圖增援再犯

沿江戰況

南潯綫我三路猛攻
敵軍傷亡一千餘人

華北我八路軍痛殲敵寇
遷安消滅敵一營俘官佐多人
安治路敵二百擊毀火車一列

瘋狂殘暴殺我人民
華北寇軍放病菌

第九戰區軍事概況與民衆動員

蘇浙皖戰況
我新四軍迭告捷

我軍進襲杭州留下鎮

敵各綫傷亡重大

政治消息
蔣委員長關懷豫災民

津市懸掛抗戰標語

最後消息
國聯大會上李維諾夫演說

《新华日报》1938年9月22日第2版整版

蘇浙皖戰況

我新四軍迭告捷

獲子彈給養無數毀敵車多輛 死敵三百餘俘僞維持會傀儡

皖南京鎮一帶

（本報十九日前方專訊）一、我新□軍□支隊一部十四日在舒城合肥間之五十里舖附近伏擊敵由合肥南開汽車八十餘輛，經我猛裂突擊，當擊毀汽車十餘輛，斃敵數十人，獲槍十餘枝，子彈千餘發，大米十餘包。同日另一部配合地方武裝，伏擊六安方向開動之敵千餘，經我勇敢射擊，敵僞死二百餘名，生俘一名，獲長短槍廿餘枝，軍旗三面

二百餘名，生俘一名，獲長短槍廿餘枝，軍旗三面，軍服甚多。二、十五日晚敵騎兵千五百餘在六合公路之卅里崗附近露營，我得報後即派遣猛勇戰士數名，突入敵營，以手溜彈猛擲，當斃敵數十，並奪獲馬數匹，安然反回。三、我□支隊一部十六日晚在安合公路伏擊敵由合肥開出之汽車四十餘輛，當炸毀大汽車七輛，焚燒汽油百五十餘箱，斃敵卅餘人，獲軍用品甚多。四、我□支隊一部十七日晨在安慶桐城間棋盤嶺附近伏擊敵坪車一輛，汽車二輛，敵下車頑抗，經我猛烈射擊，當斃敵四十餘人，活捉一人。五、我□支隊一部，十四日晚破壞京湖公路三段，橋樑二座。另一部襲擊蕪水以東之敵。十五日敵增援千餘與我激戰數小時，敵損傷頗衆，我無損傷。六、我□支隊一部十八日晚襲擊當塗縣山張家村一帶，守敵及僞警李保大部當被我手溜彈炸死十餘人，殘敵退守堅固房屋頑抗，經我全部焚斃。七、另一部同日配合當地之武裝襲擊當塗霍里鎮僞維持會，獲槍數支，生俘僞維持會長任子方等三名。八、我□支隊一部，十三日兩次在肥六公路之金□附近襲擊敵人，兩次燬敵汽車二輛，斃敵五六十人。

新四军奇袭敌寇获胜

新華日報 第二版

富池口戰況趨激烈

田家鎮我力量雄厚敵受威脅

我反攻得手克沙窩以西高地

沿江戰況

敵進犯受挫 圖再放毒氣

華北戰況

我收復晉西軍渡

八路軍殲敵桑木部隊

孟縣敵已陷重圍

蘇浙皖戰況

桐城舒城間 新四軍奇襲敵寇獲勝

曲沃侯馬敵南犯未逞

敵襲卓家山被我擊退

郭廳長廣播 後方民衆的責任

政治消息

敵拒聯邀請 王外長嚴詞駁斥

馮副委員長談抗戰前途

最後消息 我克石家莊濟寧

法總理發表聲明

希特勒致牒捷克政府

敵國內反戰益烈

《新华日报》1938年9月25日第2版整版

蘇浙皖戰況

新四軍奇襲敵寇獲勝

奪回民間被搶物發還原主

在桐城東鄉破獲漢奸組織

桐城舒城間

（本報前方廿二日專電）一、新四軍□支隊一部十九日在桐城舒城間大關附近，遇敵步騎千餘人向北行動，經我集中火力猛擊，毀敵馬車十餘輛，打斃敵人

消息详文①

馬十餘，我安全衛過公路以東，復遇敵二百餘人，正在附近農村搶掠，我立即奇襲，斃敵卅餘人，活捉三人，獲步槍兩枝，子彈四十餘排，其他軍用品甚多。該支隊另一部同日襲擊伏擊敵五十餘人，斃敵小隊長一名，士兵三名，敵傷四五人，殘敵狼狽潰散。我奪回民間被搶物品甚多，均經發還原主。二、我□支隊一部，廿日在桐城東鄉破獲漢奸組織，獲槍五十餘枝，我無損傷。三、我□支隊一部，十四日襲擊丹陽武進間之陵口車站，斃敵十餘人，我傷亡二人，次日敵增兵數百固守該處。該支隊另一部十五日在高資下蜀間伏擊敵火車一列，當殺傷敵兵卅餘人。四、我□支隊一部配合地方羣衆，十六日破壞溧水南道路橋樑數處。

消息详文②

新四军破坏敌伪组织

《新华日报》1938年9月29日第2版整版

蘇浙皖戰況

新四軍破壞敵偽組織

擊斃漢奸多名獲軍用品無數

京滬沿線民衆紛起響應殺敵

（本報前方二十七日專電）一、口支隊一部十九日晚在合肥附近 搗毀漢奸組織與日寇特務機關數處，獲槍五十餘支，輕機槍一挺，手提槍一架，子彈數千發，日金數百元，收音機數座，其他軍用品甚多。二、我一部二日配合地方羣衆，破壞鎮滬公路（武進至江陰間）之橋樑，計盧門橋、東莊橋、西石橋、黃地橋、庚樽橋等十餘座。三、我一部 進抵蘇州無錫常熟地

消息详文①

區後，民衆紛起響應，敵僞曾認該地僞政權極爲普遍與鞏固，近亦多被我摧毁，敵僞極形恐慌，正由各方增援中。四、口支隊一部，十五日挺入武進北之口夏墅，與敵七百餘遭遇，經我猛烈射擊，斃敵三十餘，敵即佔領村莊，據守頑抗，相持至晚，敵乘夜遁去。五、新四軍口支隊二十日襲擊金壇武進間黃塘鎮之敵，經我猛烈衝鋒，將其工事佔領，守敵全被我擊斃，我方亦傷亡官兵連長以下數人。此役獲步槍數支，子彈數千發，炸彈十餘枚，其他軍用品甚多。六、口支隊一部二十一日晚解決當塗屬車漢橋僞維持會，斃漢奸數名，獲長短槍卅餘支。

（中央社寧國二十七日電）宣城東入事山之敵百餘，五日午向我陣地進犯，當經我守軍擊斃六名，餘敵仍循原路遁去。

消息详文②

自贡抗敌剧团汇款捐助新四军

中華民國二十七年九月二十九日

國聯行政院決議
對敵實施第十六條
李維諾夫熱烈贊助我國要求
會員國得分別決定援華步驟

英為助德向意求援
英法德意會商壓迫捷克
張伯倫對侵略國妥協到底
演說中聲明不能切實援捷

張伯倫廣播演說詞

英工黨告德人書
請制止侵略捷克

實行整軍計劃

討論對國際局勢態度

捷新閣强硬態度
給德國有力打擊

召開關係國會議

蘇外長聲明援捷
世界筆會反戰爭

意準備助德作戰
匈牙利下動員令

日本
宇垣被毆傷重

蘇聯
成立五週年

伯力舉行遠東紅軍大會

蘇工業生產激增

徵募寒衣運動
全國熱烈響應

武漢出版業抗工團
募集棉衣千六百餘件

徵募寒衣

廣州八大團體
徵募防毒面具

自貢抗敵劇團
匯款捐助新四軍

歡送歐脫萊女士返英

短評
對敵實施第十六條

《新华日报》1938年9月29日第3版整版

自貢抗敵劇團

匯款捐助新四軍

四川自貢市抗敵歌詠話劇團，在產鹽的重鎮自流井，擔負了一年的宣傳工作。除每星期下鄉宣傳以外，還經常地在市街演劇　現在將該團公演募得的捐款八十三元八角，和團員的獻金十六元二角——共爲一百元，匯交本報轉送給辛苦作戰的新四軍，聊表一點小小的幫助。

消息详文

新四军迭歼寇伪

中華民國二十七年十月二日 星期日 新華日報 第二版

陽武路敵完全崩潰
敵艦駛犯半壁山被擊沉四艘
我進攻許家冲克復山頭七個

沿江戰況

侵田家鎮敵傷亡慘重
已無力進犯在待援中

蘇皖戰況

秣陵關當塗一帶
新四軍迭殲寇偽
搗毀漢奸組織斬獲甚多
宣城我軍續向灣沚追擊

華北戰況

敵十餘路增援進犯
晉冀察區形勢轉緊
唐縣平山盂縣境內各有激戰
邊區軍民合作決粉碎敵企圖

談各國援華運動

敵寇暴行

最後消息
皖北我克復宿縣

捷克受迫屈服
民衆非常驚異

英海相古柏辭職

《新华日报》1938年10月2日第2版整版

蘇皖戰況

秣陵關當塗一帶 新四軍迭殲寇僞

搗毀漢奸組織斬獲甚多

宣城我軍續向灣沚追擊

（本報前方廿九日專電）（遲到）一、我新四軍□支隊一部廿七日在秣陵關附近，搗毀僞維持會一處，繳獲長短槍十餘枝，輕機槍一挺，同日另一部將當塗章漢橋之漢奸武裝擊潰，斃敵十餘名，獲槍十餘枝，民衆乘敵潰退之際，紛起截擊，復斃敵甚夥。二、我□支隊一部廿四午伏擊安桐公路之敵約三百餘人，斃敵卅餘人，餘衆倉慌潰竄，獲短槍卅餘枝。子彈兩箱，其他軍用品甚多，我亦傷亡數人。三、我□支隊一部，將進攻河南街之敵先頭部隊擊退，猛進十餘里，遇援敵反攻，我乃轉移。計斃敵廿餘人，我亦傷亡六人。

（中央社屯溪一日下午三時電）我軍於二十九日晚收復宣城，續向灣沚方面追擊。

消息详文

新四军化装潜入南京

中華民國二十七年十月五日 新華日報 星期三 第二版

大江兩岸迭獲勝利

我連克木石港潛山

陽新湖東幾度肉搏予敵重創

羅山光山一帶敵我激戰甚烈

沿江戰況

德星綫上敵寇被圍 殲敵千餘俘獲無算

余家集大砲寨斃敵千餘

皖西敵增援路被我控制

蘇皖戰況

新四軍化裝潛入南京

張貼標語佈告歸途擒得敵探

敵偽宣布特別戒嚴恐慌萬狀

華北戰況

晉察冀邊區

敵分路進犯

我正迎擊殲滅

政治消息

武漢民衆動員與戰局

綏遠游擊隊進襲固陽

豫北各地迭獲勝利

敵寇暴行

意駐華大使奉召返國

敵機七十餘架

昨分襲重慶梁山孝感

南昌永修 敵機肆虐

大戰火燒山

最後消息

我克復涿州霸縣

德軍續佔蘇台三區

英外交政策辯論結束

法總理發表外交演說

《新华日报》1938年10月5日第2版整版

蘇皖戰況

新四軍化裝潛入南京

張貼標語佈告歸途捕獲敵探

敵僞宣布特別戒嚴恐慌萬狀

（本報前方一日專電）（遲到）一、新四軍门支隊廿七日晚，選派忠勇將士數人，化裝混入南京安德門，張貼標語佈告，幷於歸途捕獲敵探一名，獲駁殼一枝，敵僞當晚宣佈特別戒嚴，連日絕絕交通，不准入城，敵僞恐慌異常。二、门支隊另一部，廿八日晚配合地方羣衆，將滁口橋破壞，幷在附近埋設地雷，次日敵派隊修橋，復炸斃敵二十餘人，橋仍未修復。三、门支隊一部，廿九日晚配合地方武裝，襲擊當塗之敵，激戰數小時，因雨大水漲，部隊不能靈活進動，當塗未下，只將鐵道破壞數段，安然撤退。

消息详文

江南前线

新華日報

中華民國二十七年十月五日　星期三　第四版

緊急動員湖北農民保衞武漢

江南前線　莫原

武漢各界抗戰建國週年紀念籌備會獻金結果公告

武漢三鎮各獻金臺自七月七日至十一日收入獻金總數

群衆週刊

反侵略週刊

美身服裝公司催取定衣緊要啓事

爲紀念張幼庭君殉難徵文啓事

生活書店

《新华日报》1938年10月5日第4版整版

江南前線

莫原

我們抵達前方正是九月初旬的時候，那時前線是相當的穩定，軍用汽車滿載着軍用品，日夜的往前方運送，沿着公路相隔二三十里的光景，便可以看見第×兵團政治部所置的茶水站——一間用稻草結成的小屋，貼上了許多軍民合作的標語。殘酷的戰爭，由於士兵們的英勇，傷亡的數目是可觀的。因爲車輛缺乏，使許多輕傷的同志們不能不沿着公路跑回後方來，這些茶水站就是專爲傷兵休息而設的。許多附近的居民，都在這裏擺設香烟、稀飯和燒餅等等的零食，他們用驚奇的眼光看着這些英勇的戰士，說着新鮮的從未聽過的話。農民所習慣的是平靜的日子，對於這「熙熙攘攘」的人們似乎有點不習慣，然而，無疑的，敵人殘酷的炮火已摧毀了他們固有的生活方式，抗戰的烽火終於會逐漸將它們鼓舞起來。

在這裏，我們來詳細的說一說軍民的關係，這對於整個抗戰的前途是有着重要的作用的。在這前線的後方，密佈着小小的村莊，山崗上聳立着碉樓，內戰的殘蹟還隱約可見；由於隆隆的砲聲和隊伍匆忙的來去，多少給予了這一帶人們一點刺激，然而大部份還是模糊的。

這裏除掉了駐防的軍隊作一點政治工作以外，流動宣傳隊等較少，所以民衆運動還未開展，農民不慣於團體及羣衆活動。曾記得一天晚上，某政工大隊要在我們所住的附近灣子裏演戲，我們幫忙他們動員，農民們起初答應去的，可是到了黃昏，我們拿着電筒在公共集合的地方去等他們，他們都躲在家裏一個也沒有出來，天慢慢地黑下來了，最後好容易才找到一個小孩子一同去。靠近火線的區域，老百姓逃的逃了，留下來的只是一些老弱的人，軍隊要經過麻煩的手續，以八塊錢的高價才能買一石米來解決給養的問題，不然只得用南瓜來充飢。但是另一方面紀律良好的軍隊，如在一個地方駐防較久，在民衆間建立起信仰後，軍民的關係是很爲親密的；一個從前線退下來的傷兵同志曾經告訴我，當他們離開駐防地的時候，那裏的老百姓都哭起來，要跟他們同跑，但他們只能夠把一些强壯的帶過河來，其餘的祇好讓他們自己逃命了。

前線不斷的發生着英勇和奇異的戰蹟，這些戰蹟往往是由部隊本身優良的特質和客觀有利的條件所造成的。在這一線上我們聽不到敵人的重砲聲，我們的砲隊比他們的還要利害，敵人的械機化部隊竟是遭到絕大困難，靠的只是飛機和兵艦上的大砲，曾經有一次我們××師沉着地埋伏在戰壕裏作戰，敵機在頭上盤旋轟炸，同時敵軍配合着進攻，而我們的軍隊一師變爲兩團，兩團變爲一團，堅强不屈的應戰，陣線從未動搖，使敵人簡直沒有辦法。

在敵人那邊，最前線還有我們自己不少的同胞，他們可憐的被敵人利用了！有一次當我們的部隊向前猛攻的時候，他們向後退，大聲的喊：

「老兄！都是自己人，何必這樣兇？」

「媽的，殺盡你們這班漢奸，殺呀……！」

殘酷的搏鬥還是繼續着，血的代價終歸還是血，不知犧牲了多少人；從這裏我們知道到現在爲止我們對敵軍的政治工作還是做得不夠的，同時對於戰區的民衆宣傳和組織的不注意，以致釀成了這樣的悲劇。

敵機在前線是飛得異常低的，總不過二百呎高，炸彈和機關槍替換的放射，因爲飛機飛得這樣低，所以常常可以用步槍打下來；在打毀了六七架後，它便三三兩兩而來，並且不敢低飛了。前線士兵常會興奮而又愉快的告訴我們：「敵機害怕我們！」敵人又常常從飛機上散下許多造謠中傷的傳單，我們曾經看到過，那上面寫着一些無聊的話，文字也是不通的，無疑是漢奸搗的鬼。

從十七日起，下起雨來，我們的陣地開始向後轉移，天時給我們一個掩護轉移的好機會，敵機不能活動；由於第×兵站分駐部人員的努力，許多重要的東西都能夠運到安全的地點，所以損失甚微。陣地轉移時，士氣還是異常振奮，英勇的前線將士，並不放棄襲擊敵人的每一個機會，曾經有一次，我們有一團人乘着大雨滂沱之夜，在黑暗中夜襲敵營，把營內三百多名的敵人都殺光，一個曾經參加這次夜襲的弟兄，跟我談起這件事時，異常高興的告訴我，他們是確切的知道裏面都是日本人沒有我們自己同胞的。而且奪獲了很多的勝利品，笨重的如坦克車、汽車等當然是無法攜帶的，只能加以破壞。最好的是一百多條輕機的軍器，對弟兄們有很大的用處。

殘酷的砲火，瘋狂的轟炸，英勇的戰鬥，勇敢的衝鋒陷陣，因此雙方傷亡的數目是相當巨大的；戰地上屍骸遍野，無人收殮而又無法收殮，以致腥臭之氣撲鼻，使人欲嘔。傷病的士兵更多，前方瘧疾流行，藥品比任何一樣東西都需要，可是前方缺乏的也正是這個。已經是秋天了，天氣是寒冷的，可是我們的將士們，他們只披一件單薄的血衣，並且還是濕透了的！

我們曾經帶了些「前敵」和「士兵」週刊去訪問一個兵站醫院，在前線，這些醫院往往成爲敵機轟炸的目標，醫院外面坐滿了受傷的將士，等着汽車來把他們載到後方去療養。

「我送你們一點報看看。」我把『士兵』『和前敵』週刊發給他們。一個士兵好像對他的同伴又好像自語的說：「給報紙我們看，是叫我們知道國家是不會亡的。」

走進醫務所，和醫官談及一些醫院的事情，前方醫藥是貧乏的，可是醫官和看護們的工作精神是使人佩服的。

一個傷兵走進來換藥。

「醫官！怎麼辦呢？子彈還在大腿裏面，現在正發燒得利害。」

「等這個創口好了，再照X光，找出子彈所在的位置，那就可以開刀了。」醫官一面在替他換藥，一面告訴他。

我心裏明白，在前方，這種創傷是難以治愈的，所以我幫忙醫官去安慰他：「等到武漢去吧，武漢總有辦法的。」

「是的，到武漢總有辦法的。」他像發見了曙光，把希望都帶交武漢去了！

「戰爭是殘酷的，站在戰爭最前線的弟兄們，他們或者是受了創傷，或者是已經犧牲在疆場，但是他們都毫無怨尤。在後方的我們每一個人，在今天極端艱苦的環境中應該如何負起自己的責任，來幫助前線忠勇的將士們。

陣地轉移以後，更英勇、更偉大的戰爭場面，將要重新展開在我們的眼前。

新四军痛歼京郊敌伪

新華日報 中華民國二十七年十月六日 星期四 第二版

敵犯陽新龍港受挫
沿江炮兵擊中敵艦敵艇十艘
我軍確實克復光山殲敵千餘

沿江戰況

江蘇戰況
新四軍痛殲京郊敵僞
活捉漢奸多名繳獲甚豐

連雲港敵進犯被擊退

華北戰況
我八路軍予敵重創
晉冀各役斃寇近千
豫北我軍越過沁河猛襲敵寇

鐵道破壞隊
炸燬敵軍車六輛

武漢近郊昨日空戰

周副部長講演
爭取抗戰勝利問題
——在記者學會晚會上

傷愈官兵重上前線

于院長接見在漢監委

敵寇野心未已
圖在華南蠢動

美輪被劫乘客已救出一部份

上海商會拒絕僞營業稅

鄂軍管區嚴明賞罰

敵寇暴行

敵軍戰鬥力每況愈下

蘇報評慕尼黑會議

捷克總統於昨日辭職

英礦工會救濟捷礦工

最後消息
垣曲混戰斃敵五千餘
我空軍轟炸廣濟敵寇

《新华日报》1938年10月6日第2版整版

江蘇戰況

新四軍痛殲京郊敵僞

活捉漢奸多名繳獲甚夥

（本報前方四日專電）一、新四軍口支隊一部一日午襲擊距南京三十里段巷鎮之僞組織，獲步槍十餘枝，活捉漢奸四名。同日另一部進襲陸郎橋之僞維持會，僞會長扎家成、僞警察局長馬煜焜，當被我擊斃，并捉兩人，獲短槍數枝，文件數箱。

二、二日午敵百餘乘汽車數輛，由秣陵關至祿口修橋，途中被我便衣隊擊斃十餘名，餘敵固守房屋，我包圍猛攻，用手溜彈炸斃敵二十餘人，焚汽車脚踏車各一輛，獲敵旗八面，機槍三挺；我亦陣亡連長以下八人。

三、二日敵汽車三輛，由無錫開鎮江，經我破路伏擊，斃敵三十餘人。

四、二日新四軍另一部襲敵由江陰開出大小汽車數輛，載步兵二百餘，當斃傷三十餘，獲小轎車一輛，活捉漢奸數名，獲長短槍數十支，其他軍用品甚多；我亦傷十餘名。

連雲港敵進犯被擊退

（中央社淮陰五日電）連雲港敵九月三十日向烏龍濤大燒尖大嶺頂我陣地施放烟幕彈，並以機槍掃射偷襲，被我擊退。同時東連島敵艦向我墟溝圍屁山門街山一帶陣地開砲四五十發，敵機三架又在上空盤旋助戰，我軍沉着以待，俟敵逼進，始出與戰，卒將其一鼓擊退。

消息详文

新四军摧毁汉奸组织

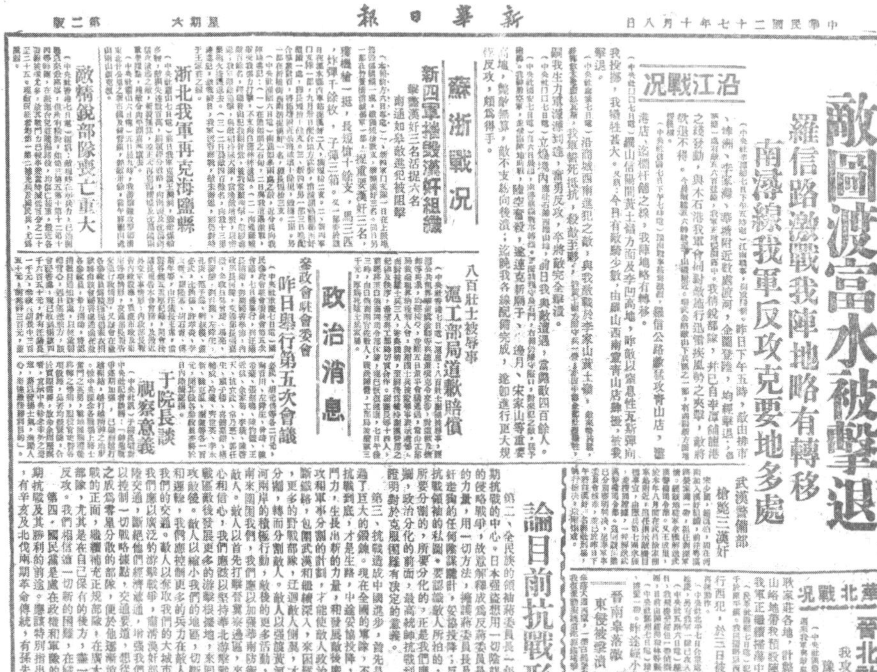

《新华日报》1938年10月8日第2版整版

蘇浙戰況

新四軍摧毁漢奸組織

擊斃漢奸三名活捉六名

南通如皋敵進犯被阻擊

（本報前方六日專電）一、新四軍□支隊一日在上脈埠摧毀僞組織一處，繳獲短槍數支，擊斃漢奸三名。同日另一部在竹簀橋消滅僞軍一部，活捉重要漢奸三名，獲機槍一挺，長短槍十餘支，馬三匹，炸彈千餘枚，子彈三箱。又一部亦於該日在溧水縣汽車站捉漢奸二人，獲短槍二支。二、新四軍□支隊一部，九月卅日配合地方武裝，消滅湖熟鎮都漢奸組織一處，獲長短槍十餘支。三、新四軍另一部三日晚配合羣衆數百，將柘塘附近公路破壞十餘里，毀橋二座。另一部在析橋街西南活捉漢奸一名，獲長短槍三支。

（中央社淮陰六日電）南通如皋兩處之敵，近分兵向我陣地進犯：（一）在通如間之石甸，二日與我遭遇激戰，敵受我强力打擊，不支向白蒲林梓潰退。（二）南通縣城敵百餘名，經觀音山犯我觀音堂，被我當頭迎擊，敵即潰退；我軍跟踪追擊，與敵相持陳大園，當晚敵增援，以密集砲火掩護退去。（三）二日晨敵四百餘名，向我十三里港進犯，激戰終日，我軍沉着應戰，敵未得逞，刻仍對峙于王家莊之綫。

消息详文

活跃在江南敌区的新四军

《新华日报》1938年10月16日第4版整版

活躍在江南敵區的新四軍

通過敵人的警戒綫

吳　壽

自五月間由徐州突破敵軍的重圍，經過一個星期的艱苦跋涉與飢餓疲困回到武漢以後，戰局的重心便急轉直下地移到長江兩岸；全國人民甚至國際人士都睜目注視着長江方面戰局形勢的發展。在這一期的作戰策略，我們是採取運動戰和游擊戰，根據過去的經驗，這個戰略，已經收獲了很顯著的效果。單就江南岸的情形來說，我們只是少數的游擊隊和地方上的民衆武力，就叫那麼廣大的淪陷區域起了燭天的烽火，那麼衆多的敵偽軍遭遇到嚴重的打擊了。

六月初由安徽××隨着新編第四軍的一個先遣支隊向着江蘇南部一帶挺進，爬過重重疊疊的山嶺險道，到達了江南的大平原，有時冒着仲夏的狂風暴雨，有時披着眼月和露水在深沉的夜間行軍；假如說徐州突圍是「勝利的退卻」，那麼這一次的向着敵人的腹部進軍，即使叫我不能再活着從命回來，我也願意說是「勝利的前進」了。

雖然飛機飄飄地在我們的頭空盤旋，我們終於挺進到敵軍的腹心，通過了敵人的警戒綫，並且因爲新四軍的本質上有着和八路軍一樣的優良傳統，且在多年的游擊戰爭中養成了超越的戰鬥經驗與能力，尤其值得稱道的是他們的機動性爲一般軍隊所不及。所以乘着敵人忽略疏懈中的一個間隙便穿了過去。

大體上說，蘇浙皖等省的人民，不如黃河流域人民的老實敦樸，但是爲了有一條長江培育着肥沃的土地，也就是培育着他們，環境和比較優裕的物質生活，養成了他們的勇敢和聰明，所以可以說長江流域的人民是帶着機警性的。更加上淪陷以後敵軍和無恥的漢奸們的種種剝削壓迫，加深了他們種種創痛，我們的軍隊一開到，自然叫他們感到極大的興奮。因此很迅速地就互相配合起來，軍隊和地方的民衆武力熔合成一種堅厚的抗日力量。

勝利的開端

六月十七日的早晨，夜間的遶花大雨，剛剛停歇，天空却旋即又被條白綫的[illegible]所籠罩。先遣支隊的××司令員分配一部份的隊伍到鐵路綫上去攻擊京滬路京鎮間的下蜀車站的敵軍，經過數小時的猛烈戰鬥，來因頑敵的堅強抵抗，就把車站左近的鐵軌和電綫全部加以破壞，隊伍很安全地撤了回來。到第二天（十八日）先遣支隊的另外一部，正沿着鎮江南面的××公路行進，不意中一輛大卡車載着八個日本兵急速地駛了過去。於是隊伍便鬆散開來，埋伏着等待着第二次的[illegible]機會。不久，一輛非常漂亮的小包車和四輛大卡車先後開駛過來，就在鎮江南面三十里地方的衛□，展開了「截擊」的白刃戰。結果，當時打死了敵軍土井少佐和一個大尉，兵士傷亡了三十多名，繳獲了步槍十餘支，駁殼槍手槍各一支，一千多發子彈，還有其他的軍需藥品等等。是在一株大柳樹下面，××司令員雙膝綣着坐在地上，臉上呈現着無限愉快的得意的微笑對我這樣說道：

「這次的戰鬥，是我們新四軍先遣隊最初出馬的第一戰的光榮紀錄！」接着他遞給我一支香烟，「這也是勝利品啦。」

我吸着煙盒上有着「御賜」字樣的香煙，望着一碧如洗的晴空，望着歇息在路旁的身上頭上披滿着樹枝的戰鬥員們在那里凝着勝利的微笑。

再做戰的新聞記者，在戰場上是要自愧的，我望着粟司令的沉毅果敢的臉色和戰士們的那等氣概，我感到自己的脆小與無能，而另一方面想去，倘若中國的抗戰能夠持久下去，敵人無論如何的頑強，終歸是潰敗了的。眼看着我們的力量，一天天加强，勝利一天天堆積起來，前途展現了光明的希望。

配合着戰鬥的行動，接着這個處女的勝利，另一個×支隊，也已衝過警戒線開到這大江南來了。他們在鎮丹間，丹常間的劉家村，東三橋和京杭國道上的裝溝附近，破壞了敵軍的交通綫，許多公路當中被挖成了深而闊的巨坑。完成這些行動任務，除軍隊外，還有當地的民衆也協同着行動。在敵人的燒殺奸淫和軍隊的政治影響和領導下，民衆武裝起來了，行動起來了，抗戰的烽火，逐漸地燃燒起來，大江南岸的敵人後方變成了我們的前綫。動搖，恐慌，把敵人拖曳到片刻難安的狀態中了。

解决漢奸部隊

敵人既然調他們的主力侵犯武漢，且有大部兵力被困於山西及隴海綫上，江南戰場上的實力便十分空虛了。雖是在所佔領的每一據點都有一點兵力看守，可是力量非常單薄，到處有給我們進攻的機會。在六月廿日以後到月底這十來天里，鎮江到句容間公路上的竹子崗和孔家橋邊等處的交通被破壞了還不算，來往的汽車時常遭遇我軍出奇的襲擊，就是南京到上海，南京到蕪湖兩條敵人運輸的主要幹綫，也不時地遭到破壞，我軍在這兩條綫上，出沒無常，非常活躍，敵人防不勝防，恐慌萬狀，呆石至鍋井中間的鐵橋三座，皆被我軍完全破壞，南京到秣陵關的公路也被挫斷，所以，南京雖被敵人佔領，而四週的交通綫大都被我們破壞截斷，南京在一個時期竟成了一個死氣沉沉的孤城。

引起敵人恐慌和無恥漢奸們的憧憧不安的是我軍所到的地方，軍事與政治同時並進，因此一般民衆皆跟着從敵人的統制下甦醒過來。陵口和朱門兩地的僞維持會，在我軍到了以後，就予以解散，並由民衆自選抗日份子充任區保長，這樣一來，漢奸們也從而覺悟，當朱門政權恢復的時候，由僞維持會徵集去供敵人侮辱姦淫的婦女二十多人，也就全部送回來了；所以當地的抗戰情緒，隨着便也高漲起來。

在新四軍這樣的展開游擊戰爭的影響之下，附近地區的人民都蠢起來鬥，由於軍民的互相協助，武力的互相配合，曾經在六月底的一個夜晚，襲擊京滬綫上鎮江南面六十里的丹陽城。當時，敵軍緊閉城門，據城頑抗，任何人不得出入，並出宣佈良民證作爲廢紙，要從新登記才能生效；他們恐慌的程度，是可想而知了。因爲進攻丹陽城的未能克復，我軍便又機動地移兵力北進，在七月一日晚間，襲擊丹陽北鎮江南的新豐車站，毫無準備的敵人，竟致忽到連哨兵都睡着了。直到我們的士兵，把手榴彈擲進他們的風室里面，才從大夢中驚醒過來。雖然敵軍的守衛隊有一百多人，但是在倉卒間手足無措，於我猛烈衛殺，遇擊斃死守，可是前進不能，欲退不得的敵軍，竟被我們縱火焚斃，沒有逃掉一個。

過去攻佔大城市的時候，敵人會使用着飛機大砲向我們還擊，然而到這種場合，展開了游擊戰爭，敵人只好坐以待斃。

我們可以自豪：游擊戰是我們的擅長！雖然平地的游戰我們沒有更多的經驗，但由於我們行動的機動性與進攻性，對於敵人的威脅是有進無已的。所以，敵人居然也想來施效擊，組織漢奸的游擊隊，希圖擾亂，其實，這實在是心勞日拙，游擊隊脫離開了政治訓練和政治覺悟以及羣衆的擁護，那只是等於土匪！稱爲江南游擊隊的漢奸朱永祥部，既不游，亦不擊，專事抽收捐稅，欺壓民衆，所以當地有「小日本」之稱。原來，這個游擊隊的組織是出於民間自動，不料被朱永祥攫爲己有，大肆獲利，軍事當局正擬着手整頓而朱永祥竟變心猖狂，出賣羣衆，派急權林楚材秘密到南京去接洽投降敵人，並且在七月二日引導僞軍二百多人開至朱門鎮東北，我軍當即迎頭給以打擊，不堪一擊的僞軍全部潰敗，朱逆永祥見大勢已去，便想逃脫，不料民衆武裝乘此良好時機協同着軍隊行動，於是四面兜擊，把這個漢奸部隊完全解決了。當場繳獲了步槍一百多支，輕機關槍七挺，重機關槍二挺，迫擊炮二門，同時民衆武裝也繳獲了步槍一百多支，民衆的武力因此更加雄厚起來。漢奸朱永祥和副司令韓世昌也就在這一次的戰鬥中被生擒住了，人心因之大快。

屠殺與圍攻

不斷地襲擊，經常地破壞交通綫，地方武裝的日益增强，江南的敵軍陷於恐慌，張惶，不安，兩者的矛盾之中，於是沿着京滬鐵路綫的各個據點都增兵警備；劉着獸性的報復與發揮，無辜的民衆婦女甚至幼小的孩童都要遭到殘酷的屠殺之禍，單在丹陽至大北崗這一段的村莊上，就殺害了二百多人，血腥氣味充塞着人們的呼吸器官，悽慘的啼號哭叫聲，在那一帶隨時可以聽到。

本月二十七日，敵人大概存幻想着一勞永逸，盡動員了二千多人配合着騎兵數十人，飛機十餘架，大小鋼砲好幾門，向在天馬山一帶的×支隊×團猛烈攻擊，一時聲勢洶洶，企圖圍攻。我軍的戰略是機動的，敵進我退，敵退我進，這是游擊戰爭的基本原則。所以只用很少的精銳部隊在極迅速的時間佔領了天馬山的高峯據點，側翼射擊，其餘的大部轉移到敵軍的側後背，猛力攻擊，叫他們欲進無方，想退也不可能，于是陷於進退兩難的地步，只好狼狽四竄。雖然飛機大砲的瘋狂狂炸，但在我軍那種靈活的運動情況之下，收不到絲毫作戰的效果。另外一部份的敵軍約三百多人，同時在滋隆橋又被我×團的另一部擊潰，受到了重大的損失；於是圍攻的幻想破滅了。敵人的最後一着就是任意屠殺！被殘楊樹村一帶的人民婦孺，便又遭遇到最殘忍毒辣的殺害！屍骸遍野，赤血奔流，房屋貌草，都化爲灰燼，傷心慘目，真是不忍聞睹。壓迫力愈大，反抗力也愈强，在敵軍的暴行下，許多民衆更加覺醒了，舉凡一切能用的武器都搬到平素安居樂業的農民手裏了。在水天王寺間的公路橋樑也就在這些羣衆憤恨之下被激憤地破壞掉，句容縣的地方游擊隊，會動員羣衆四千餘人，在東昌街天王寺一帶破壞公路三十多里，橋樑五座，電話綫三十多里，而見全部的電桿，都被羣衆關身帶走。當七月間×支隊×團×營在新塘市截擊敵汽車九輛的那一次戰鬥，地方武裝×部亦英勇地參加作戰，且傷亡了武裝民衆二人，可見民衆抗日情緒的高漲已到達了頂點的熱度。八月中旬×支隊的一部攻進句容城，在城內和敵軍作激烈的巷戰時，也因爲得到地方武裝部隊的協助，在城外東昌街阻止敵軍增援部隊的前進，而於勝利後安然撤退出來。——這些事實，在在表現着江南民衆已經動員起來，已經在敵人的屠殺與壓迫下武裝起來，負起了抗戰自衛的任務了。

勝利的戰績

記者隨着新四軍進入到江南敵軍的腹背，到現在已經兩個多月。在這兩個多月的時間中，該軍和敵軍大小作戰達二十餘次，因爲作戰的富有經驗和戰略上的運用靈活，往往一次有損最小的犧牲，甚至僅祗消耗一些子彈便換取了最大的勝利。在政治上的勝利是無數的民衆被組織起來，漢奸組織，重新建立起中華民國的行政權，消滅了變相的漢奸部隊如朱永祥部等。此外和敵軍作戰的結果，單就六月中旬到七月中旬這一個月的統計，已經具有下面的成績：繳獲敵步槍三百九十二支，擊毁汽車十五輛，重機關槍二挺，輕機關槍二十一挺，迫擊砲二門，盒子砲（駁殼）二十一支，手槍三支，敵軍斃亡在三百名左右。至於八月間的戰績，因爲有好幾次規模較大的戰鬥，勝利的結果統計當然較上列的數字更大。

總之，在目前，新四軍在大江南岸，已予敵人以嚴重的打擊，並且領導起地方武裝的奮勇抗戰，機動性的游擊戰爭在江南戰場上已經展開了它的可怕的威力，置敵人於焦慮不安的境地。江南，肥美千頃的土地上，萬千河流的錯綜間，每一個村落，每一個角落，都被抗日戰爭的烽火，猛烈地燃燒着。「看！看着勝利的烽火已經燃遍了大江南岸！」

一九三八、八、卅。於皖南

新四军抗战一年

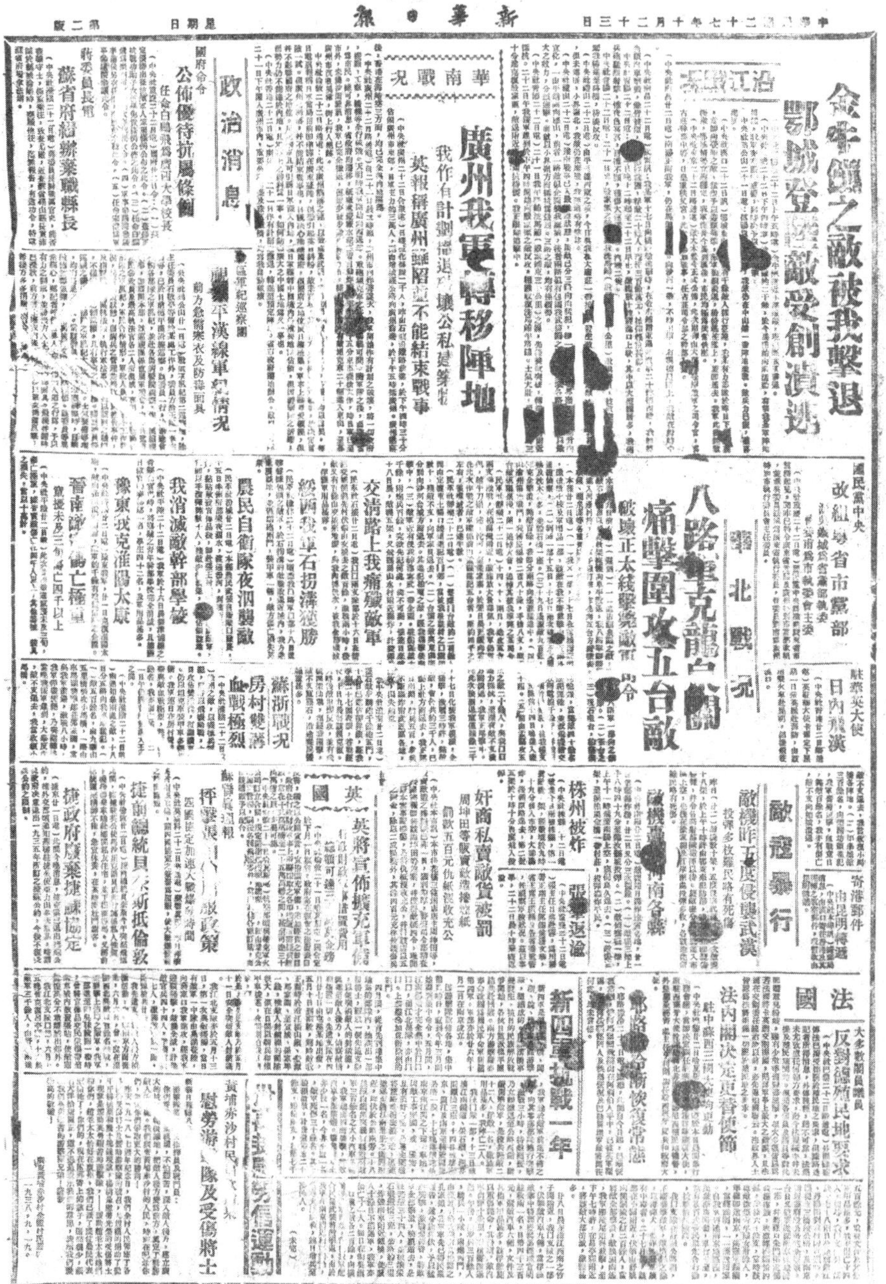

《新华日报》1938年10月23日第2版整版

新四軍抗戰一年

新四軍是湘、贛、閩、浙、皖、豫[illegible]游擊隊，組織成的。自蘆溝橋事變發生，抗日的民族解放戰爭開始，各抗日黨派攜手團結共赴國難。南方游擊隊亦奉命改編爲國民革命軍新編第四軍。軍部亦於廿六年十月二日在南京成立。

因游擊隊散佈各地，集中頗費時日，直到今年三月間始得到集中命令，五月間，江南部隊才完全集中於□□□□，而江北部隊，亦由□□□□。上前線參加保衛徐州的戰鬥。

四月間，從首先到達集中地點的部隊內，抽調出一部份將士，組成一個先遣支隊，以便突過敵人的封鎖線，挺進至敵人後方，偵察敵情，相機處置一切。先遣支隊在四月廿七日由屯溪某地出發，五月十日到南陵，這時敵我正對峙於沿江橫山鎮、查灣、馬家園、至宣城、孫家埠一線，惟敵人封鎖線的間隙很大，僅在日間以騎兵和鐵甲車梭巡，夜間則[illegible]拳，[illegible]於是，我先遣支隊乃於五月十一日安全突破敵人封鎖線。

我江北支隊亦於五月十三日，第一次與敵接觸，當日有敵軍一中隊由巢湖登陸，向蔣家口我軍進攻，經我軍迎頭痛擊，敵幾全滅，計斃敵官兵四十四人，俘獲[illegible]十七人，繳獲敵[illegible]一面，長短槍共廿[illegible]支。

我先遣支[illegible]入[illegible]後方積極活動，向[illegible]南京方面挺進，六月六日，曾一度在溧[illegible]西北與敵[illegible]百餘名激戰，[illegible]擊上沛埠之敵軍。我軍一部進至陶吳秣陵關一帶時，曾將宣傳品交民衆攜帶至南京城內散發張貼，使敵寇驚惶萬分不敢離城出郊外。

我江北支隊□部，六月十五晚曾克復呂亭驛，十六晨敵軍三千餘人，由舒、[illegible]兩進，我軍遂於敵軍前進不備之[illegible]，向其零落部隊施行突擊，激戰三小時，待敵開援，乃立即撤退至公路兩側，繼續側擊敵軍，是役共斃敵二十二人，俘敵一名，繳獲軍用品甚多，我陣亡二人。

我陸門隊一部，十三日破壞江南鐵道、栗石[illegible]、鍋井間鐵橋三座。十四日破壞南京、鎮江及南京至秣陵關間公路一段。十七晚進襲淳化南京鎮江間之下蜀車站，因敵工事堅固，戒備嚴密，且有漢奸告密，乃遂免[illegible]破特[illegible]斷電線底[illegible]而退，迅速撤退至鎮江南卅里之[illegible]岡附近，埋伏於公路兩旁。十八晨敵由[illegible]開來裝有輜重[illegible]敵軍三百餘名之大小汽車[illegible]輛，我軍趁而四面襲擊，[illegible]敵汽車全部擊燬。擊斃[illegible]井少校一名，今井少[illegible]一名，敵軍死傷三十餘名。其[illegible]狼狽潰散，計獲步[illegible]槍二十餘支，短槍[illegible]支，日幣七千五百餘元，軍要文件及其他軍用品甚多，我亦傷亡十四人。同時，我門支隊另一部於十七十八兩日分途將鎮江、丹陽間劉[illegible]村附近鐵路，湖堤東三橋段公路，及南京[illegible]近[illegible]廟段公路完全破壞。今日又破壞[illegible]湖南京[illegible]鐵橋一座，并將淳化朱門兩處偽政權[illegible]毀，收繳鄉[illegible]槍四[illegible]，步槍六十餘支，當時該偽政[illegible]集青年婦女卅餘人，準備即送南京，供寇軍蹂躪，當經訓明，一一護送回家。自我軍到達南京近郊後，民衆[illegible]與[illegible]，爭行來至，常有數百民衆[illegible]合行動，協助作戰。

我門支隊在[illegible]公路線，不斷襲擊敵軍，敵損失之餘，以毒彈大[illegible]炸[illegible]，軍頗有中毒者。二十七日晨[illegible]該部在小[illegible]附近，伏擊由舒城南開[illegible]城之敵二百餘人，當將敵全部擊潰，敵狼狽南逃，我軍跟踪尾追與截擊，至下午七時許，在昌亭驛附近，將該敵大部消滅，繳獲甚多。

廿八日晨在鎮江西南之竹子岡附近，我門支隊之一部，伏擊敵汽車九輛，當俘獲

廿八日晨在鎮江西南之竹子岡附近，我門支隊之一部，伏擊敵汽車九輛，當俘獲敵華中特務機關部經理官明紘政南一名，日幣四千三百元，繳敵汽車六輛，文件及其他軍用品甚多，該俘敵旋以重傷斃命。其餘殘之敵汽車向距十餘里[illegible]橋鎮即退遁。午後，[illegible]步兵三百餘人，騎兵一小隊，附炮四門，由鎮江[illegible]路向我[illegible]抄襲之孔家道，我軍事先已得民衆報告，遂分途埋伏，予以猛烈突擊，激戰至黃昏，將敵軍全部擊潰，狼狽逃去，是役斃敵三十四人，並破壞栗石鐵道橋三座，公路約三里，炸毀南京附近鐵橋，使敵人十餘日不能通車，我軍亦傷亡十二人。同日在陶吳鎮口襲之敵各二百餘，向橫溪[illegible]我[illegible]攻，[illegible]我軍配合民衆武裝特敵擊退，由於我軍在南京附近積極活動，[illegible]大[illegible]恐慌，連日增兵至[illegible]餘人。

（未完）

新四军抗战一年(续)

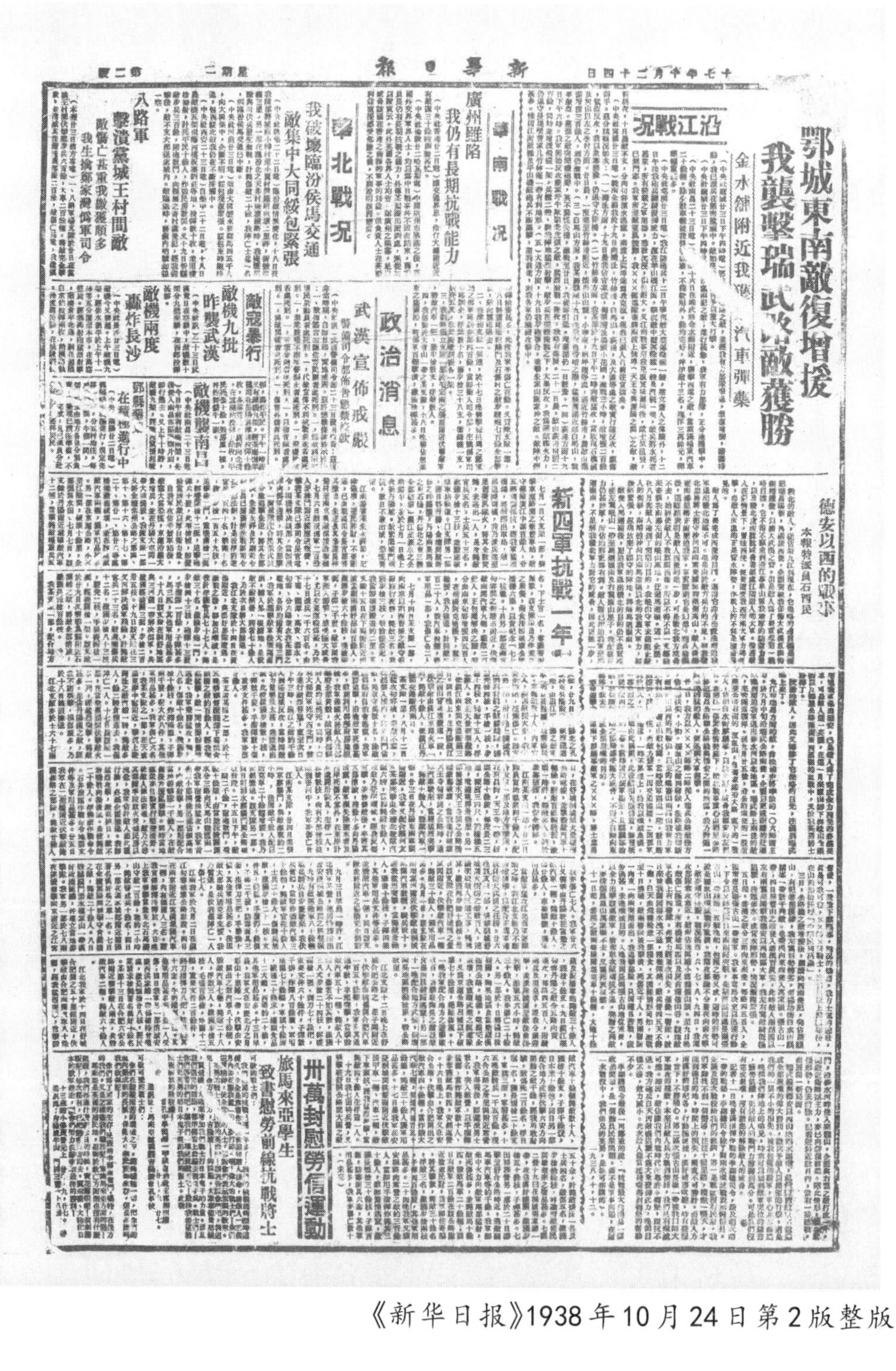

新華日報

十七年十月二十四日 星期二 第二版

鄂城東南敵復增援 我襲擊瑞武路敵獲勝

金水舖附近我毀敵汽車彈藥

沿江戰況

華南戰況

廣州雖陷 我仍有長期抗戰能力

華北戰況

我破壞臨汾侯馬交通 敵集中大同綏包緊張

八路軍擊潰黨城王村間敵 敵傷亡甚重我繳獲頗多 我生擒鄭家禮偽軍司令

政治消息

武漢宣佈戒嚴

敵寇暴行

敵機九批昨襲武漢

敵機兩度轟炸長沙

敵機襲南昌

德安以西的戰事

本報特派員石西民

新四軍抗戰一年(續)

卅萬封慰勞信運動

旅馬來亞學生致書慰勞前線抗戰將士

《新华日报》1938年10月24日第2版整版

新四軍抗戰一年（續一）

铁蹄下的宜兴

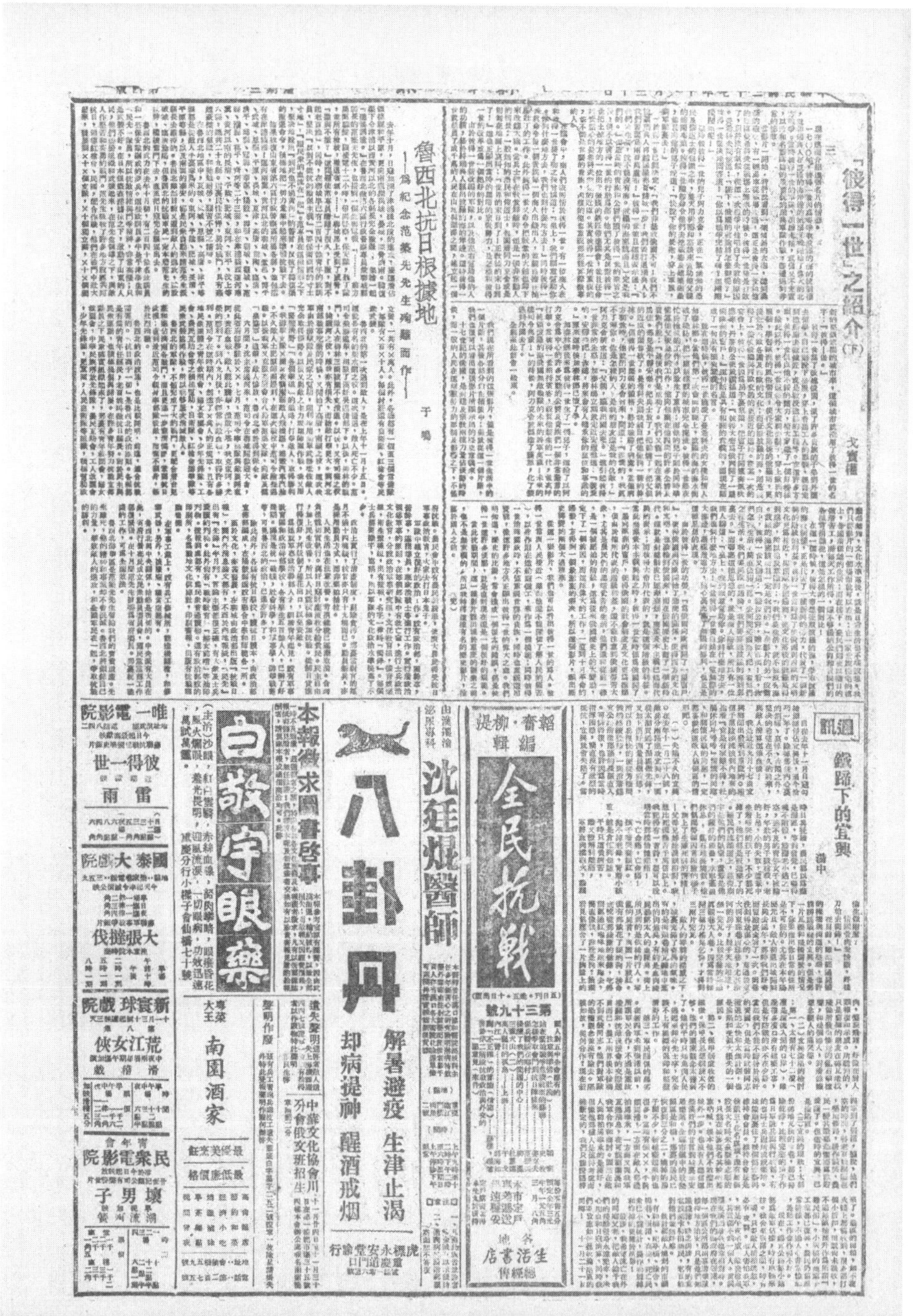

《新华日报》1938年11月30日第4版整版

通訊

鐵蹄下的宜興

湯中

自從去年十一月日寇勾結湖匪侵佔宜興後，至今恰巧一年了。除掉那些內心裏的創痛、哀悼、苦悶之外，堅決的希望在不久的將來，與敵人清算這筆血債！

我是最近九月十七由宜興鄉間出發來到重慶的。相信千里跋涉流浪到內地來的，抱着『竟是有家歸不得，社鵑休向耳邊啼』情懷的同鄉，和關懷抗戰的同胞，一定都喜歡知道敵人佔領區的情形吧。

（一）失陷不久的宜興

在去年十一月二十八號，敵兵分兩路進攻宜興。一面從太湖買通了湖匪做先鋒，又加上漢奸測量員做前導，所以日兵很快的便從芳橋周鐵橋絡續登陸，一面沿着錫宜公路浩浩蕩蕩的長驅直入。可憐得很，也許因為當時指揮困難，簡直沒有激烈的抵抗，宜興就告失陷了。當時日兵發國，農民都以為盤是湖匪，等到發覺，已嚇得魂不附體，婦孺老小逃之一空，逃不及的青年女子被輪奸，年壯的男子被槍殺，老的上吊，小的失散，蘆葦中坐着啼哭的孩子，不少都死掉了，他們都是被拋棄了的。難民們流離道上，路旁廟宇是他們的臥室，蘆葦是他們的藏身的堡壘，水車蓬裏休息，亂石堆裏燒飯。他們饑渴勞頓囚首垢臉的樣子，加上了生離死別的情緒——父母兄姊妹淚眼相對，我想比死還痛苦千萬倍以上。我記得有一首詩，很可以說明當時那種愴懷悲痛！

「亡命痛，亡命痛！
孩子啼哭妻眼紅。
拋不掉老母，背着小孩重，
越是倉忙腳也腫。
平時只道貧病苦，
誰又瞭解別離痛，
誰將血肉擋砲火，
誰願偷生做附庸？
情願骨肉愛情斷，好提刀槍去衝鋒！」

在目前，雖然經過屍體的掩埋與街道的整理，也許能辨認戰前的宜興。但是那一片瓦礫和殘牆爛壁的情況下，你要指出你日常的住所是不可能的。尤其在本年陽歷元旦，敵人初退出城開到長興去過年，那時我們好奇而冒險底去看了一次。街巷洗刧得最傷心的，莫過於東大街東珠巷西珠巷，尤其沿河的房子，幾乎天地相接，無一完瓦。比較完整的是通貞觀巷大人巷，因為當時徐開三極力搖尾乞憐，才得到三兩片完瓦。

敵人的毒辣的淫威之下，城裏充滿了奇異的氣味。有的是街頭巷梢瓦礫堆中蒸出的肉焦臭，有的是血肉殘屍暴露太久的血腥臭。街上所見到的是依稀的行人，零亂的屍首，周圍一片殷紅。還有那餓花了眼的狗，拚命底咬嚙那殘斷的骷髏，吃得眼眶通紅，咆哮地跑來跑去，簡直像狼，誰說是狗？抬頭看見饑鷹含了一片胸脯上的肉，盤旋飛翔，好像在對人類報復和示威。所聽到的，只是竊樓的朋友在磚瓦堆找殘餘所發出懊惱的亂石擊撞聲，和幾個婦人，對着餘燼想念親人的痛哭聲。

（二）宜興淪陷的檢討：第一、太湖有七十二瀆（瀆是河流入湖的口岸），雖說很多瀆口後有建築工事，但是有防禦的亦不在少數。當然我們不能不歸咎於漢奸的賣國，但是當時武裝同志撤退的太快和太無計劃，也是淪陷和受鉅大損失的一個原因。

第二、保甲制度收效的細微。保甲長思想訓練太不够，他們的國家觀念太薄弱了。他們平時只知魚肉人民，逃起來却身先士卒，完全談不上有組織的退却和堅壁清野的工作。

第三、軍民關係的惡劣。在新四軍未到張渚以前，所謂軍民合作，不過是黨政機關和抗敵後援會的交際題目而已，農工兩界根本接觸不到武裝同志。他們對軍隊的恐懼觀念並沒有除去。隔膜如故，從何合作？現在新四軍到了張渚，據說，他們空的時間，替老百姓編籬笆，墾地修路，耕作談笑，農民一變其厭惡恐懼而為歡迎愛護了。但這時的宜興，已是淪陷區。

（三）宜興的現狀：大部份磚堆瓦礫的街巷，都已掃除乾淨，比較完整的房子作為日軍駐兵處與行裁館，有的也叫士兵樹所或娛樂所。城隍廟裏住了幾個偽警察與維持會會員。維持會會長是徐凱三，化名琪璜，還有幾個股長大名叫朱泉璧徐志順的，只能在城裏莫名其妙的搖旗吶喊，根本他們不敢溜出城外一步。也沒有人聽信這些漢奸們的甘言到城裏來安居樂業。全縣市鎮中的最熱鬧區是和橋，那裏的居民已恢復到三分之二，燒掉的房子固不少，新建築起來的也很多。當地有個××，手腕頗圓滑，一方面在敵人那邊拍馬奉承，一方面又與我軍互通消息，在可能範圍裏和我軍合作和商討。固然在敵人面前拍馬奉承的是漢奸，但像他那樣人是值得考慮而難斷定的，我們只能證諸將來了。戰區的田租，如不在火綫上都能收到，很多部打個小折扣，田賦尚未徵收，不過每畝抽幾升作為所謂「難民捐」。小規模的商業才工業都已復興，農民仍留照常耕種，不過人心非常惶惑，施肥工作也作得不好。現在，錫宜公路每小站都為敵軍佔據，時有車輛來往。徐舍至張渚之間，時有溜，只要敵人稍稍疏忽，必有夜襲。敵人害怕我軍，老是作夜示威敵發槍過，其實傷不到一個人。黃洞澗東溪頭敵我也常相對時。現在我們的縣政府在張渚，每一個區公所都招募游擊隊維持地方治安，只是他們知識淺薄，缺之訓練，有的竟私設關卡，勒捐商民，老百姓對他們並無好感。

統計經敵人燒封的市鎮，有和橋、吧亭橋、徐舍、楊巷、張渚、高塍，死亡民衆巳不能統計，農作物燒掉和炸掉的更難於清數！

最後，我希望流亡在外的同鄉父老，把敵人給予我們的殘酷侵略永遠記牢，決心用血和日寇清算，同時我們要致慮如何拯救淪陷區的同鄉！

十一月二十一日

新四军活跃江南

中華民國二十七年十二月四日 星期日 新華日報 第二版

從化南我克太平場
廣州近郊游擊隊甚活躍
三水敵軍隔河砲擊馬房

華南戰況

我大軍越河增援
敵認犯晉難進展
遼寧錦州均入羈括
敵之後路已成前線
衛司令長官暢談戰局

華北戰況

我攻韓陽正激戰
靈石敵東犯受創

冀省我克新河縣城

襄河巡禮
郭鏡人

正太沿線戰事激烈

膠濟路我軍甚得手
淄河流域擊潰敵二千餘

寺內昨離平
漢奸亦赴津

古莊返抵東京

敵低價購華北棉花

豫南鄂西敵退守
皋市寇軍已經東撤
信陽城外敵失控制

華中戰況

皖南我反攻勝利
龍頭山等地先後克復
順安鎮已發生前哨戰

行政院昨談話例會

王景岐 魏瑞王辭行

新四軍活躍江南
丹陽一帶道路被破壞
黃池鐵敵中伏受重創

政治消息

國府命令
徐學禹免本兼各職
嚴家淦繼長閩建廳

蔣委員長撥款五萬
賑濟桂林被炸難民

湘省府令飭各縣
促沿途茶飯店復業

敵強徵偽滿
担任軍費

西康建省後
施政的總動向

封鎖長江事
敵稱未接二次抗議

《新华日报》1938年12月4日第2版整版

新四軍活躍江南

丹陽一帶道路被破壞

黃池鎮敵中伏受重創

（江南前方新四軍來電）江南我新四軍××支隊於十三日在丹陽縣附近胡項橋，破壞道路，乘機襲擊修路之敵人，當將全部擊潰，敵傷亡四十餘。我繳獲長短槍十餘枝，及修路器具甚多。同時，又破壞金丹路橋三座，並將修路之敵擊退。廿三日我另一部又擊斃丹陽騷枝之敵四十餘人。廿五日，我另一部又將由礦山向小丹陽進攻之敵擊退。同日，另一部又在當塗縣黃池鎮附近設伏，誘敵入鎮，突然猛擊斃敵廿餘。獲長短槍十餘枝，餘敵逃潰，我軍傷一人。

崇德附近我炸毀敵艦一艘

（中央社蕭山三日電）上月廿八日下午敵約千餘，分乘汽艇廿餘艘，水陸并進，向我圍攻。我某部迎戰於洲泉鎮（在崇德之西北），敵艇一艘，當被我炸毀，死傷甚多，是役我亦死傷士兵十餘。

（中央社金華三日電）上月三十日，犯我普陀之敵艦一艘，經我迎擊，傷亡均重。前因大風大霧倉皇逸去後，一日晨又回泊原處，似有再度登陸之企圖。

消息详文

皖南我反攻胜利

中華民國二十七年十二月四日 星期日

新華日報

第二版

從化南我克太平塲
廣州近郊游擊隊甚活躍
三水敵軍隔河砲擊馬房

華南戰況

華北戰況

我大軍越河增援 敵認犯晉難進展
遼寧錦州均入囊括 敵之後路已成前線

衛司令長官暢談戰局

我攻韓陽正激戰

冀省我克新河縣城

豫南鄂西敵退守
皂市寇軍已經東撤

信陽城外敵失控制

鈴木師團調增援岳陽

華中戰況

皖南我反攻勝利
龍頭山等地先後克復

順安鎮已發生前哨戰

正太沿線戰事激烈

膠濟路我軍甚得手
淄河流域擊潰敵二千餘

襄河巡禮

新四軍活躍江南

政治消息

國府令 徐學禹免本兼各職 嚴家淦繼長閩建廳

蔣委員長撥款五萬 賑濟桂林被炸難民

行政院昨談話例會

湘省府令飭各縣 促沿途茶飯店復業

西康建省後 施政的總動向

封鎖長江事 敵稱未接二次抗議

《新华日报》1938年12月4日第2版整版

皖南我反攻勝利

龍頭山等地先後克復
順安鎮已發生前哨戰

（中央社青陽三日電）我銅繁大軍，二日晚分三路向銅陵境內之敵大舉反攻。一路進攻順安，正激戰中，一路進攻龍口嶺，肉搏五六小時。二十五日夜一二時克復龍頭山，（龍口嶺東北三公里）正向董家店之敵襲擊，一路佔領大山頭（五峯山西五公里）。刻我各路大軍，正節節勝利。

（中央社南陵三日電）灣沚西南之馬家園及石人亭，經我有力部隊猛攻，已於二日午相繼克復。但該處民房被敵縱火焚燒殆盡，敗瓦頹垣，厥狀殊慘。又紅楊鎮敵增至五六百人，現我敵正激戰中。

（中央社青陽三日電）我反攻順安鎮之部隊，現已陸續到達小橋附近，已展開前哨戰，血戰日內即將爆發。

消息详文

中国共产党扩大的六中全会致八路军新四军电

中華民國二十七年十二月六日　新華日報　星期二　第二版

粵戰事趨重西北境
寇集重兵圖威脅桂林
北海登陸敵已被擊退
我游擊隊曾衝入廣州

華南戰況

華北戰況

中國共產黨擴大的六中全會
致蔣委員長電

致八路軍新四軍電

中國共產黨擴大的六中全會

鄂中前線仍沉寂

華中戰況

《新华日报》1938年12月6日第2版整版

並向國民黨中央各同志致民族解放之敬禮！

致八路軍新四軍電

中國共產黨擴大的六中全會　十一月五日

八路軍新四軍的全體指揮員、政治工作人員、戰鬥員同志們！一年多以來，你們在蔣委員長及各戰區長官指揮之下，在共產黨領導之下，擔負了光榮的任務，在敵後方協同友軍，不斷的打擊和消耗了大量的敵人，屢次粉碎了敵人的圍攻，廣泛的發動了民衆和游擊戰爭，收復了廣大的失地，建立了許多抗日根據地。你們奮不顧身的努力和堅決的犧牲精神，你們的靈活指揮和政治工作，已經取得了全國同胞和國際人士的同情和愛戴。中共擴大的六中全會特於閉幕之際向英勇的同志們致親切的慰問和熱烈的敬意。並向爲國捐軀的同志們表示無限的哀悼。

同志們，中華民族的解放事業，須從長期的持久戰中去求得最後的解決。在艱巨的鬥爭過程中，存在着許多嚴重困難。但偉大的中華民族在蔣委員長領導之下，已經從十六個月抗戰中獲得了極大的進步，造成了最後戰勝敵人之基礎。今後亦必能在堅決繼續抗戰中不斷的進步，更加鞏固和擴大以國共兩黨爲基礎的抗日民族統一戰綫，團結全民族，動員全民族的一切生動力量，克服一切困難，積蓄力量，最後反攻敵人，戰勝日本帝國主義。

當此武漢、廣州失守，抗戰形勢緊急的關頭，特別需要我八路軍、新四軍前進戰士的努力，以自己的模範作用幫助友軍及民衆一致努力，渡過難關。在敵後方，數倍於今天的艱苦局面尙在前面。希望你們再接再厲與敵寇作殊死戰，更加積極的去幫助和親近友軍，更加努力的去發動和組織民衆，更加謙和的去對待政府和民衆，用互助互讓、團結禦侮的精神去鞏固擴大統一戰線。同時反對個別分子的悲觀、動搖、墮落、腐化的現象，保持和發揚過去的光榮傳統。中共擴大的六中全會堅信：你們定能始終站穩自己前進戰士的崗位，你們定能堅定不移的爲抗日戰爭的最後勝利和三民主義的民主共和國之實現而鬥爭。

中國共產黨擴大的六中全會
十一月五日

电文详文

《新华日报》义卖献金大会致八路军新四军电

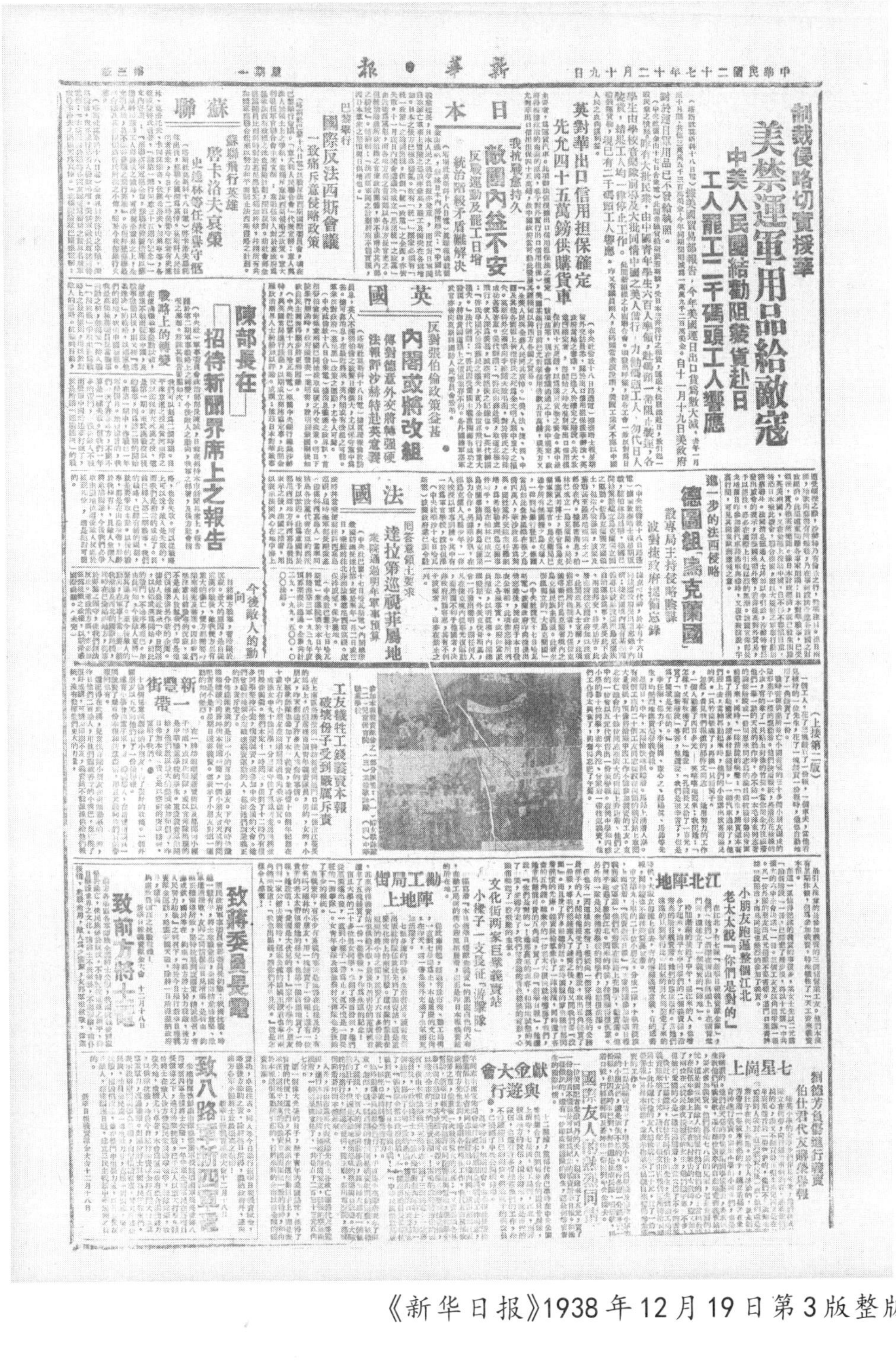

中華民國二十七年十二月十九日　新華日報　星期一　第三版

制裁侵略切實援華

美禁運軍用品給敵寇

中美人民團結勸阻裝貨赴日

工人罷工二千碼頭工人響應

日本

敵國內益不安

英國

內閣或將改組

法國

德國組「烏克蘭國」

蘇聯

陳部長在招待新聞界席上之報告

江北陣地

七星崗上

獻金大會與遊行

致蔣委員長電

致前方將士電

致八路軍新四軍電

《新华日报》1938年12月19日第3版整版

致八路軍新四軍

朱總指揮德彭副指揮德懷葉軍長挺項副軍長英並轉八路軍新四軍全體將士公鑒：一年半來全國軍民在蔣委員長領導之下，進行神聖抗戰，已予敵人以重大打擊。諸位將士在敵人後方發動民衆與游擊戰爭，拖敵[illegible]，收復失地，成績尤爲卓著，本會爲籌助政府集合涓滴財力，以供獻抗戰，特於今日舉行義賣獻金并召開大會以號羣策羣力，渡過難關。對諸位將士爲國爲民族發奮鬥，表示親切慰問與崇高敬禮，尚望繼續親愛，努力團結全民族，動員全民族一切生動力量，克服一切困難，堅持抗戰，摧毀僞政權，並在戰鬥中生長力量，以達最後反攻敵人，藉達驅逐日寇，建立三民主義新中華民國之目的。

新華日報義賣獻金大會十二月十八日

电文详文

一九三九年

活跃于江南的新四军粉碎敌军六路进攻

新華日報

從化我軍出擊獲勝

珠江敵艦往太平等處增兵

華南戰況

華中戰況

華北戰況

擁護懲汪決議

粉碎敵軍六路進攻

重申遠東政策

《新华日报》1939年1月15日第2版整版

活躍於江南的新×軍

粉碎敵軍六路進攻

寡勝衆弱勝強並沒有神秘的法寶
全靠官兵一體軍民一致靈活作戰

（本報常州通訊）外國的報紙常常載着新×軍在南京近郊及沿京滬路一帶與敵軍作戰情形，並描寫許多非常有趣的事體。據倫敦泰晤士報載「新×軍十個月來與日軍接觸作戰大小數十次，擊斃日軍五千餘，但該軍僅打傷一人」一段頗為神話的記載，使人們常常想知道一個詳細。記者好久就想抽空往新×軍駐紮地去實地觀察一次，給大家作一次觀察的報告，最近總算找到一個機會，經歷了許多麻煩與困難，達到我的願望了！茲將記者實際見聞向大家報告：

幹部都是工農

新×軍原為華南各地紅軍改編組織而成，從成立到現在，還不到一年光景，內部幹部及士兵都是一些工農，尤其是農民佔最多數。

記者曾親自碰到該軍第×支隊司令陳×說：「我這一支隊隊伍，除我個人是知識份子而外，全體幹部都是工農出身。」記者又見過該支隊第×團團長，他自己說：「我是曾經種過八年田的農夫，為什麼我是不會的，但是，整千整萬的隊伍來，我可以指揮的。」他說話時候的表情，十足的表現出他是個忠實而純潔的農夫。

奪來了新武器

他們的士兵和官長，完全分別不出來，待遇一樣，服裝一樣，起居生活一樣，好像親密的家庭一樣的融洽。他們的武器，以前是很落後的，當他們由華南一帶出發到江蘇來的時候，很多士兵沒有看見過輕機關槍是什麼樣子，他們缺乏短槍，在紅軍時代，常常將長槍鋸短當作短槍用，記者到部隊參觀時還看到一些從前他們使用過的鋸短的槍，現在已不用了。記者很想將這博物館保存幾枝，留作將來的紀念，可惜不能帶過來。現在他們用的槍不但有最新式步槍，而且有三八式的輕機關槍，自動步槍，這些武器都是從敵偽軍手裏奪過來的，說來奇怪，他們初來的時候，武器那麼粗劣，那麼落後，但同敵偽軍作起戰來，常常總是佔着勝利。總說在前一個月第×戰區司令長官全部對該區游擊戰下總評的時候，認為新×軍對敵人作戰次數最多所得勝利亦最多。這在一般唯武器論者，是想不通的。

勝利的「法寶」

談到該軍作戰常常勝利的原因，記者曾訪問該軍負責人據負責人表示說：「我們的隊伍同敵人作戰，並沒有什麼神秘的法寶，取得勝利的主要原因，是官兵一體，軍民一致，運用游擊戰術，詳細的說，就是在部隊中加緊政治工作，提高士兵的民族覺悟和抗戰情緒，發展民衆運動，得到民衆的擁護，還有每個戰鬥員都能熟練的運用游擊戰術。」末後他說：「游擊隊如離開了民衆，不得到民衆的擁護，那是絕對沒有方法取得勝利的。」

記者曾走訪過新×軍駐紮過的一帶鄉村的民衆，每逢跑到一個鄉村和訪問每一個鄉村中的農夫農婦，只要那裏是曾經新×軍駐過的或經過的，他們和她們都會對你說：「唉！這個軍隊真好呵，態度是那麼和藹，對人是那麼客氣，任憑你的什麼雜物，他們都不會要一點的，他們來借你的東西，臨走時都要送還，損壞了都要賠償。」由於該軍對民衆這樣的愛護，民衆常常自動的送草和門板給新×軍的兄弟們睡；看到士兵沒有被頭蓋，常常自己三四個人一道睡；省一床被頭給士兵蓋。記者親眼看見一個老太婆，拿一床棉絮供給士兵，士兵一再推卻不掉，才道聲謝地接受老太太的盛情。

開作戰講評會

最近該軍在延陵鎮同某地方武裝部隊擊退敵人六路進攻，戰後該軍開作戰講評會，記者適逢盛會，亦列席參加，聽到他們報告作戰經過的情形，我感着非常有趣。有的說：「這次作戰開槍太早了，五百米突就開槍或太早了；等敵人更接近一點再開槍，那不是更能多殺傷他一些麼？」有的說：「五百米突還早麼？假使不是機關槍夾壳，敵人休想過河哩！」各人各持各的理由，末後由司令員作總結，認為「這一次作戰。一般的說是勝利了，我們爭取了主動，擊破了敵人的六路進攻，可是我們開槍得太早，給敵人的殺傷不夠，以後還得注意。」每一個指揮都心悅誠服的接着。

流言完全無稽

記者在上海時，曾聽到許多流言，說新×軍在江南方面如何擴大，如何干涉地方行政，如何提取民衆武裝。據此次記者觀察得來結果，這完全是漢奸舉意造作的謠言，全國挑撥離間國共兩黨的合作，加深國共的磨擦，實際上並無絲毫事實。兩月前該軍因敵軍進攻茅山司令部，為戰術上的關係，曾派出一部份隊伍向無錫蘇州常州一帶進出，來牽制敵軍，解救司令部的圍攻。據說又有漢奸捏造謠言，說該軍又在擴大地盤，甚至於捏名向第×戰區控告，後來經第×戰區派員視察，聞控告者曾指控該軍圍繳常州之張少將部槍械，認為是提取地方武裝。後該軍將搜獲到的張部與敵偽勾結的信件同防旗幟等證物當面向第×戰區視察員呈驗，證明張部有漢奸嫌疑，（按張少華曾任蘇省府所委保安隊旅長職，又為武進縣政府的抗日自衛團團長，但實際上則與敵偽約定：敵偽軍不到第四區，或來時先期通知；張少華負責不許別的抗日部隊到第四區，或到後即報告敵軍。）應當解決，結果認為該軍非但沒有干涉地方政權，沒有提取地方武裝，而且認為對地方行政，對地方武裝太客氣。這紛碎了漢奸造謠的陰謀毒計。

難民亟待救濟

新×軍的經濟情況，非常困難，但他們並不是向民衆募捐或勸索，而是指揮員和戰鬥員一致的生活，減低他們的待遇。該軍因與敵軍作戰，敵軍常被打敗，致憤而焚毀村莊，自不免造成一部份難民的無家可歸，這些民衆亟需救濟，該軍因無此經濟力量，又不參加地方行政，不便直接向民間籌款，故尚無完善救濟辦法。非常希望各地慈善家及一切愛國人士前往視察災區，並籌募捐款到當地發放。（一鶴）

活跃京芜的新四军

中華民國二十八年一月二十一日 星期六 第二版

新華日報

國民黨中常會推選

蔣任參政會正議長

修正圖書雜誌原稿審查法

閩參議會可望成立

薛岳就職 當在月底

中國抗戰前途樂觀

活躍京蕪的新×軍

石西民

應城敵分路西竄

犯京山寇遭我痛擊

華中戰況

犯廣山敵受挫

華北戰況

侵馬已在包圍中

我向同蒲路推進

華南戰況

最後消息

韓革命黨

告弱小民族書

告蘇北民衆書

敵犯孫橋與我搏鬥

侵略者的代價

一年中死傷在六十萬以上

全國報界電賀史汀生

立法院例會

不參加日本侵略委員會

史汀生發表宣言

要求美國禁止軍火輸日

反侵略中國分會

宋部會長昨電謝

我國公債

在英價格上漲

財部招待外籍記者

說明停止整款還債辦法

《新华日报》1939年1月21日第2版整版

活躍京蕪的新×軍

石西民

新×軍從去年五月中旬深入×××一帶江南敵軍心臟區域作戰以來，在敵人封鎖圈內，在平原地帶鐵路公路異常發達的區域，河川縱橫的地方，蒙受游擊戰爭最艱困的地理條件，與武裝配備優勢的敵人，展開頑強的戰鬥，堅持在江南作戰，已經獲得了初步的勝利，使日寇戰慄不安，漢奸亡魂落膽。這種初步勝利的獲得，完全由於新×軍堅苦作戰的光榮傳統和能够與民衆打成一片，得到民衆廣大熱烈地擁護的緣故。

從五月十六日作戰開始，到十月二十日止，新×軍「團結」「堅決」「英勇」「抗戰」四個支隊所參加的戰役，大小一百三十四次，傷敵軍死一千一百三十二人，傷數千人，我方傷××××人，亡×××人，獲長短槍械一千四百餘枝，彈藥四千七百餘發，日鈔一萬七千七百餘元，俘獲敵軍六百四十七名，其中有二十六名日人，其它都是偽軍。爆破的成績。毀壞敵方汽車一百餘輛，火車兩列，鐵道十六英里有餘，公路一百五十公里，其它電綫船隻橋樑馬匹等的破壞為數甚多。以上是新×軍參加江南游擊戰爭最初五個月的勝利。隨着這勝利的不斷造成，游擊區域的民衆紛紛自動武裝起來，組織自衛軍，參加並配合新×軍作游擊戰，游擊區域民衆在敵人慘無人道的屠殺奸淫擄掠之下，恢復了抗戰的自信，和與暴敵戰鬥的意志與勇氣，新×軍在民衆熱烈擁護下，聲勢更為壯大，南京蕪湖鎮江丹陽一帶的鄉村中，漢奸維持會消聲匿跡了。青天白日滿地紅的國旗，打倒了漢奸們的五色旗。

敵人的慌張和恐懼是到了難以形容的程度，大批的敵軍採取分進合擊的方法，企圖「掃蕩」我堅持在江南作戰的主力，重要的鐵路和公路綫上，建築堅固的據點，來對付我軍的襲擊。可是十月下旬以來，新×軍在敵人重重包圍中，出入自如地戰鬥着，勝利的捷報，不時從前方傳到後方來。

在長江北岸深入敵軍後方作戰的「抗戰」支隊，活躍於淮南鐵路綫上，在×縣××縣一帶屢次獲勝，十一月十五日擊潰合肥東鄉龍城的漢奸武裝七百餘人，俘敵四十六名，繳獲槍械五十餘枝，斃敵四五十名，該地日寇，從三二人到數十人的傷亡，幾乎常常都有。

，挺進到×××間的「堅決」支隊在采石當塗間屢襲敵軍，皆獲勝利，斃敵甚多，並配合地方武裝，將當塗附近京蕪鐵道破壞甚鉅。十一月間「堅決」支隊一部活躍在××四週，會一度佔領雨花台，繳獲長短槍二十餘支，騾馬多匹。我們的勇士從雨花台向南京城開一排槍射法，城內敵軍驚惶失措，竟至閉城終日禁止出入。

在南京近郊的我便衣隊，不時混入南京偵察敵情，大凡由××門直入，經××門外出，恍若無事，在城牆上張貼標語，更是家常便飯。

在游擊區域的鄉村中，當敵人有大兵力駐紮的地方，我們的便衣戰士，經常混在支鐵軍，由於在戰鬥中的不斷學習和努力，在最近灣沚敵軍大舉進犯青陽南陵的時候，新×軍的一部担任了灣沚西面陣地戰的任務，十一月一日起，在紅楊樹一帶與數千餘敵軍展開猛烈陣地戰，敵軍全數被我擊潰，斃敵二百餘名。並運用機動出擊的運動戰，搶先進入××城，在至潭擊潰敵軍，克復友軍放棄的原陣地，使敵軍進佔青陽的企圖受一打擊。

新×軍是在艱苦環境下奮鬥着，他們認識江南作戰的重要意義，努力學習，所以新×軍是一天天在進步着。

官兵團結，經濟平等，堅苦作戰，努力學習，自覺紀律，軍民合作，這是新×軍優良的傳統，有了這傳統，加以發揚和擴大，是不斷獲勝的最大原因。

一九三八年十二月於涇縣

行人中，有時並且與日寇及其它居民同在一處買菜，新×軍與民衆關係的密切，是很可從這種地方看出來了。

此外在京杭國道線上的句容，曾經一度被我軍克復，句容和天王寺都是敵駐重兵的所在，可是我們的游擊戰士時常發動當地民衆把公路線加以破壞。鎮江丹陽金壇一帶我「英勇」「團結」的支隊，也不時襲擊敵軍，時獲勝利，公路線也常被我破壞。敵軍的堅守據點和分進合擊不僅不能消滅我堅持抗戰的戰士，而且更因我軍不斷的襲擊，敵人今天不僅不能夠有面的佔領，甚至連線的佔領都做不到，結果只有點的佔領！

新×軍是一羣有豐富游擊戰經驗的戰士匯合起來的一

支鐵軍，由於在戰鬥中的不斷學習和努力，在最近灣沚敵軍大舉進犯青陽南陵的時候，新×軍的一部担任了灣沚西面陣地戰的任務，十一月一日起，在紅楊樹一帶與數千餘敵軍展開猛烈陣地戰，敵軍全數被我擊潰，斃敵二百餘名。並運用機動出擊的運動戰，搶先進入××城，在至潭擊潰敵軍，克復友軍放棄的原陣地，使敵軍進佔青陽的企圖受一打擊。

新×軍是在艱苦環境下奮鬥着，他們認識江南作戰的重要意義，努力學習，所以新×軍是一天天在進步着。

官兵團結，經濟平等，堅苦作戰，努力學習，自覺紀律，軍民合作，這是新×軍優良的傳統，有了這傳統，加以發揚和擴大，是不斷獲勝的最大原因。

一九三八年十二月於涇縣

新四军活跃苏皖

《新华日报》1939年2月10日第2版整版

新四軍活躍蘇皖

旬日戰鬥迭創敵僞繳獲無算

攻入丹陽縣城僞組織被破壞

江南戰況

（本報前方專電）新四軍活躍蘇皖各地，迭予敵重創，茲探得自上月十七日至廿七日，新四軍某某部與各支隊在京滬路及宣蕪路附近各地戰鬥情形如下：

（一）十七日×團在丹陽附近破壞京滬路五里餘，致敵日未通車。同日第×團之一部，在呂城（丹陽東南）附近，配合當地地方武裝，擊潰敵百餘，斃敵卅餘。（二）十九日第×支隊特務營。於金壇北之卜弋橋（實莊橋），與敵百餘名發生遭遇戰，斃敵六，人我亦傷亡三人。（三）廿一日我第×團一部，擊潰蕪湖北之宮陡閘敵寇二百餘，敵傷亡卅餘，俘虜卅名，獲長短槍十支，輕機關槍三挺，我傷亡十餘名。（四）廿一日第×團之一部，於宣蕪路間伏擊由灣沚南開獨山（宣城屬）載敵寇步兵四十餘名之汽車兩輛，後因南山之敵援趕到，我即撤退，是役斃敵六名，我亦傷亡五名。（五）廿一日晚第×支隊特務連，襲擊繁昌北之橫山橋敵百餘名，戰約二小時，斃敵十五名，我傷亡十一名。同時該隊特務營，在瀾諸溝口，協同縣長消滅該地僞維持會，獲步槍五十二支，駁殼槍四支，機槍一挺（六）廿一日×團之一部擊潰由朱門（南京西南）開出下鄉游擊之敵寇千餘，斃敵十餘名，我亦傷亡十二名。（七）廿二日我×團之一部，伏擊天王寺（句容南）到溧水間之敵車，並斬斷電線一段，後敵由天王寺附路增援，我即撤退，斃敵六，我無傷亡。（八）廿四日我×團×營×連，在大通東之西江村，擊退由何永村出外游擊之敵十餘名，斃敵四名。（九）×團×營之一部，於黃毛嶺將由順安（銅陵屬）出援之敵廿餘名（內漢奸數名），擊潰，斃敵二名，傷二名，俘敵五名，俘漢奸二名，我亦傷亡數名。（十）我×團一部，廿四日，伏擊由銅陵開往大通之敵四十餘，敵傷亡十餘，並繳獲軍馬十餘匹，其他軍用品一部。（十一）廿五日我×團×營一部，於橫橋（青陽北）以西之代永村，斃敵二。（十二）廿五日我×團×連在繁昌縣北，峨橋南之東，俘敵三名。廿七日三山敵二百餘，附砲二門，重機槍二架，向我駐曼八殿之×團×營進攻我陣地，被我奮勇擊退，斃敵十餘，我傷營長一員，兵一名。（十三）廿六日我×團×連於爐門附近。將僞軍張民凱所部全部解決，獲步槍八十六支，駁殼槍二支，並將叛兵首領張凱民活捉。（十四）二十七日晚青山河（蕪湖東）及黃池兩路之敵，攻我×團陣地，激戰一小時，將敵擊退。是役我副營王宜孔，特務大隊長朱學昆，副隊長徐待陞壯烈殉職，並傷員兵卅名。

（中央社寧國九日電）四日我蘇省游擊隊某部，襲擊丹陽西門，當即將敵哨兵解決，並突入城內，向僞公安局投手溜彈五枚，該局人員傷亡十餘名。

三萬游擊隊 進迫杭州

我三路攻嘉興區

（中央社香港八日電）滬英文大陸報載，過去三週中，中國游擊隊有三萬人，渡過錢塘江。杭州以北之海寧，被華軍收復後，杭州形勢十分緊張。日軍非常恐慌，擬在四週高山湖沼構築工事死守。同時滬杭路，隨時有被游擊隊切斷之虞。杭州嘉興湖州及其他各城附近游擊戰，均甚激烈，而中國正規軍兩師，亦已分成三個縱隊，進攻嘉興區。

蘇北一帶 我擊潰僞軍

（中央社西安九日電）上月三十三十一兩日，在沛縣、豐縣、○山等縣，將向我進攻之敵僞軍千餘，全部擊潰。繳獲長短槍五十餘枝，

消息详文

新四军的一个欢迎晚会上

中華民國二十八年二月十五日　新華日報　星期三　第四版

文藝在抗戰中成長起來　于伶

新四軍的一個歡迎晚會上　石西民

新外交藝術語辭典——漫畫連載——A.奥洛斯夫作

老伯伯　戈茅

桃洛萊斯在前線上（續完）——「西班牙日記」之一頁——M.柯爾左夫作　戈寶權譯

《新华日报》1939年2月15日第4版整版

新四軍的一個歡迎晚會上

石西民

新四軍戰地服務團，是抗戰中在戰場上活躍着的有成績的戰地服務團之一。有一天晚上，天下着冷雨，山谷中冷氣特別迫人。是一個很難得的機會，金華來的一部份文化界的參觀者來到前方，同時新四軍的政治部主任袁××先生一個半月以前陪伴着第×戰區軍風紀巡視團深入敵軍佔領區域，工作完畢歸來，帶來了兩個俘虜，一個叫澧福，是工人出身，一個叫三谷，是汽車工人，都是二十歲左右的青年，還有二十幾個淪陷區域努力救亡工作的青年，他們是到新四軍教導隊來受訓的。服務團特別開了一個晚會來歡迎他們。

晚會在七點鐘左右開始，服務團的朱團長，首先致歡迎詞，特別着重的指出今天歡迎二位新來的日本勞苦兄弟的熱忱，表明在反對日本軍閥對華的瘋狂侵略中，日本下級士兵不是我們的敵人，將是我們反對日本法西斯軍閥的同志，在熱烈的掌聲中結束了他的背詞。接着立起演講的有金華參觀團的代表，接着在一陣狂熱的掌聲中，新來的日本弟兄三谷起立發言了。三谷說：今天晚上，蒙諸位這樣熱烈的歡迎，很覺得慚愧，從明天起，我們住在一起，相互親愛，如兄弟一樣。三谷的話很簡單就完了，澧福起立演講，高吭的聲朗，從容的態度，充分表現出在此地的快樂和沒有憂慮，因為先他們而被俘的二個日本兄弟，早已將此地怎樣優待他們的情形告訴他們了。

澧福開始滔滔不絕的講了，替他們翻譯的是新四軍對敵工作部部長林植夫先生。澧福說：這樣冷的天氣，各位如此熱情歡迎，感激得很。在路上二十天，沿途民衆與新四軍弟兄都對他很好，尤其銘感。在路上新四軍的弟兄將日軍燒殺的情形指給他看，心裏極悲痛（澧福是最近才被征來華的）。中國軍民在這種摧殘下，對我還無仇恨，認為中國真有大進步。在日本國內時所聽到的軍閥所講的「皇軍」如何好，完全是騙人的，今後我們聯合一起，如兄弟一般，只有打倒日本軍閥，才能求得東亞的真正和平。澧福的話講完了，熱烈的掌聲繼續了一分鐘以上。

年輕力壯的袁政治部主任講話了，活潑生動的言辭，引起了數百青年共鳴的掌聲。袁主任說淪陷區域並未淪陷，這次巡視團一行三十餘人，都騎着馬，大模大樣的穿過敵人封鎖綫，自由行動，沿途召開民衆大會，敵人毫無辦法。淪陷區域的民衆，已熱烈參加抗戰，敵人除佔領幾個城市外，廣大的鄉村毫無力量來統治，敵人今天在淪陷區域只有點的佔領，而無綫的佔領。

最後講到軍民關係，新四軍與戰區民衆，實已打成一片，有一次我們一個排長光榮的犧牲了，附近的民衆硬要抬回去安葬。更有一回，在溧武路上，我們三個偵察員，看見有三輛汽車迎面駛來，上面坐滿了敵軍，便準備好手溜彈，等到車輛駛近，一齊丟去，最前面的一輛炸毀了，車上三四十個日寇都做了冤鬼，但是第二輛第三輛上的敵軍，一遇此警，立即停下來，我們三個英勇的青年戰士，便在大隊寇包圍下殉難，待等到日寇過去，百姓買了很好的棺木，舉行了盛大的葬儀，並且還爲這三個戰士立石碑紀念。最後講到，敵人因爲害怕新四軍，近來正調集淞滬一帶寇軍來進攻，企圖一鼓將我部隊消滅，我們今後將遭遇更大的困難，可是只要刻苦奮鬥，我們必然能戰勝這一困難的。……

游藝的節目快要開始，國共合作進行曲，雄壯地響徹屋瓦，寒氣早已被狂熱的情感所驅逐了。在一陣歡呼中日本弟兄渡邊開始唱他剛剛學會的打倒日本歌和義勇軍進行曲，聽衆都被他那天才的歌聲所傾倒了，掌聲在前進前進聲中，如雷一般響起來。

游藝開始，第一幕是活報，表演歡迎遠地來的不平凡的客人，第二幕是

不平凡的客人，第二幕是描寫一個地主不願意拿出錢財和槍械來幫助當地自衛軍，專想搬家逃難，結果日寇一到，一疊疊的紙幣被搶去了，年輕的女兒也被搶去了，手槍也被日寇奪去，最後是日寇被自衛軍擊潰，女兒鈔票手槍都奪了回來，一齊交回這一地主，這一地主在高度興激下，感動了，一切所有都拿給自衛軍，自己也參加自衛軍去。劇情很簡單，但對落後的農民大衆，是有很大的教育意義的。據說在前方演出的時候，有一地主看完了戲，自動捐出八十担穀子給新四軍的第×支隊。上演的時候，時演到日寇強搶錢財和那年輕地主女兒的時候，四個日本的弟兄，相互看看發出難以爲情的羞容。

最後一幕是軍民合作

最後一幕是軍民合作，描寫民衆如何幫助軍隊帶路、挖戰壕，偵探和送飯抬傷兵，很有教育意義，當兩個日本俘虜被我軍於激戰後抓來時，四個在戲台前面看戲的弟兄，笑得更厲害了，甚至相互抱起頭來。

優待俘虜兵，是新四軍十項注意之一，我們看到他們已眞正做到了，這在今後抗戰中，瓦解敵軍方面是有很大意義的，據袁政治部主任說，這次兩個俘虜，就是由於聽懂了新四軍戰士以日語口號而繳械的。

晚會閉幕，我們都在國共合作進行曲的歌聲中，帶着一顆火熱的心歸去。

一九三八，十二，廿四，於皖南前方

一年来的新四军

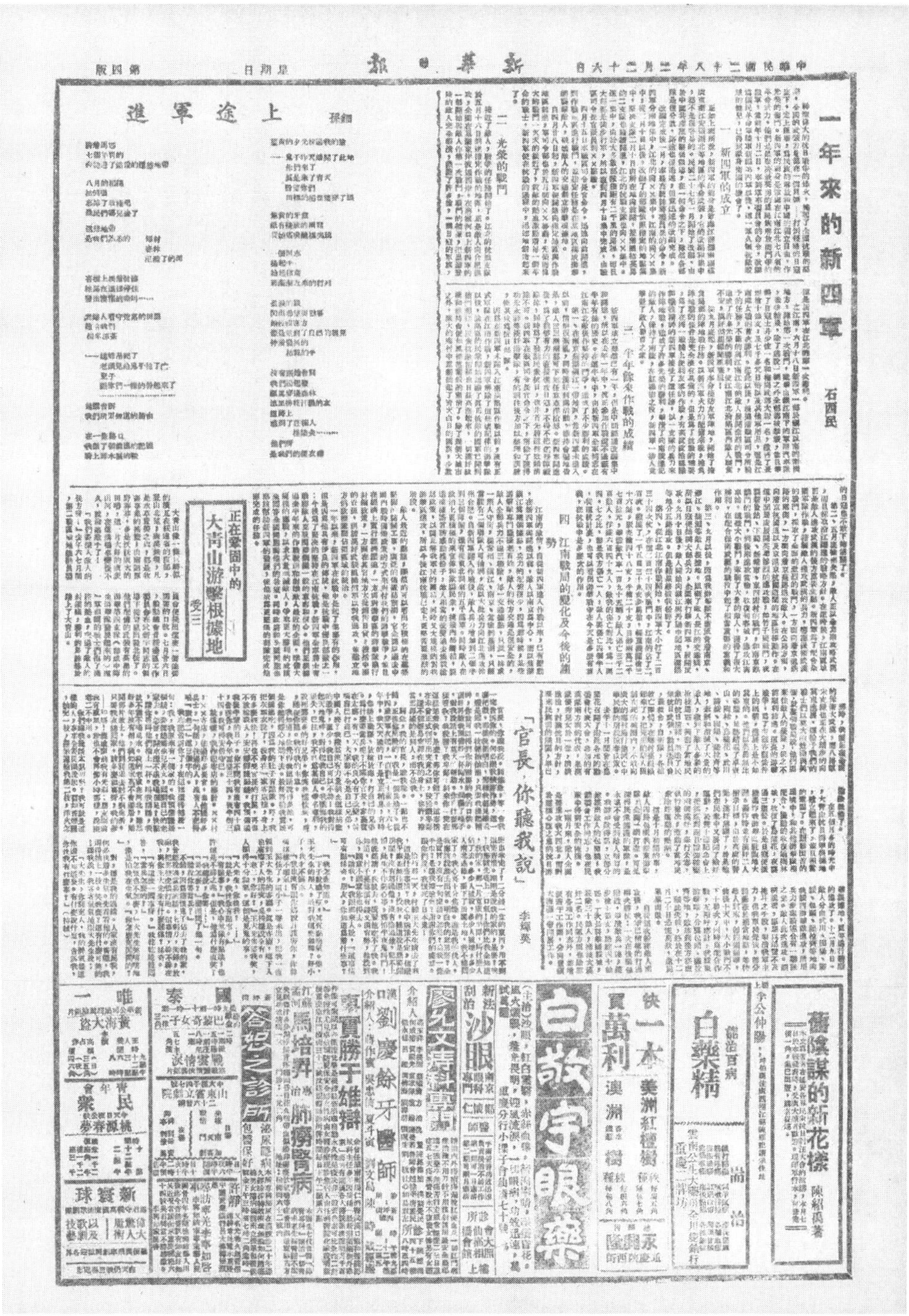
中華民國二十八年二月二十六日 新華日報 星期日 第四版

一年來的新四軍 石西民

一 新四軍的成立

二 光榮的戰鬥

三 半年餘來作戰的成績

四 江南戰局的變化及今後的趨勢

上途軍進

正在鞏固中的大青山游擊根據地

「官長，你聽我說」 李輝英

舊陰謀的新花樣 陳紹禹著

白藥精

白敬宇眼藥

《新华日报》1939年2月26日第4版整版

一年來的新四軍

石西民

神聖偉大的抗日戰爭的烽火，掀起了全國抗戰的怒潮，全國的武裝力量都在一個目標——打倒侵略的日寇底下，走上戰場，爲民族的解放和中國的獨立自由，作光榮的奮鬥。新四軍的前身是散處在江南江北七八省的革命武力，他們是最堅決最英勇的爲民族解放而鬥爭的鐵軍，當前年十月二日，奉到軍事委員會的命令，改編爲國民革命軍陸軍新編第四軍以後，這一軍久慣抗敵殺賊的健兒，已得到獻身衛國的機會了。

一 新四軍的成立

正如上面所說，新四軍的前身是散處江西湖南福建廣東浙江安徽湖北等地區的革命武裝，它的改編和集中，都不是很容易的。民國二十七年一月開始了改編，由於中國共產黨的積極領導，在一個命令之下，雖然各部隊是很分散，路途也很遙遠，但竟迅速的改編完成。

改編完成後一月，奉最高統帥蔣委員長的命令，新四軍分兩地集中，江北的向××集中，江南的向××集中，從二月十日以後，改編了的部隊依照指定的地點集中，堅決支隊二月十日由所在地向前開，接着團結英勇的二支隊也陸續開進，江北的抗戰支隊也向××集中。這一集中，由於大多數部隊相距有二千里的路程，而且大部都是徒步行軍，所以直到四月十日集中完成，由戰區司令長官派員到××點驗。

四月十五日奉戰區司令長官命令，迅速向前開進，到作戰地區進行戰鬥，並指定任務是在某地區構成游擊網襲擊敵人，破壞敵人的交通創立游擊根據地。

自四月廿八日起，新四軍便開始向指定地區與作戰地區前進，軍司令部也於五月間向××移動，光榮而偉大的戰鬥一天天的接近了，殺敵的熱血激動着每一個革命的戰士，新四軍便在抗戰的過程中，迅速地創造起來了。

二 光榮的戰鬥

接近了敵人，戰爭的任務開始了。江北的抗戰支隊於五月十六日到達指定作戰的地區，正是敵人向合肥進攻，企圖在巢湖東岸渡過西岸，在蔣家河口上新四軍的一部開始與敵人作第一次戰鬥，戰鬥的結果，把巢湖登陸的敵人完全擊潰，繳獲了許多槍，一面日寇的軍旗，這是新四軍在江北的第一次勝利。

在江南，六月十八日新四軍一部於鎮江以南的衛崗地方，開始第一次戰鬥，截擊由鎮江南下的軍用汽車隊，戰爭結果，除了逃脫一輛之外全部都被擊燬，並且擊斃了日寇土井少佐一名和梅岡武郎大尉一名，繳獲了長短槍十餘支，及七千多元日幣以及其他軍用品，這是江南處女戰的首次勝利。從此以後，根據該戰區司令所給予的任務，不斷的與江南江北的敵人展開激烈的戰鬥，造成了許多光榮的勝利，使江南江北淪陷區內敵人寢食不安，漢奸僞組織聞風喪膽！

從九月底起，新四軍奉命接防友軍陣地，開始了擔負局部的陣地戰任務。以新四軍火力的配備來說，擔負陣地戰的條件是完全沒有具備的，但是爲了抗戰的需要，爲了在同一戰線上便利友軍的作戰，有高度政治認識和犧牲精神的新四軍接受了這任務，以一支隊的兵力來作陣地戰，造成了許多光榮的勝利，擊潰了向南陵進犯的敵人，保持了南陵，在紅楊樹之役，新四軍一排人竟擊退了敵人數百之衆。

三 半年餘來作戰的成績

新四軍成立雖然已有一年，但是中間經過改編集中和開進，所以在去年一年中，真正參加作戰還不過祇有半年有餘的歷史。在這半年中，由於新四軍全軍同志在江南江北敵後作堅持的鬥爭，造成了不少勝利的成績。

第一、在南京蕪湖鎮江一帶地區，當新四軍未進入以前，情形很紊亂，同時漢奸到處活動，維持會遍地皆是，敵人三兩兩都可下鄉任意姦淫搶刧。新四軍開進後，爲了能夠有力的直接進攻日寇，不得不把這些障礙除掉，同時爲了發動民衆抗日，也非首先將這些敗類清除不可。新四軍在戰區司令長官命令之下，解除了陳得功朱永祥等漢奸游擊隊，有的調往後方加以整理和訓練，使其成爲抗日部隊。

因爲在新四軍未開入江南淪陷區作戰以前，沒有正式軍隊在江南作戰，新四軍解除了這些壞紀律的游擊隊以後，淪陷區的民衆開始認識了真正抗敵的國軍已開到他們那裡，民衆抗敵情緒也日益高漲起來，一切漢奸政權和維持會便如風捲落葉般的肅清了。除了幾個大城市之外，廣大的鄉村中重新插起了青天白日的國旗，少數的日寇也不敢下鄉胡鬧了。

第二、五月底徐州失陷，敵人正以全力來攻略武漢，而且採取沿江躍進的戰略方針。在這時候，江南區域正是敵人進攻武漢的後方重要支點。新四軍為了配合全國軍隊作戰，牽制敵人進攻武漢的兵力，響應保衛武漢的戰鬥，採取了全面的激烈的戰鬥，一方面向着京滬鐵路的兩側，一方面向着京蕪路進攻敵人。在公路方面，向着京杭國道以及京滬京杭國道間的地區積極動作。在這中間幾度展開英勇慘烈的進攻戰，如竹子岡戰鬥，夜襲新豐站、下蜀、新塘市、東西謝村的戰鬥，和南京麒麟門的戰鬥，到後來進攻當塗，收復句容城，進攻江甯車站，這些大小戰鬥，牽制了大量的敵人，獲得了很大勝利，在配合保衛武漢的戰役中起了相當重要的意義和作用。

第三、九月以後，因為我游擊隊不斷威脅着南京、鎮江、蕪湖等敵人根據地，阻礙了敵人長江的交通綫，所以日寇便抽調大部兵力，企圖來打擊新四軍，展開反攻。九月十日後，敵人開始向鎮江與丹陽中間地區溧陽等地分五路進攻。但是結果終被我粉碎了。

第四、從江北江南作戰開始，新四軍大小打了二百三十四次仗，在這二百三十四次戰鬥中，江南的佔了二百次。繳獲了一千五百三十九支步馬槍，輕重機關槍三十六挺，駁殼槍四十八支，手槍二十支，日鈔兩萬二千七百餘元，擊燬敵汽車一百九十五輛，敵人傷亡三千二百餘人，俘獲六百四十九人，敵我的傷亡對比，為一與四．七之比，即是我方傷亡一人，敵人要傷亡四個半人，從這統計裏，也可以看出游擊戰爭在今天是多麼有意義，在抗戰中是多麼大的作用。

四　江南戰局的變化及今後的趨勢

江南的敵情，自從新四軍進入作戰以來，已有變動，在新四軍與開進以前，敵人以南京為中心，而以蕪湖鎮江為兩個據點，兵力的配備很少，因為那時候，某些游擊隊專門騷擾老百姓，敵人的後方交通是很安全的，敵人全部兵力不過三聯隊，每一交通據點，只派一排或一班人守衛，從常州、鎮江、南京、當塗到蕪湖，只經常駐有二個聯隊人可抽調，敵以大批兵力向江北進攻徐州合肥。自新四軍開入作戰後，敵人兵力增加到二個半到三個師團，還有從東北調來的五千偽軍。同時敵人在政治上更積極的來宣傳和欺騙民衆，挑撥內部團結，製造謠言誘惑動搖份子，敵人相當的改變過去燒殺搶掠政策，以圖瓦解我軍民的團結，同時又大規模的對我游擊區進攻，所以今後江南抗戰已走上更緊苦更激烈的階段。

敵人最近的動態，顯然的可以看出它積極的在建築堅固的防禦工事，廣泛的佈置防禦網，它企圖以過去中國內戰時碉堡政策的方式來對付我們的游擊戰爭，並且在經濟上實行經濟壓迫，一方面對游擊區的游擊隊進行封鎖政策，一方面在其它地方大批銷售日貨，搜括中國的資源，訓練漢奸武裝組織偽軍以對我進攻，並建立地方偽政權鞏固佔領區域的統治。

一年以來，新四軍在抗戰中是起了他應有的作用，這是因為他具有優良的傳統，他是抗戰中優良部隊之一；今後為了堅決的堅持在江南抗戰，新四軍全軍將士有戰勝敵人克服困難鋼鐵一般的意志和信心。他們正根據過去半年來的作戰教訓和對於敵人最近的企圖，準備大規模的應戰，以求大量殲滅敵人，爭取更大勝利的成績來回答全國同胞對他們的希望。同時政府和全國同胞也應該幫助新四軍的發展，使他成為更堅強的部隊完成他應完成的任務。

江南游击区横断面

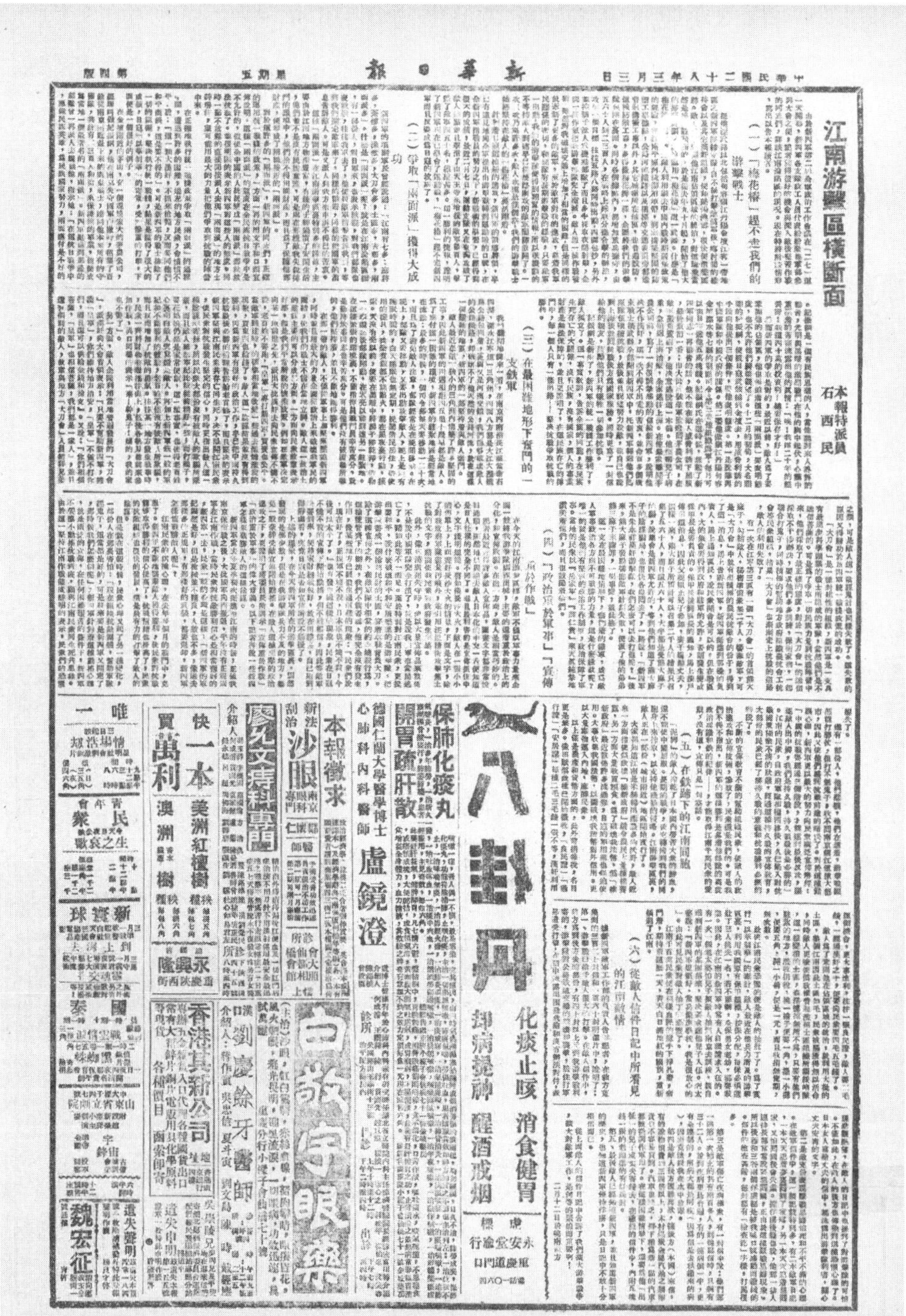

中華民國二十八年三月三日 星期五 新華日報 第四版

江南游擊區橫斷面

本報特派員 石西民

(一)「梅花樁」退不走我們的游擊戰士

(二)爭取「兩面派」幾得大成功

(三)在暴風雨地形下奮鬥的一支鐵軍

(四)「政治重於軍事」「宣傳重於作戰」

(五)在鐵蹄下的江南同胞

(六)從敵人信件日記中所看見的江南敵情

《新华日报》1939年3月3日第4版整版

江南游擊區橫斷面

本報特派員 石西民

由於新四軍第二屆全軍政治工作會議在「二七」這一天開幕，新四軍各支隊政工人員代表紛紛來集軍部參與大會之便，記者獲得很好的機會與深入敵後堅苦作戰的同志們，詳談江南淪陷區的現況。現在特將所談情形，寫出以告本報讀者。

（一）「梅花樁」趕不走我們的游擊戰士

挺進京武路以北包括句容鎮江丹陽金壇江寧一帶地區之新四軍陳緒支隊，由不斷打擊偽軍後，鄉村間的維持會以及其它漢奸組織，便如鳥獸散，很快便消聲匿跡。敵人為了鞏固他江南佔領區域的統治，對這現象當然是感到最頭痛的，於是從去年九十月起，開始了他大的掃蕩計劃，開始運用「梅花樁」這一武器。什麼是「梅花樁」呢？便是敵人利用過去中國內戰時期碉堡政策的經驗，在江南平原河流湖沼地帶，到處構築堅固的防禦工事據點，公路河流鐵路以及橋樑等交通要道旁都遍佈着構築工事以外，其它城鎮所在地區，也普遍設防，這種防禦工事，多得像梅花樁一樣，企圖將我們的游擊隊包圍在裏面。同時各個據點內，都增加重兵據守，由五六十人到二三百人，在戰略上採取分進合擊的辦法，攻擊一個目標，往往五路八路同時出動，四面包抄，另外並採取少數人員機動部隊了而且多半採取夜間射擊，企圖一舉作殲把我游擊部隊完全殲滅。敵人這一種作戰戰術，雖然對我破壞交通上增加了相當的困難，但是同樣的就牽制了更多的敵軍，至於敵軍對我的進攻，靠着我軍民關係的密切，和部隊有長期游擊戰的經驗，只要敵軍一出動，我們的游擊隊便得到夠實的情報，所以很機動的不等待敵人到達早已從幾路側攻的敵軍間隙散開了。一次二次乃至許多次，敵人永遠是撲個空，我們的游擊戰士始終堅持在敵人的「梅花樁」裏活躍着。

針對着日寇這種新的進攻，新四軍的領導將領，早已有遠見地向全軍提出由游擊戰轉到運動戰的口號，在全新四軍指戰員的努力之下，新戰術的學習，已經得到很大的成績，最近二月七日，團結支隊又在東陶攻破了敵人的據點並且擊潰了由天王寺來增援的敵軍數百人，擊斃了敵軍四五十名，繳獲甚多。這一勝利的捷報，證明了新四軍現在已學會了運動戰，「梅花樁」趕不走新四軍而且反變成為日寇的攻築了。

（二）爭取「兩面派」獲得大成功

新四軍的項副軍長曾經說過：「江南有七多：麻將多，茶館多，澡堂多，大刀會多，土匪多，青幫多，兩面派多」。什麼是「兩面派」呢？就是在江南淪陷區裡，有一部份人，對日軍來，也表示歡迎，對我們部隊也表示歡迎，往往我軍去了，他便將敵軍情形告訴我們，等到我們開走敵軍來了，同樣的把國軍的消息告訴敵人。可是又派人到我方來申訴不得已的苦衷。這種「兩面派」在江南游擊區裏特別多的緣故，主要由於江南地方物產豐富，有錢的士紳過慣了安閒生活，他們並不是沒有民族意識，可是處在那樣敵我尖銳搏鬥的環境中，他們捨不得田園財產，而且為了保護他那財產，便形成了兩面接好的「兩面派」。

對於這許多的「兩面派」，新四軍的同志們，正確的運用統一戰線的政策，一方面一再的用文字和口頭宣傳說明，這種「兩面派」的態度在全民族抗日戰爭中是絕不允許的，假使全中國的人統統變成「兩面派」那就無法抗戰了。並很明顯的表示新四軍對這些人的態度。同時一點不放鬆的直接間接派人去與「兩面派」的地方士紳解釋，盡可能用最大的力量把他們爭取到抗戰的陣營中來。

在正確地執行統一戰線政策爭取「兩面派」的過程中，遭遇到許多的困難，過左的地方民衆，會憤憤不平說：「這一類大漢奸，不抓來槍斃，反而要同他們和平商談，還是要不得的」。可是新四軍的戰士排除了一切的阻礙，堅決執行統一戰線，結果是獲得了很大的成績，日寇[illegible]以華制華的毒策，受[illegible]慘重的打擊，下面便是一個很好的例子。

在金壇附近的茅山，有一個規模宏大的茅麓公司，經理叫做紀振綱，他在南京失守國軍[illegible]撤時，招集了百餘從南京附近退下來的散兵戰士，連同他本來所有的守備隊，共計有二三百人和槍，來保護他的事業，他便成為當地一個赫赫有名的「兩面派」。新四軍[illegible]部隊曾一再派人去規勸他，指示他：「在這抗日戰爭中，要做民族英雄，為民族國家努力，兩面應付是不好的」。紀振綱是一個有民族思想的人，當他聽到來人誠懇的勸告，光明與黑暗的激烈戰鬥在他的胸中起伏，心靈中[illegible]着的苦痛流露出他的真情：「唉！我經營二十年的經營呀！我這四十萬的投資啊！總要保存才好！」

[illegible]而新四軍的爭取是對的，最近以前，敵人為了要掌握他的佔領區，他也[illegible]迫着這些「兩面派」要表明態度，也不允許他們騎牆觀望了。十二月的初旬，大名鼎鼎的紀振綱，便被日寇武裝捕到金壇去，用威脅利誘的手段向他提出三個條件，要他表明態度。第一是脫離與中國軍隊和中國政府的關係。第二要他做鎮江丹陽句容金壇溧水等七縣的剿匪司令。第三要他組織偽軍，每月可以由日[illegible]送他五萬塊錢。紀振綱氏在這時候，想起了新四軍同志一再勸告的話，他不能在敵人威脅利誘下屈服，終於敷衍一番，由大批武裝敵軍監送回茅麓公司，在敵[illegible]嚴的監視下，他決意逃脫這一牢籠。他假稱兒子納親，急須送上海治療，全家逃往上海。在他舉家離開茅麓公司前，寫了一封很誠懇感動的信給新四軍，說明他決不作漢奸，這一次不得不出走的苦衷，並命百多個廣東職士攜武器全部開到新四軍中，托新四軍轉送他們[illegible]原隊伍繼續抗戰，最後並且祝望努力殺敵，他自己也說到上海後就回抗戰後方為國家服務。同時更寫了一封信給他的親友，鼓勵他們只有犧牲一切參加抗戰。

紀振綱是新生了。新四軍的統一戰線工作勝利了。敵人孤立了。這一事實教訓，告訴全國的同胞，在民族生死存亡的大關頭，沒有民族，沒有國家，個人的事業財產是無法保障的，並且更證明了，在這民族存亡的搏鬥中，每一個人只有一條出路——堅決抗戰爭取抗戰的勝利。

（三）在最困難地形下奮鬥的一支鐵軍

我們翻開地圖來一看，在南京西南沿長江至當塗右四湖，溧水江寧這一三角州，四面八方都是大江大湖鐵路公路包圍着，裏面又是河濱交錯，我們能夠破壞敵人的公路鐵路，卻破壞不了他天然的公路河流，就在這樣一個艱難的地區，新四軍的一部堅持着與敵人奮鬥。敵人最近在這一狹小的三角洲內構築了許多堅固的工事，因此新四軍的四週相距四五里[illegible]幾乎都是敵人。

為了應付這一困難的環境，新四軍的駐紮地區是經常地在流動；最多的時候，一個司令部每天要移動一二十次，而且為了避免敵人注意，部隊經常是在晚間移動。在晚上，部隊又要移動，又要出動攻擊敵人，晚上是沒有睡眠時間的，白天睡眠也無定期，晚間借民房住，借使用的傢具，找柴煮飯都不能點火，都在黑夜裏行動，換[illegible]天沒有亮以前，便要在黑暗中將房子掃乾淨，供物一一[illegible]還給後部隊開動，在天亮以前到達另一駐紮地。在這樣緊張的環境裏，不僅指揮員戰鬥員辛苦萬分，就是勤務炊事同志也辛苦萬分。可是他們沒有被困難所嚇倒，他們堅持着，並且不斷地獲得勝利。

在那一帶的敵人，不僅從軍事上加緊來壓迫新四軍，同時並且用最大的力量企圖從政治上來破壞我軍民的團結，使我們的戰士不能在當地立腳。敵人這一政治上的陰謀主要的可以分成[illegible]方面。一方面向民衆散佈宣傳表示好感，即是我們平常所說的懷柔政策。例如在敵軍決定向某一地區進攻之先，派出大批漢奸去向民衆宣傳不燒不殺，老百姓不要跑，「皇軍」專打新四軍，實實也公平。當敵軍到達時，的確也相當地做[illegible]一些好現象，買東西也給錢了。敵人這一陰謀結果並沒有得到勝利，因為新四軍有很好的政治工作，早已把中國持久抗戰最後必勝的道理告訴給老百姓了，而且堅決的表示新四軍堅與江南民衆共存亡同生死，決不離開江南民衆，使民衆對抗戰發生堅定的信心，同時更指出敵人這一種陰謀的毒辣，所以民衆大部份沒有被敵人的欺騙所蒙蔽，而且敵人雖然軍紀比較從前稍好一些，而打雞子，要花姑娘仍然是家常便飯，這一種事實，也使得老百姓心裏明白敵人究竟還是敵人。再加上新四軍鐵一般的軍紀和不斷勝利的鼓勵，老百姓不但沒有被敵人所欺騙，而且反而增加了抗敵的勇氣。往往某一地方發生戰事時，民衆一齊將財物搬運搬往山上，然後各執刀槍前來參加作戰，異口同聲的表示「來！幹鬼子！媽的，我的家也不要了」。

另一方面，敵人企圖利用當地普遍發展的「大刀會」，派漢奸向大刀會首領表示：「只要不幫助新四軍，維護『皇軍』，你們維持地方治安，『皇軍』不但不打你們，而且還可以供給金錢和槍支」。又說：「你們相信菩薩，『皇軍』也相信菩薩，我們都是一家人」，並且還利用別的敵人，故意與地方「大刀會」人員結拜兄弟之類，可是敵人這一陰謀鬼計也同樣失敗了。這失敗的原因又得歸功於新四軍統一戰線政策的成功。

「大刀會」是一種封建性的組織，新四軍是一支具有最進步科學頭腦的戰士所組成的軍隊，當然他們是不迷信菩薩的。可是為了爭取一切民族力量到抗戰陣營中來，他們採取了最正確的態度，對於「大刀會」的迷信採取不干涉辦法，要求他們多多訓練，保衛家鄉，一起聯合打鬼子，同時積極的幫助地方政府組織發抗會工作，會等民衆組織，結果「大刀會」也漸漸走上抗戰的道路，敵人的利用失敗了。

有一次在江寧第三區有一個「大刀會」的首領熊大麻子，勾結敵人，秘密準備聚集二千人，響應敵軍，可是「大刀會」中就有很積極的農民抗敵會的份子，得到了這一消息，馬上告訴新四軍。新四軍提議到那邊的負責人，馬上通知區長，說民衆開會是可以的，但在戰區內，大的集會須得到政府和駐軍的允許，否則發生變故保甲長是要負責的。保甲長接到區長的通知，馬上挨戶傳達這消息，因此父親阻止兒子參加，妻子勸動丈夫，這樣一來，熊大麻子所預計可以召集二千人的結果只召集了五六十人，而且這五六十人，大半都是受熊大麻子的騙，說集會是新四軍允許的，也很快各自回去了。等到他們知道了熊大麻子的陰謀騙局，[illegible]不是朱永祥漢奸游擊隊，我們怎麼可以去打他呢？」一路說：「新四軍來，熊大麻子發動攻擊敵軍計劃失敗，便派了他的弟弟熊三麻子來謝罪，一場事變，就此終了。

這一支在最困難地形下，堅鬥着的鐵軍，成為敵人軍事政治各方面不可戰勝的力量，這是什麼緣故呢？唯一的就是他們有堅強的政治工作制度，政治保障了軍事。當地的民衆以「鐵軍」「薛仁貴」來尖銳熱地讚美着他們，而且也鼓勵着他們。

（四）「政治重於軍事」「宣傳重於作戰」

在今天的江南游擊區裏，敵軍不僅以軍事力量來企圖一鼓將我游擊隊驅逐出境，主要的還着重於政治上的分化，和宣傳欺騙。在這一方面，敵人是相當巧妙的。肥着最近出現許多敵人宣傳品，圖畫文字都非常悅目通順，顯然地已與過去敵人日本化的中文一看便知道是日人杜撰的完全不同了。而且最利害的是宣傳抓住中心，文字簡明短扼。譬如像長沙大火，敵人在一張小小的傳單上，上面畫好長沙大火的情景，下面是文字，除了對我政府軍隊盡量污衊外，並引用汪逆精衛攻擊焦土抗戰的文字，企圖使我民衆對政府發生惡感。

此外，像在漢廣州失守時，仍以大量宣傳品來散佈，不是說中國軍隊完全打潰了，就是說我□軍事當局逃亡了。諸如此等不一而足。至於特別對江南民衆，更提出要和平，說什麽破壞和平和安居樂業的是游擊隊，把游擊隊當成一個搶掠民財的土匪，穿着草鞋背負大刀。除了這種宣傳之外，在敵軍隊中相當的約束燒殺行爲，這種雙管齊下的辦法，我們不能否認，他完全沒有發生作用，像某些地方已經發生過這樣的現象：「民衆們說，現在好了，正規軍不燒不殺，日本軍也不燒不殺，今後可以太平了。」也有發生過這樣的現象，民衆在日寇不燒不殺的宣傳下開始動搖，但不敢相信，因此等敵軍快要到來，便將家財細軟包好，放在田膛旁，自己躲到僻靜處看，究竟日寇是否如宣傳所說不騷擾了。

上述的現象，在今天新四軍所在的游擊區裏，固然發現的是極少數，但是在我游擊隊兵力不及的地方，繼見一般豪紳受敵宣傳開始動搖。在敵人這種毒辣的政治進攻之下，更證明了蔣委員長所訓示「宣傳重於作戰」「政治重於軍事」的偉大意義。以下記者再說一些新四軍怎樣來戰勝敵人的這樣陰謀。

新四軍當去年夏季初次挺進至江南的時候，正值我南京保衛戰之後，大批國軍向西撤退，半年沒有正規國軍在江南作戰，當時民衆對抗敵勝利信心是相當薄弱的，新四軍一去，民衆一般的心理是這樣：「新四軍的軍紀固然是好，但是槍械並不精良，人數也不多，像過去那樣多的正規軍，有那樣好的武裝，都要退卻，新四軍怎樣能戰勝敵人呢」？

江南民衆的這種心理，在去年幾個月的戰鬥中，克服了。新四軍不斷地襲擊敵人獲得勝利，使民衆對抗戰能夠取得勝利的信心提高了，抗戰情緒也提高了，民衆的抗敵組織也很快的發展，這是最有力的打擊了敵人的陰謀。

但是就在這個時候，民衆心理又起了另一種變化，一部份人在那裏害怕：「現在組織抗敵團體，幫助軍隊打鬼子，這當然是好的，可是將來要是新四軍又開走了，那時候我們怎麽辦呢」？新四軍針對着這樣動搖心理，就是廣泛的宣傳，在任何困難環境的條件下，新四軍不妥協不動搖抗戰到底，願與江南民衆同生死共患難。由於這一堅持江南作戰態度鮮明的表示，民衆們的恐懼消失了。

還有一部份人，他們悲觀，他們在想着，游擊戰固然能打勝仗，但打不過鬼子，收不回南京鎮江這樣大都市，因此又使他們感到抗戰前途的暗淡了。對於這種錯誤心理，新四軍更以最大的努力向民衆廣泛宣傳解釋：「中國的抗戰要經過三個階段，才能達到最後反攻，驅逐敵人出中國，我們是持久戰，持久戰最後是必勝的」。江南的民衆，自政府軍隊相繼西移後，久已陷入對抗戰國策糊塗不清的狀態，經過這樣持久戰的宣傳教育，大部份的民衆已經了解持久戰的意義和抗戰勝利必經的階段了。

不斷的宣傳教育不斷的幫助組織民衆，使敵人的政治進攻和宣傳技倆，慘敗了，民衆還是我們的。可是我們不得不指出，新四軍的這樣勝利是靠着他部隊的高度政治認識和鐵的紀律——，才能取得江南千萬民衆的愛戴，沒有這，宣傳只是一句空話。

（五）在鐵蹄下的江南同胞

「泥腳」的敵人榨乾了日本國內勞苦大衆的鮮血，還不能使中國屈服。長期的戰爭，使它轉向到我們的同胞身上來搾取，以支持他殘酷的侵略。江南游擊區裏，敵人正在一部份（城市附近）地區開始實行了。

大家都知道江南是米絲棉出產最多的沃野，敵人近來一方面指使僞政權「維新政府」嚴令農民大量植棉養蠶，另一方面大量收買糧食。爲了破壞我法幣，僞「維新政府」最近散佈許多流通券，日寇的軍用票也強迫使用。大事收集我國法幣，以圖破壞我法幣對外信用。更以大量毒物運入內地，麻醉民衆。

以上僅是農產和貨幣方面的，此外苛捐雜稅，名目更是繁多。像田賦僞政權已開始徵收，「良民證」「通行證」「安居證」每種二毛三毛錢一張不等，漢奸利用這個機會，更大事漁利，往往一張良民證，敵人要二毛錢，一經過漢奸之手，便要向民衆要四毛五毛錢了。

敵人爲了鞏固他在佔領區域的統治，就利用大批的土匪，整個江南因此土匪如毛，民衆被騷擾得無以活命，同時敵人更唆使僞政權普遍招土匪組織所謂綏靖隊，這一種變相的土匪，姦淫擄掠無所不爲，只要有他們駐紮的地方，濫收捐稅，挑一擔子便要一角，擺一小攤，便要五角，開一小舖，便是一元，而且收捐無定期，無次數。

最使江南民衆恐懼的便是敵人的抽壯丁了。爲了實行「以華制華」的詭計，敵人最近在他兵力所及的游擊區裏，利用我國原有保甲組織，按保分配，每保必須選壯丁三人挑夫一名，若不照辦，全保男女老幼，都要殺盡。因此，在江南的新四軍時常有人自願請求入伍的。有一次一個老太婆怕兒子被敵人抽到南京去訓練，親自送到新四軍的某團部來，堅決要求讓他兒子入伍。老太婆說：「新四軍規矩好，當兵像進學校，我是很放心的」。由此可見民衆對敵人抽丁的恐懼了。

江南千百萬民衆便在這樣血腥的魔手下掙扎着，奮鬥着，期待着這麽一天，青天白日滿地紅的國旗，重新插遍了江南。

（六）從敵人信件日記中所看見的江南敵情

據新四軍敵軍工作部的負責人告訴記者，在前方蒐集到的三百二十封信和一百六十封明信片中，證明了：

第一、游擊戰已給予敵人很大的打擊。在敵人信件中，約方寫到後方去的部份，有四十封以上寫到我游擊戰利害的，游擊隊對公路鐵道交通的破壞和襲擊，居住行軍都遭受打擊，在信中流露出困難危險和沒有辦法對付，表現悲觀絕望，在敵人的日記中也提到了對游擊隊的可怕。不僅如此，在敵人的後方也傳染到這種恐懼心理了。日本女人寫給丈夫的信中，都流露出游擊隊利害，關心丈夫安寧的文字。

第二是敵充份表現厭戰思歸怕死和不平不滿的心理。在敵軍信件中，這一類記載特別多，有二本敵軍日記，一本天天記着夢裏回到了家鄉，另一本天天記着想回家，又怕回國後會失業。據俘虜後藤也說，他那一排人連排長都常常說要想回國，正由於這種厭戰思歸現象，所以後藤和三谷兩個俘虜都是被我喊口號感動而繳械的。信件的檢查甚嚴，每封都有「檢查訖」字樣，打黑很多。

第三是敵軍傷亡疾病極衆，有一封信中說：他們那一班第一次補充的共有兩百多人，到他寫信時，只剩有三十二人。說到疾病更是普遍，有的一連病倒一半，更有全連都的，所病大都是瘧疾（因爲信是去秋繳來的），因而竟懷疑我在水中放毒。

第四是敵人後方困難萬狀，據後方（本國）來信，有的說物價貴到三四倍以上，木材煤炭金屬汽油之類即貨也不容易買到。汽車也缺乏，鄉下稍爲新一點的汽車都被徵調作軍用了。在這樣困難情形下，還要爲他「出征」的兒子或丈夫寄錢去，在繳獲的信件中，內附五塊錢一張的老頭票的有好幾封。

第五、最後敵人已經知道新四軍，並且知道新四軍的歷史，也知道新四軍優待俘虜，只是日記中不敢十分相信而已。

從上面敵人的信件日記中告訴了我們擴大游擊戰爭，擴大對敵軍工作，是何等的緊迫而重要啊！

二月十二日於皖南前方

火线下的报道

中華民國二十八年三月二十一日　新華日報　星期二　第二版

鄂中我河防鞏固

羅漢寺渡河敵悉被殲滅

贛北觀音閣雙方激戰中

晉西北激戰

我軍包圍靜樂城

火線下的報道

——介紹幾篇戰士所寫的戰地通訊

伏擊天漾路

敵機昨襲永嘉瑞安

鎮海口敵艦發炮 錢江北岸有增加

敵刼我江浙絲漁區 每年損失數千萬元

《新华日报》1939年3月21日第2版整版

火線下的報道

——介紹幾篇戰士所寫的戰地通訊

本報特派員 石西民

這偉大的民族自衛戰爭，包含着多少生動的驚心動魄的戰鬥的場面。戰地新聞記者一年半以來，在戰地奔波努力，雖然報道出來了一部份可貴的而且可歌可泣的壯烈戰蹟，但是由於新聞工作者見聞的有限，再加上能力的限制，多少珍貴的戰蹟和我民族戰士衛國的壯烈史詩，被掩埋了，這是多麼可惜的損失啊！

要補救這一損失，除了戰地新聞工作者加倍努力之外，最主要的是要努力開展在全國南北戰場上親自在與敵人肉搏奮戰的戰士中間的通訊工作。我們相信，從戰士活生生的血的鬥爭中來描寫他自己參與的戰鬥故事，一定是有血有肉的。

積極地來鼓勵前綫戰士寫作，消極地來幫助戰士的寫作儘可能獲得發表機會，我們相信在今後的戰地通訊工作上，將點着抗戰的新階段而放出異彩來。

下面兩篇是新×軍的戰鬥員所寫的親身參加戰鬥的經驗結晶。

博望戰鬥回憶

嚴庚輝

註：博望是安徽當塗縣的一個鄉鎮，新×軍「堅決」支隊作戰地區。——民。

是新年的六日那一天，我們這股洪流似的隊伍，乘夜趕到前綫來，要打一個漂亮的勝仗，作為祝新年的禮物。還沒有吃早飯，一個好機會來了——得到了幾十名鬼子到了博望的報告。

老百姓——男的，女的，老的，小的背着包袱，携着手杖，三五成羣地在逃難，恐懼，驚惶的神態，活現出一幅流民圖。老百姓一瞥見我們，好像得到了救星，鎮定的情緒滋長着，告訴我們：「十幾個鬼子到了博望，殺了兩個老百姓，一個老媽媽，還有一個小孩子，還有兩個狗養的漢奸在鬼子前面帶路，欺騙老百姓不要跑。」表現出咬牙切齒的痛恨。

戰士們聽到了這一消息，殺敵的血在胸中不住的向上湧，忘記了飢餓，忘記了寒冷。一個個摩拳擦掌，恨不得馬上把那些鬼子一股腦兒殲滅。伙夫同志這時也特別的起勁，很迅速地弄好了飯菜，一響笛子，大家就在草地上吃起飯來，有的同志吃不完一碗就停住了，放下碗，擦擦自己的槍，上好子彈，隨便找一根樹木當鬼子，來試試他們的瞄準。為了想趕快獲得殺敵的機會，飯也無心吃了。

吃完了飯，隊伍整齊、嚴肅地站着隊，羅參謀長出現在我們的面前，看到這一羣面上煥發着殺敵的光芒的戰士，他也笑了。

「同志們！」羅參謀長以鋼鐵一般有力的語氣，我們講話了。「碰巧，我們剛從後方學來許多本領，就得到一個試本領的機會。同志們！這次三十來個鬼子到博望街上找『花姑娘』打鷄子，搶豬肉，搶布匹，還飄到處姦淫擄掠的鬼子，是沒有戰鬥意志的，我們今天絕對有把握打勝仗，而且也必須打勝仗，才不會辜負後方同志們的熱望。我們今天要一口氣消滅它，不讓鬼子逃掉一個，同志們！這樣好不好?!」

「好啊！好！」一片狂風暴雨似的回答聲，有力地激盪着嚴肅的空氣。

接着副營長也來加油：「同志們！今天我提議×連和×連比賽，看那一連多捉俘虜，多繳槍械。」

「好，好，算數！」又是一陣宏鐘似的和聲，這時戰士們殺敵雄心和勇氣，快要使胸膛爆裂了。隊伍開始了有計劃地行進。

迎面逃難的老百姓不斷地前來，當他們看見了這一大羣雄糾糾的戰士，站住了，有的放下了包袱、棉被，停在路旁，興奮而愉快的眼光送着我們的隊伍行進。有的索性跑回家去，不逃了，站在門口望着。他們的心口放着的一塊沉重而苦難的石頭除去了。「你們去打勝仗呀！」一個老婆婆對我們這樣說，笑皺了那皺在一起的額紋，祝賀我們。

我們飛速地前進，一個緊跟一個，越過了田野，跳過了水溝，殺敵的怒火燃燒着，眼前的世界單純得只有等待着「殺」！一聲到來。

前面走來一個挑担子的老百姓：

「街上有多少鬼子！」

「廿九個，還有兩個穿便衣的，早晨往大路那邊來（指紅藍埠至博望）。老百姓很愉快地告訴了我們。有的同志哼着鼻子：「幾十個鬼子，還有夠我們打！」表示

伏擊天溧路

耿烈

註：天溧路是江蘇天王寺到溧水的一段公路，每站敵都駐有重兵——民。

一月廿二日下午，我們吃完了晚飯，由張團長率領，向伏擊敵人的目的地前進。繞過了幾個村落和黑森森的大山，一口氣走了四五十里，走出了溧水，到了距公路不遠的句容××地方，大家就在那裏休息，喫些乾糧，深夜十二點鐘，我們都已到達公路上，很迅地佈防做工事，準備天一亮襲擊鬼子的汽車。

特務隊的機槍手金玉堂同志，他拿着兩個手溜彈說着：「溜彈同志，我向你親愛的敬禮，今天對不起要將你賣給東洋鬼子當點心吃，不過起碼要賣給十個以上的鬼子吃，少一個我是不賣的」。大家聽了都很高欣地笑着

天快破曉了，冷風迎面一陣陣吹來，帶來了澈骨的寒冷，但是殺敵熱血在許多勇士的身上沸騰着，忘掉了冷，仍舊興奮地在荒野中等待着。小坡上草棚子內住着的老百姓還沒有睡覺，「老鄉，你不要怕，我們是新×軍！」一進門我們的勇士就向老百姓招呼。

「不怕！不怕！我們都是自己一家人。」草棚的主人很自然地回答我們，大家就一夥兒坐着談起來，老百姓說：「自從你們那天破壞了電綫以後，鬼子很懼怕，步不多每天都來一二輛『放屁虫子』（即汽車）在路上巡查。」另一個中年的主人插進來說：「你們新×軍真好，爲國爲民，前次在句容打鬼子，打得頂頂瓜瓜的啊！」他一邊說，一邊很誠懇地拿柴來[illegible]着給我們烤火，並且很熱地燒飯給我們吃。

天漸漸透出曙光，亮了！地上蓋着一層薄薄的晨霜，我們都很好地隱蔽在公路邊，警戒很嚴密，電綫也破壞了，專等待着『放屁虫子』過來送命。時間不留情的過去，八點，九點，鬼子的汽車還不見影子，大家都焦急地盼望着。

「碎！」突然地一聲，在東邊警戒綫上響着，張同志很快地回來報告：「鬼子十多名，漢奸五名，由天王寺沿公路步行到哨綫」。接着西首又來報告：「溧水方向來車一輛，停在哨綫外……」話沒有講完：轟，轟……！敵人的小鋼砲又連響了起來，一陣「三八」步槍的放射聲，也傳來。

事情已很清楚，今天我們伏擊不成了，敵人已經預先發現了我們，並且向我們援來，中間伏擊的部隊奉命向指定地區轉動，很敏捷地運動着，一霎不見人影。小鬼班和另一班担任掩護，在山坡上給敵人以猛烈的射擊，×排長二個手溜彈一擲出去，五個鬼子倒下地去。掩護目的已達到，我們安全撤退，這一次雖然沒有很好的消滅敵人，但是敵人傷亡十名，消耗子彈幾千發，還是伏擊的代價。尚還嫌太少。

楊家甸這一個被鬼子蹂躪過的地方，是變成僅有十多戶人家的村莊了，荒蕪地躺在距博望東一里的大路旁邊。在這裏我們佈置伏擊，同志們相互督促着：「趕快！趕快！」在大路的一邊土地廟後面我們架好了機關槍，一下子，我們都已敏捷地伏在自己的崗位上了。前面，遠遠的迎面過來了一羣擁頭擁腦蠢如豬的鬼子兵，搖搖幌幌地走來，我們的手已癢得有點不耐煩了。

「沉着！聽命令！沒有命令不准開槍，今天我們要全部消滅他！」參謀長一邊囑咐我們，一邊仔細地檢查了陣地的佈置。

最先來的兩個漢奸，看見了我們，嚇得魂不附體，像一只落水狗一般低着頭顫抖着身體走過去了。我們爲了要消滅全部鬼子，對這二個敗類留給他們一條狗命，省得打草驚蛇，算便宜他們了。

「咯！咯！咯！……」土地廟旁邊機關槍首先向距離我們二三十米的敵人發出了怒吼，鬼子們驚慌失措地倒下去，伏在田畦裏，不敢動。

「達達底……」衝鋒號響了，我們英勇的戰士在衝鋒號下衝上去，衝鋒的呼喊聲，手溜彈的爆炸聲，機關槍的掩護衝鋒的密集射擊，機成了戰場的交響曲。四面都已給我們圍住了，鬼子已成爲釜中的游魂，慌張了，兩個鬼子剛爬起來，馬上給我們手溜彈擲中了，滾到田裏，嗚呼哀哉了。有的發抖着，不敢動。

戰鬥支持了三個鐘頭，老百姓在我們背後熱情地幫我們喊口號，有兩個同志受傷了，他馬上就抬到安全的地方去。

鬼子一個一個在我們的射擊下倒下去，除了八個滿身是血的鬼子給他逃走外，其他都在那裏成爲日本法西斯侵略的犧牲者，我們一面追，一面收拾戰利品，一尊小鋼砲惹着同志們和老百姓的注意，每個人都喜歡去摸一下，好像新買來一匹好馬。

从敌军信件中所看出的敌情

《新华日报》1939年3月22日第2版整版

從敵軍信件中「所看出的敵情」

林植夫

關於新×軍所檢獲的敵軍信件中所綜合出來的敵情，在上次「江南游擊區的橫斷面」中，已提綱挈領地說到一部份了，現在整理出來，以作上次通訊中的補充。

敵人懼怕游擊

小杉喜代的信中說：「何時被襲擊都不知道」，茂川祐雄的信中說：「何時戰死不曉得」。又如秋葉末松則說：「至現在止的生存，簡直是不可思議」，稻葉金男的信竟說：「不能不覺得走到一個地方壽命就縮短了似的」等等，都是因游擊戰而發生恐怖心理的寫照。對我們游擊戰術認識得最清楚的，要算二村少尉，他的信中這樣寫着：「好像飛舞在飯上的蒼蠅一般，你趕他就走了，你退他又來追，真是爲難得很。而且一到夜晚，他們就接近來開槍，有時接近到面前來投手溜彈」；「『敵人』（指我軍）主要的運用游擊戰，他們穿便衣進入我後方，或襲擊我們的小部隊，而以破壞道路橋樑等，而企圖擾亂後方……」。這一封信是在丹陽附近寄的，他描寫出新×軍「團結」支隊作戰的巧妙，因爲那邊是「團結」支隊的活躍場所。

游擊戰不僅震驚着在大江南北作戰的敵軍，而且也震驚了日本國內的人民，上因依子寄給上田勝的信中曾說道：「關於中國所拿手的偷營劫寨的談話，漸漸地多了」。秋葉末松的信中更說：「九月一日，軍用車一輛被襲擊，三名戰死，一名重傷，一名失蹤。三日車三輛被襲擊，五名戰死。七日車兩輛被襲擊，一名戰死，一名重傷。十日也有車輛被襲擊，戰死未明的事件接連發生，此外如焚燒橋樑擱毀車輛等等，更不勝枚舉」。游擊戰給予敵人的威脅和損傷，在上面許多信中，已具體地表現着了。

敵兵厭戰思歸

由於敵軍對戰爭前途感到渺茫，所以信中反映厭戰思歸怕死的很多。瀨古政秋的信中說：「中國，你是知道的，隨便走到那裏都走不完」。豐見瀨的信中更說：「把戰地擴大到這麼廣大的範圍，以後的處置怎麼辦呢」？有幾封信更希望打下武漢之後，馬上可以回家的，如西口兼輔的信中說：「武漢陷落我們可以回家了」。松戶鐵的信上說：「漢口如果攻下，應該可以鬆一口氣了呢！應該可以回到內地去了吧」?!然而武漢雖然放棄了，我們還是抗戰，還是給敵軍多麼大的打擊啊，我們看下面幾封信就可以知道他們悲哀的程度了。谷爲一信中說：「我覺得凱旋還很遠哩」！稻葉金男信中說：「我們的問題還是靠不住的」。茂川祐雄說：「照這樣情形看起來，歸國是沒有多少可能的罷」！拓植輝的信中是：「可是何時能回去，不知道」！二村少尉的信更凄涼了！「我們的順序，何時可以輪到，這是完全不知道的，聽說要延到明年，這一次大概是裝進小木箱中

（膝下骸骨之家）給人帶回去了」。這種有家歸不得的痛苦，不僅反映在前方作戰的士兵信中，即在日本國內人民寄給出征士兵的信中，也對歸期感到失望。如廣梅子寄給廣武司的信中所說：「不知道何時凱旋啊！忍耐地等待着，除等待外沒有辦法啊！……真的聽到這樣騷動真正凱旋不知道何時啊」！隆見滿的信中更寫了：「古人說Giue me libertty or giue me death（給我自由不然就是死）……這個大的犧牲啊，你有光榮嗎？會有什麼報酬嗎」？

傷亡疾病慘重

松本敏夫的信中說：「和我同出征的十一個人裏面，便有三個戰死，一個病死，三個受傷，現役兵的犧牲者很多」。二村少尉信中說：「第一次補充到中隊（運）來的共有二百多個兵，現在不是戰死就是受傷，留下的連補充兵全部才三十三個：我代理中隊長以來，又有許多戰死者，當第二三四五六七次的補充兵來到的時候，原來的老兵恐怕都傷亡了」。想到這裡，實在衷心之至！

疾病的厲害據加勝勇的信說：「全部患痢，身體就衰弱了，接着得到脚氣病……同來十五個人，有八個入病院，四個害病，不病的只有三個」。二村少尉的信中說：「由乘病人的數目達到中隊人員的半數，還使『討伐』工作，發生了莫大的障礙」。

正由於傷亡疾病在敵軍中不斷增多，在國內徵兵就更加厲害了。據尾崎究的信說：「這是七月一開始，還不到一星期，就徵了二次兵，林光寺的分會長及其他人員，共有五人應徵了，退中間大家都說着，還有很多次的徵兵呢」？

信件上『檢查記』的圖章，在新×軍所檢獲的敵軍信件中，是每封都有的。正因為敵軍間審查的嚴密，確如隨見滿信中所說：「因爲軍事秘密，除掉不安以外，其它通信是禁止的」。又如稻葉金男信中所說：「近來國內信也受了限制，要告訴你種種事情，也被軍規上禁止着」。

敵國生活高漲

據柴崎良三在去年七月間所寫的信中說：「……八元左右就可以買到的樣樣，現在要二十五六元了喲！木材板類也漲得厲害」！西村田于的信中說：「就是蘿蔔也由兩分錢漲到八分錢了」。廣梅子的信中更說：「這次大多喜町亦徵發汽車，大家騷動着，中村屋一輛，野口三輛，武田二輛，荒井一輛，小倉一輛都被徵去了，……大多喜町只剩二輛……」。由此可見日寇積徵發斂的利害。

和田秀吉的信上說：「近來爲着材料節約，我們的買賣也爲政府所統制，實在難做」。尾崎究的信說：「今春以來，日用品及其他各種各樣的物品都被限制，統制或禁止使用，日常生活，就受到了很大影響」。

婦女們在痛苦的生活下，在求神問卦，祈禱和平，通村桐子在給她出征丈夫的信中說：「今天去找一個占得準的人占了一個卦，據說你不久便可以回來，真的嗎？要是真的回來，我就同你去伊勢，奈良大和（神宮）去還願罷」！可憐的日本人民，在軍閥壓迫下，過着悽慘的生活，但是我們相信：一切的厭戰思歸，求神問卜，在不久的將來，會匯成另一種堅強巨大的鬥爭力量，粉碎了噬食他們的日本法西斯惡魔的。

一九三八，二，二八，於涇縣。

新四军苏皖歼敌

中華民國二十八年三月二十四日 星期五 新華日報 第二版

贛北戰況益烈

敵竄渡修河遭痛擊

鄂中沙洋我敵隔河砲戰

晉南安澤民衆數千 智襲敵寇大捷

閻司令長官特傳令嘉獎

豫北溫縣西竄敵遭阻擊

新×軍蘇皖殲敵

浙東洲登陸敵全部被擊退

新兵訓練的幾個實際問題

李杜將軍談 東北義勇軍近況

軍委會發表 各線一週戰況

戰地黨政委會 已開始辦公

王外長 斥敵人謠言

偽西北自治軍反正

英美向敵嚴重抗議

《新华日报》1939年3月24日第2版整版

新×軍蘇皖殲敵

××救國軍活躍滬杭一帶

浙東洲登陸敵全部被擊退

江南

本報前方專電：（遲到）新×軍電訊：（一）譚支隊一部於二日晚在南(陵)繁(昌)區之橫山橋與敵寇激戰一小時，斃敵八名。三日晚，另一部向荻港孫村一帶游擊，與敵遭遇，激戰二小時，將敵擊退，共斃敵二十餘名。（二）張支隊一部於一日晚在蕪(湖)當(塗)區襲擊洪藍埠溧水一帶敵寇，破壞電綫七里。另一部亦破壞電綫七里，橋樑一座。（三）陳支隊一部於三日午在京鎮區句容西梁野鎮消滅偽綏靖隊三十餘名，俘虜隊長一名，繳護長短槍十餘支。七日敵寇步騎三千餘分路包圍我在白兎鎮一帶之×團，因我軍佔據有利地形，即分路猛烈抵抗，突破包圍，擊斃敵寇四百餘名。我傷亡百餘人。

中央社訊：××行動委員會××救國軍各部隊，自抗戰軍興以來，均在蘇浙兩省一一接前綫不斷作戰，迭獲勝利，茲將最近所得捷報，彙誌如下：（一）盤據杭州附近之偽軍張金標部，於二月四日夜我直屬大隊夜襲，擊斃敵兵二十餘名，生擒數名，奪獲駁殼槍七支，子彈三百餘發。（二）盤據無錫蕩涇橋之敵約五百餘人，我軍第×支隊於一月九日拂曉，圍攻該敵，斃敵甚夥。（三）上月十六日第×支隊，派兵一大隊，會同第×支隊之一部，襲擊南區新塲之敵，激戰三小時，將其擊退，斬獲甚多。旋敵大批援軍趕至反攻，我以目的已達，遂即撤回原駐地。（四）常熟河陽山，有步砲聯合之敵約八百餘人，於二月廿二日進犯我常熟廟橋陣地，經我第×

消息详文①

百餘人，於二月廿二日，進犯我常熟廟橋陣地，經我第×支隊堵擊，敵乃繞道犯我河陽山陣地，復經我第×支隊迎頭痛擊，將敵之前衛部隊完全殲滅。旋敵援軍趕到，又激戰約四小時，我卒於砂山附近將其擊潰。是役斃敵極衆，我亦稍有犧牲。（五）第×支隊於上月二十六日派第×中隊，向長興方面游擊，在梅溪鎮與敵遭遇，斃敵三十名，我仍撤回原防。（六）盤踞江陰青暘之敵，每日派隊向峭岐長壽周莊一帶搜掠，我第×支隊於三月五日，派隊埋伏於峭岐、劉家橋，黃家村等處，是日未刻，該敵經黃家村時，我伏兵突起猛襲，當場擒斬敵兵二十餘名，敵紛紛潰退。（七）川沙竺家橋之僞軍約重百餘人，附鋼六砲六門，輕機槍四十餘挺，於三月十日

進犯南匯縣城，我第×支隊據城抵抗，激戰半日，該城東北兩門遭敵砲燬，卒經我第××兩大隊之官兵，奮勇衝殺，將其擊退。斃敵七八十名，現仍在南匯堅守中。

中央社金華廿三日電：我軍某部，廿三日由某處渡過富春江，反攻東洲，激戰至下午二時，當將東洲完全克復。殘敵倉皇向周家浦錢家橋潰去。

消息详文②

在新四军与四个俘虏的谈话

《新华日报》1939年3月27日第3版整版

在新×軍與四個俘虜的談話

本報特派員 石西民

到××部

在我們這次進步的民族自衛戰爭中，敵軍工作是一個很重要的工作。

一到新×軍，適巧有二個俘虜從前方送來，記得那還是在去年十二月中旬的時候新×軍服務團開了一個歡迎晚會，那二位新來的日本弟兄還唱了在路上學會的義勇軍進行曲他們很愉快地對新×軍敵後方同志給予他們的優待表示感謝。當時記者深深爲這一真摯的國際愛的精神所感動，而引起了對新×軍敵軍工作研究的興趣。

在新×軍軍部住久了，每天看見幾個日本俘虜逍遙無拘束的自由行動，買香烟糖菓的小販的擔子裏也時常可以看見他們的影子，許多人看見了都相互笑着招呼一聲，小鬼們愛玩，更時常在同那俘虜打着玩。這一些，在旁的地方是不容易看到的。

正是舊歷的年節，鄉下的老百姓高高欣欣地在過節，這時候，前方又解來一個俘虜他叫山本俊一，當除夕的一個盛大的幾千人的晚會上（這晚會是歡迎紅十字會醫療隊和歡送政治工作會議的代表和日本友人），他在黑暗的戲台上唱高亢激越而蒼涼的日本歌來，打動了每一個人的心弦。這是一個好機會，在軍部除了已送兩名到戰區司令部外，已留有四位日本兄弟了，我聯繫去訪問他們。

二月廿日的下午，記者跑到新×軍××部拜訪部長林植夫同志，在一個小廂房裏會見了四個日本的友人，他們正圍着火爐親熱地在談笑。因爲又添加了林部長和幾位敵工部的工作同志和記者，打破了他們歡笑的空氣，林部長代我向四位國際朋友介紹來意，四個日本友人，停止了他們的談笑，在靜聽着記者對他們的問話。這比較沉靜的空氣，但當話匣子一打開，馬上就恢復了融融愉快和熱鬧了。

介紹四個日本朋友

蹺着腳坐在床上的是一位新近剛來的山本俊一君，他今年卅歲，是一個泥水匠，東京人，從小就沒有受過很好的教育，十五歲起就過着徒弟的生活了。生活的苦難，斷折着他的生心，家庭是一幅悲慘的圖畫，父母死了，妻子在他去年被徵來華以後，在艱苦的生活磨折下，遺了一個男孩子和兩個女孩病死了。正因爲這一個人生最悲痛的生活的襲擊，再加上這一次的被俘，他的身上和面部的表情，是一幅他愁慘景況的寫照，昨天晚會上沉重而蒼涼的歌聲，就是他心靈深處所隱藏着的哀歌啊！他是一個日軍大隊的飼馬員，二月十二日在繁昌被新×軍兵士所俘。

田畑戈造是一個在台灣海岸打漁的漁夫，今年二十七歲未婚是鹿兒島人，貧困使他沒有讀學的機會，家裏還有一個勞動的哥哥，和兩個騎步的妹妹，父母也健在。在他沒有出征以前，由於他打漁，家庭還可以勉强支持，自從他那漁船被徵軍用以後，他就跟船隨軍來到中國來，講起家庭的生活，他是只有搖頭嘆息的。田畑在去年八月當塗境內被俘，解到軍部後，生了很重的腳氣病和發熱，敵工部的同志，像一個戰友一樣親切地爲他治療，所以不到很久，他的病全部痊可了，他只有勞動者的忠誠和純樸，在病中，受到意料之外的殷勤和治療，他說不出的感激。

最聰明進步的是[illegible]，他是四國德島縣人，今年廿五歲，家庭生活也很清苦，父母俱亡，只有他一個兒子，沒有結婚，在伯父幫助下，曾在農業中學讀過二年書，後來在大阪一家飯店裏當廚師，去年六月被徵來華，是第十一師團的一個一等步兵，十二月初在丹陽附近，遇到我們新×軍的游擊戰士，日語口號感動了他，使他自願地棄械歸順。他從前方到軍部的途中，就跟我們護送的戰士學會了義勇軍進行曲，和國共合作進行曲，他的聰明是在這裏也得到了證明。現在他會講幾句中國話了。

在四個俘虜中，年齡最輕的一個是香河正男，今年二十三歲，樣子活像一個中學生，青年的活潑精神充滿了他的一身，他是四國人，家有父母兄妹，受過中等教育，去年七月在鎮江金壇間被俘，那時他當的第三師團的二等輜重兵。在他們四人中間，他被解到軍部最早的一個了。中國話也會講幾句，據他說，會開汽車，而且腳踏車騎得最好，他說明年國會東京世界運動會，他想參加腳踏車競賽呢！正由於他的天真，新×軍的小戰士們，最好和他玩。

（未完）

在新四军与四个俘虏的谈话(续)

中華民國二十八年三月二十八日 星期二 第二版
新華日報
南昌外圍戰事緊張
贛江兩岸砲戰激烈
鄂東我軍克復浠水縣城
三個日本兄弟
參加×路軍作戰
群衆萬人開會熱烈歡迎
岡田等發表入伍聲明書
走遍晉東冀西努力抗日宣傳
在新×軍與四個俘虜的談話(續)
敵艦四十三艘駛粵
×路軍破壞鐵路煤礦
我空軍出動粵前線
最後消息
信陽南北發生激戰
敵機狂炸晉豫各地

《新华日报》1939 年 3 月 28 日第 2 版整版

在新X軍與四個俘虜的談話（續完）

本報特派員 石西民

對戰爭的痛恨和懷疑

在記者詢問他們關於中日戰爭的感想時，他們的回答是這樣：打漁的田畑說：我們的船被政府徵去以後，叫我們運米到中國來，大家都想，二三個月便可回國去了，根本就沒有想到還要來打仗。

香河說：被徵來當時，受獵當兵是國民的義務的宣傳，說要到中國來打共產黨，一來中國，才知道是軍閥的欺騙，戰爭使家庭離散，我領悟了戰爭是軍閥資本家升官發財的工具，與我們是毫無相干的。

後藤說：他們一排人對戰爭都是厭惡的，到中國來究竟爲什麽打仗，恐無所知，他說日本兵士都是受軍閥的虛僞宣傳和反動教育裁下來送的，倘若他們知道了戰爭的意義時，誰都不願意的。

山本說：我本是跟大隊長飼馬，不知道戰爭還要繼續着。

中日戰爭的結局將來是怎麼樣呢？當記者提出這一問題時，他們一致的感覺是日本不會取得勝利。

據山本說：戰爭的支持，在日本是不容易的，到中國來以後，看到中國國土這樣廣大，人口這樣衆多，物產這樣富饒，更感到戰爭勝利的渺茫了。後藤等的意見是：日本今天還是強，但是要打三四年日本力量是支持不下去的，他會疑嗣。總說速決對日本是最有利的，但是戰事一延長，中國這樣大的領土，能夠佔領一大部份也守不住，在中國游擊隊活動下，日本要想以獲得佔領區的物產來支持對華戰爭也很困難。

對戰爭的厭惡，對戰爭將來信心的動搖，恐怕已成爲日軍普遍的現象了，他們四個人的話，反映出大部份日軍士兵的心理。

侵略戰爭害了日本人民

據剛來的俘虜山本講：國內來信說，物價是貴過地在飛漲，就起碼要比戰前高出二倍。他祖母和他那孤兒寡女，不知怎樣撐持過日子。同時他更說：做軍用的白手套，從前只費五六分錢一雙，現在貴到四五角錢一雙了。徵兵更是一個震撼了日本人民的魔鬼。據他們四個人所說的評論是徵兵已徵到四十歲以上的人身上去了。只要兒子或者丈夫一出征，家庭的生活便懸在空中的游絲，毫無保障了。

軍人的生活也是困難萬分，平常一二等兵每月薪餉是五元五角，出征雖然加到八元八角，但是八元八角錢夠什麽用？正因爲如此，許多的士兵，拚命寫信到本國去，向可憐的老家寄錢來用。戰爭的破壞和延長無止期，家庭生活的窮困，個人生活的痛苦，這一切產生了日本士兵濃厚的厭戰反戰情緒。

他們呼吸到自由的空氣

後藤很親切的告訴記者：日本士兵，十個中間有七八個沒有受過教育，但是卻一向輕視着中國兵的無知識；他到新X軍後，看見這裏官兵都有教育，眞是出人意外。官兵的平等精神和這樣親愛地對待俘虜，是感到說不出的佩服，聽說在日軍中無論如何是做不到的。同時他還說：不但軍隊對他們很好，就是老百姓都對他們很和氣歡迎，雖然口裏有時叫「日本鬼子」，但是實際上是同親兄弟一樣的看待他們的。他聽說X路軍很好，可是沒有看到過。

田畑也表示新X軍給「敵人」這種親切的態度，是日本軍隊所做不到的。香河山本都點着頭表示同意田畑的話。可是只有香河這一小資產階級出身帶着頑皮孩子氣的人，表示新X軍中有女人當兵，女人的勞動太利害，他覺得不應該。他的話引起了滿場的笑聲。但是當我們反問他日本的貧困階層的女人，不是天天爲生活而勞動着嗎？那時候，他就沒有話可以回答，一笑完了。

據林部長告訴記者，他曾經將X X的和平村告訴給他們聽，他們首先問那邊是否行動自由的？林部長就實地告訴他們，那邊也很優待你們，生活很好，只是行動恐怕不能像在這裏那樣自由。他們與口同聲地說，我們希望長住在新X軍，我們不願到和平村去。

自由終究是最可寶貴的，但是誰使他們失去了自由的呢？他們在新X軍中過了一短短生活以後，由於對他們的教育，他們是很清楚地認識了中日戰爭的共同敵人是日本法西斯軍閥。正因爲如此，他們都願意地自願寫告日本士兵書，勸他們與中國軍隊攜手，打倒共同的敵人。

在結尾，記者請他們爲新華日報題詞，他們終於接受了記者的請求，頑皮的香河還對記者說：「有沒有稿費」？

一九三九，二，廿四

英勇的参谋长胡发坚光荣殉国

《新华日报》1939年3月30日第2版整版

英勇的參謀長

胡發堅光榮殉國

躬冒彈雨傷斃敵寇百餘

中央社屯溪廿九日電：我某部參謀長胡發堅，前日親率一部士兵，猛攻兩頭（金壇以東）之敵，胡參謀長躬冒彈雨，猛烈衝鋒，傷斃敵七十餘，敵勢已呈不支，後經薛埠武進兩處之敵，分途增援，我復分頭迎擊，繼續激戰一小時，又斃敵逾十名，不幸胡參謀長突中敵彈，壯烈陣亡，我軍遂向某地轉移。又同日背山之敵，向我某部陣地進犯，我除一部堅強抗拒，一部繞至側後，猛烈夾擊，敵傷亡奇重，我支同陽橋鎮獲實，我跟蹤追擊，又斃敵數十，後因據險頑抗，後援之敵又來增援，我斃敵數十後，即向某地轉移。

消息详文

陈毅将军访问记

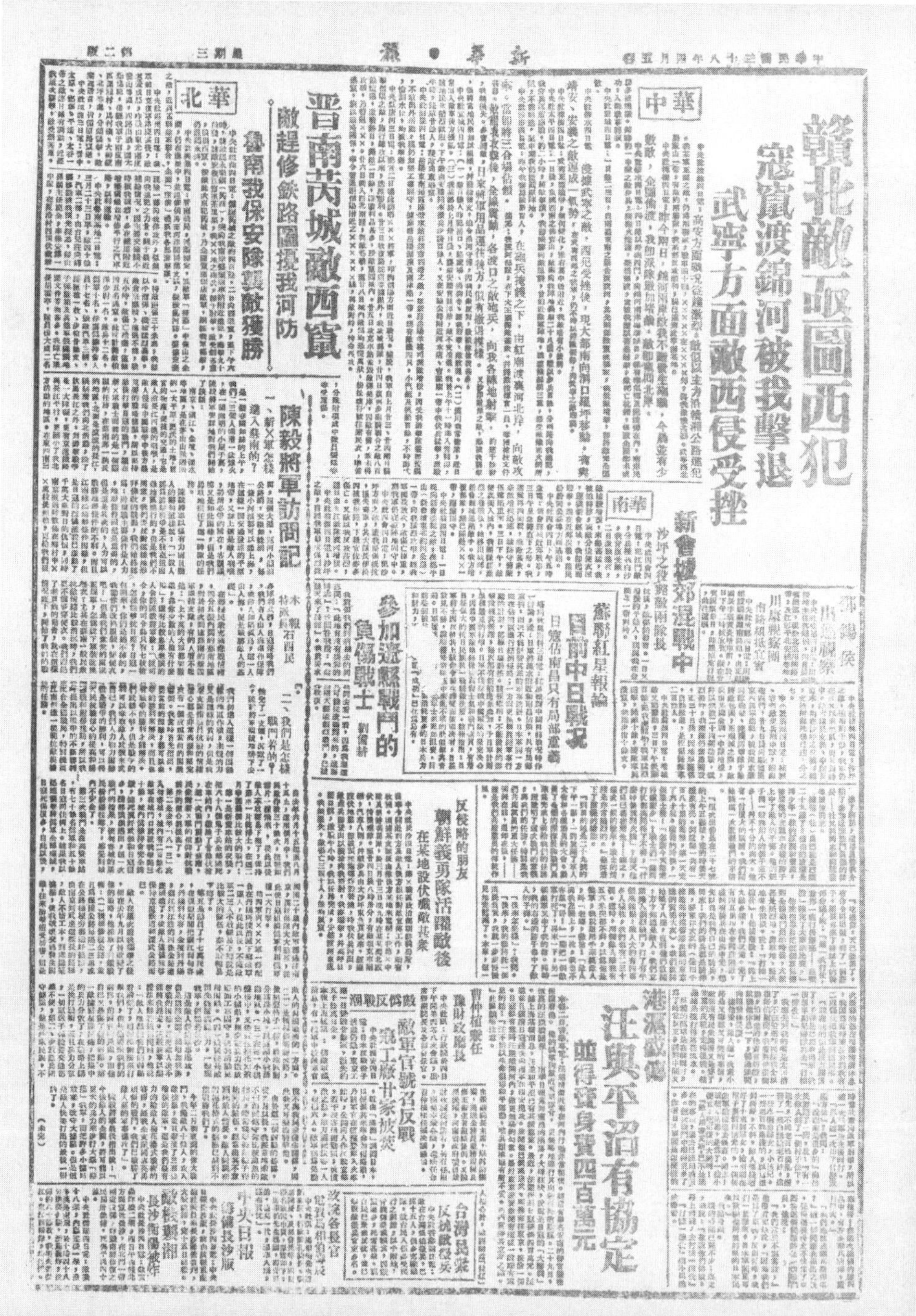

《新华日报》1939年4月5日第2版整版

陳毅將軍訪問記

本報特派員石西民

一、新×軍怎樣進入蘇南的？

是一個春雨如絲的上午，我們二三個人圍着一盆爐火，在一間幽明的小屋子裏，陳毅將軍安詳地對我們開始了談話：

南京、鎮江、金壇、溧水等地區，是在茅山山脈週圍的一大平原，肥沃的土地，豐富的物產，便捷的交通，它是敵人沿長江西進的咽喉，是敵人侵略中國戰爭中後方最重要的戰略據點，所以堅持敵後打擊日寇的戰鬥，擺在新×軍戰士面前的是一個艱困的任務，在蘇南那一狹長的地區，北面是滾滾的長江，限制着我們向北活動，除了飲馬長江之外，對游擊戰爭是一大障礙，更有京滬鐵路與長江平行，更縮小了我北方活動的地區。在東西南三面，四個大湖，運河小湖泊公路網，交織如蛛網，每一條小河流都可以通上海，在這樣一個交通發達的平原地帶，又加上這是敵人咽喉，勢所必爭的所在，客觀環境又是如此困難，但是我們勇敢地担任了這一神聖的任務。

陳毅將軍以極有力而且動人的辭句這樣說：「一般人認為游擊戰爭是不能在這困難地區進行的，但是我們不同意，我們要反對這樣地形拜佛教的觀點，我們始終認為：游擊戰主要條件是人力，地形條件固然是重要的，但是還是其次的，人力可以戰勝地形條件的不利。而且江南雖然地形條件困難，但是日寇的殘酷屠殺已激動了千萬大衆對日的仇恨，同時南京撤退時散佈在鄉村中××萬枝長短槍，更給我們很多犀利武器，日寇侵略我們，我們有人山人海來作保障，使敵人如陷孤島，這一人山人海，便是戰勝敵人的基礎」。

在那樣民衆充滿悲觀情緒，四分五裂內鬨的蘇南地區，對於初次到達蘇南的新四軍兩結支隊，有的人看不起他：「上十萬的大軍都[illegible]撤退，靠你少數的人槍有什麼用」？還有比較忠厚老誠的人告訴陳毅將軍說：「陳司令，你的司令部只有七枝槍，怎樣能夠抗日呢？日寇一包圍來，你們是逃不掉的，我勸你們改換服裝，穿便衣吧！」但是我們堂堂的國家正規軍，怎能脫下軍裝改換便衣？尤其在蘇南一般民衆抗敵情緒比較消沉時，我們更不能夠穿便衣。我們謝絕了老百姓的勸告，就在這樣情況底下，開始了我們的戰鬥。

二、我們是怎樣戰鬥着的？

抽完了一支煙，沉默了一會，陳毅將軍繼續地說下去：

「我們初進入這樣一個困難環境的地區作戰，主觀的力量又是這樣的貧弱，但是我們全支隊指戰員抗戰的情緒和信心都是非常高漲和堅定，沒有一個被這當前的困難所嚇倒。我當時首先指出，[illegible]當前的困難，都可以由戰爭的勝利來解決，而且也只有戰爭的勝利才能解決。我們武器不夠，但是戰爭的勝利可以奪取敵人武裝來武裝自己，我們人力物力困難，但是戰爭的勝利，可以得到人民抗戰信心的提高和踴躍參戰和慰勞援助，所以我當時提出以戰爭的不斷勝利來配合全國戰局，特別提出在江南創造一個抗敵根據地的任務。

自去年六月十五起至八月十五止，這兩個月中，我們與敵作戰三十餘次，捷報如雪片一樣飛來，從此以後敵人不敢輕易下鄉了，保持了蘇南一片乾淨土，在這二月中間幾個比較大的戰鬥：

第一是新豐車站的夜襲，把六十八個鬼子兵全部燒死在車站內，繳獲了廿餘枝槍，這一次戰鬥震動了蘇南，民衆對新×軍的信仰對抗戰前途的信心都提高了。

第二是去年「八一三」攻入句容城，城內有二百餘名敵軍在城門口就被我繳三十餘，城內偽維持會完全繳獲，擊死漢奸武裝和日寇很多，殘部狼狽逃出，這一次戰鬥的結果，使句容城的居民紛紛遷往鄉下，感覺到城內不安全了。

第三次戰鬥是在高資車站，有七十餘名偽軍和五十餘名日寇同住網上。結果我以迅速襲擊將偽軍全部殲滅，日寇死傷很多，自此以後，周圍二十里內敵軍都逃往南京，漢奸部隊大大動搖，從此使日寇組織偽軍利用偽軍遭一大打擊。

第四是與×××軍一部配合在丹陽珥陵消滅下鄉敵軍一連人，從此以後，不僅敵軍二三人不敢輕易下鄉就是比較大的隊伍，亦不敢輕易下鄉了。

第五是動員了十七萬民衆，在很短期間把鎮江到句容，丹陽到句容，金壇到丹陽，鎮江到江陰的四條公路澈底破壞了，使敵人僅僅能夠保持京滬鐵道和京武公路而已。

敵人在屢次遭我痛擊之後，便在去年九月以後改變了他的戰略，他採取了封鎖戰術：（一）積極修復公路，並且爲保護公路每隔二三里或在公路橋樑旁都造好據點，由南京到武進這樣長的路程，敵人不惜工本，到處構築據點，使我破壞交通發生困難，往來游擊遭受妨害，這是敵人的封鎖戰術的一方面。（二）是積極修築新公路，像棋盤格子一樣，將地區劃分爲幾小塊，以謀縮小我游動地區。（三）在每一小棋盤格中，又佈滿據點密緻的小據點，附少量兵力造成四面工事固守，減我活動更增困難。（四）一經發覺，敵預先佈置據點兵力，一發現我軍，便閃擊包抄。

這是敵人新的軍事進攻，但是這種企圖只能增加我游擊戰的困難，而敵人決不能將我們趕走。陳毅將軍以辯證法來解答這個問題，他說：「敵人雖然抓住我們的弱點看清楚了，用種種辦法來打擊我們，但是他更暴露了他的弱點，消耗了我的兵力，而他自己又暴露了新的弱點。第一敵據點星羅棋佈，把集中的兵力分散了，在戰略上講是換打戰術，而且兵力分散，一切運送子彈給養交通都感不便，第二、少數敵兵困守據點，他是外來民族，不能不與我民衆發生關係，因此我又可乘機殲滅他。

由於這二個弱點的暴露，從九月以後，我們經常地乘敵不備，消滅他守備比較疏忽的據點，時常襲擊他運輸子彈給養的隊伍，經常因其不意殲滅敵人的首長。敵人對現在的梅花樁式的據點已感到不能戰勝我們了。

今年二月初東灣的偉大戰鬥，我殲敵八十餘人，攻入敵據點，並且擊潰了三百餘增援的敵軍，這是我們最有力的給敵人梅花樁式戰術的答覆，經我全支隊同志英勇頑強的戰鬥，我們已戰勝了敵人新的軍事進攻了」。

陳毅將軍最後指出說：「今後敵人的企圖，將可能以更大的兵力來進行大舉「掃蕩」我軍，而把許多小據點放棄，改守大據點。但是這是敵人快要打出的最後一張牌了。

（未完）

陈毅将军访问记(续)

《新华日报》1939年4月6日第2版整版

陳毅將軍訪問記（完續）

本報特派員 石西民

三、我們怎樣粉碎日寇的政治進攻？

竭力在民衆面前鼓吹反對游擊隊，日寇告訴蘇南老百姓說：「游擊隊是土匪，專門與老百姓作對。他不是抗日的，如果他們真抗日，他們若有真本領可以到九江到徐州去打，（當時徐州九江未失陷），假如他們能把我們『皇軍』主力打敗，我們自然會退，何必到後方來搗亂」。這種話是動聽的，新×軍一開到，敵人更竭力宣傳說什麽共産軍要赤化蘇南，想藉此動搖上層份子，但是新×軍戰爭的勝利，紀律的嚴明，粉碎了敵寇的反宣傳，日寇在無可奈何之下，只好說「新×軍現在對你們好，可是將來是靠不住的」。

團結支隊一開入蘇南，首先以很大的注意力來運用統一戰綫，調解地方內部的內鬨，陳毅將軍告訴記者，當他駐紮某地時，一個紳士來看他，同他談了許多話，一個參謀跑進來，私底下告訴他：「與這位紳士同村的另一紳士，已組織一批人要殺這個紳士了，」他聽了很驚奇，馬上差人去把那位紳士請來，問他究竟有沒有這回事，那位紳士來了，公開承認要殺那紳士，說那紳士是漢奸，陳毅將軍當面指出這種舉動的不對，曉以大義，使兩人杯酒言和，結果那兩位紳士都感動了，安然回去。像這種事實是很多的。團結支隊一到蘇南，許多地方的紳士想利用軍事力量來達到他消滅異已的目的，多方包圍，請客，到處送來互相攻擊互指漢奸的函件，要請軍隊懲辦，更有暗示可以奉送金錢的，在這許多複雜的情形下，我們認爲這不僅是內部鬥爭，而是日寇的一組陰謀鬼計所造成的現象，所以各方調解，決不偏袒，由於統一戰綫的正確運用，地方民衆的團結一天天緊固起來了。

，新四軍站在第三者的地位，幫助地方游擊隊整理訓練，幫助槍技，不干涉他們的用人行政，不把他們改編爲正式軍隊，保留地方性，由於這一正確的策略運用，地方游擊隊已有很大成績，像丹陽的地方游擊隊，已有獨立與日寇作戰卅次以上的成績了。

漢奸和兩面派動搖而且幫助我抗戰了。各地的漢奸，因爲我新×軍的堅持抗戰，開始了動搖，時常有金壇溧水等城裏的大漢奸，他派人送些情報來的情形。此外江南最多兩面派，這種人爲了保持身命財產對敵只好敷衍，他們流行着這樣的口頭語：「明保曹操，暗保劉備」嘛！「身在日本心在中國」嘛，「大丈夫能屈能伸」嘛！等等，這種人並非死心塌地要做漢奸，這種人的爭取也有成績了。民衆組織也發展了。

蘇南地方行政組織像保甲長、鄉、鎮、區、公所縣政府，應都恢復了。敵的經濟搜奪被打擊了，現在廣大的蘇南鄉村不僅敵人不能抽壯丁，而且也不能收田賦。最後一般人民的抗日情緒就提高了，敵人不僅不能在政治上分化我們，而且我們卻更團結更進步了。這完全是由於戰士的英勇，革命軍隊紀律的優良，和正確的統一戰綫政策的力量。

四、克服困難的道路

我們今天堅持在蘇南國區的戰鬥，我們是有些成績的，但是這成績還不太大，我們要創造更大的成績。可是我們的面前還存在着許多創造更大勝利的困難。

陳將軍以堅決的語氣說，在這敵人將施用大量兵力來「掃蕩」我們的前哨，我認為可以克服這許多困難，因民戰勝敵人新的進攻的。但是為了戰勝困難，打擊敵人，我要特別強調的指出，今天困難的根本問題，是一個政治問題，換句話說，即是健全游擊區的行政機構問題，這個問題能解決，我可以大膽地肯定說在第二階段戰爭中，我們可以使敵人放棄一切鄉村、小城市，堅守鐵路線和大城市，造成真正相持的局面。

五、一個重要的意見

記者被陳將軍的話所鼓動了，所以特別提出游擊區行政機構這個問題請他作比較詳細的解說，並請他根據實際情形，發表意見。陳將軍也不厭說話時間的過長，繼續侃侃談下去了。

在今天來說，游擊區的主要問題是政治問題。因為游擊隊的作用只是使用力量，消耗力量；民眾則是担負着，供給人力、物力、力財的儲蓄池，但是怎樣來組織這力量，怎樣來準備乃至充實這力量以供運用？這任務是落在行政機構身上，所以行政機構是一個樞紐。

我們不可否認，今天整個江南的游擊隊作戰，是有成績的，民眾是奮起了，但是行政機構表現得還是非常無力，如戰區中組織壯丁武裝民眾，優待出征戰士家屬，偵查漢奸，援助軍隊作戰，還一切做到的成績還是很少。主要的原因在於今天游擊區的行政機構還是抗戰以前的老作風，等因奉此的公式主義，在平時弊病還可馬虎過去，但在戰時，就不行了，為了適應戰爭緊迫的要求，任何一件事的決定和實行，都需要當機立斷，假若還是老文章在敵人後方送到數千里路外去等待上級政府批准，則已失掉時效，而且處敵後的上級對當地情形，也不能十分清楚，所以游擊區的行政今天特別需要獨立性創造性，在最高國策原則下，發揮這種機斷的長處，可是今天是缺乏的，正因有這樣，許多重要的有關軍事的行政，地方政府都淪為紙上條命令，輕輕擱擱了。

今天的游擊區，需要新的適合戰爭客觀需要的施政綱領，需要健全行政機構，需要黨政軍民協同的統一戰綫的最有力的動員組織，更需要有新的財政經濟政策，這是保證游擊戰更大勝利的基本條件。

差不多三小時的談話，至此告一結束了，陳將軍最後很謙虛的說：「一年半多來的戰鬥，我們總算在敵人強盛進攻下嘗到了各種的試驗，我們一個支隊雖然僅僅能得擊斃敵人二千餘，繳槍二三千支的很小成績，但是我們總算試驗成功，我們沒有被敵人趕出蘇南，這一點是可以告慰國人的。倘若今天有人以我們不能打一個像台兒莊一樣的勝仗來責備我們，那是過分的，他沒有認識我們今天堅持江南戰爭政治上的意義。」話說到這裏又轉回來，他說：「倘若政治與能進步與軍事打成一片，我想那時候『關門捉鬼』還是並非難事」。

在感動和愉快的心情中，記者告別了這位精明強悍的江南衛國一個豪爽英武健將的影子，長期留在記者的腦海裏。

日寇在江南

《新华日报》1939年4月8日第2版整版

日寇在江南

林植夫

屠殺便是宣揚「皇道」

日本軍閥對於侵略的口實總是宣揚「皇道」，所謂皇道宣揚之結果，當這軍定逆陷京城的時候殺了我們萬的同胞，強姦殺戮無數婦女，這個消息據來是很早就傳到我們國內的耳朵裏了，同時英八國僑民所著的日軍暴行一書，也證實已經虐殺同胞的暴行了，這是確鑿的事實，他們虐殺了我的同胞不算，還要設法以同胞的行狀及被殺的人們排列起來，拍成照片以作紀念，有的還把這些相片寄回了國內，向家人親友誇示呢！我們的第一支隊有一次打游擊，搜到兩本相片本和三百幾十封信，繳到軍部，我們發覺在那相片上見了尤其慘殺我同胞的相片，覺得一種憤恨，也在信中發見了數封關於說話報相片的信。有一封為妻子寫給丈夫的信，信中明白寫着收到了殘殺部隊兵的相片。有一對是妹妹寄給哥哥的信說道，這個相片裏的相片，實不愧說(大丈)，還有一封是朋友寫的信說，被殺的人頭，在你們那裡殺了幾，我的們在後方的人們只是會看看樣婦的(大寇)，這使同在後方的日本人，都認明證實防，他們對於前方的是怎樣的殘忍，不難想像而知了，這便是寇軍在江南所宣揚的「皇道」了。

我姓有一位新加入我們軍隊的長，他名叫李受才，最初家人，曾在某軍隊裡充僱役當傭，被留在那裏兩個月，最後逃了出來，投到我們這裏，據他說：當日寇脅迫他替去的時候，便把他當作人靶子去打，不知怎樣，一路打了幾仗，都沒有打中他，總把他放回來，留在日軍官身邊當勤務。他在那軍中兩個月，曾親眼看見敵軍慘殺我同胞的慘狀。有兩個老百姓的米被他搶了，要老百姓挑米，還要把老百姓留下做事，一個不肯，被軍官說：「你們滾去好了，那個老百姓剛跑了他與轉身，走不了幾步，那猙獰的手槍已經口內放出了。留下那一個嚇得不敢回去了，便做了苦役作苦工。過了好幾天，以爲是紛爭的了，那裏想到殺那宣的宣揚「皇道」的機會作了，拿來給他在門後面，把他趕出門的時候，便當頭給他一刀，於是那一個老百姓，也就「見寇」去見閻王了。嗚呼哀哉了。還有一次他們捉到一個五六十歲的老太婆來強姦，發洩獸慾滿足之後卻叫到一個木桶，向着老太婆的陰戶中戳了進去，使這種殘暴的獸行，也是宣揚「皇道」嗎？

我曾走到敵軍撤去的幾個大市鎮，鄉村，有好些地方，都被敵軍燒燬了，如六裏橋鎮，如湯溪鎮，如馬鞍鎮，一燒燬殘破才被燒的，當我初次走過的時候，還是完整的，一部被火燒得片瓦無存，（水陽燒得十分之一不到）還有許多山村也更多不勝計了。據當目睹的本縣人說，個不但被殺，營救還被殺死了有四五百人，小丹陽未淪，卻有七個婦女被姦死了！

敵軍不但在陸地上宣揚「皇道」就是在空中也在宣揚。在後方的同胞們，或者還以為敵機的轟炸，只是炸的我們的陣地，又有誰知就是敵人的後方，他們亦照炸的。有一個小鄉村，我們在那裏駐紮的時候，老百姓對於我戰們，在不久以前，忽有敵機飛到那裏，擲下了六個炸彈，而目標不准，都落到山凹裏，沒有炸燬一間屋，炸傷一個人，只怕吃了一頓虛驚，因為這是大大的僥倖能！這個鄉村的婦孺還不擾的地方，是敵人偵到的地方。飛機還擲轟炸，所謂「皇道」的真正的內容，也十分明瞭了。江南的民衆現在藉他現在這與他的漢奸走向相樹的所謂「皇道」其實即是強盜被殺，到此，各義軍團相配略同的自某地遷卻時，都偏偏方便為打擊掩護工作，無數的犧牲減少了。同時人民自動參加新X軍的乃非常之多，在地方組織起來的也不少，只××一縣，加入大刀會的就有二萬人，若各縣合計壯丁參加組織的在五萬人以上。可惜他們沒有槍枝，如果有槍枝，再好好組織起來，江南一帶要動員二百萬的民衆武裝抗日，實在是一件容易的事情。

民衆識破漢奸的鬼計

在江南方面，最大的漢奸組織，爲地方維持會等，始終不能發生很大的力量，不能得到民衆的最低限度的信任，從而他們對於抗戰，仍現不無阻礙。像江南這幾個大鎮，如太湖沿白茆港地帶，沿南京水，圩堤縱橫，不是本地人，是無法在那裡防禦的。偽是漢奸便會替敵軍帶路。於是有不少的地方便樂，便因此大貨，房屋被焚燒，人口被殺戮，性命錢財被搶去了。而我們的游擊戰也因之而發生困惑，像×支隊司令部有一次被敵包圍，結果傷亡了許多同志。但是因爲漢奸所動的緣故，漢奸的可恥的在於他能帶着民衆的假面具，進行破壞抗戰

的組織活動；在江南農村，我們是在進行游擊工作的：我們得一面打敵人，一面肅清漢奸。

在宜城常熟一帶的漢奸隊伍，大部已被我們消滅了，[illegible]

[illegible]

加了對敵人的憎恨。

偽軍在動搖中

江南一帶的偽軍，多是偽[illegible]

[illegible]

可知：（一）偽軍在[illegible]動搖的；（二）[illegible]之[illegible]；（三）[illegible]

[illegible]

加紧粉碎日寇在江南游击区的反宣传活动

新華日報

中華民國二十八年四月十七日

四月上半月戰果

我軍斃敵一萬餘人

各戰區內共計三百餘戰

江西山西戰績優越超羣

今日戰報

華北

我克陽泉車站

正太路交通斷絕

敵機連炸晉東南各縣

晉北敵圖犯河曲岢嵐

南昌市郊

我游擊隊活躍

加緊粉碎日寇在江南游擊區的反宣傳活動

克復增城的意義

《新华日报》1939年4月17日第2版整版

加緊粉碎日寇在江南游擊區的反宣傳活動

本報特派員 石國民

敵人在江南，爲了要想打擊並且進一步企圖消滅我在江南游擊區中堅持抗戰的軍隊，以達到他軍事佔領地的目的，目前正進行全面的政治進攻；而在這政治進攻中，日寇對我民衆的宣傳麻醉活動，已成爲敵政治進攻中重要的一環節。所以今天我們來把敵人在江南一帶的宣傳麻醉工作和我們所應有的對策作一番檢討，實在是很有意義的。

一、日寇陰毒無恥的反宣傳活動

縱觀江南敵方的宣傳活動，我們從日寇所散播的各種圖畫，文字宣傳品中，顯然已經可以使我們看出日寇在這一方面活動的加緊。這表現在下面幾方面：

第一、文字通俗，短簡明瞭，這與過去我們所看到過的日本語氣的中國文章已完全不同。同時，每一張圖畫或傳單，不僅簡單明瞭，而且能抓住中心。一張傳單只講一件事情，而且敵人所宣傳的事實，如果宣傳的意義是在軟綿懷柔游擊區民衆，便採取最動人聽聞的「中國抗戰已經失敗」，「不繳不殺」，「和平」，「安居樂業」「復興農村」等作內容。如果他的宣傳意義在汚蔑，他便緊緊抓住當前的事實，加以歪曲的宣傳。汪精衛漢奸過去狂吠的反對焦土抗戰反對游擊戰爭的濫論，更是日寇最好的宣傳品，日寇很慷慨地替他做翻譯宣傳，大撿他的照片並且將原文代爲翻印，加以註語，大量散佈。

日寇宣傳技巧的聰明惡毒，不僅表現在上述一方面，而且有時故意用一種使人摸不清楚的態度，藉以試探我淪陷區內民衆的心理。在我們收集起來的材料中，有一種所謂：「「八一三」更生紀念日全國民衆應行反省八點」。每一點下面，日寇自己寫出三個答案，要民衆任意選擇，一種意見，並將不要的剔棄塗去。在這一種傳單上，並沒有日寇或漢奸組織的具名，令民衆不知道這傳單出自那一方。在那傳單中，第一點是：「中國因何對日作戰，致造成空前大亂」？底下第一個答案是：中國對日作戰，是爲國爲民。第二：中國對日作戰，完全是英蘇等列強的牽線把戲。讀者從這裏就可以看出日寇的陰謀鬼計，以下七點都是提出問題和解答，作者不願汚自己的筆，不願再寫出來了。

第二、日寇的宣傳品中，我們可以看出，他不僅善於消極的對我國抗戰作最惡毒的批評，而且往往從他的欺騙宣傳中，聯繫到日寇切身利益的標語。他的方法也是非常巧妙的，我們舉一例子來說：在有一張敵方宣傳品中，敵人說：「要使農民都能安居樂業，共享和平之福，必須竭誠幫助「皇軍」驅逐或消滅游擊隊。游擊隊破壞老百姓的安居樂業，使老百姓不能過和平的日子」。這是以「和平」「安居樂業」等動聽的名詞來誘惑我同胞，而達到他破壞我軍民團結，使我軍陷孤立的毒策。還有一種傳單上，日寇藉江南兵災之後，大批人民流離失所之際，提出「復興農村」的口號，要農民積極殖穀，以利日寇原料品的搜索。並且說：「關於復興農村最重要的是使交通便捷，民衆要想農村復興豐衣足食的日子，對於交通及通信的設備，必須聯合保護」，更說：「破壞交通者是我們民衆的公敵，也就是要殘害我們民衆生活的盜賊。」還是更惡毒的藉「復興農村」「豐衣足食」來誘惑我民衆，替他來保護交通，並且不知不覺間使民衆與我軍隊對立起來的另一毒計。

第三、敵人還極宣傳活動，是以南京的偽「維新政府」或用各地「自治委員會」名義出面進行的。因此在那種傳單中，處處故意表現出不是日寇在對中國人民說話，而是中國人自己對中國人說話。日寇和漢奸在文字或口頭上時常對游擊區民衆這樣說：「我們用的五色旗，是中國的老國旗」，藉此圖引誘我同胞入他的圈套，以誅除中日民族對立的心理。

第四、敵人的宣傳對象，不但是江南的廣大民衆，而且是包括在江南作戰的軍隊。在對我軍隊的反宣傳上，文字口頭都採取。在文字宣傳上，如對我江南一般地方游擊隊則首先以抗戰失敗情緒來動搖他們，說些廣州武漢都已失守，國民政府已逃到昆明去了，抗戰已經完全失敗了等等。接着就是利誘便是：「倘若你們投降，不但不殺，而且要經商的，「維新政府」可以給你資本；「要種田的，「維新政府」給你田種」等等。對××軍的方式又不同了，敵人知道××軍是一支有高度政治認識，抗戰意志堅定的軍隊，上面這一套是用不到的，因此他便故意向民衆造謠，說××軍是共產軍要赤化江南。日寇企圖以「共產」「赤化」來恐嚇江南上層民衆，孤立××軍。

在口頭宣傳上，川軍去年在南陵戰鬥時，已發現敵方用欺騙的口頭宣傳說：「皇軍」不打到四川去！不打四川軍！四川軍回四川去！」等等。在其他戰鬥中，這種宣傳也已有少數發現。

一種宣傳活動，假如不能同實際行動完全融合，是不會得到效用的。中國人一向就有這樣一句話：「言行不一」。過去日寇雖然有時宣傳得也動聽，但是日寇的燒殺姦淫事實，早已把他的虛偽宣傳拋入汪洋大江，我們的同胞是不會相信日寇的鬼話的。但是在目前，江南的抗戰形勢，由於××軍的堅持作戰與民衆打成一片，民衆抗敵情緒的高漲，還客觀形勢的壓迫，使敵人軍紀上不得不對濫燒濫殺的蠻行動，加以相當的約束，正因爲這一緣故，所以

第五、敵人最近的反宣傳活動，是與日寇在各方面的實際行動有一部份配合的。在江南有少數游擊地區中，日寇的濫燒濫殺部份地減少了，買東西有時也出錢了。除了這方面以外，日寇還到處勾結當地青幫大刀會中少數動搖的頭子，利用中國舊式的拜把子結兄弟等一套花樣。並且用收買土匪，引誘豪紳土劣，身邊帶糖給小孩子喫等等方法。這就是說以全副的政治進攻，來配合他的反宣傳麻醉活動。

二、日寇宣傳的中心內容及其反響

日寇在江南反宣傳麻醉活動的中心內容，歸納起來，主要的不外下列數點：

第一、繼續散佈我抗戰失敗的論調，抓緊機會攻擊我國抗戰。記得廣州武漢德安我軍撤退時，日寇的傳單中是：「某月某日廣州陷落，某月某日武漢陷落，某月某日德安放棄，中國××敗潰已崩潰了，中國人民趕快回頭」等大字語句，其目的顯在動搖我民衆抗戰信心。這是無疑義的。

第二、是大肆攻擊國民黨和共產黨，挑撥污衊造謠，隨處張貼標語，並且大肆宣傳所謂反×反共救國大會。

第三、是反蘇聯及英美等各民主國的對我同情援助來欺騙江南民衆說：「中國人用蘇聯英法等國的軍火來抗戰，不是共管便是共產」。（未完）

加紧粉碎日寇在江南游击区的反宣传活动(续)

《新华日报》1939年4月19日第2版整版

加緊粉碎日寇在江南游擊區的反宣傳活動（續完）

本報特派員 石西民

第四、是宣傳日寇那一套令人欲嘔的「無領土野心」「建立東亞新秩序」，「中日滿協同一體」，「中日同文同種」來欺騙我們的民衆。

第五、是強調和平，復興農村發展經濟。游擊隊是和平安居大敵，是「土匪」，要予力剿滅等等。

以上五項，可說是日寇宣傳的中心內容。在江南，到今天來說，日寇反宣傳所得到的效果是很少。這原因主要的由於××軍在江南堅持作戰，不斷的勝利鼓舞了民衆抗敵的情緒。同時民衆抗敵組織的普遍發展，是「防役」的最好方式，而且加上對民衆宣傳工作的注重，使民衆對持久抗戰，最後必勝的道理得到了相當了解，更堅定他們抗戰必勝的信心。

但是在今天，我們對於敵人這一活動，還不能輕輕忽略了他的作用和嚴重意義。我們無容諱飾，在有一二處地方，我們已遭到了日寇這一宣傳所產生的效果了。例如有老百姓對日寇反宣傳疑信參半的時候，故意拿出一些包袱放在路上，試試日寇究竟搶劫不搶劫的。至於在敵人兵力所能控制的地方，恐怕情形還要壞一些，想這不是作者的危詞聳聽的估計吧！

三、戰勝日寇反宣傳的基本條件

日寇在江南的宣傳活動，配合着他全面的政治進攻，他的特點和嚴重意義，上面已經指出了。在抗戰新階段已經到來的今天，廣大的游擊區，正迫切地須要加倍努力去進行和開展游擊戰爭。敵人在江南游擊區的這種宣傳活動，同樣地他可能在各方面普遍地採取這一方式來達到分化我軍民團結，鞏固佔領區的目的。正因爲是這樣，所以我們今天必須有嚴有效的對策以擊破敵人這一種「陰謀」。這不僅是江南抗戰現階段一個重要的任務，而且也是在其他廣大敵後地區奮鬥的，我們中華民族的優秀兒女所關懷的一個問題，作者願在此提出個人的幾點意見。

首先，回答敵人對我民衆的反宣傳麻醉活動，最犀利的武器之一，便是擴大和犀利我們的宣傳武器。過去南北各戰場的將士，曾經一再訴說新聞紙書報的缺乏，往往打了幾個月的仗，關於整個抗戰形勢國際形勢都莫明其妙。當時有識人士，便認這還是一大缺憾，亟應設法排除的。但是今天我們很清楚的知道在游擊區域中，書報的供給，可以說是在一種絕緣狀態。千千萬萬的民衆不知道抗戰的國策，和光明的坦途，在黑暗中過日，給敵人以種種中傷造謠散佈失敗情緒的好機會。所以在敵人後方的游擊區域，發行報紙，是目前最迫切的工作。

其次大量對游擊區民衆散發宣傳品是很必需的。但這一種宣傳品一定要將我抗戰國策，持久抗戰必勝的理由作最通俗的解釋，使民衆知道全國仍在繼續抗戰，政府也沒有忘却在鐵蹄下的民衆。而且更要針對着敵人宣傳的內容，來揭破日寇陰謀的內幕，使民衆不會上當。

揭破日寇虛僞宣傳的內幕，並不是困難的，因爲敵人儘管宣傳得如何動聽，但是他的用意決不是真真要與我同胞講親善，而是改換一付掠奪的面目罷了！所以每一種敵人宣傳都可以拿事實來揭破它。所要注意的倒是宣傳的技巧問題，便是如何使我們文化水準低的民衆看得懂。敵人的技巧。正可供我們參考。

在對敵偽軍的宣傳上，在過去全國各戰場注意並不够，今後應該大大加以注意。在過去不僅對這一工作注意不够，而且少數傳單標語中，往往很抽象的說一大套，今後更應注意日本國內的一般反戰厭戰以及經濟困難的情況，和敵偽軍一般的心理，以最感動最具體的一個二個問題來做傳單，去動搖乃至瓦解他們。

在這裏，最須注意的還是一個技巧問題，便是用什麼方法，可以使我們的宣傳品大量地送到敵軍中去。據江南的情形，敵偽對一般士兵是絕對禁止閱讀我們散發的傳單標語，同時日寇更嚴禁游擊區人民與我國軍隊發生關係。在溧水就有這樣一種油印的敵人佈告，內容大意謂：「『皇軍』來，你們爲什麼逃避？『皇軍』每次下鄉都爲了驅逐××軍與良民無涉，××軍近來常在你們鄉裏踏踏，若不快快覺悟，推出總長來『自治委員會』登記，一定討伐不貸」。這種通告上面留一空白，作臨時填寫地名之用。譬如甲村有我軍隊，日寇便將甲村填上，張貼到甲村附近去；乙村有我軍隊，便在油印佈告上填上乙村村名。此外到處宣傳，凡是中國軍隊駐紮過而不立即報告的便要殺得雞犬不留。正因爲敵人這一種威脅政策，使我們的宣傳工作進行上，也有相當阻礙。例如我們將對敵宣傳品張貼在村莊上，等待我們隊伍開拔，民衆因怕日寇燒殺，便立即撕掉了。所以在這一方面，便須要根據各地實際情形，定出種種別出心裁的宣傳方法來。

其次，要使宣傳工作取得很大的效果，便須廣泛開展民衆的組織工作，沒有組織，宣傳便不能深入，更不能發生作用。怎樣組織游擊區域的民衆，不是本文討論的內容，故此處暫不多說。但是組織民衆，並不是件很容易的事情。在今天抗日民族統一戰綫是抗日的最高指導原則，如何運用這一有利的武器，爭取各階層廣大人民到抗戰的陣營中來，是團結和組織廣大人民的基本條件，所以必須要能運用統一戰綫，靈活運用統一戰綫。

再次，日寇的宣傳集中很大力量來破壞我抗戰最高領袖，國民政府的威信，中傷國共兩黨的合作，利用汪精衛的叛變，甚而很小很小的磨擦，來挑撥離間的宣傳。針對這一陰謀，全國的門爭應更加團結，一切對抗戰不利的各種抗戰內部的言論，我們應該力求防止他們，只有在民族立場的，以民族利益爲前提的，就應該嚴厲地制裁，少發謠言，漢奸汪精衛是最好的例子，因爲那些言論是敵人樂於翻印轉載和散發的。

再其次，要揭破敵人的欺騙宣傳，根本上須要有堅強不拔的正確政治認識和革命軍隊所應具有的軍紀的部隊，堅持在游擊區作戰，只有具有這種條件的軍隊，才能在艱困條件下取得勝利，大大提高人民抗敵的信心；也只有這樣的軍隊，才能與民衆打成一片，大大鼓起人民抗敵的情緒。沒有這樣的軍隊深入敵後作戰，就無法保證我們對敵後民衆的宣傳，更談不到宣傳的效果了。

最後一點：爲了使游擊區宣傳工作獲得成效，更爲了廣泛地開展游擊戰爭，對於游擊區軍政的統一工作，各個黨派軍隊指揮的統一，也是一個很重要的條件。

總結起來說：敵人目前的反宣傳，是有中心的，技巧的，更加緊了，而且配合全面的政治進攻，雖然今天還沒有產生大力量，但是値得我們注意。我們要揭破這一宣傳，粉碎敵人這一企圖，同樣地我們不僅要磨利我們的宣傳武器，而且也要配合全面的政治上軍事上的進攻，才能達到擊破敵人狠毒陰謀的目的。

二，十六於南皖

项英:新四军一年来抗战的经验与教训(上)

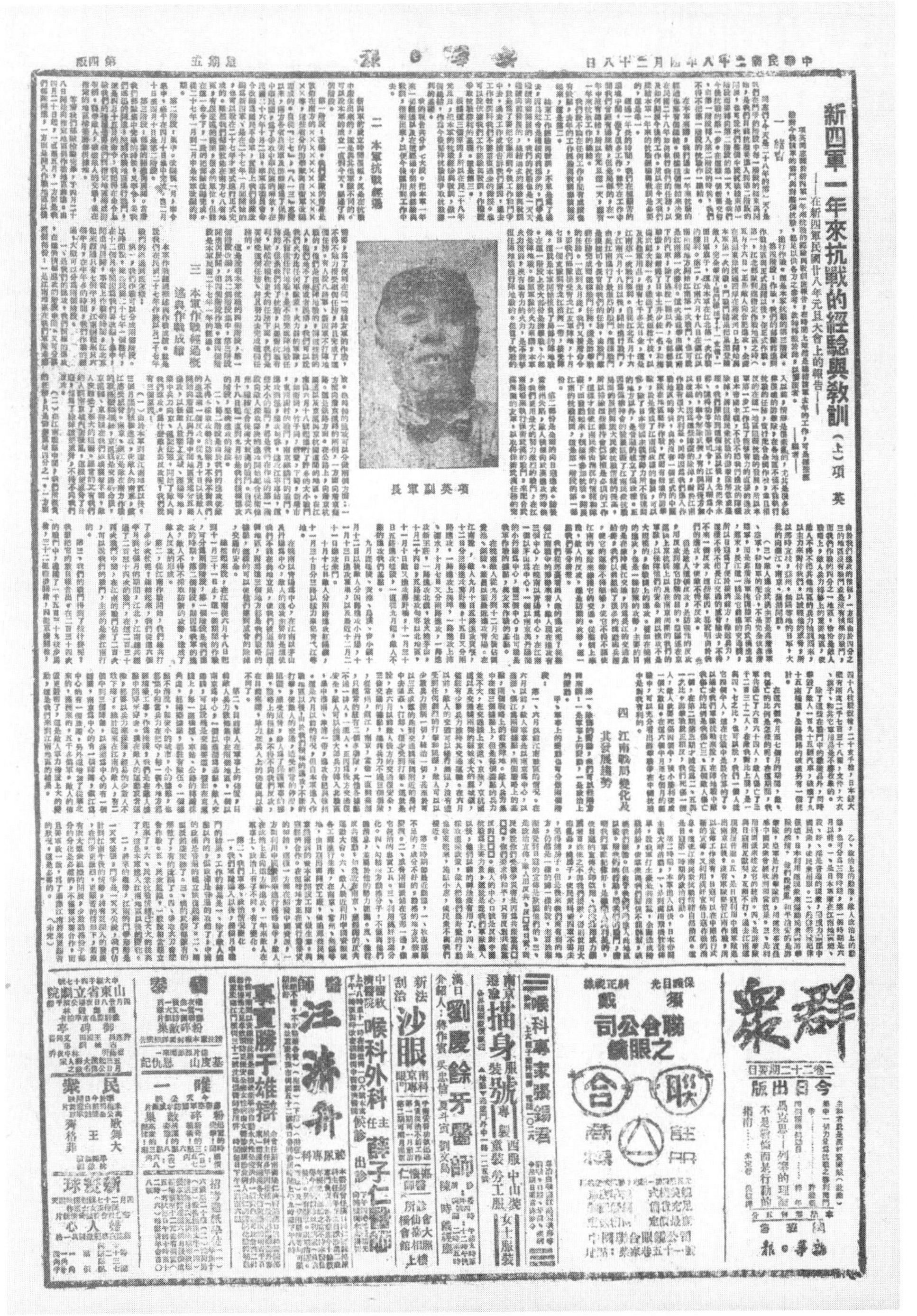

《新华日报》1939年4月28日第2版整版

新四軍一年來抗戰的經驗與教訓（上）

——在新四軍民國廿八年元旦大會上的報告——

項英

項英同志關於新四軍一年來抗戰的經驗與教訓底報告，在時間上雖然是總結該軍去年的工作，可是這些經驗對今後該軍的奮鬥與對整個抗戰，都足以供各方之參考，故特轉載於此，以饗讀者。——編者——

一 緒言

同志們！今天是二十八年的第一天，是我們在鬥爭的階段中每一階段的結束與開始，是我們目前抗戰要進入到第二階段的開展，也可說我們整個中國抗戰結束第一階段而要轉向第二階段的第一天，是我們今後抗戰的第一步。在這樣一個新舊交替，由第一階段轉入第二階段的時候，我們不得不把第一階段的抗戰作一總結。

在本軍來講，我們過去一年來抗戰的經過也應有個總結。根據這個總結來決定在民國二十八年如何執行我們的任務，以及如何開展今後的工作。所以在今天我們總結本軍一年來的抗戰經驗與教訓是必要的，這是第一。

經過一年長的時間，我們在極艱苦的環境中間，做了很多工作。雖然在工作中間我們會經有過總結，但是局部的，在一年中沒有總結，所以在元旦這一天，應有一年來抗戰工作的總結。

我們說不論在任何工作中間有成績也有缺點，去年的工作經驗與教訓應該總結起來，這是第二。

結束工作經驗與教訓，不單是爲了過去，因爲社會是繼續向前進步的，鬥爭是繼續向前開展的，我們的抗戰也是一天天繼續向前發展的，總結過去的經驗與教訓，就是爲了要把它應用到今後工作和鬥爭中去。過去工作成績告訴我們原因，過去工作教訓叫我們不要重複過去的錯誤。也可以說依據我們工作經驗與教訓，作爲爭取抗戰勝利的基礎。這是第三。

根據這三個原因，所以在民二十八年元旦日，把本軍的抗戰經驗與教訓，做一個總結，作爲今後堅持抗戰與爭取抗戰勝利的基礎。

我的報告共分爲七大段。把本軍一年來一切經過以及在這經過中間所得經驗與教訓，指明出來，以便今後應用到工作中去。

二 本軍抗戰經過

新四軍的建立時間很短，是在抗戰中產生出來的，這是與其他軍隊不同的。可以說本軍的成立一直到今天，經過了四個階段。

第一階段：改編。本軍部隊的前身是散佈在南方的××××××××××等，這些省分的游擊隊與自衛軍改編而成的。自從「七七」，「八一三」事變以來，南方各省自衛軍及游擊隊爲了保衛中華民國，爲了爭取中華民族的解放，在民國二十六年十月二日，奉軍事委員會命令改編爲國民革命軍，實際上我們部隊改編爲新四軍，是在二十七年一月間開始的，也可以說在二十七年才正式進行正式完成的。雖然我們部隊散佈在南方七八省地區，有很遼遠的範圍，很多的單位，但能在這一命令下，一致的把部隊改編完成。從二十七年一月到二月中是本軍改編的時期。

第二階段：集中。改編後一月，奉令集中，終于在四月十日集中完成。自二月十日至四月十日是第二階段。

第三階段：部隊的開動與展開。當我們部隊集中完畢的時候，又奉命令，要我們迅速的開進，開到作戰地區進行戰鬥。這是四月十五日的命令，我們得在命令上給我們的指示要我們到指定地區佈成游擊網，襲擊敵人，破壞敵人的交通，並在指定的地區佈置游擊根據地。

等待我們部隊檢驗完畢，于四月二十八日開始向指定地區與作戰地區前進。由四月二十日起，一直至五月，一方面是我們部隊開進，一方面是開入作戰地區以後，進行作戰。這是本軍抗戰的第三階段。

第四階段：作戰，我們的部隊前進到作戰地區與正式展開以後，便正式作戰。第一，江北部隊到達指定作戰地區之時（五月十六日）正是敵人向合肥進攻，企圖在巢湖東岸渡過西岸在蔣家河口上開始與本軍第一次的戰鬥。戰鬥結果把巢湖登陸敵人，完全擊潰，他們繳獲了十一支槍，一面日軍旗子，這是本軍在江北第一次作戰的勝利。第二，江南六月十八日在鎮江以南韋崗地方開始江南第一次戰鬥，也可說是江南第一次勝利。這次是截擊由鎮江南下的汽車，除了逃脫一輛以外，全部都被擊毀，並擊斃了日本土井少佐一名，和梅崗武郎大尉一名，繳獲了長短槍十枝，以及其他軍用品，還有七千多元日金，這是江南第一次戰鬥勝利。自從江北五月十六，江南六月十八日以後，開始進行戰鬥，由此江南進行了最激烈的戰鬥。這種戰鬥是根據司令長官給我們的任務，由戰鬥轉到任務完成而還繼續戰鬥任務，還是游擊戰的任務。一直到九月底，我們又接着命令，要我們部隊接受青弋江友軍陣地，十月七日一個支隊到青弋江泥河一帶，接受陣地，這就是本軍開始擔負了局部的陣地戰。在這一階段上說大部份是游擊戰、小部份是陣地戰。按照軍隊的火力來講，本軍火力很弱，沒有強有力的火力，是不能夠擔任陣地戰進行陣地戰的。但爲了抗戰的

报告详文①

需要，為了便利在同一戰鬥友軍的作戰，不得不勉力接受這個任務，并且完成了這個任務。有人說八路軍、新四軍不打陣地戰的，他們是拒絕陣地戰的，講這些話的人，他們是不了解或者誤解，我們可以說我們火力比任何軍隊差，火力弱的軍隊，是不能担任陣地戰，是不能完成陣地戰任務的，但是我們為了抗戰，只要對抗戰有利，雖然在犧牲更大的任務下面，我們是要接受這個任務，并且努力去完成這個任務的。

這是說明本軍抗戰的四個階段，第一個階段改編，第二個階段集中，第三階段開進與展開，第四個階段作戰。這四個階段是本軍民國二十七年一年的經過。

三 本軍作戰經過概述與作戰成績

本軍作戰經過概述與作戰成績。就是說我們在民國二十七年作戰以及二十七年戰鬥的經過到底怎樣：

第一，我們作戰可以分成兩個階段。以時間說，雖然民國二十七年一個整年，在十二個月中間因為我們要改編、集中、開進與展開，事實上作戰的時間，江北算起來經過只有七個半月，江南算起來只有六個半月，在半年多的時間，我們作戰的經過，大概可以分為兩個階段。

一、是我們的進攻，我們積極的進攻，在這個積極進攻的階段中間，又可分為兩個部份：一是江南地區在我們軍隊未進入以前，情形是很紊亂的，尤其是很多紀律很壞的游擊隊，在各地區不僅不能執行抗戰的任務，實行配合全國作戰，並且相反的在這一地區阻礙抗戰的發展，所以本軍第一步工作為了能够有力的直接的進攻日本帝國主義，不得不把我們進攻的障礙除掉，將阻礙民衆抗戰的游擊隊解散或整理。我們開始到這個地區以後，先把朱永祥、陳得功等等游擊司令，江南人稱為小日本的，奉令解除武裝，有的調回後方加以改編，因為這些障礙的除掉，對於江南作戰有很大的利益。同時因為我們進入作戰地區的時候，由於沒有一個正式的中國軍隊在地區堅持作戰，反而有些壞的游擊隊，於是竟成了江南偽政權的發展，可以說，除了日本帝國主義者勢力所不能達到的地方以外，是普遍的建立了偽政權。正因為偽維持會的發展阻礙了江南民衆抗戰局面的展開與廣大民衆抗戰情緒的提高，所以掃除這些維持會偽政權是必須的工作，這樣才能使江南民衆由消沉的情緒和障礙下面發動起來，積極來參加抗戰。開展江南的抗戰局面，這是第一階段的第一部份。

第二部份是全面的向日寇進攻。隨後當徐州失陷，敵人積極向武漢進攻的時候，我們更用最大的努力激烈的戰鬥，在江南戰場來執行保衛武漢的戰鬥，來配合武漢周圍的友軍，以取得保衛武漢任務的完成。這時候的進攻可以分做兩個方面：一方面向着京滬路的兩側，一方面向着京蕪路。這是鐵路方面。在公路上，向着京杭國道以及京滬與京杭國道間的地區。在江南自六月十八號起進行了許多的大小戰鬥，如衛崗，竹子崗，新豐，下蜀，新塘市，東西謝村的戰鬥，南京麒麟門的戰鬥，進攻溧水，進攻句容，進攻江寧車站，這些大小的戰鬥，都是我們在作戰的第一階段向敵人採取堅決的進攻開始配合保衛徐州，繼續配合保衛大武漢的戰鬥。自從六月十八日起一直到九月初是我們積極進攻的階段，堅決進攻的階段。

二、第二階段是由於我們的進攻使敵人不得不採取攻勢的防禦，不得不對我們的進攻來一個反攻。從九月十日以後敵人開始向着鎮江與丹陽中間地區實增分五路進攻，以後敵人放棄了宣城、溧陽等地，集中兵力向京、滬間猛進，開始了敵人向我們進攻。為什麼敵人要反攻呢？我們說有三個原因：

（一）由於本軍到達江南地區以後，三個月間的積極進攻，使敵人的南京，鎮江感受威脅。南京、鎮江是敵在南方作戰的戰略樞紐，京滬線是交通的命脈，京滬線、京蕪線在我們破壞襲擊下面，敵人交通受了很大的阻礙。經常的又有我們的人到南京城內去擾亂，這樣便威脅了日寇，他為了除掉這些威脅，不得不向我們反攻。

（二）在江南戰區中間，我們所担負的任務，只是游擊區域四分之一。一方面由於我們進攻的積極，一方面由於四分之三的地區沒有戰鬥或是沒有積極的戰鬥，而我們作戰的四分之一地區，恰恰是敵人戰略上，敵人兵力轉移上的重要地區，使敵人不得不把其他地區的兵力抽調回來，以主力來對付我們，以減輕他的威脅，所以那時宜興、蘇州、無錫等地的日軍，大批的向鎮江、南京、蕪湖開動。

（三）敵人進攻武漢主要是靠着海軍、空軍，和陸軍的配合，不是完全依靠着陸軍，而是靠着海軍掩護陸軍向武漢進攻，那末，長江這一綫是它前進的交通綫，所以日寇爲了便於接濟前方，輸送兵力，這樣不得不把長江交通的威脅除去，不得不來一個反攻，這些原因，都說明由於我們的進攻，才使敵不得不反攻。

但是敵人這個反攻，是防禦性的反攻，用反攻到達它防禦的目的，想驅逐在京滬綫上京杭綫上以及在南京周圍的我們的軍隊，以保障他們的安全，所以進攻不是大規模的，和戰綫上的進攻。譬如在皖南的進攻，也是一種防禦的攻勢，主要的目的是在維持長江交通，因爲長江的交通靠船隻，我們以前組織了很多的流動砲兵團，使它的運輸不得順暢，使它不得不驅使江南的軍隊來維護它的交通。從整個上來說，敵人的反攻，還是防禦的攻勢，這一點我們要分清楚。

我們從那裏看出敵人的進攻呢？從整個江南戰爭的形勢來看，敵人現在進攻有三個中心，在皖南以青陽爲中心，在江南一個以茅山爲中心，一個以南京與丹陽間的小丹陽爲中心，這三個中心，也可說是我軍作戰的據點，與友軍作戰的基點。

在皖南敵人從九月到十二月先後佔領貴池、銅陵、繁昌以至最近進攻青陽。在江南說，敵人九月十日五路進攻寶堰，十二日分三路進攻籌野橋，十五日又分兩路進攻，一路進攻上興埠，一路進攻上沛、溧水，十月七日又分兩路進攻，一路進攻新玉莊，一路進攻北鎮，放火燒茅山，十月二十四日，五路進攻句容以北地區，十一月十日敵又進攻籌野橋，十一月三十日五路進攻延陵，一直從九月起，敵人不斷的進攻我們基點。

九月底延陵、黃池、烏溪、官小鎮十月十二日以後敵人分四路進攻小丹陽，十一月十三日進攻寶堰，以及最近十二月二十一日進攻朱門。

十月十七日敵人分兩路進攻紅錫鎮，十一月三十日分三路以猛力來犯青弋江等地。

在皖南以青陽爲中心，在江南以茅山及丹陽爲中心，敵人的進攻主要的是想使我們不能在此地立足，使我們被逼離開這個地區，因爲這三個地方都是我們戰略的據點，這樣的可以使他們達到威脅的除掉，交通的安全。

總括起來說，在江南從六月十八日起到十一月三十日止，這一個期間的作戰，可分爲兩個階段，第一個階段是我們進攻的時期，第二個階段，即因爲我軍的進攻，敵人不得不採取防禦的攻勢，造成了敵人反攻的形成。

第二，從江南作戰開始，我們總共打了多少次仗呢？總結起來，我們從這六個半月到七個月的期間，江北，江南總共經過了二百三十四次的戰鬥，在這二百三十四次戰鬥中間，在江南的戰鬥佔了二百次，可以說我們的戰鬥，主要的是在江南打的。

第三、我們的戰鬥得到了些什麽呢？我想把它的數目報告出。在二百三十四次的戰鬥中，繳獲了一千五百三十九枝步馬槍，三十二挺輕機關槍，四挺重機關槍，四十八枝駁殼槍，二十支手槍，日本鈔大概有兩萬二千七百三十八圓，文件，大衣、旗子、和其它軍用品是不勝枚舉的。

除了這些在戰鬥中的繳獲品外，同時毀了敵人一百九十五輛汽車，破壞了九十五座橋樑，公路鐵路的破壞另有一個統計。

在這六個半月至七個月的期間，敵、我傷亡的比例是怎樣的呢？在這期間，我軍共傷亡了六百六十四人，敵人傷亡了三千二百三十二人，在敵我對比上說，是一與四、七之比，也可以說，我們一個人抵它四個半人，這在抗戰中是最合算的了。以過去我們軍隊抗戰來說，在陣地戰中敵我傷亡的比例是我傷亡三、五個敵人傷亡一個，在第二期第三期才減低爲二、五與一之比，游擊戰就正相反，我們死傷一個人，敵人就要死傷四個半，積小勝利使成一個大數目。在這六個半月至七個月的經驗中，可以充分看出游擊戰爭在中國抗戰中是對我有利的。

四　江南戰局變化及其發展趨勢

第一、敵情的變動，我們可以從兩方面來講：一是軍事上的變動，一是政治上的變動。

甲、軍事上的變動也可分做兩個階段：

第一、六月以前江南戰區的情況。在六月以前，敵人軍事是以南京爲中心，以蕪湖、鎮江爲兩個據點，兩個戰略上的基點，兩個戰略上的前進陣地。敵人兵力集中在這三個據點上，但是每個據點的兵力並不大，在交通綫上京滬、京蕪，京杭國道以及交通綫兩側的縣城或大的縣城鎮，僅駐有少數兵力維持其交通運輸。在六月以前，敵人的交通可以暢行無阻，沒有遭受到任何劇烈的打擊和阻礙，敵人可以以少數兵力控制一切，統治一切，甚至於可以三五成羣的跑到交通綫兩側附近的農村中去强姦、打劫，很少受到打擊。這就是說，在六月以前敵人後方的交通很安全，三條交通的據點，總共兵力不過三個聯隊，從常州，鎮江，南京，當塗一直到蕪湖，只經常的駐有二個多聯隊，其他各據點不過一排人，一班人，正因爲後方交通很安全，敵人可以抽調大部兵力轉入北戰區，集中淮南、津浦一帶，進攻合肥與徐州。這是六月以前的情況，但自本軍進入作戰地區以後，由於我們積極的進攻，不斷的打擊，使敵人的交通，遭受經常的停滯，阻礙，感受威脅，敵人爲了保護軍事的據點，戰略上的樞紐，不得不向我們反攻，在目前來講，敵力在兵人上的佈置與以前不同了。

第二、目前敵人在軍事上的佈置，目前敵人兵力散佈集中在兩個地區，一個以南京爲中心，一個以蕪湖爲基點。敵人交通綫，可以說幾是交通要道，譬如在京滬綫上，每一座橋樑、車站、公路的轉灣抹角處，都構築據點，都駐有隊伍。一個據點不消說，即使小的城市，小的據點，也都集中相當兵力在把守，每一個小地方都經構築工事，作爲掩護，我們是在敵人據點中間穿來穿去。現在敵人的運動或者運輸，都要以兵力來保護，輕易的少數人不敢下鄉了。總計起來在江南的敵人，有二個半到三個師團，以蕪湖爲中心的有一個師團，南京爲中心的有一個師團，鎮江爲中心的有一個旅團，另外還增加了從華北來的，滿洲來的，五千多僞軍。敵人的佈置更嚴密了，這是敵人軍力佈置上大的變動，這是我們來到江南地區的結果。

乙、政治上的動態，敵人政治上的動態，也可分爲三個時期，第一個時期是六月以前。一、是日本軍隊在江南地區燒、殺、奸、淫是普遍的現象，以威力威脅中國民衆，使民衆屈服。二、是游擊隊紀律很壞，日本利用這現象來煽動民衆對游擊隊的感情，他們說擾亂和平治安的是游擊隊，皇軍是打游擊隊的，用這些事實蠱惑中國民衆曾經收到相當效果。三、是利用兩面派來建立它的統治。四、是游擊隊與日寇相互默契，互相不打，過去江南這現象很普遍。五、是日寇利用中國軍隊退出南京以後，沒有軍隊堅留江南作戰，所以宣傳工作沒有，日寇可以在中國進行武斷的宣傳，又利用漢奸宣佈日寇作戰的消息。這使江南民衆抗戰情緒自然消沉。這是日寇第一時期的政治行動。

第二時期，本軍進入以後，日本帝國主義大肆活動，一、是到處用飛機散發傳單，說我軍打土豪是共產黨，企圖造成階級糾紛，使群衆與我們關係不能聯繫，破壞我們團結。但由于我們從進入此地區以後，擴大我們的行動，開展我們的鬥爭，證明我們軍隊紀律好，是維護人民利益的，使日寇的宣傳失卻效用，就用暴力威嚇老百姓使之不與我們接近，否則就用大砲轟擊，燒房子，使民衆叫新四軍不要去，免得燒房子。但是後來我們沒有到的地方，仍然是一樣的燒一樣的殺，老百姓漸漸感覺到日寇的宣傳是欺騙他們的。三、是政治宣傳，敵人用反共、反□爲口實，對民衆說你們受戰爭災害是因爲共產黨與□□，你們要求得和平，只有反對共產黨反對□□□。敵人的中心口號是反對中國抗戰爲主要力量，這就是說我們軍隊進入以後，他們以前的辦法沒有用了。四、是採取溫柔政策，敵人把他們最野蠻的行動也收束起來，施點小惠，使民衆不與我們接近。

第三時期即最近動態，一、收服認識不足的，成分不好的，動搖的地方武裝來變叛。二、威脅兩面派站在它那一邊，做它統治的忠實工具。三、利用漢奸到處分化。四、勾結地方動搖分子，不使與他們通消息，並屬於他的勢力範圍。五、推行反共運動，如最近在南京、蘇州開的反共運動大會。六、敵人最近利用中國資源使各工廠進行生產，在南京、常州、無錫等地，由日寇出面開設工廠，強迫那些民族意識薄弱的資本家開設工廠、做生意，與寇經濟合作。在這些地方正在實行搶佔貨的傾銷，這樣一方面在開發中國資源，一方面利用中國資源來進行侵略戰爭，敵人在政治上正向這方面進攻，一年來敵人在軍事上、政治上有了不同，有了變化。

第二、我們軍事、政治情況變化

一，我們軍隊進入以後，幾個月中戰鬥的結果，工作的結果是一、除了敵人據點以內的，偽政權是普遍的取銷了，中國的政權是普遍的建立恢復起來了。二、頑固派銷聲匿跡了。三、壞的武裝部隊有的解散了，有的改編了。四、爭取大刀會配合作戰。五、民衆組織，一般說相當建立起來了。六、民衆抗戰情緒已大大的提高了，這是本軍進入江南地區以後的變化。

二，將來的趨勢，江南的鬥爭形勢是一天天緊張，鬥爭是一天天尖銳，我們估計到江南今後的情勢，將有更深入的發展，在鬥爭更激烈，更艱苦的情形下，若沒有廣大群衆組織的開展，少數動搖份子部分的分化是必然的，不僅軍民要合作，而且要軍政一致，爲了適應江南將來更艱苦的狀況，這是必要的。（未完）

报告详文④

项英：新四军一年来抗战的经验与教训（下）

新四軍一年來抗戰的經驗與教訓（下）項英

《新华日报》1939年4月29日第4版整版

新四軍一年來抗戰的經驗與教訓（下） 項英

——在新四軍民國廿八年元旦大會上的報告——

五 民運工作的經驗與教訓

我們在這一年中，在前方，在後方，爲了動員民衆，加强抗戰的力量，爲了達到軍、民的合作，以及在民衆的擁護與幫助之下，能够在江南困難的環境下面，來堅持鬥爭，所以自從本軍成立以來，隨時隨地的進行民衆運動，雖然我們因爲各種客觀條件，使我們在某一個時候，某一個階段中間，不能依照我們自己的願望，進行民衆工作，甚至不能做民衆工作，譬如本軍成立開始，由改編到集中，特別是在集中這一階段，我們爲了遵守上級的命令，爲了免除許多誤會，在這個時間，可以說是沒有做民衆工作。直到我們部隊展開以後，進行作戰時，才在我們自己作戰的區域，我們自己軍隊的周圍，開始進行民運工作。我們以前的宣傳工作，是作得很少，在那時間才開始進行，不僅宣傳，並且由宣傳進到組織。可是直到今天，還有一部份人不了解民衆工作的重要，還不了解如何達到軍民的合作，這樣不僅不能開展我們的民衆運動，達到救亡運動的開展，甚至於不願有民衆運動，和妨礙人家作民衆運動。我們爲什麼要做民運工作呢？爲了抗戰，爲了可以戰勝敵人，消滅敵人，爭取抗戰的勝利，站在軍隊的本身來說，爲了軍隊的生存，沒有民衆，軍隊不能開展，不能生長，要打敗仗。尤其在中日戰爭條件對比之下，我們的武器比較敵人差得多，拿我們新四軍來講，比一般抗戰軍隊武器還要差，我們拿這樣劣等的武器，對抗優等的敵人，主要依靠民衆的力量，和幫助，如果沒有民衆，那末我們不但不能够抵抗敵人，並且不能取得優劣懸殊情況下的作戰的勝利。這說明我們爲什麼要作民衆工作，爲什麼我們把這個工作和我的生存與勝利，看得這樣重要，因爲這是不可分離的。半年多以來我們的民衆運動，可以分爲三個部份來講：

一 半年來的經驗與教訓：

（一）第一個經驗，也可說是一個教訓。軍隊的本身的實際行動，它是得到民衆信仰與擁護的，基本條件，它是開始民運工作的基礎。我記得當本軍從南昌出發的時候，我曾經向服務團同志作一個關于戰區民運工作的報告，我曾經指出第一以軍隊的本身行動作民衆運動的基礎，因爲我們是軍隊做民運工作，首先就要自己的紀律嚴明，才能取得民衆的信仰。我們想我們這一年，尤其是下半年來，更可證明這一點。譬如說，在上半年本軍集中後，向戰區開進的時候，我們沒有作宣傳工作，工作開始還是服務團同志到了戰爭環境展開以後。但爲什麼到處的許多民衆，他們對我們歡迎信仰，許多民衆對我們幫助，使本軍在皖南民衆中間，得到極好極好的信仰？因爲我們軍隊有極好的紀律，不但紀律好，而且到處愛護民衆，到處尊重民衆的利益。因此雖然我們沒有許多宣傳，而我們到處受歡迎。當我們軍隊開始到江南作戰地區的時候，因爲日寇軍隊的宣傳及過去國內戰爭時的宣傳，許多人對我們不了解，但我們的先遣隊去了一時，馬上江南民衆對我們認識了。等到主力開進的時候，民衆到處歡迎我們，這些事實證明了這一點──軍隊紀律是民運工作的基礎。同樣的反過來證明那一個軍隊紀律不好，雖然做了許多宣傳，老百姓仍然不相信。許多人以爲我們不知道化了多少錢作宣傳工作，眞正的宣傳工作我們覺得慚愧得很，正因爲我們軍隊的行動，才能取得民衆的信仰，這樣再去做民運工作，就便利得多了。

（二）第二，作戰的勝利是開展民運工作必要的條件，單憑作宣傳不去打仗，或打仗不好，老百姓說「好是好的呀，沒有用呀」！簡單一句話，我們所以在江南取得廣大民衆的擁護，很快的開展民運工作，和我們在江南的勝利有很大的關係，這是第二個經驗與教訓。

（三）第三、統一戰線是進行民運工作的前提。我在另一個報告中特別指出一切經過統一戰線，在統一戰線基礎上，才能把民衆動員起來。今天我們也可證明那一個統一戰線運用的好，就能大大的開展工作，那個地方差一點，工作也就差一點。

（四）深入民衆，爲動員民衆和組織民衆的有效方法，要去組織、動員、單靠宣傳不行，標語也不行，這些作用是很有限度的，一定要到民衆裏去，才能了解民衆，才能接近民衆，才能在這個基礎上把他們組織起來，動員起來。一味站在民衆上面，想做民衆工作那是空的。這一個可以拿我們的經驗來看，前後方那些地方，沒有深入到民衆中去，工作就還不够，羣衆的動員就做不够，這是第四個經驗與教訓。

（五）第五、要注意民衆的生活，這是動員民衆抗戰的主要條件，也可以說是必要的因素。要使廣大的民衆參加到抗戰中來，必須注意他們的生活問題，不想法子去解決他們的生活問題，那麼就不能給他們的熱情提高，因爲這是他們切身感覺的。我們拿經驗來看，那個地方注意了這個問題，並給以相當的解決，那個地方的抗戰情緒就不同；那個地方沒有顧到這個問題，民衆運動就差得多了。不僅在前方，在後方也是一樣的。但我們有個原則，在抗戰最高原則下面，來進行解決民生問題，爲抗戰來發動民衆來達到使他們參加抗戰，站在抗戰利益下去解決民生痛苦，這是一個原則。這也是我們半年多以來民運工作第五個經驗與教訓。

（六）第六、無論任何民衆運動從開始發動繼續發展深入，民衆組織的鞏固，如果不能在當地民衆中間提拔許多幹部，培養幹部領導工作，這一民衆運動就不能開展；民衆組織，確不鞏固。只有提拔和培養了當地民衆中間的幹部，使這些幹部去鞏固和堅强民衆組織，沒有這些骨幹是不成的。那地方有相當地幹部，有自己本身幹部工作，民衆運動一定好，那個地方經常請別人替他們組織是沒有大效果的，這是明顯的事實。

（七）第七、就是我們在方法上的一個經驗與教訓。關於戲劇與化裝講演，這是農村，宣傳最有效的方法。假若我們有很好的適合農村的戲劇，來提高他們抗戰的意識，比我們講很多的報告效用還大。一般的民衆沒有進到學校，所以要注意他們了解的程度，採取各種各樣的方法。如果像我們今天的報告，農民一聽，腦子就昏了，我們論在鬥爭以來經驗的方式，在農村中那些是有效的，可以說演講，標語

报告详文①

都沒有多大的效果，甚至於有藝術的圖畫也沒有十分作用，如果是化裝演講，演劇那就不同了。

（八）第八、民運工作與民衆的動員，我們來分析一下。那些地方有民運工作，民衆的動員就容易，那些地方就可以適應抗戰的需要，減少動員的困難。凡有民衆組織的地方，動員就更快。沒有組織的羣衆，則政治認識就不够，動員力量是小的，總之，這就是抗戰中很大的弱點。爲什麽民衆動員不起來呢？就是沒有組織。所以我們要做民運工作，要組織民衆，要使羣民衆組織才可以適合抗戰的要求。

二 民衆工作的成績

（一）根據半年來的實際工作來看，我們的民運工作在一般的地方是建立起來了。無論在前方後方，正因爲我們民運工作的努力，民衆已有相當的發展。在我們作戰的地區周圍，組織了廣大的民衆，這可以說是我們的成績。

（二）我們在多數的民衆中間，建立了相當鞏固的民衆組織，尤其是靠近皖南我們軍隊的周圍及我們皖南部隊的周圍地方比前方數力更大。

（三）因爲我們相當的注意了民衆生活的改善，使得在這地區的民衆的抗戰認識的提高。他們對於抗戰的參加，不是變成一個形式的而是有行動的，能够在某些方面適應抗戰的需要。

（四）我們特別在前方建立了一般民衆的武裝，許多不好的民衆的武裝，經過整理、訓練使他們成爲抗戰的部隊。

（五）由于我們民運工作的成績，使本軍與民衆真正打成一片，尤其在前方能够得到羣衆很大的幫助，這是我們成績的主要幾點。

六 今後江南戰局的趨勢

我們說今天江南戰局的趨勢，可分兩方面來講，一方面是敵人的動態，一方面是我們今後的方針。

一 敵人動態的推測

（一）首先拿戰爭形勢來說，現在敵人還是防禦的反攻，以防禦爲目的的反攻，在江南、皖南都是這樣。根據整個的戰局變化發展來看，江南局勢可能而且必定由防禦的反攻，進到對於江南地區游擊區域大規模的進攻，整個戰略轉到積極地進攻游擊區域。

（二）第二、在軍事上說，拿過去的經驗來看，日本帝國主義對付我們的戰術可能大部份的採用中國內戰時的辦法，或者築碉堡作據點，修築公路，一個碉樓，一個城市都作爲據點。所以我們說敵人在戰術上可能採用中國內戰時對付游擊戰爭的辦法，當然不是完全的搬過去，而是增加上他自己的戰術。這說明我們要注意到日本將來戰術發展的形式，同時我們也用過去的經驗，而且根據今天的形勢，發展我們的經驗。

（三）第三，關於進行政治的分化，敵人用各種方法來挑撥、離間，以分化我們抗戰力量。

（四）第四，是進行經濟的壓迫，一方面對游擊隊進行封鎖政策，一方面在其他地方大批銷售貨物。

這是大體推測敵人可能的動靜，我們在這樣情形下，敵人採取了這樣的政策，我們應當採取什麽方法對付他呢？

二 我們今後的對策

（一）第一，我們以後政治重於軍事、經濟。光靠軍隊力量不够，一定要從政治、經濟、軍事的觀點上發動游擊戰爭，一定要發動民衆，政治動員民衆、組織民衆，發動民衆，使政治與軍事相配合。以政治力量瓦解敵人，揭破敵人的欺騙，堅定動搖分子，鞏固全民團結。

（二）第二，民衆重於軍隊。只有軍隊沒有羣衆團結在周圍，是孤立的軍隊。在這樣困難的情形下堅持抗戰是不可能的，所以發動民衆、組織民衆、武裝民衆、比軍隊還重要。

（三）第三，宣傳重於作戰。敵人用分化、破壞手段來瓦解、削弱我們的力量，我們要打破敵人的欺騙，團結民衆到抗戰中來，打破[illegible]瓦解敵軍內部，這樣宣傳工作比打仗還重要。

（四）第四，政治工作加强，精神勝於物質。要把我們軍隊的政治工作加强，把頑强武裝起來，把軍志確定起來，這樣才能有不屈的鬥爭，下去。

（五）第五，爲了開展這一個地區的抗戰局面，一定要使游擊戰爭成爲羣衆的游擊戰爭，是羣衆發動鬥爭，而不是單單軍隊的游擊戰爭；只有這樣才能够時時刻刻給敵人以打擊。

（六）第六，是運動戰與游擊戰的配合。只有游擊戰是不行的，一定要同時運用運動戰，不斷的消滅敵人，給敵人更大的耗費，使敵人在全國像這樣大的地區，兵力不够分配，使他只能守着幾個據點，而[illegible]。

（七）第七，政治指揮統一，我們認爲今後作戰一定要軍事、政治指揮統一，使軍事和政治合於我們的戰爭要求，爲了便於戰爭，非政治與軍事配合一致不可。

（八）第八，要在經濟上封鎖敵人，而自己要有辦法，要能自給。

十 結論

最後的結論，我們結論很簡單，是三個結論合作一個總的結論。一，根據一年來的抗戰經驗，我們應該：

（一）發展我們在這一年中所得到的成績與我們的優點。

（二）改正我們在這一年的抗戰中間所存在的缺點。

二，根據一年來的教訓，我們應該：

（一）堅强我們的政治工作，發揮我們政治工作的效能到最高度。

（二）不間斷的提高我們的軍事技術到必要程度，使適合於我們作戰的要求。

（三）徹底肅清游擊主義習氣，使我們軍隊一切入於正規。

（四）根據這個教訓，鞏固和健全各種制度，使我們的部隊成爲一個最鞏固而有最大效用的一個戰鬥機器。

三，根據今後作戰的趨勢，我們應該：

（一）學習運動戰使游擊戰與運動戰配合起來。

（二）我們要到處組織和發動羣衆的游擊戰爭。

（三）加强我們的宣傳工作和民衆運動。

（四）要把敵軍工作（即對敵軍的宣傳和爭取敵軍工作）[illegible]變成我們全軍指戰員共同的工作[illegible]（記者）[illegible]

[illegible]

我們總結這一年來的經驗與教訓，不僅是我們的成績，而主要是認識出我們的[illegible]，是從什麼地方來的，同時找出我們在抗戰中有些什麼[illegible]，怎樣[illegible]

（本文被略去不少——編者）

上海一群女工给新四军将士的信

新華日報
當了兩天的工人
機器廠的一個學徒
晉東南印象
上海一群女工給新四軍將士的信
解放社出版
列寧選集

《新华日报》1939年5月3日第4版整版

上海一群女工給新四軍將士的信

下面是上海某工廠一羣女工給新四軍的一封慰勞信，曾載上海譯報。她們在每日工作十二小時之外，更以勞力所得換購手帕，經細細刺繡字樣之後，再向人勸賣，將義賣所得，悉數慰勞我前方將士。當紀念五一國際勞動節之際，我們應向這些在敵人壓迫下而積極參加抗戰工作的上海女工羣致敬。——編者

信函详文①

親愛的新四軍將士們：我們讀到關於你們的幾篇文章，我們好像看見了你們的一舉一動，你們那樣熱烈緊張的情緒，和艱苦奮鬥的精神，你們正爲了祖國，爲了中華民族，願意犧牲一切。同時又聽到你們那裏的經濟情形，是非常困難的，特別是醫藥方面。我們聽到或看到你們的這消息，我們恨不得立刻想出一個方法來聚集一些錢，幫助你們。於是我們想出了一舉兩得的方法——手帕運動。我們做完了十二小時工，回到家裏，大家都拿了手帕做字，我們一邊做，一邊還說笑話：「我們做的雖然是手帕上的字，但實際上等於做藥品」。另一個說：「不，宣傳品，或棉背心。」我們開着特別快車趕着做，做好了字，拿到廠裏去賣，同時還告訴大家買手帕的兩層意義，特別是他們聽到是援助前綫受傷的將士，大家都踴躍來買。這次賣去手帕一千四百六十四條，共賺五十元一角四分，現在將賺下來的錢寄給你們，請查收。此致

民族解放敬禮！

上海某工廠一羣女工

信函详文②

血战大江南北的新四军

中華民國二十八年八月十三日 新華日報 星期日 第四版

「八一三」的教訓

中國的勝利就是世界和平的勝利

「八一三」兩週年
——關於相持階段的解釋——
凱豐

血戰大江南北的新四軍
石西民

追悼新四軍平江通訊處烈士

挽聯

在國難中慘起內訌江河不洗古今憾
於身危時猶明大義天地能知忠烈心
中國共產黨中央委員會敬挽

毛澤東敬挽

葉挺 項英敬挽

挽塗羅曾吳新四軍通訊處烈士
董必武

塗正坤羅梓銘曾金聲吳淵同志略歷

他們十個

追悼新四軍平江慘案烈士

《新华日报》1939年8月13日第4版整版

血戰大江南北的新四軍

石西民

記者由江南與日寇艱苦鬥爭的新四軍觀察歸來，恰逢新四軍高級參謀徐正坤羅梓銘等殉職諸烈士追悼大典。我越覺得眞理永遠不泯公道自在人心。趁此機會，願將新四軍在江南的艱苦奮鬥情形報導出來，新四軍在葉軍長與項副司令長官指揮下，堅持敵後戰爭完成上級指定的任務以及新四軍全軍將士爲民族國家的忠誠，告訴全國同胞，並作爲哀悼的獻禮。

新四軍在江南的作戰區域是在南京鎮江常州一帶，全部面積是僅有整個江南游擊區的四分之一。這一狹小的區域背撐長江，而京滬鐵路，運河，公路，縱橫四野，交通的便捷是有利於日寇用兵的。尤其是江南是平原地帶，敵人的步騎砲兵車飛機一切犀利的殺人武器都可以很自如很迅速的出動。何況京鎮一帶，更是日寇統治華中的樞紐，據所必爭。這是地形條件的困難。

同時新四軍本身還發生的困難，戰士們生活的清苦，武器的窳敗和缺乏補充，這些曾經引起江南民衆「[illegible]」的[illegible]誤。第三個困難是江南日寇當了宗[illegible]組織國宅的統治，姓甫

「小日本」的一百數十個與日寇有勾結的無恥不作的所謂漢奸游擊隊。以及少數對抗戰動搖份子到處成立的僞自治會僞維持會。更令人痛心的是各部地方封建武力，在日寇暗中挑撥下的自相火併。當時江南千萬民衆陷於滅亡奴隸的悲慘生活。

在這樣萬重的困難之下，新四軍的全軍戰士在葉項兩軍長領導之下，爲了民族的生存，國家的獨立，爲了完成上級的命令，更爲了保持和發揚十年來光榮的革命傳統，和「四軍」在民國十四年至民國十六年大革命時代光榮的鐵軍名義，他們排除萬難，毅然決然地進入江南敵後的地區與日寇周旋。經過這一年多來的艱苦奮鬥，他們得到了預期的成績。

從軍事上說，這一年多以來，新四軍作戰大小五六百次，斃傷敵僞在四千以上，敵人傷亡近萬人。我們勝之下，京滬鐵路的鐵道公路（由鎮江至江陰）鐵路南的京杭國道，給絡使敵人無法修復通車。至於在蕪湖一帶屢次協助友軍取得勝利，並且爲友軍所稱讚，幫助友軍僞民快，繼續擴成鐵蛋以新四軍千餘烈士的鮮血頭顱換來的，這種事實更證明了新四軍是江南執行上級命令，最能爲國犧牲的一支軍隊。

從政治上說，由於軍事的勝利，民衆抗日的情緒提高了。敵僞組織紛紛垮台了，政權淪陷的地區在江南江北大地，各縣的行政機構也因此恢復起來。省政府所派的行政官吏，能夠進入工作了。因此僞軍和僞軍用手裏的槍入維持會都瓦解了，地方上的土匪也消滅了。散兵游勇大部都歸隊政府命令長官命令能貫徹了，人民的痛苦解除了一大半。尤其是對兩面派和地方封建勢力的內鬨，在正確的統一戰線原則下，以不利用不過祖的態度調解，也都能夠爭取過來朝着抗日的方向，一致對敵。

新四軍的聲威一天天的增大，在南京在蕪湖廣江等大城市裏，新四軍的名字，使他們出現了，就算的老百姓歡喜得發狂，日寇

悼嘉義新四軍通訊處涂羅十烈士遇害

董必武

春食蒼蛇家　同肩國步艱　東投論慷慨　分兵竟相殘
狀立宗盜紗　寬寬學不寐　遙知喜噩耗　是夜哭霎殘
涂羅新烈士　變情益悲憤　在樂風虎見　遺讎增惶惑
殉義被殲殘　歸來故里處　閑談貴感召　鬥老永相親
東以萬敵去　音客誠中露　誰其知無傷　縱降計不迭
奸人生內閧　烈士付洗沙　我輩室深省　[illegible]所惜
決決言古[illegible]　衆志已定城　動必慎據捕　人息混漢京
民孤安敢征　刀劍各爭鳴　英靈如不昧　聯袂集三賢

經過三月會血戰後我們大軍西撤的時候，加緊威脅敵區挑撥獨佔活動。在新四軍進入作戰前半年多，江南廣大地區有的只是日寇的奸淫、燒殺；有的只是土匪的到處殺人越貨；有的只是江南人民稱爲「

。小小一塊地區養活敵人五六萬，任憑光光的茅山成爲我們堅持江南抗戰的根據地，敵人圍攻燒殺的掃蕩圍剿，詭稱趕不走我們的游擊戰士，而於日鈔糧物的游擊，交通的破壞更是不勝枚舉；京滬鐵路時時在

對游擊隊的「會容易黨」長如猛虎，有錢的人也不再敢在城市裏苟安，紛紛遷移到鄉下住。城市裏的大漢奸也不時莫明其妙地來送點敵情消息，以留作以後萬一被我逮捕時求得一命的機會。總而言之，

新四軍這一年來的戰鬥，給敵人的打擊是不可勝計，也不能計算的。

由於新四軍的活躍威脅大江南北日寇的眼中釘，所以日寇千方百計要想把新四軍驅逐出江南。從去年直到現在，日寇是用軍事政治全面的總攻以圖一舉完成它的統治。新四軍目前就在[illegible]日寇據點的地區內，[illegible]封鎖，以軍事政治全面的反掃蕩來與日寇作殊死戰。爭取達到驅逐日寇出江南，出中國。

我想起今年四五月間，在江南前線當國[illegible]的新四軍我們優秀的黨員幹部，如袁國[illegible]羅梓銘[illegible]，[illegible]江南[illegible]的[illegible]，[illegible]不分，功可[illegible]不[illegible]呢？[illegible]得[illegible]全國[illegible]戰士們呢？

追悼新四军平江遇害烈士

《新华日报》1939年8月13日第4版整版

追悼新四軍平江遇害烈士

輓聯

悼新四軍平江嘉義留守通訊處遇害諸同志

在國難中惹起內訌江河不洗古今憾

於身危時猶明大義天地能知忠烈心

中國共產黨中央委員會輓

新四軍平江嘉義留守通訊處遇害同志千古

日寇深陵國難方殷槍口應當向外

吾人主戰民氣可用意志必須集中

毛澤東輓

殉國死猶生禍起蕭牆忍痛吞聲悼忠烈

殺人奸且盜狠如鷹犬推波助浪快仇讎

葉挺　項英輓

輓嘉義新四軍通訊處涂羅十烈士遇害

董必武

荐食騰蛇豕　同肩國步艱　東技猶憎折　分派竟相殘

洪立安爲妙　寬嚴辨不塞　遙知嘉義館　鬼夜哭靈巖

涂羅諸烈士　發憤殺血眞　在嚮嚴虎兕　爲國竭忠誠

捐棄誰餘意　揭來故墨劉　精誠貫金石　野老永相親

哀民闖鼓盡　舊意滅中樞　聽試知難特　歸降計不差

奸人生內鬨　烈士付流沙　我輩宜深省　勝貴湖所誇

泱泱吉大國　衆志已成城　時必驅倭虜　人思返漢京

鼠狐安敢阻　刀劍各爭鳴　英靈如不昧　聘鐵焚三鯨

挽联详文①

涂正坤羅梓銘曾金聲三同志略歷

涂正坤同志，湖南平江縣人，年四十二歲。一九二五年加入中國共產黨，決心爲革命奮鬥到底。一九二七年大革命失敗後，他在共產黨領導之下，堅決保衛勞苦羣衆的利益，堅持着中國民族解放和社會解放事業。在中國蘇維埃革命運動時期他曾担任過省蘇維埃政府主席。七七事變後，全國抗戰發動，南方各省的紅軍游擊隊改編爲新四軍，奉命進入敵後，在最艱苦的環境中和敵人日夜周旋，血肉相搏。正坤同志担任新四軍的參議，其正直無私，廉潔奉公之人格，更爲當地人民所尊敬，就是已爲這樣，涂同志就更遭受了狗肺狼心的奸人所仇恨與嫉害。

羅梓銘同志卅六歲，湖南瀏陽人，共產黨員，曾爲織布工人。自大革命時代參加農民協會積極工作，後來加入共產黨努力做地方工作。一九三〇年參加賀龍同志領導廿軍的獨立團，後發調做工會工作，被選爲工會代表到江西，因工作關係留江西工作。長征到黑水蘆花時調任總供給部政治處主任。

他留守部隊一年多以來，與當地士紳商賈父老均很融洽的，有些困難問題並得到地方賢公許多幫助，很能耐了國家民族都是在堅持團結的精神中工作。因爲部隊過去欠了士商的一點款項，以及數年來在奮鬥中殘廢戰士和家人救濟等等，他們都爲解決這些困難的經費的問題。

在抗戰已進艱苦最困難的緊急時候，死於自己同胞的殘忍的血手下！這是不幸的事也是不應有的事啊！

曾金聲同志，湖南平江縣人，年三十歲，天資聰穎，識見卓出，幼時即參加中國共產主義青年團的工作，後來在黨內担任過特委組織部長。在全國統一戰線開始形成時，金聲同志在極端困難的條件下，堅持統一戰線的方針，和南昌的政府當局進行商談，得擧中調整部隊，使郡屬新四軍的一部分能夠迅速的進入敵後，在敵人的心腹之地東衡西搗，他本人又担任了新四軍的少校秘書工作。這樣一個忠於抗日民族統一戰線忠實於抗日戰爭的優秀幹部，竟爲奸人所算，遭受狙擊的慘禍。

挽联详文②

新四军向敌出击

《新华日报》1939年8月14日第2版整版

京滬路上
新□軍向敵出擊
皖南荻港寇軍亦遭痛擊

蘇皖

本報江南某地十二日專電：新×軍最近在蘇皖各地與敵作戰情形如下：（一）上月十五日我×團進至無錫東距橋光鎮三四里處，當由無錫開來敵八十餘名至該鎮，我×營當即予敵迎頭痛擊，該敵狼狽向原路退去。（二）三日我×營四支隊，進攻黃橋鎮與敵激戰三小時，敵向江陰潰退，我當將該鎮佔領（三）十二日我×營特務大隊進攻京滬路之陵口，曾一度將陵口佔領。後該隊復轉移至陵口呂城間襲擊由鎮江東行列車，計斃敵甚多。又九日×營一二三大隊曾在呂城陵口間襲擊敵西開汽車十餘輛，予敵以重創。（四）九日我×營一支隊便衣隊於陵口東廿里之鐵路旁伏擊敵火車，我便衣隊當即猛擲手彈，將敵車炸毀，斃敵廿餘，並炸燬敵輕機槍二挺。（五）廿六日我×團之×連駐

合繁昌二區的民衆六百餘，破壞裕繁公司與荻港間之鐵道，約四小時後，荻港敵千餘，分兩路向我進攻，我軍當予敵以痛擊，敵不支，潰向原路退去，我始安然返防

中央社太平十三日電：十日晨出七里湖[illegible]擬[illegible]窑之敵，經我堵擊後[illegible]，[illegible]將江窑收復。其由長[illegible]嶺、在寒[illegible]東南）進犯大小官山大小青山元寶山新門莊之敵，幷與我相持於分水嶺[illegible]橋一帶，是役敵傷亡三百餘。

消息详文

地方游击队是怎样产生的(一)

《新华日报》1939年8月20日第2版整版

地方游擊隊是怎樣產生的（一）

——記一個丹陽游擊隊——

本報特派員 石西民

記者這一次從溧陽越過敵軍封鎖綫，到京滬路迤北地域旅行，主要目的是去訪問在鐵路綫以北長江以南丹陽鎮江武進三縣境內作戰的地方武裝。這一地方游擊隊是由一個前進的知識青年管文尉先生率領的。這一游擊隊產生至今將近一年半的歷史，人數從幾十人發展到幾百人現在已有×千餘人了。他們因爲都是本地人，地利熟識，加上自得戰區司令長官允許改編成爲新四軍挺進支隊後，經新四軍方面派遣大批軍事政治幹部參加部隊中工作，軍事技術，政治認識，及軍紀都飛速進步，記者這次到達×××附近的那一晚，正值敵軍動員鎮江丹陽武進金壇以及沿鐵路綫奔牛陵口呂城一帶所有敵軍三千餘人配備一部鋼砲，還有一架飛機分六路圍攻倪山（即×××以北，爲游擊隊根據地）的時候，敵軍搜索埋伏佈置非常精密，到處搜集麻繩，敵人企圖一舉殲滅我游擊隊，預計一定可以活捉大量游擊戰士用麻繩綑回去。可是由於我游擊隊事先準備，利用熟悉的地形，使敵寇數千大軍勞碌了整整一天一晚，結果是空手回去，游擊隊之不能戰勝，這一次是給敵人一個很好的教訓。

記者於三月二十二日晤見了管××司令，在那裏逗留了三天，除了與負責的同志詳談該方面情況外，並略略參觀了部隊，得到了許多新鮮的知識，記者在此願將所見所聞，筆錄下來，一供後方愛國同胞以及正在各地開展游擊戰爭的志士參考。

一、淪陷後的丹陽是一幅人間地獄的縮影

前年十一月間丹陽失陷，長江北岸敵軍更侵入揚州，我軍陸續向西撤退，在那樣一個風聲鶴唳的戰爭環境中，丹陽鄉間的人民，恐慌到了極點，行政組織全部瓦解了，漢奸土匪蠭起，你只要登高一望，便可以看見遍地火光，老百姓扶老攜幼逃亡於途，絡繹不絕。丹陽淪陷後，經過七日，敵機械化部隊沿鎮澄公路源源西侵，毫無阻擋侵入鎮江，圌山砲台也旋告失守，敵人遂即分隊下鄉搜索，大掃大機，凡遇老百姓即隨便打死，白天路上碰到女人，即於光天化日下隨便宣淫，殺人放火奸淫擄掠，無所不爲。

的老百姓這時的痛苦，可以說是達到極點，白天怕日寇，晚間又怕土匪搶劫，那時期的老百姓，每天只在家燒一頓飯，即到處潛逃，不敢在家居住。過了一個月，敵軍搜索隊過去，除了在城鎮交通綫據點各駐一部敵軍外，雖然還要不時下鄉要花姑娘，打鷄子，可是一般比起來，因敵人大軍正在前進，沒有多量的軍隊留在後面，所以騷擾比較減少一些，老百姓在這時也暫時歸來了一部份。然而敵軍下鄉雖然少了，但在那樣無秩序狀態下，漢奸土匪是格外的猖獗了。社會秩序完全改變，過去鄉間的統治者是豪紳地主，現在代之而起的卻是地痞流氓，土紳多數被綁票勒索。

當時土匪的猖獗，我們舉一個例子就可以說明。流氓土匪代賣婦女的風氣，是到處都有。土匪將各村鎮未婚的婦女都加以登記，收人定洋，數十塊錢便可向土匪去買一個老婆，土匪指示你家姑娘要嫁與誰，毫無商討餘地，要是女家不肯，便白天强搶去與人結婚。不僅如此，即已嫁婦女，土匪流氓也要强抓來賣人，當時路上時常可以看見流氓搶來的婦女，哭哭啼啼被迫嫁人，人生的悲劇，恐怕這也是別開生面的。淪陷後的丹陽是在這一樣一種人間地獄中掙扎着。

二、游擊隊是怎樣產生的？

管文尉先生這時正住在倪山家裏，而且是病後初癒，本來計劃是三兄弟準備了大概一千塊錢擬往內地工作。但在當時看到民衆太苦痛了，當時便將離鄉的念頭打消，將準備作川資的一千塊錢拿出，作組織武裝之用。江南人民向來以文弱著名，民間槍支，是一條也沒有的，好在國軍西撤時，鐵路沿綫散留有少數槍支，當時以十多塊錢一條，買到了十幾條長短槍，少數手溜彈，編成了十二人的一個特務隊，這便是游擊隊的前身。

管文尉先生這時分析當前的環境，認爲民衆現在最迫切感到需要的是：生命的保障，其次是財產的保障，再次是家庭的保障即是父母妻子兒女的保護。管氏就根據這三個民衆迫切要求，提出肅清土匪保衛家鄉的正確口號，因此民衆聞風興起。當時自衛團的組織在防匪的口號下，民衆紛紛起組織。管自任總團長，凡四十五歲以下十六歲以上的人民都可參加，組織以村爲單位，十個人成一分隊，三分隊成一中隊，三中隊成一大隊，每三大隊成一團隊，每一團隊受總團長的指揮，當時不到一二月，差不多只有三二戶人家的村莊都有自衛團的組織，每一自衛團最低限度有三百壯丁，最低限度出錢買十支槍組一特務隊，凡遇土匪漢奸皆可格殺不論，晚間每一莊村都由自衛隊派人放哨，凡沒有口令者絕不允行走，當時土匪漢奸幾無活動餘地。

在另一方面，因民衆擁護的增大，民衆組織的紛起，管氏所組織的特務隊力量也漸漸增加，對於當時的土匪，管氏感到實力不克勝任剿滅，乃故意放出管有五六百人槍的空氣，使匪徒畏懼，另一方面則與他們接洽收編，土匪很怕管部實力，答允收編一部，還有一部份始終不肯歸誠，後管利用封建收徒弟的辦法，將土匪收爲徒弟，結果土匪幾乎全部被收編，實力因此更增。

那時候村莊怕匪，都要管派武裝去保護，管一方面將土匪改編的將他們分散，駐防各村莊，另外更積極設法將特務隊的實力加强。土匪的匪性難馴，管雖加以許多訓話，要他們保護百姓，但土匪仍搶刼如故，無可奈何，槍決了土犯七名，另一部全繳械，土匪解散，地方秩序大定了。

土匪肅清了，地方秩序恢復了，漢奸無法活動了，民衆組織起來了，游擊隊的力量也一天天在增漲。到了去年的春天，壯丁組織了十多萬，管部所統率的特務隊也有四五百人了。這時候管部派遣他的特務隊到倪山以北繞匯孟河埠姚一帶，肅清該地區的大股漢奸土匪隊伍，從此由於在民衆間威信的建立，才正式樹起抗日的旗

去年的三月間，管部特務隊用勁至孟河一帶，破壞鎮澄公路（由鎮江到江陰），並決定肅清鄒俊豪、何濟清等股，將斯殺漢奸部隊消滅，因此不多久，土匪隊伍全被擊潰，還繳了不少的槍支，到五六月間，長江北岸土匪渠隊大股侵入江南，無惡不作，民衆恨之刻骨，管部派特務大隊，並將各自衛團特務隊集中編成三大隊聯合作戰，又將張少華霸長官等部擊破，逐回江北，由此鞏固長江以南鐵道綫以北區域局勢大定，而在戰鬥中又將地方自衛團的分散武裝集中，力量更爲雄厚了。（未完）

地方游击队是怎样产生的(二)

《新华日报》1939年8月21日第3版整版

地方游擊隊是怎樣產生的（二）

——記一個丹陽游擊隊——

本報特派員 若西

[illegible]

三、從戰鬥中壯大起來

[illegible]

四、經費的來源

[illegible]

五、民衆自衛組織的成效

[illegible]

六、幾點經驗教訓

[illegible]

横渡长江——从皖北到皖南

中華民國二十八年八月二十一日 星期一 第四版
新華日報

橫渡長江——從皖北到皖南

小說 空談家（二）

名詞淺釋 程錫庚案

舊陰謀新花樣

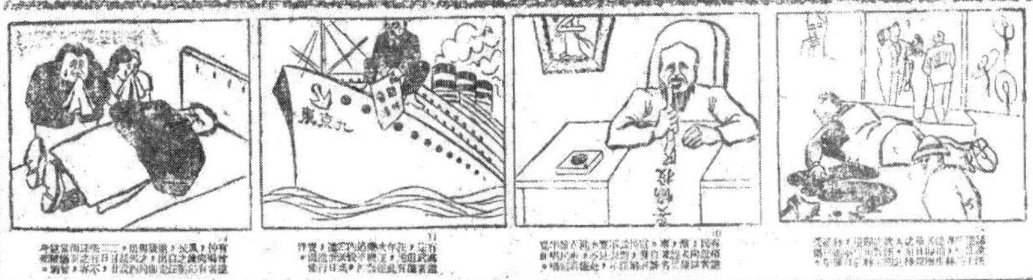

張諤作

《新华日报》1939年8月21日第4版整版

橫渡長江—從皖北到皖南

我離開大別山抗日根據地的立煌，一直向東南走，準備橫渡長江到皖南來。沿途經過霍山，桐城，舒城，廬江，無爲等縣。這些地方在去年的夏秋之間曾經先後淪陷敵手，而在今天已經完全爲我恢復，瀕臨江北的一片平原。

不可輕視的力量

地方政權，早已恢復，民眾動員，每縣設有民眾動員委員會，區設區動會，鄉設鄉動會，工作已相當開展，如政工隊的活躍，各鄉鎮甚至村落都已組織有農抗，工抗，商抗，青抗，婦抗等民眾組織。

武裝力量，除了××的××隊伍之外，主要的還有名馳大江南北的新×軍的×支隊和×支隊，他們更甚遠到淮南鐵路與津浦鐵路一帶，直接威脅着南京。其次，有省府領導下的××大隊，各縣有各縣的保衛隊，及民眾自己組織起來的大小游擊隊，佈滿了長江沿岸，並且活動在江中沙洲之上，成爲一種不可輕視的力量。這些游擊隊，他們的紀律很好，他們嚴格的執行着三大紀律和八項注意，和與民眾能夠打成一片。其中最大的隊伍，要算新×軍的××游擊縱隊，他自從去年×月成立以來，至今已有一年以上的歷史，人數已擴展至數千人，他差不多是××游擊隊的老大哥，許多小游擊隊大都直接間接地和他有着密切關係，他在過去曾經英勇而且現在還是不斷地給予敵人嚴重的打擊。

軍民合作在江北，更能使人滿意；假如你是一個軍人，在沿途向老百姓要一點茶水，他們決不會向你要錢。假如你一定要給錢的話，他們一定很客氣的拒絕：「哎，我們軍民是一家呀！同志，別破鈔。」即使能夠婦女們也這樣說的。

那一帶地區（特別是桐、舒、廬、無四縣）一邊瀕着大江，此外更受着巢湖湖泊的灌溉，農產品若米穀的出產非常豐富。

嚴重的現象

那就是：當地有一些不知民族利害的奸商以及少數農民偷運米穀到蕪湖供給敵用。原因江北的米價每擔不過五六元，蕪湖米價每擔可售十二三元，江北的鷄蛋，一角錢可以買十多個，蕪湖一角錢只能買三個。因此，一經過利慾薰心的奸商不斷的販運，一運到江邊下船裝運蕪湖，不過數十里水路便可「大發其財」。

地方政府當然也看到糧食出口問題的嚴重，故而三令五申的禁米出口，並令各軍警團隊以及各農抗青抗等民眾團體沿江斷截沒收充公。各軍警團隊和各抗對于這項工作執行得非常努力，可是因爲沿江盡水，河港交叉，沿江數百里隨地隨時可以偷運下江，故每天漏網的還不在少數。

最近政府更限制老百姓購買糧米，如果購買食用，非經鄉鎮公所或農抗之證明，米商都不允賣給。這樣一來，大批的偷運受到了相當的限制，可是有少數農民拿了買米的證

鍾平遠

明文件，寧可一天多走上幾趟，憑一頁證明往返買幾次米，偷偷運走，即使被沿途軍警團隊農抗等查覺，也得憑原證明「確無販賣等情，希查驗放行」而只有放他運走。

至於小數奸商大批偷運，往往與敵人串通，事先約好暗號，夜晚才運至江邊，並常有敵艦或小汽艇，（江北人稱汽划子）在江心守候，保護奸商，路線偷運。我們的軍警團隊因爲這等奸商運米而與敵人接戰是屢見不鮮的。

敵人在長江中，差不多數十里泊一軍艦，日間並輪以小汽艇，鐵殼，不斷地來往巡邏，若發現如有我軍隊，即以機槍小鋼砲實行掃射。

敵人殘殺民眾

即在無爲一縣境內而言，在六月中，先後敵人曾在土橋、姚家溝、文興洲、湯家溝四處登陸，進行搜查，焚燒房屋，遍捕民船，搶殺民眾。

敵人的飛機，在江北每天都能看到好幾次，時而一架、二架、三架、七架、十架，飛得很是低矮，在當地的老百姓已成「司空見慣」，滿不在乎。

游擊區

長江以南的敵人，只盤踞蕪湖、魯港、三山、荻港、銅陵等幾個濱江據點，並築了保護這些據點，同時佔領了據點附近的幾個小鎮小村，如三山荻港之間的橫山橋，鐵礦山，荻港銅陵之間的順安（已被新×軍克復）等地。在這些「點」的中間，就是所謂「游擊區」，雖然當地或有漢奸的維持會，或有我們的保甲組織，或有農抗等組織，但以並無國軍駐紮，一般都成爲警戒狀態。當地時常有我新×軍和新×軍的便衣隊的出沒，但也常有敵人和漢奸隊伍到那裏去「游擊」，敵人大概多在白天出來，他們往往是集合了相當多的人數和相當多的武器，才敢出外「游擊」一次。奸漢隊伍往往穿便衣活動，他們大都做的情報工作比如打聽新×軍的出沒，游擊隊在那裏等等。

可是那裏的老百姓到底大多是有良心的中國人

，他們和國軍關係很好，特別是紀律良好的新×軍他們是領個幫助新×軍的，如當敵人來時，我們新×軍的便衣隊不及離開的時候，他們能夠保護新×軍，這是常有的事情。

但為了新×軍給敵人的威脅太大了，使敵人想盡方法企圖來妨礙新×軍和消滅新×軍。

所謂「反共自衛團」

「反共團」據說也編了一些人，「反共團」的頭子是蕪湖的土棍周育福，（周老五），那些所謂團員，大多是周老五的徒子徒孫們，他們的目的，不外乎為了幾班錢，他們的生命當然比錢看得更重要一點，因之他們不見得「賣命」。他們在當地又以八塊錢一個月來收買無知貧財的鄉民作他們爪牙。

然而一切灰色的東西，他們只能在白天還逞威風，一到晚上，他們就不敢動作。尤其是鬼子，他們只是像縮狗一樣的躲在碉堡裏頭也不敢們出來的。

的「合理負担」嗎？」
「力量！……呀，什麼權柄
「手裏呀！……就連我每月
發也歸他發！……」

這一塊「游擊區」約南大概只三五十里寬闊，沿江以南三十里的地方（比如收復後的繁昌縣）就有我們的國軍，附近的民衆也已部份的動員起來了，如若站崗放哨的也能像江北一樣在每一個村莊裏可以看到。不過還沒有江北一樣普遍與嚴密，好比當我經過這些地區的時候，對我們的盤問還不夠嚴格，有的甚至到我們走過以後才問：「那裏來的？」

通過敵人水陸封鎖

我是最近才由江北渡江到皖南來的。那是一個黑得差不多看不到什麼的夜間，我們首先探聽清楚江面的敵艇距離我們過江的地方有二十多里遠，即使他用探海燈照到時，也來不及把我們的小船扣留，我們估計到能夠衝過這十里江面到達對岸，我們才雇了一條可靠的小船。那夜，風很大，而且是順風，江浪高得駭人，小船不住的往左右搖擺，在這樣的情形之下，終於我們很快的到達江南。

路上的封鎖，就是三五十里的「游擊區」，那裏的情況是摸不定的，說不定走不遠就會遇到我們的隊伍，也說不定我們預定經過的地方恰恰有日本鬼子或「反共團」之類，總之是相當危險的，何況我們只有五個人，穿的是軍服，背的是背包，又沒帶武器！但是，大多數的夜晚，敵人不敢出來，我們又依靠着與民衆的良好關係，給我大膽子，從田塍小路，一口氣衝過了這危險的地帶。——在最危險的地方，兩邊離敵人的據點只有五里路光景。

關於敵人佔據的地點，我們的游擊隊常不斷地去襲擊。有一次，兩個游擊隊員帶了手溜彈，穿了便衣摸到横山橋去（横山橋離蕪湖三四十里，離繁昌也只三四十里）。五個日本鬼子在河邊釣魚，猛地一顆手溜彈擲去，完全結果了五個日本鬼子的性命。我們的游擊隊員也常穿便衣，偷了設完輸到蕪湖去，他們安全地進去，安然地出來，有一次在近郊還順便擊斃了三個下鄉「徵發」（敵人下鄉要鷄子、鴨蛋、花姑娘，他們稱之為「徵發」。）的鬼子。

奇異的「職業」

蕪湖最近有着一件耐人尋味的新鮮故事，像今代傳奇似的為每個老百姓所津津樂道。那就是一種專專暗殺「大台助」（日本軍官）以發洋財的「職業」，幹這項「職業」的，起始只有少數的「白相人」，最近一般苦力阻大一點的大都學上了這套本領。他們每逢假期的時候，那些「大台助」出外尋歡取樂的時候，他們就集幾個人在一定的地方守候着享樂歸來的「大台助」，他們準備了一條細繩，套一個活結，尋候鬼子出來，看到了單獨的人（有中國人在場是沒有關係的）就往「大台助」頸子上一套，背緊背的一背，鬼子馬上就斷了氣，於是他們就把鬼子身上所有的鈔票金戒、手錶、鋼筆。……通通拿走，屍身則丟棄在長江波濤中。這類事件，在蕪湖已成為敵人的一種恐怖。我想我們若能與這類「職業家」取得聯絡，引導他們到堅決抗日的路上來，給他們一種系統的正確的政治教育，不是更好嗎。

「防疫針」風潮

蕪湖的敵人，最近強迫民衆注射「防疫」毒針，凡注射「防疫針」的才能發給證明單掉換「安居證」或「通行證」。我們的老百姓當然不甘心讓敵人注射毒針啊！

許多人為了避免注射毒針，在偷偷地搬家，有錢的出錢買人頂替假冒本人前往注射，苦的是一般苦力，他們被敵人強迫注射了毒針，有的全身發腫，有的不久就送了性命。鬧得滿城風雨，弄得「宣撫班」毫無辦法，縣得漢奸們焦慮異常。

在皖南我國軍配備，實力頗為雄厚，除步騎正規軍及游擊隊伍，尚有流動砲兵團，往常給敵艦以大炮彈，屢有轟毀敵艦的消息，那更是我們時常能在報端見到的了。

總而言之，從今天的長江兩岸的皖北皖南一帶來實地觀察敵我的形勢，充分地告訴了我們敵人兵力的不夠分配等基本弱點的暴露，我軍鑽敵人後方為前線的絕對可能。同時也十足地告訴了我們，中日戰爭的相持階段是快要到來了！最後的勝利一定是我們的。

▲▲ ▲▲

日寇在江南的政治阴谋

新華日報
第四版
泰國排華與敵寇陰謀
日寇在江南的政治陰謀
應城雜記
革命女戰士的熔爐
——延安中國女子大學——
十五個勇士(一)
泰國

《新华日报》1939年8月30日第4版整版

日寇在江南的政治陰謀

王坪

敵人在江南的政治陰謀，值得我們加以嚴重的警惕。

我們必須弄清楚，敵人很狡猾，他的政治陰謀是隨着客觀的情勢而變動的，例如最初他的宣傳是：「皇軍好，皇軍是來宣撫王道」，「×××搗亂和平」，「×××殺人放火」，……但一變，但事實表現出來，「皇軍」才是殺人放火的搗亂和平者，當種種事實喚醒中國老百姓的仇恨時，他馬上改變過來，掩飾他的罪惡；一方面裝腔作勢，一方面向老百姓說：「皇軍所燒殺的，都是這土匪的壞蛋，良民皇軍一定保護」。果然他真的將中國軍隊住過的房子燒了，沒有住的地方留起來，又收買了一批土匪，給他們權力的去搜括老百姓，他反而跑兵來剿，好使老百姓信服他。

敵人的政治陰謀，我們可以分做下面幾項來講：

江南一度混亂之後，敵人很快地在江南劃了兩個行政區：一個是以蘇湖為中心的偽「江南省」，一個是以蘇州為中心的偽「江蘇省」，並恢復保甲制度，過時，他主要的目的，祇不過是為了軍事工作的開展——到了第二期的作戰，我軍已經深入到他的後方，特別是新×軍，成為敵人眼中之釘，為了對付新×軍，他成立了斯謂「防共青年團」，強迫十八歲以上的青年參加，但很多偽維持會及漢奸之流，不敢正面同新×軍對敵，故常推三推四，拖延時日，一般老百姓又說這是變相的抽丁，紛紛逃避，敵人直到現在仍然沒能實現成立。

敵人政治陰謀的主要目的，在於分化中國的團結，使我們黨派間，軍民間，政府與老百姓間，軍隊與軍隊間，都挖下一條鴻溝，而達到瓦解我們的抗戰。

二、敵人政治陰謀是狡猾多端的。他不僅利用黨派之分，地域之別，團挑起我抗戰部隊之間的摩擦，而且每轉我方各階層之缺點弱點，作為武斷宣傳蒙蔽民衆的資本。敵人甚至拜老太婆為乾媽，向儘量地結拜哥姐弟，模仿小孩子的調，叫他聲「小弟弟」……！僅得多方面企圖取得老百姓的歡心關鍵到麻醉的目的。在宣傳品形式方面，也是利用「偷樑換柱」的辦法，把門神上寫着「中日親善」，春聯上都是咒罵抗戰，小調都改為漢奸的內容，甚至最近把流行曲的「義勇軍進行曲」改為「和平進行曲」，而教小學生們唱：「一起來！願做新中國的人們，把我們的民族，築成我們新的長城……」

但敵人陰謀中雖包含着許多重大弱點：（一）根本上，侵略者的一切行為都是帝國主義的，殘暴過度的野蠻性。（二）他的宣傳多半是虛偽，久而久之，便顯現出他猙獰的面目。（三）自己以獸行粉碎了自己的欺騙宣傳，如一方面說「皇軍」勝利，一方面「皇軍」又在大捉其「花姑娘」等等。這一切的弱點，是侵略者永遠不能克服的，因為他們永遠不能改變戰爭的侵略性質。

我們在揭破敵人陰謀的工作上，也是很有成績的。這就是一個有趣的故事。敵人在大埔一帶設立所謂「物資交換所」，叫老百姓以土產去換貨物，三隻雞子可換洋布一丈，擔斤白菜，可換白糖一斤，這樣，既可收買民心，又可換得我們的土產，新四軍看準了敵這一毒計，當老百姓中有一部份人正在交換時，就乘宣傳，發動很多傳單，向民衆解釋：敵人的東西是從那裏來的？是從我們手中搶來的。敵人從鄉裏把老百姓的東西搶來回過換，總之是羊毛還是出在羊毛身上。同時，又發動了大批的人去換敵人的東西，不久敵的「物資交換所」的東西被換完了，但還有很多人要來換得，都吵着要換，鬧得敵人不耐煩，便發起「獸性」來了，對準「良民」們就是一排槍，自此以後便沒有人去換東西了。

在江南一般民衆都很寶貴法幣：在南京，鎮江，上海，以及在敵人侵佔的一切區域中，假使你到商店中買東西，商人第一句話便是問：「什麼魂」？倘使說是儲幣或軍用手票，他非常「客氣」他拒絕了你，說是「沒有貨了，對不起」！倘使你說是法幣，哪怕差一點價錢，他也會賣給你，搶着把法幣拿過去像金子一樣秘密地保存起來。這是淪陷區人民擁護國幣的明證。

我们战斗在延陵

中華民國二十八年九月二十三日 新華日報 星期六 第四版

新X軍獻給抗戰二週年

張鼎丞

我們戰鬥在延陵

周榮武遺作

老婆婆

新華日報最新出版

關於聯共黨(布)第十八次代表大會重要文獻

(一) 關於蘇聯共產黨(布)中央委員會工作的總報告
(二) 國際形勢與反法西斯運動
(三) 發展蘇聯國民經濟的第三個五年計劃的報告和結論
(四) 發展蘇聯國民經濟的第三個五年計劃的決議
(五) 關於聯共(布)黨章的修改的報告
(六) 關於聯共(布)黨章的修改的決議
(七) 論蘇聯紅軍的現狀

論蘇聯紅軍現狀

新華日報印行

白藥精 能治百病

新法刮治沙眼 鄭懷仁

李復光

國泰

唯一

《新华日报》1939年9月23日第4版整版

我們戰鬥在延陵

周尙武遺作

「喂！周經同志！」營長把我拉到僻處低聲的說：「請你關照各連文化教員，準備日文的傳單和日語口號，今夜打鬼子去。」

不過五分鐘的時光吧，隊伍已整齊地排列在一個曬場上，參謀長和營長和他們作了簡短的訓話，隊伍開始移動了，像神話上的一條怪蟒。

急雨初晴的夜，雲還是緊擠在一起，沒有月兒，沒有星星，天空是烏黑的，大地上是烏黑的，我們踏着濘泥的細小的田塍。好幾次滑倒躺在田裏，全身沾滿汚泥，然而跌得快爬得也快，誰也不敢多待一下而被隊伍撇開，汗水和泥水打成了一片，可是誰也不會把思索放在這太細微的事上，我們腦筋裏被兩個大字佔有了：「前進」。我們的兩脚隨着思維的活動合拍地前進。

時間一秒一秒地過去，我們離目的地——延陵鎮一步一步地靠近，我們的情緒一分一分地緊張起來，然而我們的行動一點一點地比先前更仔細而鎭靜了。

戰鬥開始了，××連担任突擊，×連攻打正面，×連攻打側面，他們分頭向敵人營地躍進，×連警戒寶堰句容敵人增援部隊，特務連警戒丹陽白兎的敵寇增援和防守兩道大橋。

倭寇紮在一個倉庫裏，房子很大很堅固，三面包着一尺厚一尺多高的牆，牆上做成一尺長六寸寬的長方洞，作爲槍架用，在正門和圍牆當中，又築了一排短牆。倉庫的後身，左側是一條小河，右側環列着民房，接近倉庫的是高大的××寺，敵人的哨兵在圍外徘徊。

「連長！那裏有鬼子！」一個戰鬥員發現了哨兵，急促地低聲告訴連長。連長一面爬行，一面叮嚀弟兄們排成散兵線包圍過去。

「呼！」子彈在空中尖叫，靜的夜被擊碎了。

「哇！哇！啊！崩崩崩……」鬼子驟然地中傷了，他野獸般的怪叫聲伴着爆烈的炸彈聲織成一種滑稽的音樂。

我們完全隱蔽在牆脚跟和角落，盡量利用手溜彈向圍裏擲。

鬼子也眞不差，當我們還未衝到圍牆的缺口時，很迅速地擲過來幾個手溜彈，跟着機槍也掃了過來。我們相互堅持了半點鐘的光景，始終捉不住機會衝過去。營長親自領了一班人穿過小巷，繞到倉庫背後，用十字鎬來鑿通牆，打算鑽進去肉搏。可是牆是火磚砌成的，鑿通是很困難的，於是只好令弟兄們爬上××寺的屋頂擲炸彈，同時派人和老百姓買洋油。

「老鄉！這裏有洋油……兩桶——請拿去用！」一個商人從屋角裏提出兩桶洋油，不淸楚的言語和慌亂的動作表示他太興奮太激動了。

「唔！老鄉，別說客氣啦，要錢就是漢奸……我們都是中國人……我們都是爲國家……唉，拿去，快拿去……別就擱了軍機……好走！」我們帶着高度的感動和鼓勵提着兩桶洋油就奔。

「啊呀！唉，我打狠啦，喂，同志，……請——你揹一揹我到後面去！」一個同志腿上中了子彈，躺在地上呼喚。

「同志！忍耐點，不要叫，後面担架馬上就來！」前面接連有二三個同志帶了花，担架還未到，我們同范敏急忙去找老百姓。

「咚咚咚……」我們把敲門的聲音漸漸地加重，用着極和藹的聲音叫着：

「對不起，老鄉，夜裏來打擾你們，請不要怕，我們是來打鬼子的，鬼子死了不少，房子也燒了，看，那邊火光，正是鬼子的營房燒着呢！我們的同志有幾個受傷了，痛得眞可憐，老鄉，請你們幫助抬一下，就靠在這着，他們也是爲國家爲你們老百姓打傷的啊！」

「是的，老鄉……好，我們就去……你們辛苦啦……都是爲國家，先生，你們這樣辛苦，……唉！都是中國人，先生，我去，難道這點力不能出嗎？老鄉，好，一道去……就去，」他說着一大串令人感動的話，洞在他臉上的是誠摯，是激動，是興奮，是憐憫。

靠着他的幫忙，我們很快的找到了九個老百姓，我們一齊趕到河北大橋下等候。這裏有特務連守着大橋。

鬼子的小鋼砲開始射擊了，直向我們這裏打，大約他們已經發現河南有部隊，但砲彈射得不準確，落在離我們半里路的田裏。

火舌熊熊地照紅了半個天，手溜彈，小鋼砲，機關鎗的聲音紊亂地猛烈地交響着。××寺委實太高太大，堅固了，燒了差不多兩個鐘點，屋頂還未燃着，倉庫也沒有波及，挖牆洞的計劃也未奏效，參謀長和營長商量後，下令各連，加緊衝鋒。

一陣緊密的槍聲，×連的弟兄又有兩個帶花，缺口仍未搶到，退回原地來。

機槍一度地緩和下來，似乎在休息。大廟的火正，穿過屋頂，火燄發狂地向上捲去，楊小矮子更加神氣，拿着竹竿向倉庫亂搖，跟着他點了幾處，火頭慢慢地抬高了，××寺的屋頂，這時已經炸了不少的洞，濃厚的烟從洞裏冒出來，和鬼子放的紅綠信號美幻地交映着。

煙火漸漸地威脅到鬼子了，是我喊口號的時機了，於是我們高叫着：「繳槍呀！我們優待俘虜，保證諸君生命的安全！」「我們想從這一場火劫裏，拯救出一羣被日本軍閥欺騙而壓迫出賣生命的日本工農大衆。」

「報告連長，牆洞已經挖成了，葛三剛，才衝進去！」

「跟着衝進去！」

「開羅！開羅……」鬼子在屋裏叫喚，他們想突出重圍，楊小矮子聆着了，馬上報告參謀長，於是特務連的機槍組被調到前面的大橋上做警戒，兩個鬼子在機響機槍後，人立刻跟着衝出來，不防牆角邊已丟去一個炸彈，送了他們的性命。

倉庫裏衝進一批一批的健兒。一連裏的一個排長，輪到房裏的扭打聲音，進去一看，原來伏伏同志正和一個鬼子在肉搏，隨即敵人在伏伏同志的周前斷了氣，後來伏伏在他身上搜出了「勃朗寧」，知道他是一個小隊長。

鬼子大批集中在××寺的左旁的河邊，用機槍掩護着準備突圍，他們從攻地猛撲到橋上，然而在我們密密的機槍掃射下，他們抬不起腦袋來，在無可奈何的局面下，他們只得調轉小鋼砲朝西亂轟。我們的×連調過去抄他們的後腰，在包圍的局面下，鬼子大部份葬在河心了，一個受傷的鬼子，昏暈在血泊裏，我們把他抬到後邊，替他醫治。

「不要亂打槍！」「不要亂打槍！」倉庫裏滿擠了我們自己的兄弟，他們欣躍地檢看大衣，軍毯，小鋼砲機關槍，步槍，照片，香烟，罐頭食品；彈子……他們完成了任務，他們在「奪取敵人的武裝，武裝自己」。

「參謀長，吃鷄蛋，」一個戰鬥員在廚房裏拾出一籃的鷄蛋。

「很好！」你們辛苦了，帶回去自己補養補養！」參謀長拍着他的肩頭，笑着說。

天亮了，老百姓現着驚奇的神色望着同志們來往地穿插；他們又是歡喜，又是恐懼。

「喂！好老鄉！請幫助我們抬一抬子彈。」我一路散發着傳單，一面招呼老百姓。他們擁進了倉庫。

尖銳的哨音催促着同志們向集合點奔去。

「報數！」

我們的心像鉛一樣地沉重下來。結果是——二個同志作了光榮的犧牲，二個重傷，七個輕傷。

但是敵人呢，死了廿二名（內有小隊長留木及醫官各一），被俘虜一名繳獲小鋼砲二門，輕機槍一挺，步槍十八枝，手溜彈二十餘枚，鋼砲彈三十餘枚，輕機槍彈數千發，望遠鏡一具，防毒面具兩套，三燈無線電機一架，大衣六件，醫藥品，皮包，香烟，罐頭食品，畫片……

延陵是丹陽的一個大鎮，爲日寇重要據點之一，今春被新×軍攻克。此文作者是我們年輕力壯，勇敢有爲的周尚武同志，在攻克延陵不久以後的白冤鎮戰門中，壯烈犧牲了，這篇文章，是他的遺作。

新四军献给抗战二周年

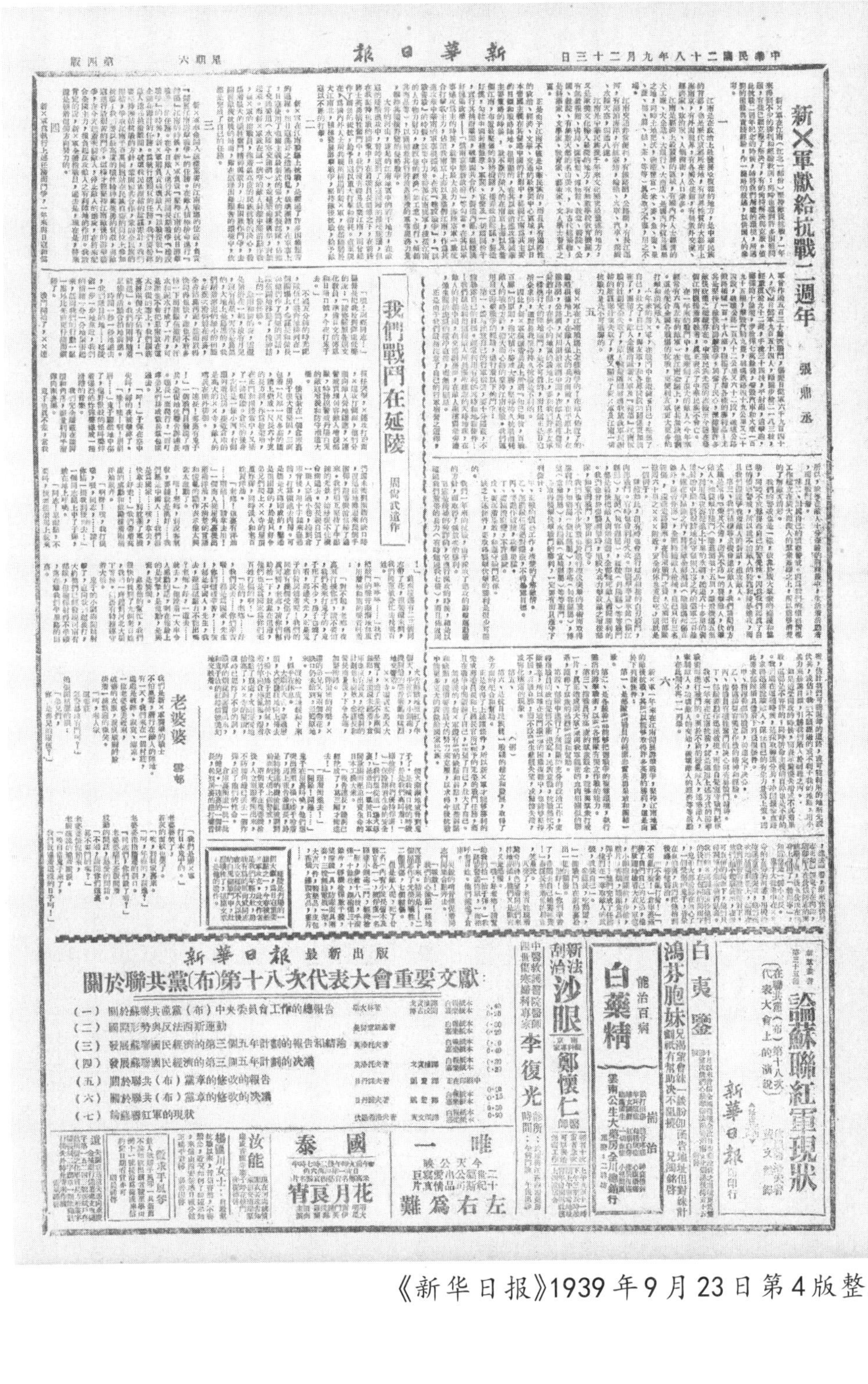

《新华日报》1939年9月23日第4版整版

新×軍獻給抗戰二週年

張鼎丞

新×軍在江南（江北一部份）堅持敵後抗戰，一年來得到不少的勝利和經驗教訓；同時也碰到許多困難問題，有些已經克服了解決了，有的尚待解決與克服。値此抗戰二週年紀念的時候，特將我們所處的環境，所遇到的困難與實踐經驗，作一簡略的敘述，以供國人的參考。

一

江南是在政治上最發展最複雜的地方，是中華民族的首都，也是歷代京都所在地，有世界性質的大都市上海南京，有外國租界，有各國公使館，有無數外交家、經濟家、政治家、人烟稠密，人口衆多。

江南是經濟上最發展的區域，有國內外人士經營的大工廠、大企業、大銀行、大商店、是國內外貿易匯集之地，同時土地肥沃，物產豐富（米、麥、魚、鹽、果、蔬、棉、蔴、絲、茶、等等）眞是取之不盡，用之不竭。

江南交通非常便利，有鐵路網，公路網，有長江運河，有湖泊海洋，有航空站，輪船、火車、汽車、飛機、水陸天空，四通八達。

江南是中華民族幾千年來文化歷史最發達的地方，又是歐美文化輸入最深的地方，有無數學校教育機關，有無數報館、書局、圖書館、博物館、教堂、醫院、公園、戲院、有無數天然的名山美水，和古代建築物；是科學家、文學家、教育家、藝術家、文人學士薈萃之區。

正是由于江南不僅是中華民族的，而且具有國際性的政治、經濟、文學、交通的最優美中心區域，所以日本帝國主義在其侵略中國的計劃中，都視江南爲其主要的目標和戰略陣地。很明顯的，在其以政治進攻爲滅華主要策略的時候，就不斷的深入的在南京上海以及整個江南，布置最堅強的特務機關，播弄政治陰謀，製造奸漢，勾結中國封建餘孽、軍閥、官僚及一切頑固份子，實行其挑撥離間，破壞國共合作，製造內亂，組織漢奸傀儡政權——「僞南京維新政府」等勾當。在其以軍事進攻爲主的時候，就集中最大兵力，海陸空軍一致配合打擊我主力，佔領我南京上海以及整個江南，作爲其進攻華中華南的軍事根據地。在其『建設戰爭』，『以戰養戰』的時候，就集中力量掃蕩江南國軍，搜括江南的人力物力財力，建設他的經濟（如工業、銀行、傾銷其商品等），以圖補救其行將沒落崩潰的軍事經濟力量，維持其繼續野蠻的侵略戰爭。

大好的河山，豐足的江南地區中的若干地方，在敵寇的殘酷進攻中，暫時遭到了敵寇鐵蹄的摧殘蹂躪，但在我堅持抗戰的國策中，在蔣委員長領導之下，在前綫將士英勇犧牲奮鬥中，我們沒有輕易放棄江南，而曾經作了頑強的抵抗，給予日寇以重大打擊和消耗。直至現在，爲國內外人士所共曉所稱道的新×軍，依然馳騁於大江南北，積極發展游擊戰爭，堅持敵後抗戰，給予敵寇以不斷的打擊。

二

新×軍在江南戰場上抗戰，是經過了許多困難艱苦的過程。如日寇漢奸之造謠搗亂，破壞團結，在軍事上，日寇使用了帝國主義最新式的強大的武裝部隊，佔據了交通要道（水陸空交通網），並建築砲樓碉堡，封鎖起來。而新×軍就在這一狹窄的敵人封鎖中間活動作戰，新×軍的指戰員，抱着最高度的民族抗戰的決心，發揚着最大的犧牲奮鬥精神與毅力，去和困難作鬥爭，去開展敵後抗戰的局面，雖在這樣困難艱苦的環境中，依然是完成了自己的任務。

三

新×軍奉命開入這樣重要的江南戰場的位置，負責『開展江南游擊戰爭』的任務。在敵人積極拚命進行『掃蕩』江南的時候，新×軍負責『堅持江南的抗日游擊戰爭』的任務。在今日敵人進行其所謂長期戰爭『建設戰爭』的時候，新×軍則負責破壞敵人『以戰養戰』的企圖和毒計的任務。爲執行這艱巨的任務，我們要粉碎敵人造謠挑撥離間，破壞我民族團結的陰謀毒計，我們要堅持團結抗戰的方針，鞏固國共合作，鞏固全民族的團結，爭取江南千百萬同胞站在民族自衛的崗位上參加抗戰；我們要以最高度的犧牲精神與英勇的氣概，與敵寇進行最艱苦的鬥爭。這樣才能堅持江南敵後的游擊戰爭，在今天起着牽制敵人，停止敵人的進攻，在將來配合全國主力，担負起反攻敵人之有利陣地的作用。我敢肯定的說，新×軍全體指戰員，過去是，現在是，將來還是朝着這個方向努力的。

四

新×軍爲執行上述任務而鬥爭，一年來與日寇和僞軍曾作過五百三十餘次戰鬥，傷斃日偽軍六千九百四十人，俘獲日偽軍九百五十四人，繳獲步槍二一八三枝，輕重機槍九十二挺，手槍三十四枝，平射砲，迫擊砲，擲彈筒十餘架，步槍彈七萬餘發，擊毀汽車和火車一百九十五輛，擊毀汽船九隻，破壞鐵路四十九公里又二十四段，破壞公路一百八十二公里又六十二段，破壞公路鐵路橋樑一百一十八座，繳獲了各種各樣的勝利品；尤其是堅持了敵後的游擊戰爭，興奮了民心，保障着許多敵後政權之繼續存在。中華民族光榮的旗幟至今猶在整個江南飄揚着輝映着，眞正表示了中華民族不會亡。

在一年來的戰鬥中，也牽制了很大的敵人（今年來經常有六萬左右的敵軍）在江南戰場上，使其無法他調。這是配合全國各戰場的抗戰，更便利友軍更大更多的打擊和消滅敵人。

一年來的新×軍，在戰鬥中也鍛鍊了自己，堅强了自己，壯大了自己，與友軍，和各界同胞的關係更加親密了，團結了。敵人企圖消滅新×軍及『掃蕩』江南抗戰的計劃完全失敗了，敵人挑撥離間破壞我黨政軍民團結的陰謀詭計也失敗了，這又顯示了新×軍及江南一切抗戰力量是不可戰勝的。

五

新×軍在江南戰場上怎樣戰爭的？在敵人佈置了的戰略根據地上，在敵人强大的兵力面前，在平原上，在鐵路網，公路網，河川湖泊水網中間，在敵人砲樓碉堡封鎖中間，在狹小的地區的戰地上，要和我們許多友軍一樣進行大的陣地戰鬥，是不可能的，而且這正是日寇所企求的，這對於我堅持持久抗戰是不利的。

因此，新×軍根據着兵法上所謂『知已知彼，百戰百勝』的原則，抱定積小勝成大勝，堅持持久抗戰消耗敵人的戰略方針，膽大而心細的堅持江南抗戰。我們運用自己游擊戰爭的經驗，進行着以下的鬥爭：

第一、嚴格注意自己的行軍宿營，要十分隱蔽，不能暴露自己的目標。經常利用有利的天時和地理條件——我們總是利用這種敵人所共慣所疏忽的天時地理，在敵人的封鎖中間，在交通網裏面，在敵人砲樓碉堡旁邊，像生龍活虎似的橫衝直撞，而無所顧忌。

正是由于我們嚴格注意了自己的行軍宿營之選擇，所以，能够在敵人十分森嚴的荆棘叢中，生活着活動着，而且戰鬥着。

第二、認眞自己的偵察警戒。因爲我們的偵察情報工作建立在廣大而深入的羣衆基礎之上，所以能够清楚的了解敵人情形。

我們的警戒也是一樣，依靠於廣大羣衆的擁護和協助，同時不放鬆提高自己的警覺性。因爲我們認眞了自己的偵察警戒，所以就不怕敵人的狡詐和殘暴進攻，而且我們還能够找着敵人的弱點，進攻敵人。

第三、我們積極尋求機會進攻敵人，我們戰鬥的方式總是求得『乘其不備，出其不防』的襲擊敵人，伏擊敵人。如襲擊官陡門（離蕪湖城十五里，離飛機場五里），利用黑夜襲擊進上十里的水網，繞過六十多里的碉堡封鎖中間，襲擊該地防守堅固工事之內的偽軍二百餘人。僅在半點鐘之內，將該敵全部消滅（除戰場死傷百餘外，餘者俘虜），全部繳獲敵人槍械，自己只有三名輕傷，還能走路歸來。在結束戰鬥之後，立刻把部隊撤回六十里之×××附近，安全的休息煮飯吃，這就是一個例子。

雖然如此，但有時也會進行短兵相接的白刃戰鬥，肉搏戰鬥。有時也會利用火攻。如襲擊辛豐車站（鎭江縣屬），東灣（句容縣屬），延陵（丹陽縣）等等戰鬥，都是最後把敵人碉堡燒毀，全部燒死敵人而獲勝利的。我們也會於强襲碉堡時，用較大兵力擊敗敵之增援部隊，如東灣戰鬥，青山戰鬥等。

我們也有不少次數由於進行埋伏突擊的戰術而取得勝利的，如衛崗（鎭江縣屬），李塔（句容縣屬），博望（當塗縣屬），水陽鎭（宣城縣屬）等等戰鬥。

要取得襲擊伏擊戰鬥的勝利，一定要有而且遵守下列條件：

甲、正確的偵察工作，清楚的了解敵情。

乙、運動隊伍要絕對隱蔽，不得暴露目標。

丙、要動作敏捷，攻擊勇猛。

丁、要臨機應變，不許遲疑。

戊、要沉着果敢，和遵守戰鬥紀律。

缺乏上述條件，要取得襲擊伏擊的勝利是很少可能的。

我們一年來的抗戰，由于採取了進攻的游擊運動戰的方針，而取得了無數次的勝利。

日寇是殘暴的狡詐的，它進行圍攻的時候，總是以超過我們數倍的兵力（有時超過我七倍），而且佈置周密，估計我們可能退卻的道路，或可能利用的地點先設伏兵，或估計我們不願經過的或不利于我的地點，用小兵力來暴露目標，引誘我們陷入於網羅之內。

如果遭受圍攻的時候，而表示驚慌失措或不沉着果敢，這都是不容許的；同時拚命主義的盲幹也是不好的。我們處在這種時候，是採取神速分兵，沖開幾條血路，求得迅速脫離敵人，保住自己的有生力量爲上策。因此要求部隊須具備着下列幾個條件。

甲、指揮幹部的機斷，神速定下決心。

乙、營連排要有獨立作戰的精神和經驗。

丙、指戰員有犧牲奮鬥的決心與英勇戰鬥精神。

丁、部隊要動作迅速敏捷，而能自覺遵守戰鬥紀律。

我軍一年來在江南抗戰，就是運用上述方式的游擊戰術而進行戰鬥的。至於不斷的擾亂敵人，迷惑敵人，牽制敵人，破壞敵人的交通，破壞敵人的經濟等等活動，在此則不再一一列舉。

六

新×軍一年來在江南開展游擊戰爭，堅持江南地區的敵後抗戰，其所以能够取得許多英勇的勝利，這是由於下列諸條件：

第一、是部隊指戰員的純潔忠實英勇果敢和團結一致。

第二、是各級幹部能够把握戰爭的複雜環境，執行靈活的游擊戰術，以至各部隊有獨立作戰的能力。

第三、指戰員有高度的羣衆觀念，能够與羣衆打成一片，眞正造成廣大羣衆與我軍親密的血肉相關似的聯系，獲得了羣衆的熱烈擁護和幫助。

第四、部隊中進行了無間斷的充分的政治工作，使得指戰員的政治覺悟不斷提高，民族意識，抗戰熱忱不斷提高，所以雖在戰鬥環境的困難複雜中，也能够堅持不屈，百戰百勝，而不致發生悲觀失望，或驚惶失措，或腐化墮落的現象。

第五、（刪）

第六、是抗日民族統一戰綫的建立和發展，取得了各方面的配合和幫助。

正是取得了上述諸條件，所以新×軍才能够勝利的完成蔣委員長和上級長官所給予的光榮的戰鬥任務，而且在戰爭中鍛鍊了自己，堅强了自己，壯大了自己。

無疑議的，新×軍還有無數的缺點和弱點，這些弱點和缺點，還須要盡最大的努力來克服，以求得今後抗戰中能更多更大的貢獻給國家民族。

新四军一伤兵力敌七寇军

新華日報
中華民國二十八年九月二十五日　星期一　第二版

湘北敵水陸進犯
新牆營田各路混戰
一週來戰果殲敵近萬
粵三水楊梅寇擾南邊圩被擊退

華中
蘇武進以西我伏擊獲勝
高淳附近敵進犯相持中
新×軍一傷兵力敵七寇軍

華南

華北
晉東南敵增援困守
冀西各縣我軍出擊

三十勇士夜襲寇營
殺敵百餘壯烈殉職

津敵各大紗廠
被水浸淹停頓

川康建設方案概要

敵機分批轟炸湘北

贛東七縣通電討汪

本報讀者熱烈捐款
援助反汪工友
工人教員學生婦女等
一致給汪派重大打擊

華北敵官吏反戰

指示度六今後教育方針

《新华日报》1939年9月25日第2版整版

線，敵攻勢均已頓挫。

蘇武進以西我伏擊獲勝

(中央社廣德廿四日電)蘇中我軍某部十八日晨一時許，爆炸武金(武進至金壇)路東載橋後，即於其附近埋伏，旋有敵百三十餘，乘汽車五輛，由常駛來，我即以機槍掃射，將先頭兩汽車裝載之敵，全數擊斃，餘敵下車頑抗，激戰至午，卜弋橋泰村敵，乘車兩輛增援，武進敵復乘汽艇由厚圩(卜弋橋南)登陸助攻，我再接再厲，縱橫衝擊，敵不支逃去，是役共斃敵百二十餘名，傷六十餘名。

高淳附近敵進犯相持中

(中央社甯國二十四日電)敵六百餘，於二十日向孔鎮(高淳東北)附近進犯，我軍迎頭痛擊，與敵展開血戰，往復衝殺，激戰一晝夜，斃敵二百餘，敵頑強異常，迄二十一日午，仍在沈村附近對戰中。同時敵二三百，於高淳附近漏湖登陸，向原圩鎮竄擾，被我軍截擊，傷斃頗多，刻仍與我對峙中。

新×軍一傷兵力敵七寇軍

(本報上海航訊)駐×××交界處某地我新×軍一部，開拔時當有戰鬥員一名王某，因病暫留該地調養，旋被奸逆份子偵悉，報告敵軍。敵獲報後，當派敵兵七名前往圍捕，幸我戰鬥員王某行動機敏，早已警覺，待敵到達，已逃他處隱蔽，敵即向附近搜索，我士兵王某預先伏於鎮西一塚後，見敵逼近，首先開槍射擊，當有敵兵臼根，野尾二名被擊斃，餘敵不敢應戰，遂舁屍倉皇遁去。

新四军捷报（10月2日专电）

中華民國二十八年十月六日 新華日報 星期五 第二版

湘北會戰偉大戰績

我軍殲敵三萬餘人

平江被我緊密圍攻中

贛北敵亦受挫中井師團即可殲滅

新×軍捷報

汪逆困難正多

敵寇亦懷疑汪逆號召力

南北傀儡不肯聽汪命令

李將軍談

只要打下去 一切有辦法

日前我機襲漢 獲極大成果

感謝各界捐款

三報工友函促速滙

節約建國儲蓄券

哀悼吳志堅同志

雨中的哀悼 ——吳志堅同志追悼會

吳志堅同志

《新华日报》1939年10月6日第2版整版

新×軍捷報

在鎮江一帶屢創敵寇

協同民眾破壞敵交通

（本報江南某地二日專電）我新×軍戰鬥捷訊：（一）一日晚我×支隊××營及×團一部，襲擊鎮江東南濟灣敵××，我官兵奮勇，破壞敵之據點及工事一部，激戰三小時，適鎮江增援敵，亦被我伏擊部隊截擊，敵傷亡眾多，毀車一輛，刻正激戰中。旋敵復增援五百餘，向我各部攻擊，我即轉移有利陣勢。計此役敵傷亡百餘名，我傷三人陣亡一人。又一日晚我另一部分途襲擊鎮江南分流新豐等地之敵，因敵據工事頑抗，我即破敵電線十餘里後引去。（二）上月十一日晚×團一部，配合延陵××隊，破壞丹金公路電線六里，適丹陽敵出擾，與我掩護隊激戰數小時，斃敵甚眾。（三）上月十三晚，×團一部，配合民眾，將敵新修鎮江至官塘橋公路完全破壞。（四）上月二十六日×團一部，與丹陽出擾之敵，在新豐車站西北郭家村遭遇，激戰三小時，敵不支潰退，被我擊斃甚眾。

消息详文

叶挺将军谈新四军艰苦奋斗

新華日報　中華民國二十八年十月七日　星期六　第二版

湘北我軍反攻大捷 連克平江湘陰等地
先頭部隊已迫近新牆
軍事當局談我軍收獲

某高級軍事長官談 靈活運用戰術成功

國民參政會 電慰湘北前方將士

葉挺將軍談 新×軍艱苦奮鬥
民衆協助積極予敵人打擊
漢奸陰謀挑撥我應更團結
敵以戰養戰陰謀遭失敗

葉挺將軍

豫北敵放毒氣 猛犯崇義柏香鎮 風陵渡隔河砲戰

我軍出擊江門新會

香港英海軍部 聲明撤職理由

公務員店員教師學生 援助香港反汪工友
盼大家節省消耗踴躍捐助
反漢奸工作人人不能放鬆

新嘉坡僑胞反汪

國際運輸總工會 贈我海員錦旗 海員工會昨舉行受旗禮

渝市各界 籌備紀念雙十節
決舉行大會及提燈遊行
赴各醫院慰問負傷將士

《新华日报》1939年10月7日第2版整版

葉挺將軍談

新×軍艱苦奮鬥

民衆協助積極予敵人打擊
漢奸陰謀挑撥我應更團結
敵以戰養戰陰謀遭失敗

（本報專訪）國民革命軍新編第×軍軍長葉挺將軍日前抵×，記者特往向在敵後領導艱苦鬥爭之葉軍長致敬，並叩詢新×軍苦鬥蘇皖戰區之近況，承作如下談話：

『由於在不斷地予敵人以打擊的戰鬥中，我們的隊伍不斷地壯大着，目前在江南作戰的新×軍有×萬人，江北有×萬數千人，活動平漢綫一帶的也有××千人了。我們經常牽製着敵人二萬以上的兵力，儘管敵人時常調動他的隊伍，但總不能不安置這樣數目的兵力在這一帶。

葉挺將軍

『目前敵人在戰區也特別重視對我的政治進攻。漢奸們在敵人的指使下，拚命進行挑撥離間的勾當。如像他們提出專打共產軍的欺騙口號，以分化我們與友軍及群衆的關係，甚至敵人還冒充我們的服裝襲擊友軍，組織所謂維持政權以破壞我們的政治影響。在作戰方面，他們利用偽保政策，每隔五里或十里即設有偽保，而因我們游擊部隊的活動多是與敵人相處甚近。

『但是，即使在敵人這種新的陰謀進攻下，由於群衆廣泛的覺醒，仍然配合部隊不斷予敵以打擊，使其依舊無法溝通所佔領的城市和鄉村。就說農產品的價格吧，敵人佔領的城市裏，就比鄉村高上五六倍，從這一點也可以看到敵人欲在經濟上開發敵後以戰養戰的夢想也是失敗的。在利用其佔領區的人力這點上，敵人亦遭到悲慘的後果，蘇、浙、皖戰場上不但偽軍數量微小，且作戰能力極弱，他們時常有個別或小部反正的行動，或是自動與我游擊隊通消息。在這種情況下敵人不能對偽軍予以絲毫信任。敵偽關係非常惡劣，甚至在作戰過程中敵偽軍也常常發生衝突。

『我們就是在交通最方便，敵人兵力比較集中的地方仍舊可以襲擊他，因為他們的行動我們可以事先知道，往往我們知道敵人什麼時候要找嚮導或是要找夫子就給他預備好。靠着我們的嚮導或夫子敵人當然要吃虧了。

『雖然我們把握着一些有利的條件，敵人的戰鬥意志與戰鬥力日益退步，然而，蘇浙皖戰場仍存在着一些困難，首先就是天然條件的限制——，這一帶多平地，多河流。同時遵守軍事當局所指定的作戰區域，我們的部隊不能作大的運動。其次經費的困難等，卻多少影響到作戰的能力。同時我們也本着遵守一個總的行政系統，軍事系統之原則，極盼與友軍及地方行政機構取得更靈活更有效的配合。』

聽完葉軍長的一席話，不禁遙向敵後苦戰二年的新×軍將士致熱烈的敬禮！我們應當迅速幫助他們——以及全國各戰場的部隊克服困難，以取得更大更多的勝利以完成進入全面總反攻階段的準備條件。（元甄）

芜湖近郊的奇袭

《新华日报》1939年10月7日第4版整版

蕪湖近郊的奇襲

粟裕

一、敵情與地形的偵察。

官陸門在日軍蕪湖的敵防禦點稱湖近郊，飛機場的附近，是一個極險要的地方，那裏恰像象棋盤中心卒前邊的渡河點一樣，楚漢河兩邊的主要路綫正如官陸門兩岸的三條不斷一公尺寬的堤壩的通路。這幾條公路也都被炸毀了，白天架了木板才第通行，那裏鐵絲網以內則築有掩蔽的碉堡。那裏橫着一條河，深而不能徒涉，寬約五十公尺，沿岸的空白地方，全是河網與河泊，而且其周圍幾十里，河溝縱橫交叉，因爲水既深，所以只能行小船，這區域中，只有兩條路可以直達官陸門，但是還須要渡過好幾條深不可涉的河，所有扼要的地方，敵人均構築有據點，或容置砲位，或派兵駐守，官陸門的兩岸街道，不到一百公尺長，是單純的磚瓦房屋，這裏總共駐紮了三百餘的僞軍。兩岸之間只有寬約一公尺的危弱的板橋貫通，這可算是天險了，是敵人最安全的地方了。可是一個極安全的地方卻還是我們出奇制勝的地方啊！

二、戰鬥的動員

爲了使當地民衆從敵人鐵蹄下解放出來，爲了要振撼敵人的心臟殲滅敵人一部份有生力量，更爲了要堅持江南抗戰，以備和全國友軍爭取最後勝利。新×軍××支隊司令××，因此決心親襲官陸門之敵，並親身指揮，但一戰鬥，當今年一月十七、八號的時候，就在參戰部隊中進行動員，除政治上以敵人殘暴，民衆所受的痛苦，我們堅持江南抗戰與配合友軍的意義和敵人的弱點以及我們勝利的把握等條件，以鼓起戰士的熱情外，並從軍事上加緊了幾天夜間的戰鬥動作，白刃戰，河川戰和街市戰的注意事項。指戰員們的情緒異常熱烈，都在互相的猜問着，究竟打什麼地方呵？打的是那個哩。

戰士們的槍都自動的每天洗擦七八次。機關槍班的同志更努力，差不多時刻都在準備着，不是瞄準就是學裝退子彈，槍筒擦得滑溜溜的，還帶着油，免得機關槍夾殼。滑稽的副班長說，「敵人排好隊，只等我們的機關槍去點名，答應得好每人償他吃幾顆花生米……」大家都忍不住笑起來，將拳頭掌的扳了空槍來止住笑痛了肚皮的震動。十九日早晨，天還未亮，大家開着起來，伙夫同志也先起身煮好了早飯，吃得飽飽的準備向目的地出發。有些同志爲了輕快，情願挨凍將笨重的軍毯也留寄下來。集合號還未吹完，隊伍老早就站好了。等待着指揮員訓話，當×司令走近隊伍的時候，大家向他行着喜悅的注目禮。雖然狂暴的北風從湖邊襲來，但大家爲了要聽話，暖耳的帽邊都不顧意放下來，一段隊地在霜蓋住的草上站着。當×司令開頭喊一聲「同志們」的時候，他們一齊立正，剎的一聲，將那蓋住的枯草的霜雪劃破了。爲保守秘密，只簡單地作了些鼓勵，大家都高興得臉上掛滿了笑。

前進的號響了，隊伍出發北進，雖然下着毛毛雨，但誰也不顧意撑傘。談笑與脚步聲雜亂的交響着。泥濘路滑，前面的跌倒了，後面的不停一步，喊出了「仰射預備放」的口令。後面的跌倒了，前面喊「再來一個」，接着便是一片笑聲。繼續向前進行着，通過了堤埂，設法渡過了幾條河，於二十日安全的到達了預定的×××並利用在沿途的休息時間，準備了一切作戰應準備及一切應預備的事項。

三　戰鬥前進

衝鋒

人數到齊了，急速的離開河岸向西趕路，速度快得超過了平時三分之一。大家靜默地前進，主力只距敵人一里了，沿堤埂的傾斜面前進，只半里了。大家蹲下來「停止」靜聽得連呼吸也小下來，突擊隊的幹部帶了幾個尖兵摸上前去，偵察着清楚了兩個哨兵，穿了大衣戴了風帽，三層鐵絲網不高，從鐵邊摸過去，鬼子看不清楚，好打！好打！……

突擊隊擎着最後的偵察的樣子，大家都靜悄地伏着向前推進。這樣的一堆堆的黑影怪駭人的，就然見到會說不出話來。後續部隊是慢慢的跟進，接近到鐵網近邊的時候，距敵人不到三十公尺，正想拉開障礙時，警鈴響了，對方惡狠狠的指問那個？接着乃像爆竹店裏失火一樣，手機關、花機關、輕機關、駁殼槍，同時的連發，也聽不出每一響聲的段落來，只有那天翻地動似地手溜彈咚咚的聲音，才能清晰地分出個數來，槍口和手溜彈爆炸的火光，照耀得通亮，衝鋒號吹得使人更加有勁，東岸的機關槍也響了，這樣不到一分鐘就衝破了鐵絲網，兩個哨兵打成了肉泥躺在地上。哨兵後邊約有十五公尺的蘆葦部裏的一排人動作很快地鑽了出來，到外面就跌倒了，有的一半截在洞裏，一半截在洞外、剛剛塞住洞門，動作慢的，就永遠躺在蘆葦部裏，不背出來，掩蔽部裏和街口邊的敵人還未解決完畢，街上丟了不少的槍，我某隊槍都不要，勇猛地衝進街中，轉向河邊，順利奪到木橋，接着衝過河東，就到了僞軍司令部的門口，又是爆竹店失火一樣的密集的一陣，槍聲衝進了司令部，河東岸北的×部，也衝破了鐵絲網，進來夾着敵人的側背，東邊街口又是爆竹店失火一樣響了一陣，以後就漸漸地稀疏下來。

四　戰後的凱旋

從開始攻擊起到解決戰鬥，大約經過八分鐘光景，連清掃戰場共總只耗去了廿分鐘，東邊已經大亮了。街上只見到兩種極端異樣的景象，一種是橫七豎八的死尸和血肉模糊的敵人的傷者，在呻吟着滿街雜亂地堆着軍用品及用具。另一種情形，老百姓領着勝利的官兵，肅清殘敵，並送茶送水，忙個不了。東邊牽一串西邊押一羣俘虜，在南邊的街口的坪裏集合，清查人數，輕傷和擊傷的，在地洞裏和洞外，在街上到處都有，也有跳下水去的那就無法統計了，單就活捉的就有五十七名，因爲天還未亮看不清楚，逃散了一部，獲步槍七十支、短槍十四支、機關槍四挺其於手溜彈、子彈、軍服用品，更不計其數，×部坐了「飛機」，繳獲最多——我們河西，攻擊部隊全無傷亡，只河東×部傷衛生員，司號員，各一名，消耗的彈藥總不會蝕本，除擔任警戒之外，其餘都照指定地點集合着，大家一晚的疲勞，臉色雖略現蒼白，但是精神仍然很充足，情緒更加高漲，愉快壓倒了疲勞，肚裏雖則早就餓空了，可是那時也忘了，大家都興高彩烈的談着，這個僞軍真是豆腐做的僞軍就叫「豆腐軍」只是可惜那個狗司令在蕪湖沒有回來啊！

「站隊，站隊，準備走了。」值班員喊起來，停止了大家的閒談，按規定的秩序向×××返防，大家距離遠一些，注意防空」隊伍走動說完了。「嘀××方面的機槍響了，大概是敵人援兵吧？」士兵在發問着。「不要緊，他媽的這樣的地形請他來吃子彈」值班員這樣的回答：隨後警戒都跟上了，嘀嘀嘀打打打，打嘀打嘀……」司號員發出號音，各幹部將促着戰士快點掩蔽，不一會大家都分散蔭藏了，敵機嗡嗡嘀低空偵察。一圈，二圈三圈看不到我們一點形跡，無精打彩地飛走了「距官陡門五里了，後衛加强警戒各部沿途遇蘆葦休息吃飯」值班員傳出指揮者的號令，約莫一小時，大家吃得飽飽的，繼續返防，行軍好像長了很多，一方面是添了俘虜的挑夫，另一方面是爲了防空，再一方面也是因爲有些疲勞。可是沿途羣衆，歡天喜地的跳起來送茶水，追着看俘虜，減少了大家的疲勞。十點鐘左右，到了××渡河，比昨晚快多了，一邊渡一邊走，上下船的也不相持，午後二時回到附近××，×××，×××街上的人民異常的興奮，放鞭炮歡迎，同時也是慶祝勝利，並送來了一担担的稀粥，官陡門戰鬥的任務，就這樣勝利的完成了。

新四军如何战胜敌人?

《新华日报》1939年10月7日第4版整版

新□軍如何戰勝敵人？

任重

新×軍在江南，已用英勇的戰鬥，在戰史上寫下光榮的一頁。他們對付[illegible]偽政權，對於[illegible]軍，把[illegible]地區的[illegible]於江南敵後。漢奸和敵寇[illegible]行動了。

記者[illegible]於江南敵後，與新×軍[illegible]新方根據地。他們使民衆在新×軍領導之下，已組織成各種偉大的抗日團體，人民生活已安定，漢奸潛蹤，敵軍被殲，南京鎮江[illegible]一帶廣大地區，除了幾個大城市之外，都在游擊隊控制之下，敵軍不但不能統治敵後的廣大地區，不能侵佔廣大的鄉村原野，與交通線的維持都無法做到，[illegible]經驗的新×軍戰士「神出鬼沒」的戰術給敵人的心臟地區，使敵人一刻都不能安寧。

一 一切都到前方去解決

新×軍的物質待遇，是很艱苦的。部隊[illegible]除發給單的伙食之外，每人每月只發零用費一元五角，就算高級將領最多不超過五元。新×軍在艱苦奮鬥下不斷的發展着，更顯得他們對抗日衛國的忠貞。記者很奇怪他們如何展開敵後的游擊戰和怎樣支持並充實作戰的力量，於是去訪問一位身經百戰的游擊戰士，第一句問他：「生活怎樣」？「是的，我們的生活，」一般地說來是苦了一點。不過全軍的戰士，從未有爲了生活的艱苦而稍有一點消沉。首先我們認清目前受苦是應該的，祇要戰勝了日本強盜，每一個中國人的生活都可以改進的」。

「那末，目前的許多困難問題，如何解決呢」？

「一切都到前方去解決，這是我們的首長提出的辦法。我們在每一次戰鬥的勝利之後，敵人的食糧、呢大衣、罐頭、食物、香烟、餅乾，都是我們的。今年我們一下子得到三千元以上的日幣。我們每人都有了新的衣服，只要我們戰鬥，一切是不會怎樣艱難的。

「發展游擊戰爭，那麼來許多器械呢」？

「雖然大後方接濟的軍火不多，但我們可以在不斷的勝利中，奪取敵人的武器來武裝自己。我們的兵工廠在東京，日本『天皇』是我們的運輸隊隊長，我們過去的槍在一年以來都變成了最新的槍械，我們現在所有的都是三八式和最新的機關槍了」。

二 魚和水：游擊隊和民衆

在江南某次戰鬥中，敵人遺失了一個文件，這文件是敵軍對於中國各軍隊的批判和在華派遣軍的指示，它上面會有關於新×軍的一條是：「新×軍，在江南，優點：團結、機動、有民衆，缺點：火力差、給養差。」的確，新×軍也承認自己的缺點，火力給養都成問題，不過他們並沒有爲火力給養的不够，而略有懈怠。正如敵人的估計一樣，他們靈活、機動、而有民衆，他們爲解除江南民衆苦痛，爭取民族解放而堅持抗戰，所以江南人民對他們充滿了愛護和擁護，他們在平原上，敵人包圍當中發動游擊戰有了巨大的保障。

婦女自衛軍 夏風刻

江南民衆贈給他們許多光榮的名號，記者在江南敵後經常聽到民衆稱頌他們的紀律、戰鬥力、與刻苦耐勞性，抗日堅強性。在江寧、當塗、溧水一帶民間流行的說：「當兵要當新×軍，吃菜要吃白菜心」。丹陽、鎮江、武進、溧陽一帶的民衆，稱他們爲「王者之師」「平安菩薩」，句容，天王寺以北的民衆，稱爲「岳家軍」。宣城以西蕪湖以南銅陵、繁昌、南陵一帶，則稱：「天下第一軍」。當然，其中有一部分是說得過分一點，不過在民衆的心坎裏，新×軍給他們的印象是很良好的。

軍隊和民衆導有魚和水一樣的關係，這軍隊才能在困難中生存和發展。新×軍的所以爲民衆贊美，也正由於當局能以民衆的利益爲自己的利益，它與民衆共生死共患難，與民衆是一家人，他們愛護民衆，團結民衆，在民衆中產生壯大，更在民衆擁護幫助之下取得光榮的勝利。

在新×軍的三大紀律之中，「愛護老百姓」成爲主要的一條（三大紀律：（一）一切服從抗戰的利益；（二）服從命令聽指揮；（三）愛護老百姓）。他們剛到江南時，有一次，他們很大的部隊在大雨中淋了一夜，民衆看見他們紀律這樣的嚴明，大爲感動，從此允許他們到屋居住。他們每次必定做到「上門板捆稻草」「房子掃干淨」「損壞物件要賠償」「借物要送還」「說話要和氣」，「洗澡避女人」……特別是對鄉村婦女，新×軍戰士是目不斜視的。

「老百姓是軍隊最好的參謀」，因爲當地人民不但對地形熟悉，對敵情也很清楚，江南戰鬥的特點，就是人民與軍隊打成一片，每次襲擊伏擊都有當地民衆來貢獻意見，民衆雖不一定直接參戰，但在戰鬥時却常常助威吶喊。記者曾親自看見新×軍與日寇激烈作戰，人民在高山上拍手狂呼，給茶送水，絡繹不絕，這次整整的打了一天，戰士在砲火中吃了人民六頓豐富的飯菜。各地民衆爲他們縫衣做鞋，有時整豬整羊的送來，遠近來勞軍的經常不斷。

三 沒有打罵也沒有肉刑

在新×軍是見不到打罵與肉刑的，他們絕對廢除肉刑和打罵制度，不僅是游擊司令與政工人員這樣說：就是班長排長也都明白打罵與苛刑的害處，主人對付奴隸的「肉刑」是統治者對付被壓迫者，是封建社會的刑法，這是革命軍隊絕對不許的。他們管理軍隊的方法，主要的是用教育來說服，使每一個戰士自覺的遵守紀律。用集體生活養成團結精神和有組織有秩序的行動，用首長模範的榜樣引導士兵學習遵循。要正確執行紀律，實行鞏固政治紀律，嚴肅軍事紀律，服從命令遵重指揮員，指揮員則教育士兵，自覺遵守軍風紀。戰士們一致認爲「逃跑最可恥」，來當兵是爲了抗戰，爲了革命。一個革命軍人的意志，一定要堅定，就是說：一定要一心一志爲了革命奮鬥到底，不動搖不妥協不逃跑，祇有抗日勝利革命成功民族才有出路，個人也才有出路。若是中途逃跑，那就要成爲極大的罪人，逃跑是叛變民族，叛變革命是最可恥的事情。

四 項使敵人頭痛

新×軍在江南已有了光輝的戰績，自從去年五月開始作戰以來，十五個月之中（至今年六月止）戰鬥了六〇〇次以上，總計敵軍傷亡七六八九人，俘虜九八三人，繳獲武器長短槍二四〇五支，輕機槍五六支，重機槍四挺，子彈六一一〇〇發，彈藥二〇箱，馬四三十隻，日鈔二二九四八元。公路的破壞合計鐵道三七段，共六七里。公路六八段共一五一里，橋樑一二一座，電線七五三里，電桿二一三支，其他軍用品包括無線電、軍毯防毒面具等一二四三件。

敵軍對於新×軍的猛烈襲擊，感到最大的痛苦，尤其是作戰時的聚合無常神出鬼沒，使敵人頭痛。有一次南京附近戰門之後，敵軍編了一支歌曲。這歌出由一位敵軍的翻譯官時到民間，差不多每一個民衆都學會了它，而成爲一個富有意義的民間傳頌：

「×××師眞能幹
新×軍眞討厭
破壞公路拆電線
大軍來到一[illegible]光。」

高淳的敵軍退走時貼着「打倒鬼鬼祟祟的新×軍」標語。在敵人眼裏，新×軍確實是它最頭痛而最無辦法的。正因爲如此新×軍在抗日的烽火裏，才有着它光輝的前途。他們已在抗戰中發揮了艱苦奮鬥的精神，取得了不少勝利，在持久戰過程中還要繼續克服困難，愛護民衆如愛護自己，保持並發揚優良傳統，加强政治工作，走向正規化的道路，在大江南北成爲一支堅强的軍隊伍，相信新×軍必定會在反攻時期成爲一支强有力的軍隊，配合着友軍收復南京上海，並把敵人驅逐出中國。

一九三九、九、廿五、

動作很快地鑽了出來，到外面就跌倒了，有的一半截在洞裏，一半截在洞外、剛剛塞住洞門，動作慢的，就永遠躺在蔭蔽部裏，不背出來，掩蔽部裏和街口邊的敵人還未解決完畢，街上丟了不少的槍，我某隊槍都不要，勇猛地衝進街中，轉向河邊，順利奪到木橋，接着衝過河東，就到了僞軍司令部的門口，又是爆竹店失火一樣的密集的一陣，槍聲衝進了司令部，河東岸北的×部，也衝破了鐵絲網，進來夾着敵人的側背，東邊街口又是爆竹店失火一樣響了一陣，以後就漸漸地稀疏下來。

四　戰後的凱旋

從開始攻擊起到解決戰鬥，大約經過八分鐘光景，連清掃戰場共總只耗去了廿分鐘，東邊已經大亮了。街上只見到兩種極端異樣的景象，一種是橫七豎八的死尸和血肉模糊的敵人的傷者，在呻吟着，滿街雜亂地堆着軍用品及用具。另一種情形，老百姓領着勝利的官兵，肅清殘敵，並送茶送水，忙

倒不了。東邊牽一串西邊押一羣俘虜，在南邊的街口的坪裏集合，清查人數，擊斃和擊傷的，在地洞裏和洞外，在街上到處都有，也有跳下水去的那就無法統計了，單就活捉的就有五十七名，因爲天還未亮看不清楚，逃散了一部，獲步槍七十支、短槍十四支、機關槍四挺其於手溜彈、子彈、軍服用品，更不計其數，×部坐了「飛機」，斬獲最多——我們河西，攻擊部隊全無傷亡，只河東×部傷衛生員，司號員、各一名，消耗的彈藥總不會斷太，除任除警戒之外，其餘都照指定地點集合着，大家一晚的疲勞，臉色雖略現蒼白，但是精神仍然很充足，情緒更加高漲，愉快極倒了疲勞，肚裏雖則早就餓空了，可是那時也忘了，大家都興高彩烈的談着，這個僞軍眞是豆腐做的僞軍就叫「豆腐軍」只是可惜那個狗司令在燕湖沒有回來啊！

「站隊，站隊，準備走了。值班員喊起來，停止了大家的閒談，按規定的秩序向×××返防，大家距離遠一些，注意防空」隊伍走動快完了。「嘹

××方面的機槍響了，大概是敵人援兵吧？」士兵在發問着。「不要緊，他媽的這樣的地形請他來吃子彈」值班員這樣的回答：隨後響亮都跟上了，嘀嘀嘀嘀打打打，打嘀打嘀……」司號員發出號音，各幹部督促着戰士快點掩蔽，不一會大家都分散蔭蔽了，敵機嗡嗡嗡低空偵察。一圈，二圈三圈看不到我們一點形跡，無精打彩地飛走了「距陸官門五里了，後衛加强警戒各部沿途遇蔭蔽休息吃飯」值班員傳出指揮者的號令，約莫一小時，大家吃得飽飽的，繼續返防，行軍好像長了很多，一方面是添了俘虜的排夫，另一方而是爲了防空，再一方面也是因爲有些疲勞。可是沿途羣衆，歡天喜地的跳起來送茶送水，追着看俘虜，減少了大家的疲勞。十點鐘左右，到了××渡河，比昨晚快多了，一邊渡一邊走，上下船給也不相持，午後二時回到附近××，×××，×××街上的人民異常的興奮，放鞭炮歡迎，同時也是慶祝勝利，並送來了一担担的稀粥，官陸門戰鬥的任務，就這樣勝利的完成了。

新四军杀敌捷报

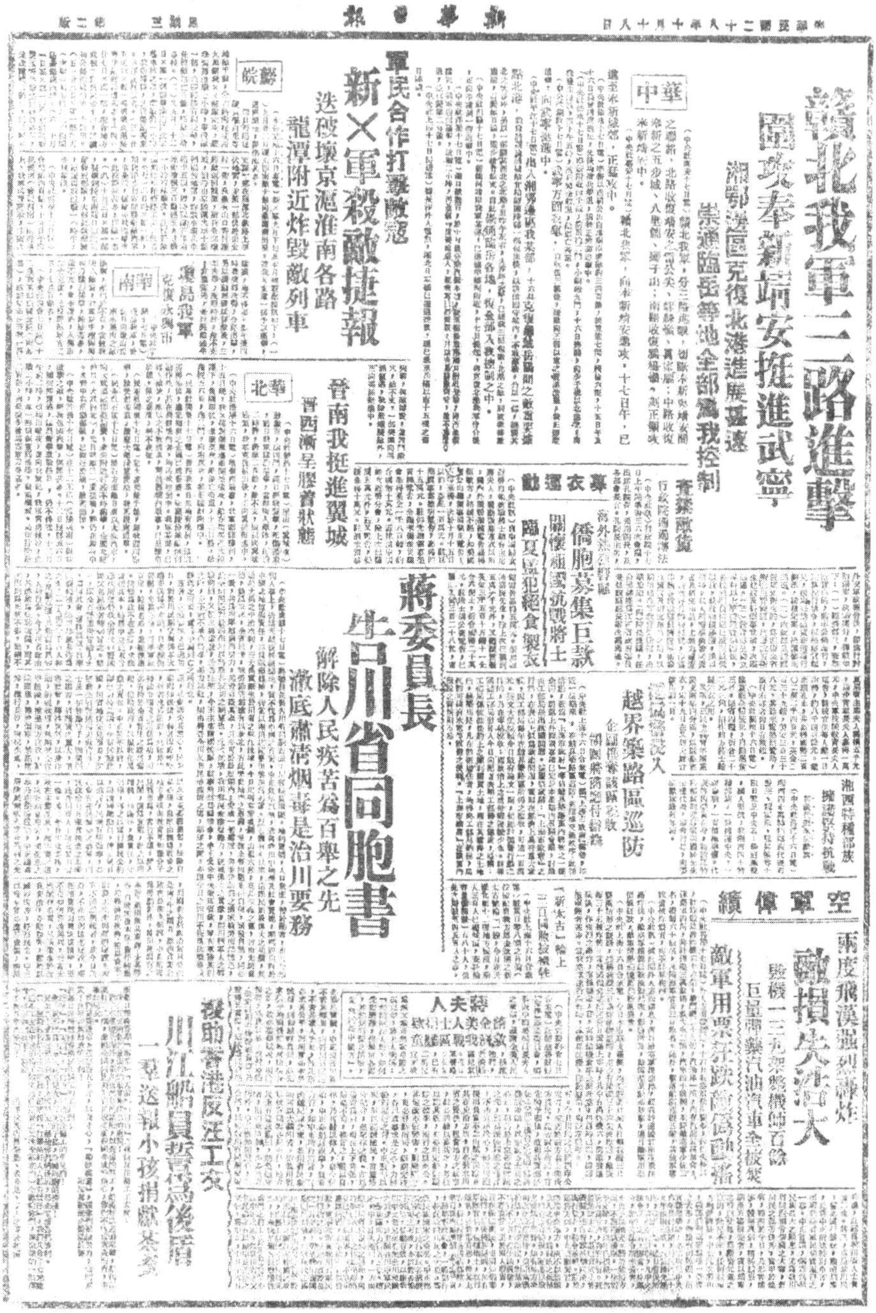
新華日報

贛北我軍三路進擊

圍攻奉新靖安挺進武寧

湘鄂邊區克復北港進展甚速

崇通臨岳等地全部爲我控制

軍民合作打擊敵寇

新×軍殺敵捷報

迭破壞京滬淮南各路

龍潭附近炸毀敵列車

晉南我挺進翼城

晉西漸呈膠着狀態

蔣委員長告川省同胞書

解除人民疾苦爲百舉之先

澈底肅清烟毒是治川要務

僑胞募集巨款

敵損失奇大

川江船員誓爲後盾

《新华日报》1939年10月18日第2版整版

軍民合作打擊敵寇

新×軍殺敵捷報

迭破壞京滬淮南各路

龍潭附近炸毀敵列車

蘇皖

（本報某地十六日專電）新×軍九月下旬及本月殺敵捷訊如下：（一）九月廿二日溧水西南敵千餘向秦國橋出發，被我×支隊一部予以痛擊，遷回原地，斃傷敵甚多。同日丹陽延陵呂城白兔等地敵千餘，分六路向延陵西九里鎮我××部隊圍攻，經我猛烈激戰七小時，擊潰敵一部，我即轉移有利地勢，此役敵傷亡百餘，繳敵步槍多枝。（二）又九月二十二日×團一部聯擊淮南路[illegible]家壩車站之敵，激戰約一小時，我即轉移，此役斃敵[illegible]，並俘漢奸二名。（三）廿五晚我×團一部破壞京滬路奔牛附近鐵道甚多。（四）廿七日×團一部，配合地方武裝並發動民眾千餘，將鎮句公路破壞時達三十餘里。（五）廿八日×團一部將天（王）橋）附公路之二橋樑間路基全部破壞。（六）十月一日晚×部一部將京滬路新豐至[illegible]間鐵道破壞多里，同日晚×支隊一部在龍潭北鐵路上埋伏地雷，並派一部伏於山金村一帶，及棲霞山口香村據點敵返回龍潭，被我全部殲滅，同時由京駛滬火車十餘輛開過地雷，炸毀車頭及車箱十五個，即時龍潭石埠橋地敵增援三百餘趕至，激戰一小時許被擊潰。此役斃敵[illegible]並炸死鐵路工兵百餘名。（七）二日晚×團一部，預伏溧水句容間襲擊敵汽車，車全毀，[illegible]亦被擊斃。此役斃敵甚多，俘敵一名。（八）十月三日×團一部，襲擊[illegible]東南龍口附近[illegible]形部隊，大部被我殲滅，敵援與我激戰一小時半，亦被擊潰。

（中央社[illegible]十七日電）合肥敵四百餘，十九日午向犯派河（合肥西南）附近[illegible]上，我軍沉着應戰，[illegible]猛襲，敵不得逞。迄午後四時我突轉攻勢，分路出擊，另以機動部隊猛襲敵後，三面夾擊，激戰時許，敵不支，[illegible]潰逃，是役斃敵[illegible]。

淮南我軍

克復永興市

淮南

（中央社[illegible]十七日電）淮南我軍，於[illegible]日向[illegible]山西南永興市之敵[illegible]襲擊，敵因於不意，當被我突入敵營，我軍以手榴彈與刺刀猛烈衝擊，斃敵甚多，敵不支，倉皇潰逃，永興市即告克復，是役斃敵軍官二名，士兵百餘名。

（中央社四會七日電）十二日我某部攻擊金溪（南[illegible]），敵據堅固[illegible]，我一再[illegible]

消息详文

新四军苏皖一带反扫荡告捷

新華日報
中華民國二十八年十一月二十二日
第二版

粵南我軍包圍防城
我於欽縣四郊阻擊敵寇
魯省僞軍先後二萬反正

新X軍蘇皖一帶反掃蕩告捷

自主任電桂省府
召集全省村街民大會
澈底破壞公路實行空舍清野

敵機分批襲桂
狂炸南寧等地

行政院決議
冀省民廳長張蔭梧免職
另調國府參事吳光新

湘省禁烟
積極推行

援助香港反汪工友
急待回國殺敵

日本軍民的反戰運動

美大使將赴北平

昆明籌設華僑中學

中國農民銀行
辦理戰區農村貸款

海外僑胞
討汪

津敵留難美商貿易

《新华日报》1939年11月22日第2版整版

新×軍蘇皖一帶反掃蕩告捷

本報江南某地十一日專電：（遲到）我新×軍捷訊：（一）本月八日晨，敵五百餘，由寶堰向延陵進犯，我即與敵搏鬥，敵復由丹陽白兔等地增援，適我增援部隊亦至，激戰至九日正午，歷二十八小時，當將敵全部擊潰，大部消滅，此役計斃傷敵三百餘，俘虜十餘名，繳獲輕重機關槍八挺，步槍二百餘支，擲彈筒五個。（二）本月八日敵分三路由橫山橋峨橋等地向繁昌進犯，我當予截擊，有敵一部突入東門，經我官兵奮勇抵抗，向敵猛力衝殺，將敵全部擊潰。此役計斃偽敵一百五十餘名，並繳獲飛機連絡旗兩面，子彈萬餘發，及其他軍用品甚多。

消息详文

江南游击区的医药建设

新華日報 第二版
晉西敵三路犯磧口
南寧附近激戰正烈
敵後交通線被我控制
桂省參議會電勉各界父老奮起抗戰
魯東我軍進擊膠濟沿線
蔣夫人感贊湘省軍民
江南游擊區的醫藥建設
敵人鐵蹄下的南京
四十八萬人被毒化
重慶婦女團體二次討論憲政
救國老人馬相伯

《新华日报》1939年11月27日第2版整版

江南游擊區的醫藥建設

韋冷

一、醫藥戰線上的勝利

「戰爭最後的勝利是取決於人力。」「保存自己，消滅敵人。」是戰爭的基本原則。這些，說明了人力在現代戰爭中佔到的比重是第一。

在我們抗戰已入三年的今天，爭取相持，準備反攻，是目前迫切的任務。為了保證自己戰鬥力不斷的提高，減少神聖民族血債的支付，部隊中的醫藥問題應該是很重要的。

下面所記的是在東口口江畔的游擊區裏，一個從沒有醫藥設備的部隊，爭取到全體衛生醫療科學化的具體經驗。

工作開始的時候，只有三位東北醫生。不久，上海口口醫學院兩個同學，口口醫院七位護士，紅十字會，兩個醫生，十六個護士，都先後參加進來。隨後，軍部也在山嶺下一個青色的村莊裏，建立了固定的工作據點。從上海，浙江，南昌，年青的醫生和護士跋涉了遙遠的旅途，勇敢地承擔值得讚的責任，為爭取祖國自由而服務。

第一個「後方直屬醫院」已經建立起來，從大城市裏帶來了現代的技術帶來了現代的裝備。每天，白色的工作服，閃着光亮的器械，有着美麗顏色的藥瓶，這些給青色的村莊居民暗淡的生活上，添加了新的激勵，新的希望。

、在每個支隊裏建立了醫務處，和後方醫院。支隊下面每團都設立了衛生隊，隊長經常有兩位醫生負責，每營都設立衛生組，營連有衛生員，全軍的醫務和衛生已被這樣精密的組織起來。這不僅提高了全軍的衛生教育水準，加強了全軍的健康保證，並且奠定了全軍生活科學化的基礎。

工作像網一樣密密展了開來，伸到部隊的每個細胞。隨着工作的開展，對於幹部的需要也更迫切，教導隊中的衛生人員訓練班，在這樣的要求下，成立了第一班，××位男學員都是在部隊工作的人員調來受訓的。他們一面學習，一面工作。三個月後，每個學員仍然回到自己的崗位上。第二班也已經畢業了，分派到部隊裏工作。第三班全是女學員。現在學程還沒有結束，將來計劃再辦兩班後，將從前的學員調回來再受高級技術的訓練。

二、比得上上海的醫院

「後方直屬醫院」的房屋是一所舊式的祠堂改建的，現在有××個病房，手術室、化驗室、標本製作室、配藥處、門診部、內科、外科、肺科，……當晨曦射進了病室白紗窗的時候，各部門的工作就開始緊張起來：護士們在替流過血的戰士換藥，行床上浴，用強熱的布敷在腫脹的創口，減輕青年士兵的苦痛，有的在灌腸，皮下注射，矯治砂眼，點種牛痘，醫治盲腸炎。門診部更是熱鬧，因為不收診金，常常有從一百里外趕來請求診治的農民。

在技術機器的設備方面，有×架X光，×架太陽燈，×架人工呼吸器，大小顯微鏡×架，電療機×架，以及眼科上的設備。還有×個摩登的冰箱。藥品的配置，也很完全，並且有高價的麻醉劑，那是爲英勇的戰士施行手術預備。

對受傷戰士的飯食更是特別注意，菜飯按病者性質而不同，大部份早晨都喫到新鮮豆汁，雞蛋，和粥，午後和晚餐，菜的做法都不同，有時還特製一種猪肝湯，增補失血，使傷口速愈，下午並且有一餐各種廣東，福建，蘇州樣式的點心，以調劑病者口味。現在養了很多猪，很多雞，一些鴨和鵝。並且從別的地方帶來了一些菜種，交給當地農民種植，然後按照一般的價錢買回來，還像蕃茄，捲心菜，胡蘿蔔，馬鈴薯，都可以經常的喫到。

住在醫院裏的，受傷者只佔十分之三，病者佔十分之七，醫者只有四個。從病者進院那天起，到出院那天止，每日都有病況的紀錄，和各種統計表格。

受傷了的俘虜，送到這兒來的特別的優待，住在優待室，一切都很自由，時常送糖果給他們吃，有懂日語的人陪他們玩，可以寫信回國。

參觀過這個醫院的，都一致承認：『可以比得上上海的醫院！』這並不是誇張的話語，而是不可磨滅的事實。

三、老百姓幫助造病房

去年秋天××支隊在茅山的時候，部隊被敵人包圍了，隨軍有很多護士，醫生和衛生。戰鬥指揮員提議和民衆突圍出去。但這些非戰鬥員拒絕了這個提議，理由是他們不能在緊急關頭，拋棄自己的責任，尤其是離開流了很多血的受傷戰士。他們脫下了制服，換上了普通的衣裳，將傷兵分散在老百姓家裏，每天仍來替傷兵換藥，裹傷，這個事實感動了老百姓，他們於是也自動的替傷兵服務。三天巨烈的激戰，敵人被擊潰了！這些非戰鬥員也都安然歸去。在勝利的熱情下，他們爲紀念這英勇的戰鬥，集體寫了一個劇本，在一個晚上將它公演出來。『血手』是那劇本的名字。

當醫院感覺房子不够用，預備遷移的時候，老百姓知道了立刻集議：這家出木料，那家出泥灰。幾天之後，醫院旁邊造成了幾間茅草的房屋，潔白的牆壁，有着石灰鋪平的地面，似乎歡迎新的工作在它那裏開始。不僅這樣。民衆還給受傷戰士洗衣，送菜來慰勞這些民族戰士。

由於上海、香港、南洋的民衆，和僑胞之一部份國際正義人士的熱烈支持，藥器、藥品，基本上可以設法。

和部隊裏各種性質的學習組織一樣，醫務衛生人員也有自己的組織，像軍政研究會兩天一次，學術研究會兩天一次，每星期有一次盛大的晚會，在出版方面單獨的出版了『衛生叢書』，有四種已經出版了，還有十一種在印刷中。

這些一面學習，一面工作的青年醫生和護士，他們在行動上使科學技術爲抗戰建國而服務。同時也將中國新的科學技術工作者推向了新的工作階段上去。

（全民社）

太阳机的灭毁

中華民國二十八年十二月一日 新華日報 星期五 第二版

南寧東北激戰

犯六塘敵傷亡慘重

粵境血戰一週敵勢衰頹

皖南我軍奮勇奪回繁昌

晉南趨緊張

敵增萬餘圖蠢動

冀西敵大舉西犯

國際交通暢達無阻

日寇侵桂影響甚微

太陽機的滅毀（報告）（上）

西北同胞通電討汪

全國各業工人紛起繼續捐錢

援助香港反汪工友

晉冀察×區實行民主政治

敵機夜襲陝甘 西安蘭州被炸

憲政促進會一月內正式成立

《新华日报》1939年12月1日第2版整版

一九三九年

新×軍通訊

太陽機的滅毀（報告）（上）

范敏

初秋的太陽仍然是燦爛的照耀着，長江中孤島一帶的北波在抖動。曠野上一羣鋼鐵的中國戰士，在炎熱中操演着排的進攻，饅頭般的墳堆旁邊暫時作爲一個進攻的目標。

一種很大的聲音從遙遠的天空漸漸近來。正在操演的中國戰士，一隊隊迅速的向着附近森林間隱蔽着，三挺矮矮的機關槍在×長的命令下很快的從團隧上移到一排墳堆的後面倒放着，一個射擊手的眼睛凝住在一碧無涯蒼空，一個壯大的青年×長，伏在另一個墳堆後面，輕而有力的在說：

同志們，這是我們新×軍第一次打飛機，你們要注意，在飛機離頭頂二百米遠的時候，依着各人的方位放着……

蔚藍的天空，沒有一點泥污，清朗得像山谷的流泉，三二燕子靈活的在飛舞着，欣賞着天空的美；隨着黑點的一羣鐵鳥響着粗暴的聲音，漸漸的近來，天空中是寂寞得連一隻燕子也飛跑。

『看準後面單獨的一隻』。

射擊手聽到×長的一聲命令，眼睛尖銳的發着光，凝住着三隻『紅太陽』國徽的鐵鳥，從頭頂上飛越了，又慢慢地向着另一隻單翼的轟炸機，他們的腦海裏頓時浮現着，多少人躺在血泊中，孩子在哭喊着爹娘，一隻手，一隻脚飛着舞……

機槍排長自己按着一挺從××戰鬥，繳來的三八式輕機關槍，裝着六排子彈，眼看到一隻飛得很低，灰褐色的轟炸機，毫無阻礙的飛行着，等牠飛越過對面村莊附近的森林時，他的右手用力的向後一拉，軋的一聲，子彈即跳進了膛，板機隨着手指的一鬆緊的動着，左邊的也一樣在發着聲。

一團團青烟漸漸的上升着，子彈聲似青蛙不斷的在叫着，鐵鳥仍是一樣地飛進這子彈築成的網內，推進機葉子旋轉得更快了，兩武士道

通讯详文①

的駕駛員和一個機槍手很清楚的顯露着面孔，一架耀着光的重機關槍放在他的面前，耀武於異國的天空中。

突然間，鐵鳥似乎受了傷的樣子，從樹頂上空向着下面低飛着，震動着房屋的聲音。

『擊中了』，一個高大的王永福笑着說：我們看飛機快要跌下來了。

隨敵在附近的隊伍，看到敵機向前面越低像要跌下來的樣子，一個個笑着，很快的跑到坟堆那邊圍着×長，你說一句，他也說一句，那先緊張的氣氛，這時一些成分都沒有了，只添着嘻笑，講話，喧鬧，驚騷，像千萬種的聲音混入在一起，當×長說話的時候，在萬目睽睽的戰士面前，他顯得更有勁了。

現在敵機一定是要跌落來了的，我們沿着公路去找尋：

隊伍立刻集合着，沿着田塍上迅速的回到宿營地了，很快地吃完了飯，把行裝減輕了即匆匆的踏上公路尋找去。

××　××

隊伍去了大約有二點了，突然總部一個偵察員來報告：敵機落在沿江的蘆葦上，敵人正在修理機件。

×長聽着個與奮的報告，立刻叫通訊兵去請一連連長和指導員來，一面向着住在那家裏的老百姓，關於那地方的情形，他們不久就來了。

現在你們立刻派三個排，跟我到×××的去，×長笑着說：這隻敵機已經落在離大江中里路的蘆葦上，敵人正在修理，我們乘他們還沒有修理好，給他一個襲擊，完成一個別開生面的勝利。

『眞的嗎』！一個猴子臉笑起來了，說話時露出一排亮晶晶的金牙齒來。我從來沒有看到飛機是用什麼製造成的，除掉看到天空中來來往往飛着的，今天倒可以看看倒底是什麼東西造的』。

『馬上到門前空地上集合』。

於是正在打午覺同志，一個個於突然急促的聲音驚醒了，眼睜睜的在望着其他的同志。

同志們，快點準備好，馬上去搶那隻打下的敵機回來。

這聲音從指導員說完後，一切動作都顯然的緊張着，眼睛笑得怪細的，整個屋子裏的笑聲，唱歌，呼喊，混成了一種複雜而難聽的喧噪聲。

士兵們都興奮的走着，帶着微笑的面容，邁着闊大的步伐，講着話，響亮的槍刺齊正的在太陽光中閃耀着，一陣陣的塵霧，跟着長長行列延長着活動的區域。

金黃色的稻穗一粒長得飽滿而結實，我記得在前月還個時候，老是下着雨，那知道這雨水，正是食得無厭的土地所需要着，所以它拚命的飽飲着，而現在那狂熱的太陽整天的工作着，遇一片遼闊的金黃色稻穗，隨着東南風搖擺着——罕見的豪將快到了。

一個鐘點還缺二個字，隊伍已經過了××縣境，沿着一條寬闊的石礫路行進着，突見二個跑得滿身汗臭的農民，停在路上向着前面的戰鬥員。

「你們是去打鬼子的嗎？」

「是的×長從後面跑到前面上說：敵機停在那裏，還有開敵機的日本鬼子在不在？」

隊伍仍是迅速的行進着，二個農民跟着×長走着，一面嚕嚕囌囌的說着：

隊長，我們正在田裏做生活的時候，不知什麼一塊黑的東西，像打雷一樣響的從天上落下來，我們嚇得跑回家裏不敢作聲，人都呆木了，後來二個東洋兵跑到村上抓去三個老百姓，扛來了一個大砲放在前面的圩上，一個東洋兵看着，一個到村上來買雞蛋，叫我們替他燒，一面壓迫保長叫一個小船來，現在還在村上……

「這裏到你們的村莊還有多少路」！

「六里大路」。

他們說着很快的跑到前面帶着路，野狗在隊伍經過的附近村莊裏或在田塍上跳躍的，不知疲倦的用各種不同的聲音在吠着。

「快到了，一個瘦長身子的農民跑到後面來說。只有一里多路，走過這村莊就可以看到了」。

×長聽到農民說就在前面，於是叫隊伍到村莊休息着，一面叫三個穿便衣的偵察員跟着農民先走。（未完）

皖南我军奋勇夺回

《新华日报》1939年12月1日第2版整版

皖南我軍奮勇奪回

（中央社桂林三十日電）消遇竄向東北竄犯之敵，廿八日午以步騎千餘、砲四門，向大塘附近猛犯，**我軍亦以熾盛火力奮勇迎擊**，激戰於是晨時約一晝夜未稍停息，**山谷間敵屍骸枕籍**至廿九日午後敵復增援猛撲，經我軍猛烈痛擊，**將敵擊斃過半，敵勢頓形疲憊**，入晚戰局又趨穩定態勢，邕武路高峯方面敵我無變化，惟時有敵機襲擾轟炸。

（中央社翁源二十九日電）廣州敵軍，連日北犯粵漢路之花縣，以窺從化各地，圖犯外衛及龍潭犯桂之敵，我已洞悉其奸，節節予以重創，廿八、廿九兩日，敵由各縣抽調步騎砲兵萬人，集結於粵漢路江村、高塘、新街，以迄廣花路鴉湖、蚌湖、龍口莊一帶，同時南海之官窯、羅洞亦集中步兵約三千餘，三水方面，西南一地亦有敵三千，於二十日，開始分三路蠢動，一路由花縣龍口莊及沿粵漢路江村高塘進犯，二十日晚竄抵新街樟潭，旋沿鐵路直趨，經我軍沿途截擊，傷亡甚眾，敵憑以猛烈砲火及飛機掩護，二十一日進陷軍田、新街、樟潭，二十二日晨該股敵先頭部隊竄至銀盞坳附近及西南之蜆坑墟橋，我軍猛烈阻擊，敵無法北竄，即西向與白泥敵聯合。龍口莊之敵千餘，二十四日晨藉坦克車掩護，沿廣花路犯平山、兩龍、和安，向花縣城猛攻，企圖掩護鐵路方面敵軍，旋被我迎擊，即不支敗退，固守公路要點之敵三千餘，原擬拊我從化之背，於廿一日進陷白泥，廿二日北竄國泰、興仁，沿途受我軍民邀擊，傷亡甚眾，復續我猛烈反攻，卒不得逞，廿四日即敗退白泥，與粵漢路及犯從化之敵相會合。至進犯從化之敵二千餘，由西南沿蘆西公路經楊梅北竄，我拒之於黃塘南邊一帶，激戰一晝夜，敵大隊增援，廿一日夜我敵在大嶺頭、小陂坑、小迳尾，敵反覆劇烈衝殺，雙方均有傷亡。二十三日晨敵以飛機狂炸助戰，我為避免犧牲，給敵進××××與敵混戰，敵再度增援，迄晚我為誘敵深入計，轉向從[illegible]，即將半欄崗島石嶺等敵包圍痛擊，殲敵甚眾，近二十四日晨，敵傷亡奇重，全部紛向楊梅西南潰退，現該線軍田白泥各地之敵，迭遭我軍進追，已成為再衰三竭之勢。

（中央社翁源廿九日電）廿八日晚，我軍向增城屬福和挺進，與敵在大塘尾（福和西）激戰，迄夜十時，我軍將福和與大塘尾之敵切斷，現血戰仍在進行中。

（中央社曲江三十日電）二十八日我某部與敵遭遇於江門西南之白米山附近，激戰半日，我軍以手溜彈猛投敵陣，當時砲轟炸毀，守山之敵，被殲大半，殘部向西逃竄，白米山遂即克復，現我軍正向江門進迫中。

（中央社桂林三十日電）二十一日竄擾繁昌（皖南）之敵，遭我包圍攻擊，至二十三日拂曉，突圍由馬家壩向橫山三山潰退，繁城遂告收復。

消息详文

新四军收复皖省繁城来安两县

中華民國二十八年十二月四日 星期一 第二版
新華日報
南路戰事相持邕北
粵中我軍進迫增城城郊
粵東攻克黃岡犯閩邊敵僞受創
新×軍收復皖省繁城來安兩縣
晉東南長子附近 敵竟濫放毒彈
成立二週年紀念
國內一週述評
援助香港反汪工友
予工友更大援助
國立華僑中學
川康建設協會

《新华日报》1939年12月4日第2版整版

新×軍收復皖省繁城來安兩縣

（本報江南某地卅日專電）新×軍捷報如下：（甲）江南方面（一）七日晚敵寇於洪藍埠派出擾擾修路，經我×部予以猛烈伏擊，將敵殲滅大半。（二）十四晚我軍另一部襲擊句容高天王寺南源山等敵，予以重大殺傷。（三）敵寇在東橋三山橫山湫港等處約七千餘，分五路向繁昌進犯，我軍分頭截擊，於馬家壩及孫村一帶發生激戰，因敵衆我寡，遂作有利之轉移。黃昏時，我集結兵力進行反攻，包圍繁城，並截斷敵之交通，敵恐懼異常，至廿三日拂曉，敵不支突圍逃竄，我乘機予以猛烈射擊，遂向馬家莊潰退，我另一部迂迴馬家莊截擊，敵即分向三山橫山等處逃竄，我遂將繁昌收復。此役計斃傷敵二千餘名，鹵獲軍用品甚多。（乙）江北方面（一）江北我軍，十八日襲擊淮南路間火車站，斃敵甚衆，並俘偽警察小隊長一名。（二）我軍自十九日起，分路夾攻來安（皖北）駐敵千餘，激戰兩日，敵屢肉搏，敵死傷枕藉，至二十二晨，敵先以三百餘，向舜山集撤退，餘敵仍據城固守，至廿三日遂向滁縣潰退，又被我捕制除殲滅，來安即被我收復。此役計斃敵少佐以下四百餘名。（三）十五日我軍一部襲擊觀音堂之敵，全部被我完全殲滅，計斃敵百餘名，并生俘張逆際春，鹵獲輕機槍兩挺，衝鋒機槍兩支，步槍三十餘支，駁殼槍十餘支，

消息详文

X阳附近的伏击

中華民國二十八年十二月五日　新華日報　星期二　第二版

邕北犯敵攻勢頓挫

我軍猛烈反攻收復八塘

邕欽路游擊隊毀敵交通

我空軍出動轟炸邕敵

晉察冀邊區激戰

犯阜平敵已潰退

晉南橫嶺關西挫敵

中條山是敵人盲腸

地形險要敵數度侵犯皆潰敗

守軍在戰爭中鍛鍊日見進步

滬敵偽橫行

偽警捕美僑民

工部局巡捕竟被判徒刑

華北英軍開始撤減

中蘇今日通航

重慶至莫斯科四天到達

全程共三段由中蘇主辦

新華軍事通訊

X陽附近的伏擊

范敏

救濟出征家屬

悼殉難新聞戰士

冀南銀行成立

《新华日报》1939年12月5日第2版整版

新×軍通訊

×陽附近的伏擊

范　敏

初夏的江南，農民們收割了的大地上黃金色的東西一担担的堆滿了打禾場，四週，滿臉汗染着灰塵，臉上刻着一條條紋路，農夫揮舞着，舂動那一雙粗而黑的手臂，麥粒碰擊得在飛騰着。在一塊寬闊，平坦的打禾場上，兩個青年的軍人，灰色軍裝已經給汗水浸溼了，那一個在風吹日晒下的瘦臉，眼珠子怪有力的轉動着，不斷地拿着一捆捆已經捆過了的麥梗，放在一堆齊整的麥梗上面。

「老盧、快回來。」他們二個人，突然在班長很急促的叫喊聲中，眼睛奇異地向着一條大路上七八個老百姓看着，兩隻脚迅速的離開了麥堆。

「趕快回去準備好」！班長在他們二人走近身邊來時說着：

「剛才接到通知說，鬼子已經離×陽只五里路了。」

「他媽的」。彭明一聽到鬼子要來的話，霎時很憤怒的說：「半個月沒有打過仗了，手也是癢得很，今天打一個仗，倒也高興。」

彭明一面說，一面很快的跑回一座高大的祠堂裏，收拾起自己的東西；週圍的同志一樣地在整理行裝，送門板的送門板，掃地的掃地，一切動作都顯得緊張。

文化教員從團部回來，戰鬥員們圍着他問着，想從他的嘴裏找到什麼消息。

「剛才團部偵察員回來報告，說鬼子離開×陽街二十多里路，老百姓說到了×陽，完全是造謠」。戰鬥員聽了以後，又一個一個的借了門板睡午睡，因為大家都要睡午覺的時候，給這個消息打擾了，正在發怒，現在一切緊張的空氣，漸漸地轉向平淡了。

太陽從高空慢慢的向西移動着，熱浪隨着風勢散佈開來；一間瓦屋裏面，人們在熱的包圍中悶得透不過氣來，但還是很寂靜，一個個的臉顯得特別緊張的樣子，聽着一個偵察員在報告：「鬼子在三點鐘到×陽街上，一共有八十多個人，有二個擲彈筒，二架重機關槍，四挺輕機關槍，現在還在街上休息。」

團長和參謀長聽完了偵察員的報告，立即叫通訊員去請溫營長、朱營長和特務連長來；一面翻看地圖，估計附近敵人的據點是否可能增援和地勢。

一敵體！」

溫營長第一個來，接着朱營長，特務連長也進來了，首先由團長很簡單的說明了敵人的企圖，接着就有參謀長的講話：

「我想今天敵人很少，同時在這時候，敵人的增援也要相當的時間，特別在這有利的地形，這一個勝利是絕對有把握的。」

「我剛才來的時候，聽到住在那一家的老百姓說，茅蘆公司到了日本兵，我想敵人又是鐵路進攻吧！」溫營長將一個消息告訴了大家，繼續的說着：「這一次不會像上下會戰鬥，敵人能以三千多的力量對我們進攻，同時我們的力量也比上一次要大×倍，又是這種條件好，天又快要黑下來，倘敵人一來一定是要吃一個大虧，我想打他一個埋伏」。

溫營長是一個最喜歡打仗的，身體很強健，矮矮的個子，說話怪低的，老是在笑着，這時一聽到要打仗，他的心裏就高興起來，好像在戰鬥中有什麼東西賞賜給他的。

「你們要打仗，我也高興來玩一下」。朱營長笑着說：「我們打了許多仗，從沒有像這樣的地形，今天打一個埋伏，可以發一個大洋財，這種機會是難得碰到的」。

個子不高不矮的朱營長，說起話來很響，使每個角落的人都容易聽到，他剃着一個光光的頭，素樸得一個農民似的，只是一身軍服穿在身上，改變了他的樣子。

「你們是老大哥，我們小弟弟也一樣的跟着你們走，好在戰鬥中跟你們學習。」×連的連長，泛着笑說。

大家決定了以後，團長和參謀長指定了各部隊的地域，迅速的向外面一座小山走着。

朱營在×陽到××的大路附近埋伏，特務連也在朱營附近一帶佈置，溫營全部在茅山山脈之××山一帶高地佈置，以期敵人從××增援來，一面可以窺踪朱營長那邊潰下來的敵人。

殘酷的太陽放射着强烈的熱度，似火樣地燒着每一個戰鬥員的心，特别是在最前哨的××連，毫不疲倦的在陽光的籠罩下，期待着敵人的到來，那一觸即發的子彈，安全是在緊握着槍柄一隻右手的一個食指的一撥，那時出現的場面，是誰也猜想不到是怎樣的，那一幅偉大的圖畫是誰也難描畫出的；除掉身臨其境的中國戰士能榮幸的觀賞着。

『指導員』朱營長在後面一個墳堆隔着：『你們佈置好了沒有？』

『就是一隻老鼠也難夠逃我們這裏來的，』指導員回答着。

朱營長在各處觀察後，迅速地回到原來的地方，低着頭在沉思，不斷地抬起頭來，那一雙敏銳的眼睛射向前面一片埋伏的山坡。

離開××連一排不到二百米遠的一個小村落，三個黃色制服的東洋兵已經走出了村子，沿着大路的左邊慢慢地行進着，三十米遠的後面四個東洋兵繞到路旁兩邊的土堆，一路蹤跡的搜索着，後面的大隊也跟着走出了村子，在路的右邊休息下來，前面三個東洋兵也停止了前進，疲倦的躺在草地上。

××連的機槍班突擊在一排的中間，連長和一排長正在輕聲的講話，突然看到前面的敵人正向這邊來，下了一個命令：

『準備好，不要亂打槍，有命令才可以打槍。』

大約是四點鐘了，敵人們是在火力網的範圍內休息着；中國戰士沉着地在期望那一霎的到來。五連長終於發出一句很沉重的：

『機槍班集中火力射擊。』

機槍班長指揮二挺捷克式的射擊手，向東南方一百七十米遠的地方射擊，兩個壯大的射擊手，迅速的將身子伏在地上，左手用力的握緊槍手，右手已經拔着扳機，槍柄頂住肩胛，瞄準好了，只看見青烟在槍口直冒，震動山谷的聲音也隨着發起了。

坐在草地上的東洋兵，正在高興地唱着歌，突然飛來的機關槍子彈，無情的鑽進了皮膚，頓時就像一羣驚弓之鳥，慌亂在奔逃着，前面的八九個東洋兵，已經是替軍閥盡了義務，在侵華戰爭中毫無代價的死去了。

××連有四挺機關槍火力密集的掩護下，進展了一個山坡，右邊的特務連也一樣的在游動着。

『洞，洞，……』指東洋兵在慌亂中，[illegible]揮擲彈筒的威力，[illegible]射榴的放射着，在遙遠[illegible]山間，泥土飛濺起來，一股黑烟在東南風中飛散了，有時落在山谷中像雷聲一樣的爆炸開來。

『蓬蓬蓬……』[illegible]在東洋兵[illegible]擲彈筒的掩護下，[illegible]我到了隱僻地帶吼叫着了，在江南一年來的戰鬥中，這樣密集，長時的掃射還是第一次看到吧。

特務連的機槍還[illegible]已佔領了突出的一塊高地，一次子[illegible]已經在射擊的快放下[illegible]結了，又換上了一次，不[illegible]的向潰下去的敵人放着[illegible]。

東洋兵的右邊突然飛來了機關槍子彈，又向一座山腳下退着，二個背着三八式步槍的東洋兵，跟上[illegible]的血液一拐一拐的落在後面，給二個子彈[illegible]中了，連一聲『哪呀！』也沒[illegible]的在綠色的草地上，二枝三八式丢在地上，給中國戰士檢了去。

連營長正在看圖，[illegible]上級不叫[illegible]打[illegible]路[illegible]，眼看到東洋兵三個[illegible]向自己的防[illegible]過來，[illegible]外的收獲，使[illegible]來

『快放！』

機槍班在這裏安放着四挺輕機關槍，射擊手在五連長說完後，只看到每一挺機槍口的青烟，很快的結成一個[illegible]，子彈[illegible]如雨點的落下來。

[illegible]在[illegible]中的東洋兵，在山谷中的機槍聲繼起後，又轉向一個村落逃去，一面一太陽[illegible]一個高大的東洋兵倚[illegible]山坡斜面上，背着三四個東洋兵，[illegible]遙遠擲下了水，只見翻上一陣[illegible]泡，什麼都不見了。

『達達達達……。』

中國戰士在[illegible]槍把火力提到最高度中衝鋒下去，把一個四五十家的村子圍困着，五個[illegible]關槍子彈[illegible]往的交叉着。

太陽已經沉沒在山的盡頭，蔚藍的天空換上了灰黑色，附近的村落升起了黑烟，靜活的幾[illegible]早已綠濃了屋子，膽大的[illegible]仍一樣地在遙遠的地方站着，期望着中國軍隊的勝利。

激烈的戰鬥暫時的沉寂着，[illegible]們的眼睛又開始[illegible]起來，但忽然[illegible]猛烈的[illegible]彈又在頭上飛過[illegible]、敵人的增援[illegible]早在估計到敵人將[illegible]援進攻，於是在[illegible]中隊伍離開了×陽[illegible]附近的××山，飢餓地在田塍上進行着。

文化运动在皖南前线

中華民國二十八年十二月七日　新華日報　星期四　第四版

蘇聯木刻版畫在中國

鄧中鉄

寄給你們・我・寒風・秋

蓬野

文化運動在皖南前綫

郁康

保衛大西南（七）

《新华日报》1939年12月7日第4版整版

文化運動在皖南前綫

邵賡

自從去年武漢淪陷以後，文化食糧的輸送，非常困難，因此，在前方部隊裏，便發生恐慌。尤其是這在蘇皖前綫的部隊，更感缺乏。我們不能完全依靠後方，須自己開闢園地，自給自足。這是非常迫切的工作。新×軍的政治工作人員，便在去年十一月開始創辦自己的文化工作。工作一開始，首先感到的是印刷的困難。這裏沒有鉛字，亦沒有印刷工人。雖然政治部的油印工人很努力，每次通訊要印，一張蠟紙能印一千五百份，但是全軍需要的數量很多，這一點實不够分配，並且只出一二種刊物，也不能够滿足大家的慾求，何况油印工人也不能完全担任這種工作，因爲還有許多別的工作要做。

因此，爲了出一種刊物，跑到××印去，這在時間和經濟上都是不合算，非自己設法不可了。

經過三個月的努力，終於購得一付鉛印機器，鉛字後，並請來幾個印刷工人。這給我們很多便利，許多東西，都可按照計

第一便是出版小型報紙，「抗敵報」五日刊。這是以戰士爲對象的，所以內容力求通俗。消息雖了很大的努力，但尚無最大的成效。上邊除登載一般的消息外，並有戰地通訊，及講解各種問題。隨着報紙的發行，又增加了五種副刊：文藝，戰士園地，抗敵劇場，新文字及青年隊。

全軍的同志，對各種副刊都非常有興趣，特別是文藝，戰士園地，和抗敵劇場。每次印出送到，大家都爭著看完，然後又很小心愛惜的摺疊起來裝在口袋裏。同樣的，寫作情緒也非常濃厚，各部隊的政治工作人員，源源不斷的輾轉找人寫來許多活生生的戰鬥故事，雖然徵稿通訊只有兩毛錢的稿費，其他一文也沒有，稿件卻非常之多。後來把某篇的稿件，決定出版單行本。計劃的有黃源的「梅花樹下」，林果的「階段」，東平的「？」，敵兵家書集等等。

最使人驚愕的是這裏戰士們的閱讀和寫作情緒

充滿了各種問題，熱烈的討論着。它五百個[illegible]的文字，赤裸裸的[illegible]出他們的[illegible]其[illegible]生活，[illegible]出版「抗敵月刊」，以[illegible]合性的刊物，[illegible]。此外各支隊[illegible]部，支隊，後[illegible]，[illegible]自己獨立[illegible]物，[illegible]自己[illegible]分[illegible]。[illegible]下來全軍不下廿餘種。各連隊裏都有壁報，這更數不清了。

各[illegible]文字的活動以外，五百字運動已在各[illegible]進行「一[illegible]」，[illegible]一個月內完成政治[illegible]戰士們的求知慾是很大的，每次都要滿足他們[illegible]，每個字的[illegible]的用法，平常看到一個生字便要請教文化教員。固然有少數戰士對識字是不感興趣的，然而在文化教員的積極努力下，也漸漸的克服了。五百字識字運動終久得到了勝利。

通讯详文①

濟的克服了。五百字識字運動終久得到了勝利。

至於戲劇運動，也在積極的開展着，因為這是最易獲得效果的宣傳工具。戰地服務團戲劇組的同志，首先擔負起這個任務，在部隊間，進行着積極的活躍着。劇本在這裏很缺乏，同時後方來的在前方大多都不適用，所以多半要靠着自己編排。現在正積極地推動創作。成功的也很有幾個，如描寫一個軍官下野後被日寇搶劫一空，女兒也犧牲了「人財兩傷」的劇本，一次在前線某村表演，一位地主立刻捐給部隊五百担穀子。描寫敵軍反戰的「兄妹」，曾經贏得不少俘虜的眼淚！

戲劇要大衆化，不但劇本要通俗，演出要通俗，同時還要推動大衆去表演。因此必須要深入下層。這裏許多戲劇同志都到部隊裏和民間去，幫助他們成立戲劇組，排劇上演，並還大戲劇運動，但基礎尚未打好，沒有顯著的礎尚未打好，沒有顯著的成效。

這裏的戲劇運動正在飛躍的擴大着，進步着。今年四月，軍部正式成立了「抗敵劇社」，担負起全軍劇運的領導任務。積極的創造適應部隊的劇本，同時加緊訓練戲劇人才，在物質條件極端困難的處境中，他們曾先後數次演出「魔窟」與「一年間」。這兩個劇本演出的影響非常遠大，同時提高了一般觀衆的戲劇水準，現在對於自己編出的平凡劇本，都不甚發生興趣了。

歌詠是最普遍的。廣袤的原野，到處洋溢着抗敵的歌聲。

皖南前線的文化運動正在開展中，它的成功與發展，一個需要同志們積極的努力，同時也希望後方人士熱烈援助。

寫於涇縣

某司令长官传令嘉奖新四军

新華日報

粵漢路南段源潭一帶激戰

粵東南敵軍近調動頻繁

京滬路新豐站

游擊隊炸燬敵兵車

北路慰勞團

萬里勞軍昨歸渝

軍民有同舟共濟精神

士兵生活待遇須改善

敵人鐵蹄下的廣州

某司令長官傳令

嘉獎新X軍

游擊得力殺敵有功

延安抗日大學女子大學

全體同學捐款慰問

援助香港反汪工友

國聯行政院秘密會

最後消息

募苦工編練偽軍

渝市婦女界

追悼李時山

討汪

《新华日报》1939年12月10日第2版整版

某司令長官傳令

嘉獎新×軍

游擊得力殺敵有功

（本報江南某地六日專電）新×軍上月八日在延陵九里鎮鄧門，計斃敵三百餘名，俘敵數名，并繳獲步槍二百餘支，輕重機關槍八挺，及其他軍用品甚多，我吳副團長×劉營長××，於是役光榮殉國。×戰區某司令長官特傳令嘉獎，略謂該軍部隊游擊努力，繳獲兼多，應予傳令嘉獎，以資鼓勵，除分電飭將此役陣亡人員及有功人員轉請卹獎外，希轉飭知查照爲要。

消息详文

新四军印刷工友捐款

《新华日报》1939年12月15日第2版整版

援助香港反汪工友

新×軍印刷工友捐款
×路軍駐洛通訊處節食輸將
汽油廠工友自貢鹽工作後盾

新華日報館轉香港南華天演自由三報工友：

自從你們已屆堅持崗位，鬥爭益趨艱苦。一般漢奸長驅多年，如汪精衛之流，喪心病狂，出賣祖國，肆意造謠破壞，以遂其助敵侵華之罪行。你們深明大義，揭發漢奸罪狀，以文字廣播，舉國同欽。此不特為我工人之革命傳統，亦我中華民族之光榮。我們除深致同情與敬意外，茲已直接匯上國幣三十元，聊示慰問之意，尚祈繼續奮鬥，堅持到底，我全體工人誓為後盾。

新×軍印刷所全體工人

新華日報館轉香港南華、天演、自由反汪報工工友：

諸君捨生不吃飯，一齊罷反對漢奸汪精衛而罷工，我們非常佩服諸君的戰鬥精神，同時也很擔心諸君的生活，本處全體工作人員，節食一日，將所節餘錢來，托新華報社轉交。此致

民族解放敬禮！

第××集團軍駐洛通訊處啓

香港反汪工友：我們自從報上看到你們的英勇舉動，和那种堅不屈不撓的崇高而偉大的精神！益使我們感佩得五體投地，你們不特是單單給予日寇漢奸的當頭一棒，而尤為新中國民族解放上開了一朵燦爛的鮮花！我們都是勞動者，你們正是新時代工友們的先鋒隊，百折不回的鬥爭着，我們本想早日以一筆小款來援助你們，但是，心雖有餘而力量到底不足，因此遲延到現在，才湊足了二十元二角的法幣，獻給我們誓死力爭決不屈服的工友戰士們，以表我們的微忱罷。

重慶××新中國人造汽油廠工務股同人

新華日報館轉香港「南華」「天演」「自由」三報反汪報工工友們：

你們為了打擊汪派的賣國行動，封鎖汪逆的喉舌，而毅然離開南華等三報，寧可餓着肚皮罷工棄職，不做漢奸工具，使我感到無限的痛快和興奮。你們威武不能屈，富貴不能移的堅硬態度，表示了你們真是中華民族的優秀兒女，表示了勞工們在抗戰中有不可忽略的力量。

我們是較遠後方的一群鹽場勞工，用血汗換來一點金錢過日子，雖是度着貧苦生活，但為了你們的偉大運動，我們在飢寒掙扎中拚命的節省下國幣柒元肆角壹仙，交新華日報館轉寄你們，其數雖微，也算表示我們又一點同情，此致

民族解放敬禮

四川自貢市鹽場勞工同上　十二月三號寄

消息详文

大江南北新四军歼灭寇伪千余

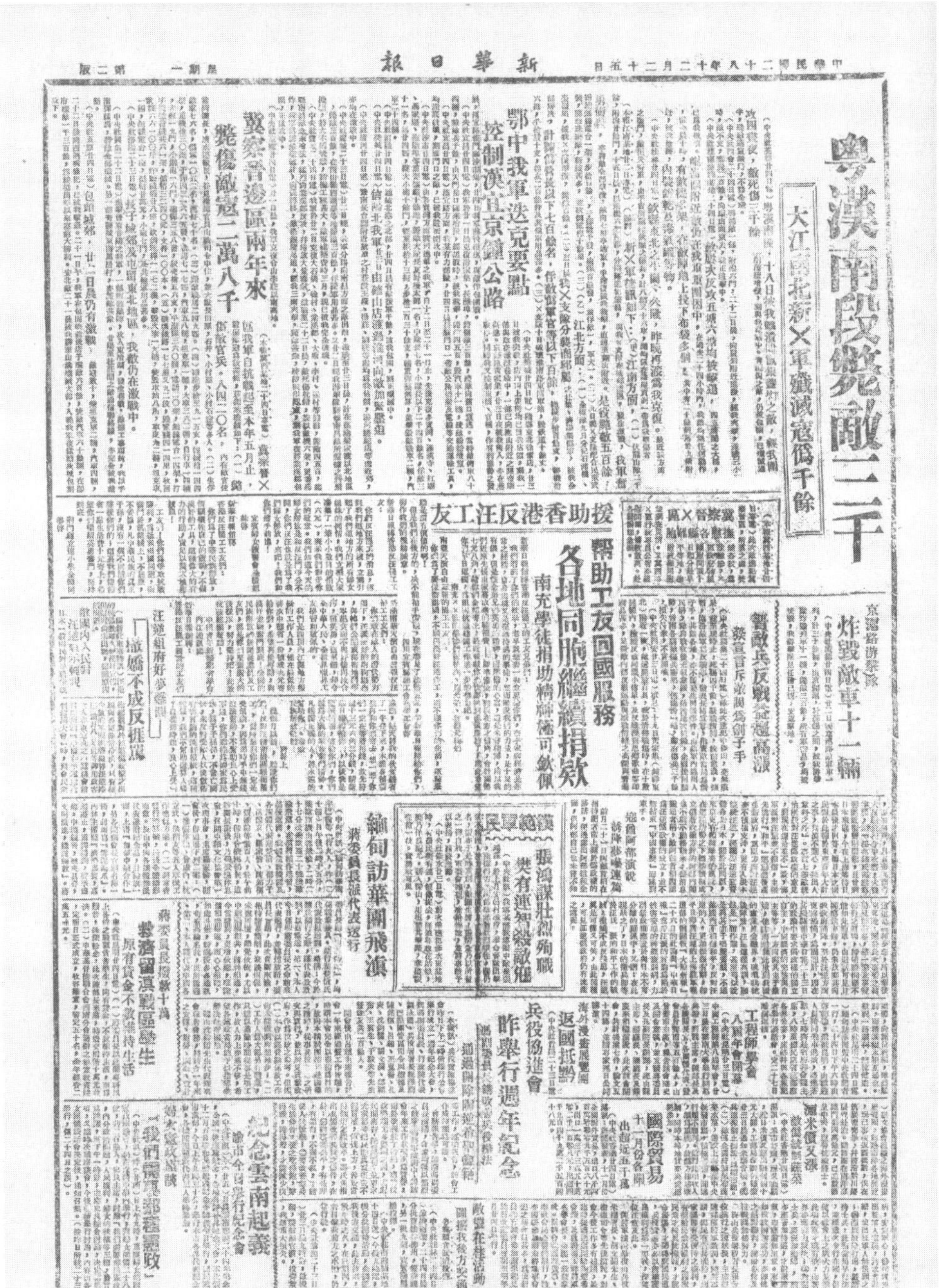
中華民國二十八年十二月二十五日 星期一 第二版
新華日報

粤漢南段斃敵二千

大江南北新×軍殲滅寇偽千餘

鄂中我軍迭克要點 控制漢宜京鍾公路

冀察晉邊區兩年來 斃傷敵寇二萬八千

援助香港反汪工友

幫助工友回國服務 各地同胞繼續捐款

京滬路游擊隊 炸毀敵車十一輛

緬甸訪華團飛滇

紀念雲南起義

《新华日报》1939年12月25日第2版整版

粵漢南段斃敵二千

大江南北新×軍殲滅寇僞千餘

（中央社英德廿四日電）粵漢南段，十八日被我擊潰向銀盞坳之敵，經我圍

攻四晝夜，敵死傷二千餘

敵陸續增援，刻與我激戰中。青龍崗之敵，仍被包圍，已殲滅過半，殘敵逃竄無路，不難全殲。

（中央社四會二十四日電）馮涌敵一部，附砲六門，二十二日晨，向鼠岩附近進撲，經我夾擊，激戰三小時，敵不支，棄屍二百餘，向環山頭竄去，我正追擊中。

（中央社桂南前線某地二十四日電）敵屢次反攻五塘六塘均被擊退，四五塘間之大橋，已為我破壞。崑崙關附近敵仍在我重重圍困中，在過去二十四小時內，我敵均無任何動作，惟今晨十時，有敵機多架，在敵陣地上投下布袋多個，其中有二十餘個落於九塘附近，被我檢獲，內裝餅乾及毒氣罐等物。

（中央社桂林廿四日電）欽縣東北之牛嶺、公隆，昨晚再渡為我克復。最近該方面之戰鬥，敵損失奇重，由平吉所運往欽縣之傷兵，計八船又十六車，聞均係在隘尾賁洞一帶為我擊傷者。

（本報江南某地廿二日專電）（遲到）新×軍捷訊如下：（甲）江南方面，（一）伏龍山敵二千餘，附砲廿餘門，十五日晨，以飛機六架掩護，分四路進犯繁昌，與我×支隊在城郊遭遇，發生激戰，我軍奮勇衝殺，卒將敵全部擊潰，敵向七里亭逃竄，中途復被我截擊，直追至銅山附近。是役斃敵五百餘，繳獲無線電台一架，步槍百餘，子彈數千發，砲彈百餘發，並俘敵一，軍犬一。（二）九日晚×支隊配合民眾武裝，襲擊珠琳敵，斬獲甚多，並砍倒電桿十餘里。（三）（乙）江北方面：（一）全椒敵九日分犯石沛橋、栗嶺集，被我×支隊擊潰，斃敵百餘。（二）[illegible]日晨我×支隊分襲商邱屬之杜集、渦陽集僞軍，被我全部解決，計斃僞營長以下七百餘名，俘敵僞軍官等以下百餘，繳獲步槍百餘支，輕機槍六挺，手槍數十支，棉衣二百餘件及其他軍用品甚多。（三）×支隊十日破壞淮南路東關車站，毀鐵道十餘丈。

消息详文

一九四〇年

皖南空前的胜利——繁昌战役

《新华日报》1940年1月2日第2版整版

新×軍通訊

皖南空前的勝利——繁昌戰役

貝葉

繁昌戰鬥，先後共爲三次。第一次是十一月八日的拂曉前，敵沿公路向繁昌進攻。和我某部在繁昌附近的鶴山頭接觸，後來我一部由敵後沿公路向敵跟蹤追擊，與敵在城郊展開了大規模的血戰，於是扼守鶴山頭的某部，精神格外振作，實行向敵夾擊，在城內進行猛烈的巷戰，敵紛紛向北門潰退。這時我另一部也神速趕到，從側翼猛撲，將敵包圍。敵狼狽退守草山頭一帶，又被我猛攻克復，敵竄至一草房的附近。復經追擊，敵向七里井方面竄去，戰鬥就告結束。此次敵傷亡百餘名，我獲子彈四千餘發，其他軍用品甚多。敵人在第一次吃了虧後，便各方調動軍隊，增加兵力，企圖報復。十三日夜，敵到了孫村，由孫村經梅村向赤沙灘分進，企圖向赤沙灘攻擊，這次戰鬥，比第一次更爲壯烈，計從十四日拂曉在陽口、壩金沖、梅沖展開爭奪戰，直至十四日夜半才告結束。這次擊潰了欲退不得而聯絡增援三次的一千二百餘敵兵，粉碎了敵人進攻繁昌的迷夢，遭受了四百以上的傷亡，敵三山指揮與川島中佐都在戰鬥中傷重斃命，我獲步槍、毒氣筒、信號筒、浮水器、及手榴彈步槍彈藥等甚多，二十一日，敵又調集大批敵軍三度進犯，一度竄入繁昌，我就轉移城郊將敵重重包圍，並不時施行截擊和攻擊，使敵閙得異常的憊疲，大形恐慌。二十三日拂曉前，企圖突出重圍，我軍當即分頭痛擊，向敵猛撲，結果敵人只得退回。當天傍晚六時左右，敵又向城外猛衝，當被我兩側夾擊，死傷大半，其餘就狼狽而逃，我即派隊追擊，敵先向馬家壩、又何、橫山、三山等處竄去。繁昌又這樣失而復得。這次共計血戰三晝夜，斃敵二百餘名，獲軍用品甚多。敵人受此教訓，最近期內，恐怕不敢再進犯了。這就是說。這次英勇壯烈的繁昌戰役，已完成了屏障皖南的光榮任務，開將來更大勝利的門。

敵人初次進攻繁昌的時候，曾經帶了許多馬匹，每匹馬的左右，都有一個大大的背囊。原來敵人在被中國打得精疲力竭，經濟枯涸的現在，是想把皖南的米，雜糧，各種各樣的細軟財物，用大口袋裝回去的。然而現在裝回去是什麼呢？不是糧食，不是細軟，而是一個一個的死尸。一口袋一個死尸，一匹馬兩個死尸，這就是敵人的「勝利」。敵人的死尸太多了，而馬匹可還不够用，所以有的並不是將整個死尸裝回去，而是將白白替帝國主義送死的戰士尸身上割下頭來，將頭裝回去，而無頭的尸身就狼藉在山野間了。一切這些，都是老百姓親眼看見的。敵人，在半年前一年前是多麼神氣呀，呢制服，呢大衣，吃的好。然而誰在，早已窮相畢露了。敵人現在，當檢查老百姓的時候，十個子兒（即銅元）廿個子兒也會搶去的。夏天還穿呢衣服冬天又凍得發抖。過去敵人是專找雞子吃的，現在看見辣椒也要。香煙，已經是剪做二段在吃了，因爲這樣可以節省些。這回敵人滿想大大發批財，可是結果是碰了一鼻子的灰。第二次第三次更好笑了。這回敵人有許多早已搶好了和備好了中國老百姓的衣服，看一聲勢不妙，馬上披上老百姓衣服，沒命的『歸去來兮』。

新×軍將士們這回的英勇和壯烈，實在是可以動天地泣鬼神的。當敵人第一次進攻繁昌的時候，我們那時有一排長叫張喜予，率領一個班埋伏在××地區，他們誓要成完了他們的任務，敵人來了，排長率領全班的同志向上衝。敵人驚慌了，機關槍的子彈就像雨霰似的飛散下來。他們衝上半山，正在敵人驚奇而楞住的當兒，張排長又跳起帶着全班的人向上衝了。可惜，這時一顆子彈竟打中了壯士的頭，壯士也就這樣將自己的生命供獻給了民族和國家。同時，班長也已帶了花，躺在地上，於是我們的副班長周文宜，就負起了光榮的指揮任務，高聲的喊：『同志們，衝呀，跟我來！』大家的熱血沸騰起來，一陣快步衝上了山頭，敵人居高臨下，一刺刀刺進了我們副班長的胸膛，然而副班長還是回了一刺刀，刺入了敵人的左脅。副班長倒了，接着戰士也就結果了那個敵人，其餘敵人見不是勢頭，紛紛的往山下滾。我們的戰士，沒有排長，沒有班長，在砲彈的轟炸和烟土的瀰漫中，沉着不動，固守在山上；敵人來進攻，終被手榴彈打回去。這時我們的另一部，乘勢勇猛衝鋒，將敵人擊退，還追了十多里。在湯口壩的戰鬥中，我們的一連人，曾向一個山頭連衝七次鋒，首先犧牲的是連指導員詹國生，另一連的連長林昌揚是在第二次衝鋒捐了軀的。年青的××幹事趙沛臧，還只十九歲，就自動代替，呼口號向上衝，就在第四次衝鋒時光榮犧牲。他們衝一次，向山頂進一步，最後是副營長率領衝上山頂，獲得勝利，而副營長也因此帶了花。總計這一連人，班長犧牲了八個，可是所有的戰士，不論新的和老的，都沒有表示絲毫的畏怯，自動繼續前進，直至最後，堅持陣地。有百分之七十五是共產黨員。

這種可歌可泣的戰鬥，給廣大民衆非常好的影響，提高了不少的勝利信心。當我們戰士死守在×××的時候，有一個五十歲左右的老婦人，自動背了幾十斤甘薯，冒着砲火親自送給戰士們吃，安慰他們好好作戰，一個篾匠，當我們退在街上去的時候，見一戰士受傷，立即自動上去，扶下來，送進屋子裏休息。當安葬烈士的時候，老百姓都自動買香燭祭奠。一個頭髮斑白的老頭子，行了三跪九叩首的禮，說：『我既不能幫助作戰，也沒有東西慰勞，這一禮節是千應萬該的』。在×××的戰鬥中，因為是第二次，老百姓都有了勝利的信心，許多人都站在山下觀看，態度異常鎮靜。當戰事結束的時候，家家戶戶都已燒好了水，生好了火，爭着拉戰士們洗脚去，喝茶，吃飯，烘火。有一位有些身份的人，據他自己說，這回親眼見了新×軍作戰這樣的英勇，真是以一當十，以拙劣的武器抵抗敵人近代的裝備，使我深深感動，自己以前的種種異是不應該的。並且逢人便說，以後只要新×軍要什麼，就得供給什麼，決不可刁難。新×軍缺伕子，就該大家自動去當伕子，缺柴火，就得自動去送柴火。足見勝利是最好說服人的方法。還有這次戰役中，各方面動員來幫作助軍隊戰，這是異常好的各方面能够配合的現象，值得我們雀躍。

總之，這次戰役，打擊了敵人，提高了民衆的勝利情緒，樹立了黨政軍民合作的模範，在今天準備反攻的階段，自具有異常偉大的意義。只要中國能堅決的團結，向進步的民主道路猛進，那麼實行反攻和抗戰的最後勝利，決不是很遠的事了。

（二八年十二月六日）

一个青年

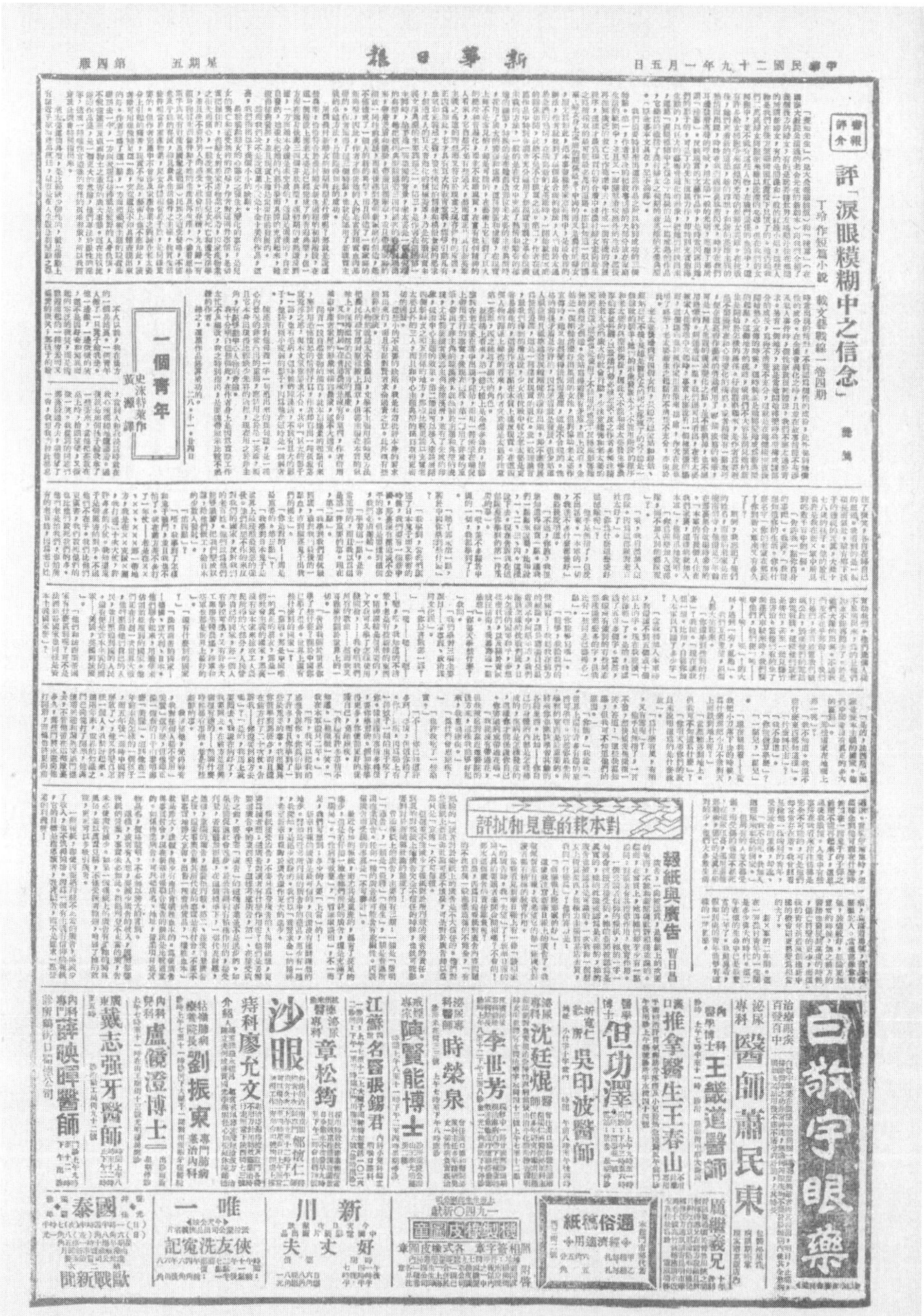
中華民國二十九年一月五日 星期五 第四版

新華日報

評「淚眼模糊中之信念」

一個青年

對本報的意見和批評

報紙與廣告

白敬宇眼藥

《新华日报》1940年1月5日第4版整版

一個青年

史沫特萊 作　黃源 譯

不久以前，我在後方的一個兵站裏。一個青年人搬了一只凳子給我坐。他一邊搬，一邊微微的笑，這不是因好奇和驚異而起的空泛的微笑，而是因歡迎而起的一種害羞而又嬌愛的微笑；那孩子的臉，當別人和我談話時就在我心頭模糊地飄蕩着。過後就是那個孩子給我拿了一些茶來，當他把茶放在桌上時，抬頭望望，又微微一笑。我從別的同志們那裏轉過身去，朝他望了一會，我想我們彼此都忍住了微笑，各自在轉自己的想頭。我看到的是一個碩長而强壯，賦有鄉下孩子的透視的天真，大概十七八歲的孩子。他的臉孔也許是我在新×軍中所見到的數千百中的一個。

「告訴我一點你自身的事吧」。我說，「我很想知道你的生活。你叫什麼名字「你的老家在那裏？你到新×軍來又有多久了」？

照例，我忘記了他們的姓名，而他的老家是在皖南岩寺，他還是二年前在那裏集合改編時參加的。「本軍的有幾個人住在我們家裏，這樣我就加入本軍」，他簡單地說明。

「你爲甚麼加入這部隊，而不加入別的部隊呢」？

「哦，我自然加入這部隊。因爲這部隊對老百姓太好了」。

「你爲什麼這麼愛好這部隊呢」？

他手是無措了，但說不出話來。「本軍的一切，我差不多什麼都愛好」，他最後說明道。

「不過，你瞧，我很想知道得確實一點。讓我們一點一點來說罷，比如說，一、二、三、四。這樣說下去。現在告訴我在這部隊裏你學到的第一件重要的事」。

「哦，差不多關於中國的一切，我都學到了」。

「嗅？那末第一點，關於中國你學到些什麼」？

「我學到，當我們驅逐了日本鬼子而又戰勝的時候，我們要有一個新中國，那裏沒有壓迫或不公平的事。但是要達到這個，我們必須團結」。

「學習這一點，是非常重要的，而且我以爲這是第一件重要的事。現在，第二點」。

「我學到我們要抗戰到底，戰到我們最後的一點血，直到驅逐鬼子出我們的國土」。

「你是對的——那是最重要的。第三點」？

「我學到日本鬼子是世界上最殘酷最兇惡的傢伙。他們無惡不作的來反對我們的國家，反對我們的老百姓。他們以爲他們能够戰勝，把我們變成奴隸，給他們做工，給日本的少數人發財」。

「第四點」？

「唔，我學到了怎樣和鬼子戰鬥，並且我也不怕了。我在前方差不多打了一年仗——老是在××、××、×××那一帶地方，我是在××支隊×團，我打過二十次大仗，許許多多的小仗。我知道鬼子是個厲害的對手。不過他們不在乎。我們比他們更厲害，我們殺死他們的也比他們殺死我們的多。他們老是怕我們，也怕所有的老百姓，因爲老百姓幫助我們。他們幾個人從不單獨出來，爲的是他們將永不能再回去了。於是他們大隊的出來。不過我們並不在乎那個——我們打他們，老百姓幫我們破壞公路，毀壞他們的電話和電報線。這樣他們就老是害怕，甚至一聽見爆竹也害怕。當他們有的坐了無蓬汽車駛來時，我們襲擊他們，他們便「唉——！唉——！唉——唉——唉」！的大叫，逃到一旁，亂跑」。

我們互相望望，兩個人都大笑起來。

「你還學到些別的什麼」？我問。「現在讓我想一想。比如，自從你加入本軍以來識了多少字」？

「當我初加入本軍時，我還認不到五個或十個以上的字。現在我能讀「抗敵報」了。是的，我認識了五百多個字。當然，我還沒有像別的有些同志那樣識那麼多的字，但我比有一些同志已識得多一點」。

「你能够寫嗎」。

「能够，我給我們的壁報寫……我寫我在前方的經驗，關於蔣委員長最近訓示中所昭示的，我們應該怎樣的抗戰到底，日本怎樣的需要和平，夢想征服我們，以及關於賣國賊汪精衛，我都寫過一點感想」。

「你每天學些什麼？」我問。

「我們學習三項主要課目——軍事課、政治課同文化課」。

「你最喜歡那一課？」

「嗯——嗯——嗯——嗯，唔，我知道的不清楚，老是有些新鮮的東西。精神團結是很重要的，今天我可又學了怎樣使用機關槍，……我會唱我們所有的歌曲……然而我又喜歡學習關於世界上的一切。」

「告訴我關於世界你學了些什麼？關於中國你已學了很多。世界上還有些什麼別的國家」？

「蘇聯。那是中國唯一的真正的朋友，那是一個社會主義的國家，那裏沒有資本家來掠取工人農民所得的大部分，人民管理自已的國家，每一個人有學校可進，又有許多大工廠跟集體農場，陸軍和空軍也都是世界上最好的」。

「還有什麼別的國家？」

「法西斯蒂的國家——德國、意大利、日本。他們聯合起來，用戰爭來佔領並征服別的國家。他們正在計劃一次世界大戰，他們壓迫他們自已的人民，並且壓迫別國的人民。還有便是資本主義的國家——美國，英國同法國」。

「他們和法西斯蒂國家有什麼區別呢？可不是法西斯蒂國家也同樣是資本主義國家麼」？

「是的，法西斯，國家是資本主義的國家。他們中間並沒有眞正的多大的區別」。

「那些國家在地圖上那一塊」？

「我不知道。我還不能什麼東西都知道哩」。

「什麼叫民主」？

「我不知道」。

「你能做算學麼」？

「一點兒，一點兒」。

●

「現在朝我看——當我把小刀落下去的時候，爲什麼那把小刀不飛到天上而跌到地上呢？」

「當然牠落到地上。」

但我可不知道爲什麼」？

「你明天要你們的教員來說明這爲的是什麼緣故」。

「爲什麼有風，有雨，又有雪呢」？

他手足無措了，一言不發，然後嬌愛他微微一笑，答道：「這些我都知道，但我可不知道他們的原因。」

「你聽，」我說。「世界上還有許多有趣的東西可學哩。當然你最先所學到的東西是最重要的。將來你也應該學習其餘的各種東西。比如——你自已的身體的內部是怎樣構成的，疾病是怎樣發生的，還樣你才能保護你自已。你害過病或帶過花嗎？」

「我從沒有帶過花，但我被送到靠近這醫院的後方來，這樣我能够好起來，我患過瘧疾。」

「爲什麼會患瘧疾？」

「也許我吃了一些桑實。」

「不——你已知道許多別的事情，但還你錯了。你患瘧疾，因爲晚上有一種蚊子一類的虫子咬了你。像這樣的事情多得很，要你學習的。假如你學得更多，你便能更好的保護自已，免除瘧疾。」

「我還有許多事情不知道。」他微微一笑。「我在本軍還只二年。」

「唔，我可以把我的感想告訴你。你眞的學到了許多，而且你學到了一些最重要的事。我很驚異你能學到那麼多，而且還在前方打了二十次仗。告訴我——你還要回前方去嗎」？「是的，我馬上就要回去。我現在病好了，我要回去。在前方是很興奮很有趣的——無論什麼時候都有事做。老是有些新鮮的事。」

我注望他，覺得神奇，我對任何人都不愛用「美麗」這字眼，但他却正像一個新的日子的黎明那麼「美麗」。想到他在二年前本是怎樣的一個孩子，而五年後（那時中國將解放了），他又將變爲怎樣一個人，我驚訝起來。這兩年來，世界的知識之門已向他打了開來，他滿懷着興趣和驚異穿過門進去，不管他留在這部隊裏多久，那些門將永遠向他打開着，而他也將更向前邁進。當我望着他時，忽然轉念到他可能在什麼時候，在一顆鬼子的子彈之前而不能再起來了，這思想使我戰慄。人生中有些事情在我看來往往彷彿是完全不可能的，可是他們却常常存在着。我曾經看見像他一樣的別的青年，受着致命的重傷，却說、「我不怕死。我加入這部隊來救我的國家。」

但所有的人並不都受傷，而受傷的也並不都死，在這隊伍裏，運用着他那戰術，傷亡的是眞正相對的少。他們大多數生活着，滿溢着勇氣，發展得堅強的人。當這部隊愈堅強，裝備較好，經驗更加豐富的時候，加之前方的醫務也發展到高度的時候，傷亡將變的更少，而這樣的青年活着來創造新中國的機會則更將變爲相當的大了。

新×軍的二年間。這在一個農村青年的一生間是多少偉大的時代。這二年在他的生命中已是最豐富的二年了。我驚異着，假如別處的青年能够有這樣的一番經歷。

新四军首长电贺本报二周年

中華民國二十九年一月十一日　新華日報　星期四　第二版

豫南激戰敵勢受挫
我軍乘勝直追長台關
粵北追擊殘敵我已進逼增城

華中

華南

參加×路軍的兩個朝鮮兄弟

魯境游擊隊活躍
寇要英領署舉行僑民登記

抗戰建國

新華日報二週年紀念　董必武

新四軍首長電賀本報二週年
勉為抗戰建國的澈底勝利而奮鬥

本報今日招待親友舉行慶祝會

孫院長談憲政

××廠工友祝賀本報

四團體歡宴士公使

最後消息
敵國政局杌隉不安

春節勞軍

國內簡訊

滬傷兵之友社

《新华日报》1940年1月11日第2版整版

新四軍首長
電賀本報二週年
勉爲抗戰建國的徹底勝利而奮鬥

本報今日招待親友舉行慶祝會

今日爲本報創刊二周年紀念日，爲表示慶祝起見，除定於明（十二）日，招待渝市各同業外，今日特在本社招待同人親友，晚間並舉行游藝會，以資聯歡。

重慶新華日報董事會編輯部及全體同志：兩年來你們在中共中央正確政治路線下，在神聖民族自衛戰爭中，組織全國人民鼓動發揮報紙的指導作用，開展了悲觀失望與失敗利信心的情緒，提高了克服困難的正確方針和方法。現在抗戰已進入相持階段，爭取軍事勝利，推進民主政治，堅持全國團結，國共合作，是最主要與重大的歷史工作，還要你們更加奮力過進，發揮兩年來已經獲得的宣傳和組織的政治話果，協同友軍，爲完成抗戰建國的徹底勝利而鬥爭。茲值新華日報創刊兩週年紀念，特電致賀並祝諸同志康健

葉挺 項英 袁國平恢

重慶新華日報編輯委員會：新華日報兩週年的成就，對建立起中國人民解放事業的指標，完全是你們堅苦工作的結晶，你們正確的宣示了中共中央堅持抗戰團結進步的政治路線，促進了經濟文化工作的體驗，民主政治的逐漸實行，打擊了一切妥協倒退分裂的謬誤政見，傳達了抗日戰爭各個戰場的勝利，特別是大規模游擊戰爭的勝利消息，這些都是有利於抗戰建國的偉大工作的，你們團體的宣傳鼓動和組織的領導地位，我們時時都追隨在你們之後，貢獻我們的全部戰鬥力量，你們一致更光明地發揚中共政策，領導政治經濟文化軍事各個戰線上的建設與作戰的勝利，並保持和鞏固抗戰勝利信心，迅速走向勝利去，今當創刊兩年之日，特電慶賀

新四軍抗敵報編委會抗敵雜誌編委會同叩齊

消息详文

江南的“扫荡”与反“扫荡”

《新华日报》1940年1月25日第2版整版

江南的「掃蕩」與反「掃蕩」

阿蘇

一提起江南誰也會引起羨慕和愛戀，因爲這有名的『柔歌之鄉』，在多少文人的筆底下，它的美麗誘惑了人們對它的懷念。

事實却也的確如此，這兒不僅是風景最優美的所在，同時也是全國最富庶的區域：論人力，這兒的人口最密，論物力，這兒的工業和農業又最豐，論財力，這兒的金融市場又最集中；大城市則如上海，南京……；鐵道則有京滬，滬杭，蘇嘉，京蕪……；公路則密如蜘蛛網，數不勝數，河川水澤則縱橫交錯，滿佈於遼闊的平原……所有這一切，正好說明了敵人對這塊肥好的『俎上肉』，是決不會絲毫放鬆的。

在敵我相持階段的今天，由於敵人主客觀的條件和環境的變化下，而企圖實施其『以戰養戰』，『以華制華』的毒辣陰謀和罪惡統治，必須鞏固其已佔領的後方，特別是在這戰略上和兵力的轉移上，有着重要意義的江南，不得不抽調相當雄厚的兵力，傾盡其力的來對付其心腹之患，一方而採用了軍事的進攻，另方面則配合以政治的欺騙來『掃蕩』其佔領區的游擊隊和游擊根據地。

於是在軍事上，敵人積集了一些兵力，利用較大的村鎮，到處布設其『梅花樁』；以鐵道和公路作爲封鎖綫來阻止游擊隊的活動，以『分進合擊，數路圍攻』的戰術，來襲擊游擊隊的駐地；以飛機的濫作，來威脅和濫殺我民衆。並且巧妙地更學習我們的游擊戰術，經常在黑夜裏出動下鄉刼掠或埋伏，在政治上則利用殘餘的封建勢力，以及最卑夷無恥，出賣祖國藉以爲生的民族敗類，組織僞維持會等等，以假仁假義的手段，高唱『防共反共』『東亞新秩序』……各種荒謬而滑稽的口號，散播和平妥協的空氣，以「反共」爲幌子。利誘或威脅那些落後的，對抗戰失去信心的動搖短視份子，如漢奸，親日派，頑固份子等，挑撥和破壞統一，分散和削弱一切抗日的力量，來動搖欺騙和蒙蔽民衆，以求達到其「掃蕩」的目的。

也算是敵人的倒霉，堅持着江南敵後游擊戰的正是我們曾經在最困難的條件下有過三年游擊戰的光榮的歷史，最富有游擊戰術經驗的××軍，他們有着最忠誠於民族解放事業和解除祖國危亡的堅決鬥爭的意志，在正確的政治領導下，保持和發揚了革命的優良傳統，在部隊中普遍地建立了政治工作制度，不怕任何困難，艱苦奮鬥吃苦耐勞，良好的紀律，取得了廣大羣衆的擁護和幫助，克服了物質的困難和低劣的武器，堅持着勝利的鬥爭，以更大打擊回答了敵人一次次的「掃蕩」。

針對着敵人的要害，我們勝利地展開對敵的反「掃蕩廣，在軍事上，我們用「各個擊破」的戰術粉碎了敵人的「數路圍攻」，更運用了廣大民衆的力量，容易地截穿了敵人的封鎖綫，在他們的「梅花樁」裏還依舊可以自由地打轉，經常的破壞敵人的交通網（如公路，鐵道，橋樑，電線等），不斷的要襲擊敵人的汽車，火車，船隻與據點。在政治上，更深入的動員與組織了民衆，揭發了敵人各種陰謀和欺騙，「泛的開展了游擊戰爭，并以戰爭的勝利，來提高和興奮民衆抗敵的情緒，打擊一切動搖妥協的份子，摧毀各種僞組織，堅持抗戰到底！

敵人的「掃蕩」終竟一次又一次的被我們的反「掃蕩」粉碎了。在江南，敵人所能佔領的，也不過幾個較大的市鎮，所能欺騙的也祇是極其少數的落後的民族敗類，廣大的鄉村和千百萬的在鐵蹄下生活着的民衆永遠是我們的，敵人想利用江南的財富，是不能的，他的「掃蕩」祇是最後的掙扎，決挽長住他垂死的命運，厭戰和反戰的情緒正高漲在敵人的士兵和下級軍官之間，我們播下了的勝利種子，正蓄勃地在生長着，讓我們爭取和迎接着反攻迅速的階段到來。（全民社）

火热的军队节约运动

中華民國二十九年二月六日 新華日報 星期二 第二版

桂南戰局有進展
賓陽西南敵陷重圍
綏西敵竄五原附近激戰

華南

甘棠古辣一帶，均告肅清

某外籍軍事專家
觀察桂南戰局

崑崙關附近將再度激戰

華北

東北我軍益活躍
豫北沁陽敵出犯受重創

華中

「打回東京去」

敵機炸滇越路
法提抗議

敵機昨襲
陝北府谷

孔副院長辭熙報告
日汪密約與我抗戰前途

律租界英日妥協
青島敵又反英

華北糧食
價高貨少

反侵略總會會長
請美禁運軍火赴日

渝市長吳國楨
率全體市民討汪

火熱的軍隊節約運動
王坪

川省新縣政
三年內完成

最後消息
敵議員責問政府

《新华日报》1940年2月6日第2版整版

新×軍通訊

火熱的軍隊節約運動

王坪

『節約重於生產』，這是蔣委員長對我們的訓示，這訓示，很快在各方面引起熱烈的反應，在江南敵後堅持游擊的新×軍爲了遵循並實踐這一訓示，也是爲了解決該軍本身實際的困難，他們運用了很靈活創造很新穎的方法來節約。

首先新×軍以他們一貫的優良作風——上層的啓示及領導，下層的發動及響應，中層則盡力推動這一優良作風，在全軍展開了熱烈的討論。

從工作上，生活上，以及最細小的物質用品和費用上，廣泛的展開節約運動——他們把這訓詞當作最高節約原則，於是決定了：

『我們不是在物質上節約，而且在工作上也要節約，在精神上更要節約，那就是說，工作上，我們不作不必要的重複；本來三天才可以完成的工作，我們兩天便把牠完成，節下來的這一天，便可做其他的工作，精神上也是如此，不作無謂的興奮及消耗，不把精神化費在不必要的思想及行動上……』。

而且他們又決定了一個實貫的原則：

『節約是經常的』。

這樣，他們便經過他們健全的政治制度，除了較高的軍部司令部以及各幹部機構展開討論外，並且在營部連部的軍人大會，生活晚會：：上，展開廣泛深刻的討論。

他們動員了所有的政治工作人員，文化工作人員，在戲劇的表演上，歌曲的唱奏上，文字的宣傳上，都集中力量於這一事件，造成節約的空氣，走到東邊『節約！節約！』走到西邊，也是『節約！節約！』就是不注意節約的人，也在這火熱運動的影響下節約起來。

經過各種的討論，規定了很多節約方式，其中最有趣的是：

經濟信封：甲與乙，或者某機關與另一機關經常通訊，只經常用一個信封，信封上寫上收信的機關或個人，信封的反面畫有格子，用一次，在第一格內寫上『一』，用兩次，則寫上『二』：：照此來類推，一個信封可以用幾十次。

經濟信箋：他們的便條，多半是用廢紙，——報紙草紙之類，接到對方的便條或不重要的信時，便在這接到的信紙的邊沿及空白上答覆，有時，對方來的信是甲紅墨水寫的，則用深色墨水在寫着紅字的紙上答覆，這所收到的效力並沒有兩樣，但卻節省了好多紙——！可是，對方的行文及重要的信件，仍然慎重從事。

經濟菸草，吃香菸的，一律規定吃黃菸，土菸有時甚至以類似性質的草葉樹葉來代替菸草。

他們又規定不喝茶，只喝開水；不用墨汁，只用墨；按時不亂放槍以節省子彈；按時熄燈，以節省燈油：：：。

全軍一律決定，每月在『津貼』中節約五毛錢作爲全軍教育幹部的費用，他們的教育隊——裏面經常有上千的優秀青年學習抗日本領——大部份的經費，就是全軍節省上來的，他們常常說：『抗戰本來就是艱苦的，我們爲什麼要求不吃苦呢？而且蔣委員長曾經說過：「越接近勝利，就越艱苦」，我們現在是預備吃苦啊』！

最可欽佩的，是他們的『節約競賽』：

某單位與某單位，個人與個人，規定比賽的條例，在一定的比賽期間，看誰比誰會節約，誰節約的方法最好，節約成績最佳，誰便能得到全軍的讚許，成爲全軍的模範，報上，口頭上，——都有人提到，誇獎他。

這樣，越競賽下去，花樣越多，成績也就越好。

他們出的抗敵報上，便隨時都有節約獻金的新聞出現，更有很多人寫出熱烈的關於獻金的信，在報上發表，其中有一位志願兵丟去自己的優裕生活，跑到新×軍去服務的翟天民大夫他自願減少他自己的津貼，——這一類的事很多——還是會叫人感動得流淚的事啊。

他們在艱苦鬥爭中，這樣發憤節約，是難能可貴的。他們告訴全世界的人士：『中國是有着最偉大的艱苦精神，接受苦難，爭取苦難後面的勝利的到來』！

皖南我军乘胜追歼溃敌

中華民國二十九年二月二十七日 星期二　新華日報　第二版

桂南敵後我軍出擊得手
邕欽路上連克據點
皖南我軍乘勝追殲潰敵
平漢北段敵交通陷中斷

華南

華中

華北

開平漢路軌多段，敵交通陷於中斷

馮副委員長播講
歡送忠勇將士出川抗戰

飢餓線上的香港漁民

渝市各界歡送
將士出川殺敵
士兵既不減敵寇不回川

貴池偽警殺敵反正

汽車多一燃料
煤炭代替汽油

國府命令

本報外勤記者
郭于鳴同志逝世

悼于鳴同志

郭于鳴同志遺容

國民外交協會歡送銳模

人才調劑會

川康政工會議昨日開幕

公共租界將徵附加稅

謀避難安全 多築防空洞

最後消息
英法力謀擴大戰禍

《新华日报》1940年2月27日第2版整版

桂南敵後我軍出擊得手
邕欽路上連克據點
皖南我軍乘勝追殲潰敵
平漢北段敵交通陷中斷

華中

（中央社屯溪二十六日電）繁昌經我克復後，殘敵分兩路潰退，我軍分頭尾追，一路在松林口附近，斃敵三百餘，敵狼狽潰逃，松林口復經克復，一路攻克馬家壩，敵棄屍甚多，刻我仍追擊中。

（中央社南陽二十六日電）連日出山店，遊河等處，我敵激戰甚烈，我奇兵一部，於二十三日晚迂迴敵後，進迫信陽城郊，猛烈攻擊，斬獲甚多，信陽敵驚恐異常，紛紛逃竄，商店亦多數關閉，敵僑均狼狽他遷。

（中央社□林二十六日電）敵約千餘，於二十四日向溧陽進犯，經我軍奮勇迎擊，激戰至二十五日，將敵全部擊潰，刻正繼續追殲殘敵中。

（中央社屯溪二十六日電）我軍於二十五日擊潰向溧陽進犯之敵後，復奮勇跟蹤追擊，二十六日追至溧陽之南渡，將殘敵包圍痛擊，敵傷亡奇重，狼狽北竄。

（中央社浙東前線二十六日電）蕭山敵軍，二十六日略有增加，現城郊有敵二千，雜有一部朝鮮兵，日來潛伏一隅，不敢動作。

（中央社金華二十六日電）敵土橋師團聯隊長大佐眞田穣一郎，十九日在聞家堰附近，被我彈穿右膝關節，刻在杭州第一野戰病院醫治。

（中央社桂林二十六日電）二十五日夜我軍向高郵市東北之敵襲擊，斃敵三百餘，獲步槍百餘支，至拂曉我以任務達成，安全返防。

消息详文

今日皖南

中華民國二十九年三月四日　新華日報　第一張　第四版

來論

論「思想的自主」與「自主的思想」

今日皖南

拜倫的苦誡

《新华日报》1940年3月4日第4版整版

今日皖南

蔣　蔡

一

「三十六峯　峯峯有寶　如有一峯沒有寶　也出黃芩和甘草」

上面是安徽黃山一帶的民謠，它雖然不能代表一個皖南社會經濟的輪廓，可是至少也可以從這裏看出皖南二十二縣的物產富饒來。

皖南的黃山是全國聞名的風景區，在那裏有各種奇偉的溪石，有幾處聞名的溫泉，黃山一帶出產的綠茶，是舉世馳名的特產，黃山「雲霧茶」是我國有數的名茶。抗戰以後，由於政府管理的得法，黃山茶葉在國際市場上的地位反而一天天地重要，去年祁門紅茶和黟縣綠茶的暢銷，便是一個很好的證明。

曾經有過一句成語：「無寧（波）不成市，無徽（州）不成鎮」，在外省比較熱鬧的城鎮裏，徽州人往往也操縱着當地經濟的支配權。徽州人在商界中之所以有今日的地位也不是偶然的。常常有一個徽州人帶了幾十塊本錢，在外面跑了十年或二十年，回來即腰纏萬貫，也是很普通的事。所以有人稱徽州人這種情形爲「徽駱駝」，可謂再恰當沒有的。

中國四大米市之一的蕪湖，也在皖南，皖南各縣的出產也很豐富，茶葉之外還有桐油、棉花、徽墨、宣紙……等特產。

長江戰事發生後，皖南沿江一帶淪陷縣份頗多，但主要的富饒區域仍在我手，因此皖南的繁盛並沒有受到多少影響。最近幾個月來，因蕪湖、宣城、溧陽、廣德一帶商人走私，使皖南許多城市和鄉村形成了一種畸形的「繁盛」！

十二月底沿江攻勢發動後，會給皖南許多縣份的民衆重新帶來了二年前嘗過的火藥味，然而離開火線只有三百餘里的屯溪市上却有三家戲院在那裏揚鑼宣告客滿，這裏告訴我們皖南民衆少有的安定，但也給有心人帶來了警要。

二

皖南現轄二十二縣，被敵人佔領者僅六縣、蕪湖、銅陵、東流、繁昌、貴池、至德、失而復得者計有宣城、當塗、廣德、郎溪等縣，廣大的鄉村則完全在我控制中，而各縣行政也通行無阻。

爲了便於行使職權起見，南部安徽於前年底成立了皖南行署，主任是廿一年淞滬抗戰時名將××將軍。×先生不僅是一位軍人，而且還是一位行政長官，一年多以來，他在皖南雖然沒有如何輝煌的功績，可是他對各地行政上的設施的確收到了一點效果。

由於種種事實上的困難，×主任曾向省府辭過幾次職，但都沒有照准，最近聽說批准了，但是新任主任還沒有正式發表。

在民衆動員方面，皖南今天也跟其他省份一樣，發展得並不平衡。省府於抗戰初起時，即成立省民衆動員委員會，鄉鎮也有分會；皖南方面主要的負責機關爲皖南民衆動員委會，各縣亦均有此項組織。動委會之外，各縣還有許多直接受政府領導的民衆團體，大都係以職業爲單位。如青年有青年抗敵協會，工人爲工人抗敵協會，農民婦女，商人也都各自成立抗敵協會，此外各縣還有青年工作團，他們經常的工作大致是慰勞和宣傳。其中工作比較努力的要算是幾個直屬總動員委員會的「青年團」。

在各縣民衆動員工作中，做得最有成績是接近前線的縣份，如涇縣、繁昌、銅陵、宣城一帶，其次歙縣、石埭等縣也不差。

由於戰區上分配的不同，安徽的一切政治設施，民衆動員，江南江北都顯得有很大的不同，在皖南，民衆動員的總領導機關現在由第×戰區政治部担任。

三

文化的落後皖南今日最感到苦悶的問題。皖南二十二縣，現在每日只有三種鉛印的報紙出版，經濟中心的屯溪就佔了兩種，一爲對開紙鉛印的皖報，一爲四開的徽州日報，銷路各約三千份，此外僅太平出有八開的小型報一種，內容銷路都不見佳。

徽州是皖南現存縣份中最大的一個，外地遷至該地上課的中小學校，文化機關，也不少。可是我跑了全縣沒有一家比較滿意的報紙和期刊。

期刊方面最近已稍見活躍，安徽戰時文化推進委員會皖南總會出版了一種團結月刊，銷路約二千份，動員會的動員通訊，每期也有二千多份。比較專門的現在有二種，一爲貿易委員會出版的茶聲半月刊，現已出至十四期，內容相當充實，現每期可銷二千份，經濟通訊是中國農村皖南通訊處出版的，因爲是油印的所以影響不十分大。

皖南的文化雖然比較落後於其他省市，可是比起抗戰以前來的確已有不少的進步。屯溪歙縣幾個熱鬧的市鎮上有着不少的書店，他們先前都只經售教科書、文具神怪小說，現在由於各方青年的需求，大都改以經售金華桂林出版的書報爲主要營業。

可惜因爲交通不便，來貨不多，所以每次新書一到，往往不上一個鐘頭即被搶售一空。所以皖南青年的文化食糧一直還處在半飢餓狀態。

在這方面有一點應當特別提出告訴給後方讀者，那就是在皖南有些部隊內文化運動開展得非常迅速；這些進步的軍隊一方面要與敵人作戰，一方面却在自己的駐地內發刊了許多鉛印報紙，油印報紙，以及各種[illegible]期刊和書籍。這裏告訴我們，新的文化不是沒有在皖南生長，不過它還在艱苦地萌芽而已。

四

最後說到軍事方面的情形，皖南有一半以上縣份離開長江很近，由於地理上的不利，許多沿江的縣份淪入敵手。可是也因爲沿江一帶多山多險，宜守不宜攻，所以敵人始終踞逗在沿江數十里以內，不敢越雷池一步，二年來，敵在東流、貴池、繁昌一帶，曾發動十餘次攻擊戰，每次總因我守軍英勇打擊而未得逞。而沿江砲兵則始終憑藉高地轟擊來往長江之間的敵艦，二年來先後被我擊中沉沒或受傷的敵艦至少在數十艘以上。

十二月十六日一個晚上，我軍以迅雷不及掩耳的姿勢攻克了沿江各重要據點，這只我先頭部隊且一度衝至江邊十里以內，使沿江敵軍大受威脅，此次對敵殺傷已極重大。

目前皖南的敵人依然踞處於青陽陳家大山、貴池鷄山，殷家匯打鼓山一帶原陣地，除加緊構築工事外，始終不敢外出。敵人自遭我軍此次打擊以後，大有進退兩難之苦。

由於皖南地位的重要，所以國人對它應當特別注意，而皖南數百萬同胞也應當特別努力，保衛我們的土地。

一九四〇。

X县的烧炭工人

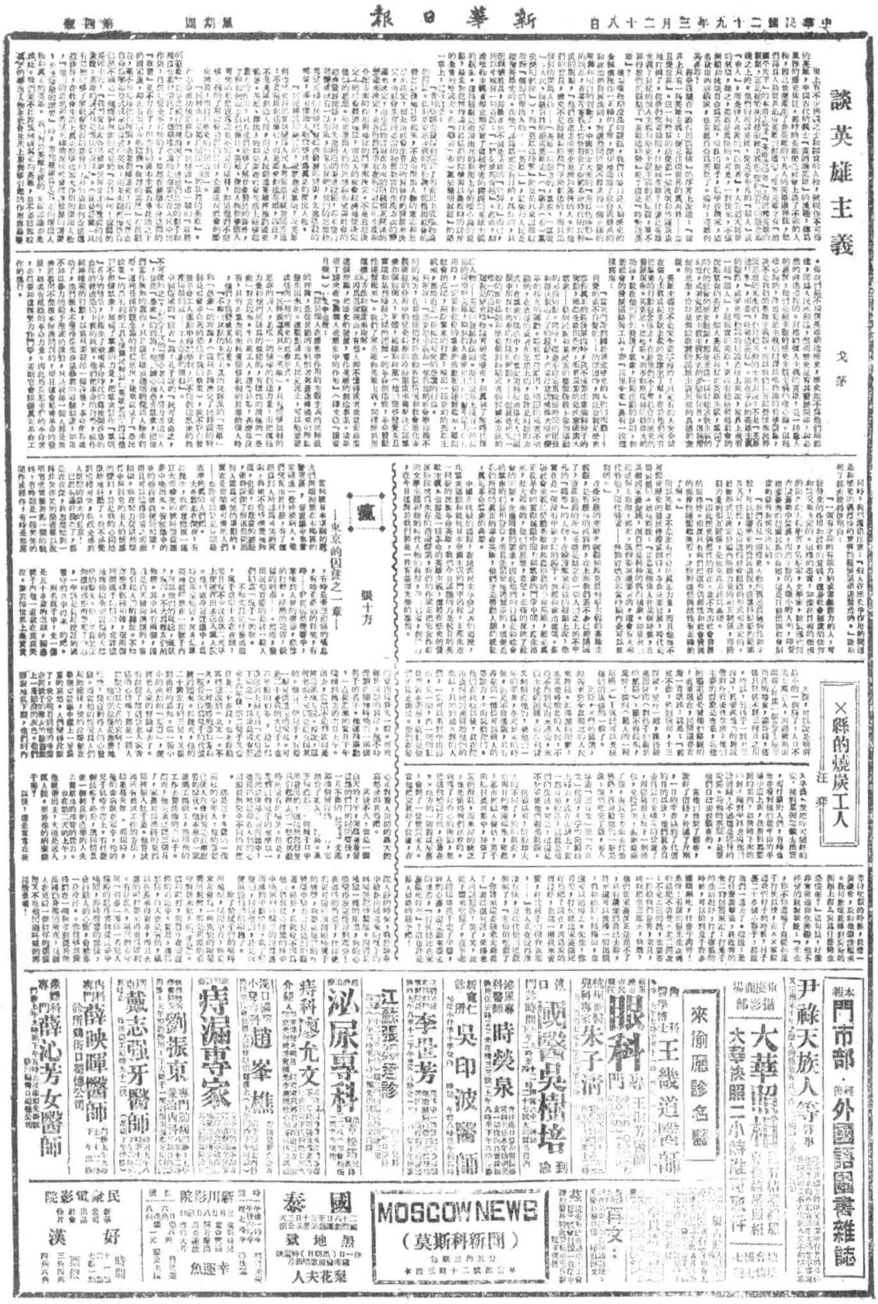
中華民國二十九年三月二十八日 星期四 新華日報 第四版

談英雄主義

戈茅

×縣的燒炭工人

汪玶

黨

——東京的囚徒之一章——

張十方

MOSCOW NEWS

(莫斯科新聞)

《新华日报》1940年3月28日第4版整版

×縣的燒炭工人

汪 弈

×縣，可以說是皖南最小的一個縣了，人口不過七萬多人，四週被高山圍着，好像一個盆子。每年出產的糧食，連雜糧，僅僅只能供本縣三個月之用。所以，男孩子一到十三四歲，就要跟他們的親戚帶到外省去找生活，他們主要的對象是商業，其他的職業都是被他們鄙視的，直至現在，民間還存在着一首歌謠，就是：「前世不修，修到徽州，十三四歲，望外一拋，賺得錢來囡呀肉（對孩子的親暱的膩稱），賺不得錢來，鬼呀！瘟囡（罵人的一種惡稱）」！這就可以表現他們的風俗的一般了。

至於，×縣的農業，却甚至完全靠皖北的人民來耕種。洪澤湖的閉塞，水災使得皖北的人民，不得不跑到皖南來逃荒，來做土地的附傭，而高利貸又剝削着他們，使他們一年的辛苦，冬天到來的時候，還是不能溫飽，只有再拿出一部份可以做人的勞動力，去向飢餓搏鬥。他們在秋收以後，就在深山裏面燒炭來幫助他們的生活，只要到過×縣的人們，一定可以看到半山裏面，東一間，西一間的散佈着許多茅屋，這就是他們的棲息場所。他們在每天早晨，就把昨天燒好的炭，挑到某個市鎮去出賣，而村鎮的人們，有時也會在看到他們從半山的羊腸小道上面，挑着担黑壓壓的東西，如飛的下來的時候，跑到半路去向他們說價錢，不過這是最後的發荒。其他的時間，是要他們自己去找顧客的。

當他們找到了顧客，說好了價錢，秤過了斤兩，一日的辛苦換到了代價的目的以後，他們就各自去爲買主安頓炭的位置了，而從扁担上取下一個漸包，交給買主，裏面盛滿了飯，由買主方面去代他熱熱，再加給他們一點菜蔬，他們吃完了飯，每人拿着「三百文」至「六百文」代價，彳亍的向歸路上轉去，或在市鎮上，買一點日用物品，這就是他們的生活。可是，這還是不能夠使他們避免飢餓。

抗戰以來，情形却大大的不同了，炭的飢荒，也與日的增漲起來，雖然，都市被敵人侵佔，男子向鄉村裏面集中，加強了炭的消耗，而來源的缺乏，也是值得我們注意的。我爲了好奇心的衝動，想把這個啞謎打破，終於在××地方的一個親戚屋裏，會到了一位賣炭老人。當他把炭放好了位置，在等待吃飯的時候，就借一個機會，就和他攀談起來。幾句寒暄就轉到炭荒的問題上面。「炭爲什麼發生恐慌呢？」這句話，好像非常使他發生興趣，他不停留的就對我說：「先生，你不知道嗎？自從和鬼子打仗以後，在××軍經過我們村子的時候，村子裏二十多個小夥子，都跟他們一道去了。聽說：是打什麼游擊戰，最近我的老二寫信回來說：打鬼子的生活挺好，打了勝戰的時候，可以搶到鬼子許多罐頭來吃，什麼牛肉呀！魚呀！看信的張先生說得我都記不清楚。老二還說：不是太遠的話，也要寄一點給我們嘗嘗，並且，叫我把老三送去，我想，他們在家裏反正是活不了，只有讓他們自己去幹，將來還可以找得一個出頭，我和媳婦們種種田，也還可以過得去。先生，你看呢，打仗總比家裏餓死好些吧？現在，因爲炭的價錢好，也挑一兩担來賣，好代孫子們做件衣服，……」老人正在說得津津有味，表嫂代他們把飯裝來了，「老伯伯吃飯了，你將來還要做老太爺呢？」表嫂這句話，使得老人沒話回答，笑了笑，就低下頭來吃飯了。直至老人揹起空担子走了半響，我的心裏，還是翻來覆去的想着，「打仗總比在家裏餓死好些」？這也許是敵人侵略的賜予吧！

通讯详文

八路军新四军全体将士通电讨汪

新華日報

晉東南敵受創後
我軍連克陽城陵川
豫東攻朱仙鎮發生巷戰

八路軍新四軍全體將士通電討汪
加緊團結消弭磨擦堅持抗戰
勿中敵偽反共和平滅華奸計

孟祿博士抵渝
暢談我抗戰必獲勝利

華中戰況

敵蹂躪下的皖南
姦淫擄掠慘絕人寰
獸軍六百餘全被殲

孤島零訊

澳洲積極援華
反侵略會加緊抵制日貨
請我派員往講抗戰實況

賀龍將軍談敵後抗戰

賀龍將軍

華僑回國機工慰問
×路軍負傷將士

國府命令

中蘇航線全程通郵

政務巡視團
各組路線決定

川省合作金庫
貸放春耕借款

汪派偽國民黨
內部糾紛益烈

南僑慰勞團
定下月一日分路出發慰勞

渝防空部
表演防毒

國內簡訊

河北議賑代表
向國際友人呼籲

論陷區青年

《新华日报》1940年4月27日第2版整版

八路軍新四軍
全體將士通電討汪
加緊團結消弭磨擦堅持抗戰
勿中敵偽反共和平滅華奸計

（本報訊）八路軍新四軍全體將士頃通電聲討汪逆，原文如下：重慶林主席、蔣委員長、國民政府各院、部、會、國民參政會、中央黨部、中央社、新華日報、大公報、掃蕩報、中央日報、青年新聞記者學會、反侵略大同盟、中蘇文化協會、婦女慰勞會、各戰區司令長官、各集團軍總司令、各軍、師、旅、團長、各省政府、省黨部、省參議會、省抗敵後援會、三民主義青年團各級團部、全國各黨派、各報館、各民衆團體、及海外僑胞公鑒：汪逆登場，全國震憤，伏讀國民參政會通電及蔣委員長在參政會之演說，誅奸討汪，大義凜然，德等率部深入敵後，為保衛祖國而戰，已歷三年，深知敵偽陰謀在於分裂我內部團結，以求傾覆我國家，滅亡我民族，宰割我人民，近日以來，敵偽所至，各地竟敢高揭偽青天白日旗，遍設偽軍偽黨號召和平反共。夫所謂和平，即投降也，反共，即滅華也，固已昭示若揭，然一部份喪心病狂之人，隨聲附和，亦復所在皆有，歐戰擴大，國際陰謀份子與敵偽聯成一氣，企圖建立所謂東方反共陣線，抗戰危機，千鈞一髮，當此之時，國內少數不明大義之徒，或策動投降，或實行反共，殊不知反共為投降之準備步驟，蓋反共之極，勢必至於投降，而投降之前，尤必倡言反共，汪精衛之覆轍，其明證也。故居今日而言抗戰之危機，實不在敵偽之猖狂，而在我抗戰陣綫內部投降反共份子之存在，敵人近在中條山脈附近設置無線電廣播，倡言國共即將分裂，中國即將內戰，嗚呼，是何言歟，夫敵之厚者我之薄，親所痛者仇所快，德等轉戰疆埸，不恤肝腦塗地，唯求全國繼續團結，不中敵計，消弭磨擦，反對內戰，在我委員長領導之下，合四萬萬五千萬人之心為一心，堅持抗戰局面，爭取最後勝利，以我中華土地之大，人口之衆，乘敵寇衰竭之時，遇歐戰方酣之會，如能加緊團結，而不自壞其長城，再接再勵，而不自喪其勇氣，則抗戰未有不勝，建國未有不成者。德等不敏，誓率全軍為祖國流最後一滴血，驅除敵偽，還我河山，雖赴湯蹈火所不敢辭。尚祈各界先進，全國同胞，羣策羣力，共救危亡，臨電不勝屏營企禱之至。

國民革命軍 第十八集團軍總司令朱德副總司令彭德懷 新四軍軍長葉挺副軍長項英 率所屬全體將士同叩皓

消息详文

皖南敌一部在南陵被我击溃后窜泾县

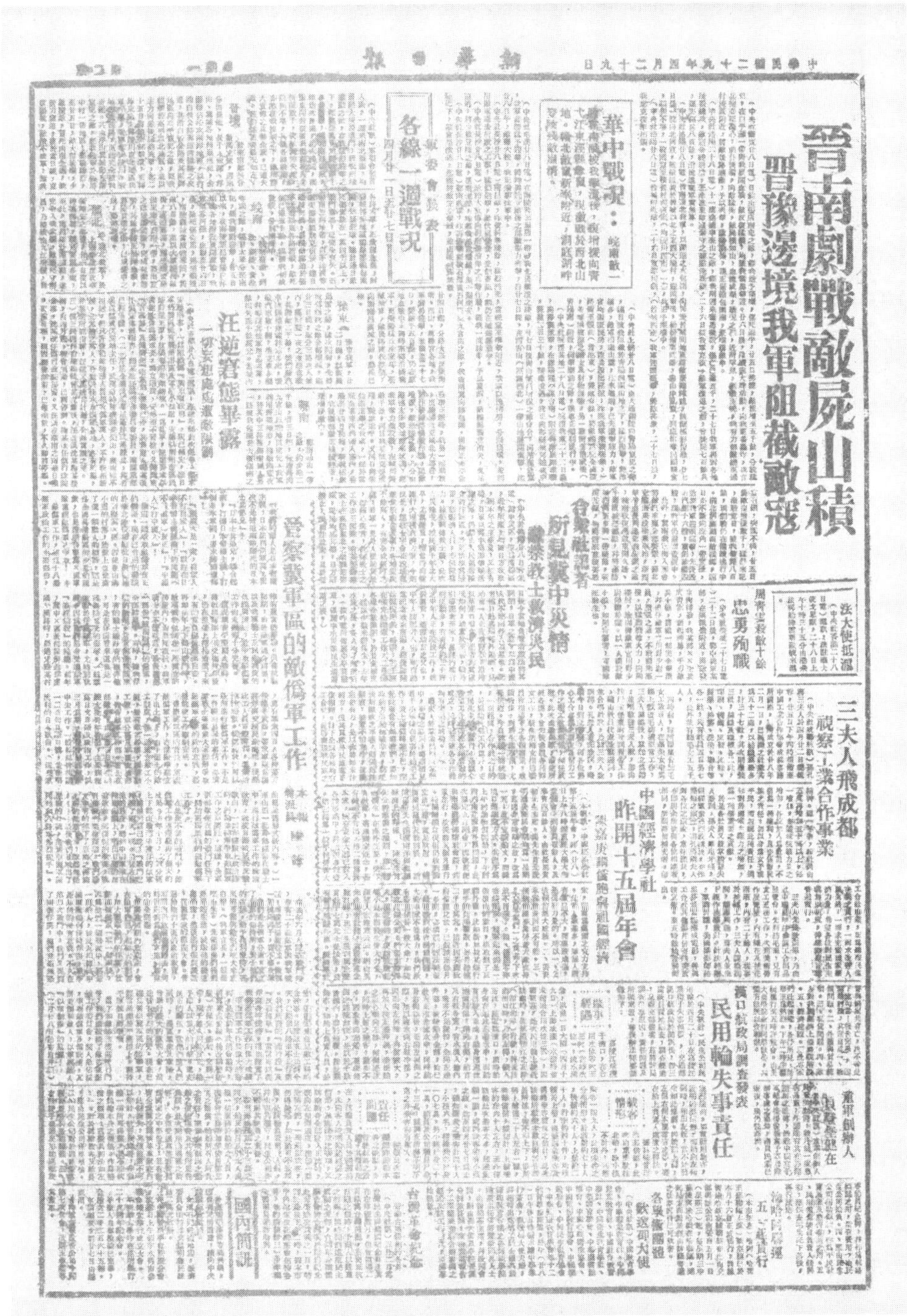
新華日報

中華民國二十九年四月二十九日

晉南劇戰敵屍山積

晉豫邊境我軍阻截敵寇

各線一週戰況

華中戰況

汪逆窘態畢露

晉察冀軍區的敵偽軍工作

所見冀中災情

三夫人飛成都

視察工業合作事業

忠勇殉職

中國經濟學社

昨開十五屆年會

民用輪失事責任

國內簡訊

《新华日报》1940年4月29日第2版整版

華中戰況：皖南敵一[illegible]南陵被我擊潰後，復增援向青弋江東涇縣急竄，現激戰於西北山地。贛北敵竄奉新附近，洞庭湖畔登陸殘敵肅清。

（中央社上饒廿八日電）由大通銅陵向青陽竄犯之敵，連日被我阻截於青陽四週山地之下，猛烈砲擊，斃敵極多，敵軍困處山麓，往來竄避，已失還擊能力，敵軍官均圍還民房，強其加以洗掠，昨晚我軍乘機襲擊，一路衝至觀前（貴池東），斃敵百餘，將敵輜重完全鹵獲，並奪回被擄之婦女及財物無數，另一路衝至朱家橋（青陽南）附近，與擊潰前之敵，戰事正順利進行中。

（中央社皖西某地二十八日電）皖西我軍二十二日晨，向壽縣進擊，在壽陽關（鳳台南）附近與敵展開激戰，斃敵一百三十餘，殘敵潰逃，我正向壽縣城郊追擊中。

（中央社屯溪廿八日電）在南陵及三里店一帶＊我先後擊潰之殘敵，廿七日復與由繁昌增援之敵會合，向涇縣合竄，我軍當即猛予迎擊，同時與繞攻敵後之部隊協力夾擊，自廿七日晚，在西宮山（涇縣西北）一帶山地展開激戰，迄廿八日午，敵傷亡大半，我正乘勝猛擊中。

（中央社長沙廿八日電）南昌敵，昨復糾集殘餘，猛烈西犯，當晚竄至奉新附近，我軍以逸待勞，分頭痛擊，並利用敵軍過去所毀之工事，猛烈迎擊，敵伏屍纍纍，受創至鉅，刻仍在城郊鏖戰中。

（中央社長沙廿八日電）敵前大宣傳向洞庭湖沿岸之攻勢作戰，經我一度猛擊，予以重創，敵艦艇遂消失，曳尾遠逃，將少數登陸之敵，退聚湖畔，昨經我痛擊殲滅，無一漏網矣。

（中央社長沙廿八日電）鄂南我軍，昨向經石潭寶石河附近犯九宮山之敵，我由兩翼向敵包圍，同時正面亦急馳而下，敵倉皇潰逃，迄晚將敵完全擊退，並鹵獲鎗彈無數。

消息详文

皖南敌归路被我切断

中華民國二十九年五月一日 星期三 新華日報 第二版

湘鄂贛我各路攻敵

皖南敵歸路被我切斷

晉東南連克陵城等地

新×軍全體將領

通電聲討汪逆

誓以至誠堅持大江南北抗戰

寇深禍亟全國惟有加緊團結

政院決議任命

張彭春駐土公使

中蘇文協等六團體

歡送邵駐蘇大使

邵氏以努力密切邦交自勉

蔣委員長電川當局力崇節約

濟南日工人反戰

焚敵存儲所軋花廠

水深火熱中的東北勞動者

紀念五一勞動節

中國勞動協會

電各國工會慶祝

敵御用造謠通訊社

製造離間中蘇謠言

塔斯社奉命嚴正駁斥

南洋僑胞慰勞團

今出發前綫勞軍

哀悼嘉陵江底魂

渝市總工會

敵機昨晨襲川

被我擊落一架

國內簡訊

《新华日报》1940年5月1日第2版整版

皖南敵歸路被我切斷
晉東南連克蔭城等地

（中央社長沙三十日電）長江南岸困敵，連日分股蠢動，向龍港鎮及九宮山竄犯，被我完全擊潰，已無再舉能力，二十七八兩日復有由岳陽通城一帶竄來之敵兩股，分路向西山（岳陽東）九嶺山（通城東）進犯，二十八九兩日，經我軍憑藉地形，發揮最高度火力，在西山南側之方山洞附近，激戰猛烈，斃敵八百餘。及戰馬一百餘匹，奪獲械彈無算，殘敵仍向桃林西門均豐竄，二十九日晨我仍向該敵猛追中，同時，在九嶺北麓更一舉擊潰來犯之敵，斬獲尤多，二十九日夜，鄂南湘北及贛北我軍，全綫乘勝轉移攻勢，向敵猛殲，進展至爲神速，所獲戰果極鉅。

（中央社修水卅日電）竄敵旬日來，傾全力向我反攻，經我節節痛擊，予以重創，二十七日敵以新增兵力，猛撲至靖安附近，與我劇戰，至爲慘烈，頑敵一部，當日衝入城內，復與我展開激烈之爭奪戰，城內我軍，當與城外大軍內外夾攻，對被我重重包圍之敵，併力衝殺，該敵積屍平壕，拚死突圍，終未得脫，血戰至二十九日，我已將城內殘敵悉數殲滅，將靖安城完全奪回。城外被我圍殲兩日夜之殘敵，計剩六百餘潰不成軍，分向潦河及宋埠遁逃，我仍全線猛追中。

（中央社修水三十日電）向瑞昌德安進擊之我軍，一路於昨夜已到達德安西北側山地，攻佔孤山最高點，另一路仍據瑞昌西南各山地要點，正連繫向東猛進中。

（中央社豐城廿九日電）南昌之敵，日來不斷增援向我反攻，廿八日晨，敵一部附砲六門，戰車數輛，向西山萬壽宮附近及大城以東地帶進犯，我軍奮勇迎戰，激戰至烈，相持至十時，大城以東之回龍山高頭陵一帶，被敵突破，我軍繼續抵抗，斃敵甚多，迄下午二時許，仍在牛角坑沙園胡村一帶對戰中。我軍愈戰愈勇，士氣甚旺，旋於四時許開始全綫猛烈反攻，敵軍不支潰退，當晚九時，我完全恢復各地。

（中央社長沙廿九日電）南昌敵水陸增援，向我反撲，均不得逞，廿七日敵利用贛江水漲，出動海軍艦艇，由南昌附近溯江南犯，當日未刻，竄抵三洲（南昌南）附近，我軍早有防備，伺敵艦艇駛至近岸，蠕蠕前進時，當於夾江猛射，燬敵艇多艘，殘敵狼狽遁逃。

（中央社長沙三十日電）湘北敵軍，日來復圖蠢動，均被我軍擊潰，二十七日晨，鹿角井方面敵兵艦三艘，汽艇二十餘，在飛機掩護下，企圖强行登陸，我軍士氣旺盛，奮勇迎擊，敵受重創，當即潰遁。

（中央社汨羅廿九日電）湘北我軍連日分襲羊樓司趙李橋之敵，頗有斬獲，並將羊趙門鐵道破壞多處，武昌岳陽交通又告中斷。

（中央社屯溪三十日電）皖南戰局展開以來，演成敵軍南犯我軍北進之局勢，我北進部隊，一路二十七日進抵丁家橋附近（銅陵南），與敵遭遇，激戰終日，敵勢大挫，我仍繼續北進中。又一路廿八日午越過外狼坑（銅陵東南），當晚在順安鎮（銅陵東）附近與敵遭遇，搏鬥半夜，將敵擊潰後。二十九日仍越順安鎮北進，至此，荻港、銅陵、大通、繁昌、南陵、青陽各地陸路交通，已完全被我截斷，南進之敵，呈總崩潰勢。

消息详文

新四军全体将领通电声讨汪逆

《新华日报》1940年5月1日第2版整版

新×軍全體將領
通電聲討汪逆
誓以至誠堅持大江南北抗戰
寇深禍亟全國惟有加緊團結

（本報訊）新×軍全體將領，頃爲堅持大江南北游擊戰，聲討汪逆精衛，反對傀儡組織，特通電全國及各軍政長官。茲將兩電文錄下：（銜略）（密）。汪逆精衛擅自發豔電背叛國家以來，幸賴委鈞座口誅筆伐，義正辭嚴，是以全國軍民，無不景從，一致堅強團結於委鈞座領導之下，繼續堅持抗戰，已三十又三閱月，雖敵寇百端挑撥，極盡誘言攻勢之能事，而我團結如故，抗戰如故，歷平沼阿部米內，技窮黔驢，乃不得不厚用汪逆精衛，篡竊南都，僭冒名號，謬稱正統，於是而僞國民政府，僞青天白日國旗，僞三民主義，一一出現，魚目混珠，以僞亂真，其行甚鄙，而其計甚毒，職等奉令師出江淮，秉承鈞座意志，深入淪區堅決作戰，打擊敵寇於交通線上，困擾敵寇於封鎖據點以內，全軍震奮有加，蓋亦以抗戰之最後勝利可期，而建國之成功可必也。於賣國漢奸汪逆精衛尤深致其痛惡，今汪逆竟跳梁江南，竊竊上京，地屬職軍游擊作戰區域，是以誓以至誠，接受作戰意圖，執行作戰指揮，竭我全力進行攻擊擾擊圍困破壞，以期早蕩敵穎。

早斬逆首

并期收復首都，還我總理陵墓，必不讓該逆得遂其荼毒於江南，誓以至誠；擁護政府，擁護委鈞座，并淬勵將士對於委鈞座抗戰訓示，及總理遺教之三民主義，建國大綱，總理遺囑，及抗戰建國綱領等切實遵行，并廣爲推佈，必不讓該逆得遂其僞造僭竊之陰險，

誓以至誠

宣揚中央及委座眷念淪區人民之德意，并對汪逆罪行大張撻伐，務使淪區人民，傾其擁戴之誠，實踐委鈞座『地無南北，人無老幼，皆參加抗日』之明示，必不讓該逆得遂其挑撥軟化於民間。誓以至誠；協和友軍與地方政府同心共力於掃除敵僞之配合作戰，及地方之物質建設精神動員，期能抗戰建國並無外無貳，始足以挽救危亡，中興民族。職等奉職戍行

加緊團結

，責在抗敵討逆，苟利於國，不惜許身，謹佈微忱，狀乞察鑒。職葉挺、項英、陳毅、張鼎丕、張雲逸、戴季英、羅炳輝、彭雪楓同叩冬印。

消息详文

新四军全体将领通电各省军政长官
重申坚持大江南北抗战决心

中華民國二十九年五月六日　新華日報　星期一　第二版

豫南激戰重創頑敵

戰事重心轉移平漢兩側

鄂北大戰殲敵二千餘名

晉西我軍渡汾河分路向敵集猛進

津浦沿線游擊隊極活躍

新×軍全體將領通電各省軍政長官

重申堅持大江南北抗戰決心

加強團結粉碎汪逆離間陰謀

汪逆助敵掠奪資源

蘇聯眞理報論敵敂圖誘我投降

美三藩市僑胞討汪遊行大會

電請政府加緊通緝汪逆

滬市成立學生總會

二十七大學六十三中學參加

堅持抗戰國策通電聲討汪逆

陳嘉庚等昨日抵蓉

南洋回教徒的援華潮

渝各界紀念「五五」

舉行革命政府成立紀念大會

民用輪沉沒原因交部派員覆查中

衛戍總部加緊疏散人口

訂定辦法三項嚴厲執行

國內簡訊

《新华日报》1940年5月6日第2版整版

新×軍全體將領通電各省軍政長官

重申堅持大江南北抗戰決心

加強團結粉碎汪逆離間陰謀

（本報訊）新×軍全體將領頃通電浙閩贛蘇皖各省軍政長官，重申該軍擁護國策，堅持大江南北抗戰之決心，及聲討汪逆及其僞組織，加強團結，粉碎寇奸挑撥離間陰謀。茲錄原電如下：

（銜略）汪逆精衛叛黨賣國，既以諂媚日寇近衛申明於前，復與日寇簽訂賣約於後，近且傀儡登場，篡竊大位？綜其行動，無不口口聲聲以防共和平建國爲藉詞，而實則投降賣國爲專職，遂能獨得日寇青睞，挾以爲溥儀第二，誠我國曠古以來未有之漢奸國賊也，溯抗戰軍興已三十又三閱月，雖上海、南京、杭州、天津、北平、徐州、武漢、廣州、南昌、相繼陷失，而全國軍民

最後勝利

之信心，不爲稍墜，雖日寇挑撥離間誘降誘和之詭計百端，而全國軍民加強團結之意志不爲稍懈，且民心愈固，士氣益張，而日寇之侵略，無論軍事政治經濟外交，皆深陷泥淖，不能自拔，是日寇必敗，而我必獲最後之勝利，毋待蓍龜，今汪逆精衛肆其魑魅魍魎之鑽營，不惜作日寇之臣妾爪牙，沐猴而冠，居然盤據南都，謬稱正統，僞造三民主義，辱及總理陵墓，鳥言獸行，効忠異族，挺英等奉令師出江淮，亦已兩載，上秉委座抗戰建國必勝必成之信念，

堅決抗戰

堅持團結之意旨，下賴士卒捍衛國家救民護鄉犧牲奮鬥之精神，宣揚中樞對淪區人民之眷顧，鞏固人民對中樞國策之信賴，用能軍民合作，上下協力，轉戰所至，收日寇披靡，際此汪賊猖披之

消息详文①

，挺英等誓當督率旅我堅持江南江北游擊戰爭，以期收復上京，誅彼頑兇，必不使逆賊得跳梁於江南江北之一村一鎮，尤當勉勵部屬竭誠

擁護政府

擁護委座，擁護國策，信守不渝，必不使逆賊得逞其離間挑撥之奸巧，尤當昭示袍澤，三民主義為建國之目標，團結為抗戰之首要，必須實行主義，加強團結，始能達勝利成功之途，必不使逆賊得縱其虛偽造作之陰謀。日寇國仇，汪逆國賊，掬誠拳白，佇候明教。陸軍新編第×軍軍長葉挺、副軍長項英、率各支隊司令陳毅、張鼎丞、張雲逸、戴季英、羅炳輝、彭雪楓、李先念同叩世印。

消息详文②

皖南江边的长江游击队

中華民國二十九年五月七日 新華日報 星期二 第二版

鍾祥洋梓以北激戰

鄂北我抄襲襄花路敵後

豫南敵歸路復被我切斷

山西捷報

桂南敵軍 反戰空氣極盛

汪逆向敵獻恩 派陳逆等赴日

皖南江邊的——長江游擊隊

日反戰同盟 由筑來渝

東北救亡總會 賀東北四主席

談「中國藝展」盛況

中蘇文化協會 今日對蘇廣播國樂

成渝路上迭發生 汽車墜岩慘劇 十日之間竟達四次 無辜乘客死傷近百

勞動協會等團體 昨歡送邵大使

國內簡訊

「五九」「七七」合併紀念

《新华日报》1940年5月7日第2版整版

皖南江邊的

——長江游擊隊——

李子新

我們是去年七月廿日來到江邊的，那時汪××周××和我率領第×連的×個排，奉令到這兒來發展敵後的民衆游擊戰爭，我們的具體任務是：發動民衆，組織民衆，武裝民衆，澈底消滅漢奸僞政權，最主要的是創立長江游擊隊。

揚子江邊，這一個廣大的平原，產米穀魚以及無量的大豆小麥，這是中國富庶的地區，而且是皖南食糧的生命線，爲了要保證皖南抗戰的勝利，這個地區的游擊戰爭是必須要堅持的。

這里東西南三面是銅官山脈，北面是洶湧澎湃的大江，假使這兒的民衆游擊戰爭能够普遍發展起來，抗戰部隊隨時可以到這里活動，使敵人在長江的交通阻斷，這樣蕪湖荻港的敵人在食糧也會感到困難。

不過這地區沒有高山，又沒有森林，到處是河溝，湖沼，灘泥田，在地形條件上說來，對于游擊戰爭的發展，是相當困難的。然而我們接受了上級正確的領導和指示，依靠我們優良的傳統，我們在堅持鬥爭，當我們初到江邊的第一天，恰巧遇到兩百多個鬼子到毛灘騷擾，搶了老百姓許多猪雞，搶奪財物，姦淫了六十二個女人，這當中有一個是六十三歲的老奶奶，有兩個是十二三歲的小女孩，最可惡的鬼子在這一天還散發許多滑稽的宣傳品，說什麽『皇軍』不燒殺，不擄掠，不姦淫，『皇軍』保護中國的老百姓的鬼話。

這活生生的事件，已經使老百姓深深地認識到日本鬼子甜言蜜語的背後，隱藏着一把兇惡的屠刀，鐵的事實，使我們的宣傳工作更加便利了，當我們第二天號召開羣衆大會的時候，我們的每一句話，都博得羣衆的熱烈擁護，我們提出普遍組織游擊小組的時候，簡直是無條件的通過了。大家都懂得要保證屋子不被燒，婦女不被姦淫，就只有民衆武裝起來和敵人拚命。

此後，我們不論到什麽地方，隨處都揭發鬼子的欺騙宣傳，沒有一個禮拜，××鄉就組織了一個分隊的人數來參加我們長江游擊隊，接着擊橋鄉，丁家洲，和平鄉，沙洲上，一時都活躍起來。參加游擊隊的，自動組織地方游擊小組的，簡直像雨後春筍。大家都握緊拳頭，一致向敵人表示：土地是我們的，房屋財產是我們的。

揚子江邊的廣大羣衆怒吼起來，他們再不能忍受鬼子的殘害和侮辱，他們要組織，他們要武裝，他們要用自己的力量來抵抗侵略，抗敵協會，游擊小組和游擊隊，到處活躍着，敵人的一行一動，隨時都被老百姓監視。我們每次去襲擊敵人擾亂敵人的電綫和橋樑時候，老百姓都是積極地參加偵察帶路割電綫。有一次，鬼子在謝家壋捉到一個老百姓，硬說他是中國兵，把他帶到新廟王，帶到張家冲，又帶回銅陵，打得皮破血流，始終問不出什麽，結果把他放了。老百姓臨走的時候，憤恨地說：『把我打得這麽厲害！』于是鬼子把他喊回去，告訴他：『有什麽辦法不打你呢？你們這些老百姓，捉到了，就個個都說是良民，一放了；就又個個是中國兵』。

鬼子的威風，已經完全限制在幾個據點中了。從荻港到銅陵，從銅陵到大道，幾條主要的電話線，無數的被我們破壞後，陷於不能修復的狀態中。往往鬼子在後面修，我們就在前面破壞，甚至他每天修的電綫，我們都每天破壞，有時敵人白天巡查得厲害，我們就夜間破壞，當他夜間出來打埋伏，我們又白天破壞，這樣鬼子天天在修電線，而電線依然每天都不通話。

我們的游擊隊一直活動到敵人的據點附近，隨時去襲擊他的警戒部隊，就是住在城門口，甚至城里的漢奸也被我們捉了出來，敵人據點裏面的漢奸，及順民，紛紛來向我們自首，替我們當間諜、探聽消息。最使敵人頭痛的是游擊隊到處活動，奸商們也銷聲匿迹，食糧的出口完全被禁止，蕪湖荻港的食糧都成了問題。

鬼子怎樣對付我們呢？他臨時設崗地防備着，每天每夜三三五五的躱在電線旁邊，企圖打我們的埋伏，他隨時派出漢奸來偵察我們的軍情，又派部隊出來四鄉騷擾和搜索，但無論如何，他是找不到我們的蹤跡，他每一次出來，只是抓老百姓，打殺老百姓，找老百姓出氣。

就在去年八月三十一日的早晨，我們正在管家村工作的時候，鬼子五六百人分兵路進攻，有機關槍，有大砲，還有一架飛機掩護，企圖全部消滅我們，或者驅逐我們出境。在這一次戰鬥當中，我們的兵力只××十人，敵人超過我們十倍以上，同時我們又處在絕對不利的地形，情況是相當險惡的，然而依靠我們部隊艱苦奮鬥和英勇犧牲的精神，終於在大量殺傷敵人之後，泅過了三道深水河溝，踏過許多的湖沼和濫泥田，拚死地衝出了敵人的重重包圍，安全轉到有利的陣地。

第二天，我們又去徹底的破壞了錦常橋，破壞了銅陵通張家冲的電線，散發了許多宣傳品，襲擊了銅陵新廟和張家冲的敵人，捉到了好幾個乘隙運米資敵的奸商。於是敵人氣得厲害，就驅使五百敵兵來「掃蕩」，結果敵人消耗了許多彈藥，抬着二三十個死屍回去。

然而敵人爲了維持長江交通，就更有計劃的來對付我們了。從去年九月一日起，他分區的，每天分三路或五路進行「掃蕩」，敵兵每到一個地方，就同時來了許多的汪逆派來的漢奸，大民會的會員，反共青年團員，到處强迫老百姓開羣衆大會，進行欺騙宣傳，散佈和平空氣，離間新×軍與民衆的感情，威脅利誘收買投降妥協分子，組織漢奸僞政府，强迫民衆替他修復公路及電線，在堤埂頭，將家滙，恢復據點，企圖封鎖和消滅我們。然而鬼子騷擾得利害，我們活動得更厲害，他來了一套，我們就有一套對付他，他「掃蕩」這里，我們就游擊那里，等他不防，我們又襲擊他一下，他會進行欺騙宣傳，我們就會揭破他的陰謀。

一直到去年十月十四日，鬼子最後來了一次最大的「掃蕩」，陸軍海軍空軍配合着步兵騎兵敵兵總共兩千多人，分十幾路來圍剿這個區域。飛機在空中飛舞，三十幾隻汽艇和十幾隻兵艦在江面上狂吼，黄衣服的鬼子滿佈，在這情形下，廣大人員仍然到處活動着，我們的隊伍仍在平原堅持鬥爭，鬼子隨時受到我們的騷擾和襲擊，公路電線及橋樑，天天被我們破壞。

揚子江邊的民衆永遠沒有被敵人壓制下去，他們仍然到處在秘密活動着，他們隨處在抓漢奸，幫助軍隊，打擊敵人，他們捏緊拳頭，向鬼子表示：土地是我們的，房屋財產是我們的，我們要用自己的力量來保衛它，我們有着充分的力量來保衛它

皖南成立期成会，新四军项副军长出席致词

中華民國二十九年五月十八日 星期六 新華日報 第二版

鄂北我軍克復棗陽
唐河西岸殘敵已告肅清
豫南晉西擊落敵機兩架

皖南成立期成會
新×軍項副軍長出席致詞

我們是患難兄弟
——國民外交協會歡迎日本反戰同志座談會

鄂南湘北我活躍
焚燬大量敵軍實

晉東南我軍續勝
陽城附近敵動搖

上海工部局
罷工風潮解決

國內簡訊

《新华日报》1940年5月18日第2版整版

憲政運動遍全國

皖南成立期成會

新×軍項副軍長出席致詞

朱鏡我薛暮橋等當選理事

（皖南某地通訊）皖南各界響應第四屆國民參政會請求政府實行憲政之決議，因特發起成立皖南憲政運動期成會，於三月卅一日在某地開成立大會，是日天雖陰雨而到會人數過二千，大會推選項英、袁國平、周子昆、李一氓、李子芳、朱鏡我、林植夫、余再勵、趙凌波、沈其震、陳丕顯、薛暮橋、夏征農等十三人為主席團，首由黃誠報告籌備經過後，即由朱鏡我主持大會，繼請項副軍長致詞，項氏對清末以來之憲政運動略加申述批評，轉而指出此次國府命令召集國民大會，製定憲法，實行憲政意義，語簡意深，關於憲政與抗戰之關係，言之尤甚透澈，後由薛暮橋氏從理論上闡述憲政之意義，最後通過組織章程及成立宣言，並推選周子昆、朱鏡我、李一氓、薛暮橋，李子芳、黃誠、羅瓊、馮達飛、何士德、林植夫、夏征農，朱克靖、黃源等廿六人為理事。

通讯详文

江南的歼灭战

中華民國二十九年五月二十九日　新華日報　星期三　第四版

到戰區去！我們的崗位在抗日的戰綫上

——獻給行將畢業的同學——

余萃文

江南的殲滅戰

陳　力

孤島新聞界裏的妖氛

鄭　耘　鄉

來渝應診名醫

《新华日报》1940年5月29日第4版整版

江南的殲滅戰

陳力

前兩個月的同一天晚上，我們在澄鎮公路的陳巷橋將七輛汽車所載的敵人殲滅了。那樣猛烈的爆炸，血與肉的情景還鮮明的印在每個人的腦海中，至今已隔兩月，東進回來的今天，又和敵人在血泊中相見了。

已是初冬的時候，而這幾天又是淒風苦雨，裹綿綿地像沒有止境。我們的戰士，在困艱辛而黯暗的臉上和眼睛裏，閃着沉毅頑強的光芒；每個時刻，槍總是背在肩上，準備迎接血的戰鬥[illegible]戰鬥會像火山的爆發，在必然中偶然遇到。——

敵人約百名，昨夜出發，到寶堰，延陵，然後大搖大擺地走回原路。剛走到九里鎮以西就遇到了我們良好的襲擊——是上午八時開火，以後×營從九里鎮的北面追擊上來，敵人在在數次的衝鋒中，被打的無可如何中放着毒氣彈，但終於還是敗退到賀家村附近。這時我們是住在戰場西南約十五里的地帶，槍炮聲時緊時緩，團長絡續的派人去查明情況，到下午一時接到戰鬥報告：「戰鬥尚不能解決，敵人尚有數十名頑抗，……速來增援殲滅！……」

於是團長立即率領×營跑去，×營留住原地。

江南的雨天是討厭的，路上滿是泥濘，團長率領着×營，在風雨中跑步，三時到達，戰鬥又重新緊張起來，敵人已固守在村西南大祠堂附近一帶的草屋草堆中。

『鬼子打得疲乏了，消滅他！』

這是每個人的願望，……

在大祠堂的西南角有十多個大小草堆，靠屋角的一個大草堆，偏右底下留出一個床鋪大的空洞，十多個鬼子就鑽在裏面，這是一個最好的防禦工事。忽然一個穿灰色軍服的戰士拿着兩顆手榴彈悄悄地沿着草堆邊爬過去，趁着敵人沒有發覺，手榴彈迅疾地拋進洞口，在裏邊像地震一樣的爆炸了，草堆也起了火，熊熊的烈火燃燒在洞裏，鬼子在裏面叫喊着，掙扎着，結果只有兩個空着手從火中跳出來逃走了。一羣戰士像發現了寶物似的跑來搜尋，還有一個「小鬼」像獵犬一樣地去追擊負傷逃走的敵人。

戰鬥並未因此而停止，敵人從北面又來了增援隊。……

村上的羣衆都曾飽受過戰爭的鍛鍊，他們並不逃跑，卻去幫助抬傷兵。在遠近的村落裏，一羣羣的老百姓被動員起來，在戰場上穿逡着，工作着。

在賀家村的一家矮草屋的門前，立着一個穿破棉襖的孩子，有十四五歲的光景，他恐懼地眨着眼睛，但還擺出指揮者的神氣對過路的人說：

「快點去，前面要人抬傷兵！」但過路的人並不理會，只是惡意地橫他一眼，一個驕傲的反駁嘲罵他：

「叫人家快點，媽的，你家裏的人呢？……」

「我爸爸早就去了，已抬了好幾個！……我媽媽老早就發了一盆山芋，我送去給隊伍吃過了！……哼！……」

戰鬥雖然是繼續着，但敵人漸漸地被迫進大祠堂裏去了。這時黑夜像趕路的旅客，忽忽地來了……。

敵人始終鑽在大祠堂裏，夜的寒風冷雨的悲鳴，吞噬着光禿的田野和屋角，一切的恐怖，神秘和戰鬥的熱血都埋藏在黑暗裏。

離戰場一百米遠，便是指揮部的位置，團長是一個瘦峭的湖北人，在沉默地聽取通訊員的報告；他的渾身被風雨掃蕩着，淋淋地在滴着水珠，但他好像還沒有感到，凝望前面所燃起的火焰，興奮的又憤激，心臟和肌肉更加緊張的堅强了。他有自信地決定着：

——不管敵人怎樣增援頑抗，在拂曉時一定要解決戰鬥，把準備的×營也調來。

命令是十時半發出。×營的每個同志都企望着能立即趕到，可是每一點空間都給黑夜佔據了，風雨飄淋，泥濘稀滑，有一半以上的人已在泥路上成了泥人。這樣遲延着時間，到達火線已是四點鐘了，在不知什麼時候，敵人又來了增援，因爲在幾次突擊進攻時，敵人的火力又加多了。

本來×營應繞道至大祠堂的東北邊打進去，可以有好些地方做掩護地，但他們行進到大祠堂附近時，戰鬥一直是在靜默的緊張裏，敵人的槍口在黑暗裏沉默的窺視着。副營長派尖兵靠屋子南邊去搜索，看看敵人是否就在這裏面，忽然從門裏打出一槍，整個的沉靜又被打碎了，殘酷的戰鬥又繼續開始。

二百多個戰士，被槍聲一驚，三分之二的隊伍立即在房子的西南角散開，其餘到西北面去，担任警戒實堆的增援。

敵人在一夜的堅持裏，已經在牆壁上挖出槍洞，做好了簡單的工事。

戰士們以十倍的頑强進攻敵人，忘記了風雨泥濘，在埂上匍匐蠕動。指導員不時發出輕捷抑制的命令。戰鬥的中心是在屋角的西南面，對排的機關槍怒吼着，屋牆的兩邊洞口連接地吐出機槍的火箭，而還擊過去的更是密排而猛烈；在這短距離的射擊中，也不知有多少子彈是礎牆的。當掃射緊張時，有幾個射手滾下田泥裏了，但馬上別一個人又來代替，不久，對面洞口有一半的機關槍已稍啞沉默，自然在一個衝鋒躍進中，戰士們接近了屋牆，伏在屋沿下的小溝裏，從洞口是看不見的，這樣我們就佔了上風。

戰鬥在黑夜裏堅持，像兩條鬥角的牯牛在抵拚。

「拂曉時必須打進房子，解決戰鬥！……」團長的命令是如鐵樣堅決，戰鬥在這個時候，每一秒鐘的時間，或者一塊肌肉要想鬆懈下來是不可能的；即是帽子被打落了，草刺着臉皮，甚至身上着了擦傷，也是不能去理會的。

時間在槍彈飛舞中蹈進，看樣子黎明的晨光距離不遠了。在南首的一個戰士，大約十七歲，江南人，是一個黑臉的頑皮傢伙，班長要他換牆過去打手榴彈，因爲在機槍的互射中，洞口因震動而擴大了。他摸着，發現了一挺發亮的機關槍筒伸出洞口，他想——好，把他拖出來！當他正要用手去拚命一拖，槍口立刻咆哮發聲，火熱的槍洞把手震動得麻木了，他恐慌起來，按着左腰，只是打穿了衣服，於是放了心。

「媽的，老子不要你了——」接着擲了一個炸彈進去，槍和人都在爆裂的火光中粉碎了。這一挺漂亮的機關槍沒有拿到，這使我們的小戰士憤怒，他又拿起炸彈來，一支手從洞口伸進去，一連轟轟

的火光中粉碎了。這一挺漂亮的機關槍沒有拿到，這使我們的小戰士憤怒，他又拿起炸彈來，一支手從洞口伸進去，一連轟轟七個，每當一顆炸彈爆發以後，裏面就「哇啦哇啦！……」不知道是叫還是哭的亂喊一陣，在這驟疾的一髮，從兩邊牆洞口打進去的炸彈轟轟地爆炸，通紅的火光，鐵線的火血、和震毀宇宙的爆裂聲……作嘔的血腥味，窒息的火藥氣，瀰漫在牆的裏外……。

戰鬥就像過獨木橋，忽然中斷了，就很費事。正當這邊進展的時候，在祠堂西北的×連一排，向牆角邊前進，看見幾十個影子從正北的門外衝出來，卻疑惑是自己人，猶豫着，結果被衝過了，鬼子就順勢向西南衝過來，等到發現是敵人的時候，已經接近了，這時每個人的腦子裏反映出來的就是生命與死亡的決鬥；在刺刀的一閃中，一個戰士已經先被刺倒，接着是另一個青年戰士衝上去刺倒了對手。這樣兩個三個一夥的交鋒，在小溝裏田土上，混亂地糾纏着。

黎明的曦光在雨天是暗淡淡的，但對手的輪廓卻已可看得清楚，沒有了炸彈和機關槍的聲音，而戰鬥的緊張使每根毛髮都豎起來。每雙冒火的眼睛緊盯着雪亮的刺刀，互擊

的聲音『唍噠唍噠』地驚人的震響。

其餘的鬼子繼續向前衝，一個帶了花的班長被刺倒了，這時那個打了七個手榴彈的江南少年，伏在田埂下看着這衝殺的情形，當他看到班長倒下時，他沒有刺刀，只有用槍來對準那鬼子，第一槍就打中了。另一個敵人正追着一個新戰士，刺刀已將要刺進，他又打過去一槍，敵人倒下了！還有一個鬼子追擊負傷的副排長，他仍伏在田埂下再打去一槍，鬼子也就又跟着槍聲倒下了。……

繼續又湧上去一羣人影，和閃亮的刺刀，在一陣拚刺的『嘵嘵嘵……』響聲後，敵人又被打回牆裏去了。田土上血糊的屍首零亂的躺着，有幾個仍在微微的動顫！

在東北的方向仍有不斷的槍響，天色漸漸地明亮了，什麼都可以看得清楚，從那幾個大洞口望進去，儘是殘缺破碎的肉體，衣物，和一切認不清的東西；但都給淹淋淋的血糢糊了！但當有剛要踏進去時，從前進屋子裏立刻有槍彈射擊——活的鬼子都跑到前面去了。

時候堅持到九點鐘，還不能全部進房子，團長下了最後一次攻擊命，以西南和東北爲戰鬥的中心，這時，鬼子已再也沒有頑抗的精神，只有卅幾個從東大門和對北的門突圍逃出；我們預先佈置好的隊伍拾聲又咆哮了，像餓狼搶食，每個人衝鋒想去捉活的。

「哇哩拉哇和劉哦，顆羅殺士幼！」

「優待哦，士太羅奴……」

戰士們喊着日語口號。然而到手的俘虜還是死不肯走，兩天一夜的戰鬥，戰士們已很疲乏，看着田土上橫躺着的犧牲了的同志，心中被無情的痛楚打擊着，誰還有耐心去慢慢的拖俘虜呢？輕傷的俘虜，由五個當地的老百姓把他抬走；他這時慘白的臉色像羔羊一樣的柔順，並且痛苦地呻吟着：

「兩天沒吃了！」他做着手勢。

敵人從寶堰，珥陵等處的增援又趕來了，我們的部隊卻這時迅速的撤退了。帶着所有的勝利品——俘虜，卅多枝步槍。五挺機關槍，兩個擲彈筒，……勝利地結束了這次戰鬥。

——完——

夜工——在新四军修械所里

《新华日报》1940年6月12日第4版整版

速寫

夜工

—在新×軍修械所裏—

幼聲

鉗工場，爐子間，木工場，一朵一朵的燭光，怒放着閃耀的光芒，愉快的歌曲，像雷鳴的鎚聲，洗嘯的銼聲，的的的擊聲，交流的四部合奏，向沉靜的宿舍裏。向寂冷的四野中盪揚。

「誰在鬧什麼？我們要睡覺。」

從宿舍裏透出一陣生氣的聲浪。

「同志，沒有人鬧，我們在做夜工。」在宿舍隔壁的木工場裏，有一個做木工的同志，一聽見了這裏喧嚷，立刻跑過來很溫和的這樣解釋。

「什麼？做夜工！爲什麼我們不知道。」剛才生氣的同志都感到有些慚愧的應着。

「所長剛剛才接到命令，據說前方戰鬥很激烈，要我們趕快修好些槍送去前方。」做木工那位同志答。

「你爲什麼不叫我們起來，眞是豈有此理。」他們在責備那位木工同志。

「我本來要叫你們起來，可是所長說天氣很冷，并且你們已經睡了，不要叫你們起來。」這是那位木工同志的聲音。

「那裏的話，工作事大，睡覺事小，前方的同志正在夜裏和敵人戰鬥，我們夜裏就做不得工嗎？同志們！快快起來趕夜工呀。」

這宏亮的聲音，好像一陣有力的狂風，吹開了各人的被子，一個一個很高興的，自動的，跳起来，穿好衣服，套上鞋子，三個，五個……英勇的走進了工場。

「我們的增援部隊開到了！歡迎！歡迎！」首先佔據了工場的羅克繩劉傳治李明甫以及另幾位同志，一致的歡呼。

「同志們，加油呢！我來燒開水煮麵。」剛才睡了覺的炊事員同志也爬起來了。

緊張的空氣在飄蕩，活潑的情緒在奔流，整個工廠完全恢復了日間的狀態。

「同志們！所長慰勞來了。」一個小同志，首先發見所長拿着幾包紙烟進來，他笑眯眯的振開喉嚨向大家報告。

「同志們辛苦了，請抽紙烟！」所長把紙烟向每一個樂于上分送，這慈祥的語句，像一把強有力的火焰，燃燒起每個工友感激的心情。

「唉！所長太客氣了。」

「爲着抗戰建國，爲着自己的解放，做做夜工這是應當的事情。」

「爲了前方打勝仗而工作，算什麼辛苦。」

「對了！不辛苦！不疲勞！我們一定要做到天亮。」

「……」

「拿起鐮刀和斧頭呀嘿，中國的工農不做亡國奴呀嘿，……」

興奮的話聲，接着熱烈的歌唱，幾乎把整個工場震動得要飛起來。工友不斷的努力做，總技師埋頭的在幹，副所長來往的忙着，由上到下，眞是大家一條心。

門外毛毛的細雨，還是像剛才那樣霏霏的下着，刺骨的寒冷，一陣一陣從窗口中襲進來，我們的工友，沒有畏怯，毫不動搖，歌聲使他們的血潮沸騰，快樂使他們滿身發燒，進取的心征服了殘酷的自然。

掄起大鎚，邊打，邊笑，邊唱，揮着銼刀的，一切人都是邊做邊笑邊唱，這樣一直保持到天亮。在每一個紫銅色臉上，在爐火邊，映着一顆一顆眼珠的閃光，彷彿老虎的眼睛一樣。

時間一刻一刻的溜走，我們的槍枝一根一根的修好，刺刀也一把一把的造成，在灰白的曙光掩蓋了黑暗的時候，我們的任務在這時候完成了。

「同志們，夜裏辛苦了！今天休息半天。」

首長帶着和氣的樣子說。接着大家一致的這樣回答：

「不！不休息！再做一夜也算不了什麼辛苦。」

活跃在江南战场上的教导队女生队

新華日報

婦女之路

活躍在江南戰場上的教導隊女生隊

信箱 她被丈夫遺棄了

華北敵後的幾個母親

迎接國際女工節

來渝應診名醫

內科薛映暉醫師

王畿道醫師

李世芳

李士希

醫師江夢佳

江蘇張錫君照常

泌尿專科

浙江黃堅白

痔科廖允文

劉振東

虞尙仁

戴志强牙醫師

楊六青同志

《新华日报》1940年9月6日第4版整版

婦女之頁

活躍在江南戰場上的

——教導隊女生隊

通讯详文

皖南敌被击溃逃

新華日報
國慶廿九週年紀念
蔣委員長昭告軍民
繼承先烈遺志爭取獨立自由
臥薪嘗胆奮鬥到底
日寇野心：滅亡中國，奴役東亞，征服世界。
我堅決抗戰到底
粉碎敵野心和妄想
完成先烈未竟事業
中華民族
全在我們身上
視察江北各戰區歸來
白副總長暢談觀感
渝各界今日
慶祝國慶
國民政府明令授勳
皖南敵被擊潰逃
滬杭路沿綫斃敵甚眾
宜昌對岸敵竄擾未逞

《新华日报》1940年10月10日第2版整版

皖南敵被擊潰逃
滬杭路沿線斃敵甚眾
宜昌對岸敵竄擾未逞

（中央社屯溪八日電）皖南敵仍分路南犯，計銅陵舊縣大通等處之敵數千，向繁昌順安以北一帶竄犯，五日由舊縣南竄繁昌之敵，被我軍迎擊。六日有敵騎一部，竄抵南陵西南之戴家後，復分路南犯，並進窺南陵，經我軍截擊，傷亡奇重。另一路沿青弋江右岸犯涇縣附近，又一路犯我青陽木鎮東北之六里池，均被我軍設伏包圍，殲敵數百，殘敵向北潰竄。

（中央社屯溪九日電）由灣沚沿青弋江兩岸南竄之敵二千餘，於六日向南陵附近進犯，被我阻擊不逞，另一股渡江東犯，在瑯山關定山等處被我包圍痛擊，搏戰至八日午，敵突圍北竄。另一部向南潰退，刻在白馬山龍王山等處被我追兵夾擊，正在殲滅中。

戰一小時，斃敵甚眾，盤據南昌城內之敵，以兵力單薄，各路潰敗，急電請援，以圖掙扎。

（中央社宜都九日電）宜昌對岸磨雞山附近點軍坡之敵，於三四兩日向我竄擾，均經我軍擊退，並予以重創。

（中央社翁源電）粵漢路南段我軍某部，二日晚向花縣屬稱洞（銀盞坳東南）之敵進擊，我軍士氣旺盛，在猛烈砲火掩護下衝入雞洞，與敵巷戰二小時，斃敵甚眾，奪獲步槍甚多。

屈仲顯 捐軍糧二百石

（中央社貴陽八日電）貴平縣民屈仲顯，自動捐穀二百石，以充軍食，省當局已呈請上峯從優核獎。

中華職補校
新[illegible]王召生

國民黨特別黨部昨晚預祝國慶，何部長致訓詞。

△雲南大理蠶桑捐助國幣七萬七千元作為國立雲南大學建築費。

△法大使戈思默，在渝且大學設立特種補助金。

△中英文化協會及中國留英同學會，定十一日舉行茶會，招待英大使卡爾，國民外交協會晚七時，宴請英大使。

△教育部召開之全國國民體育會議，今日下午三時在陪都舉行開幕式。

△重九爬山比賽大會，於昨（九）晨舉行。

△貴州爽苗學生四十餘人，昨日入邊疆學校肄業。

△山東省各界發起募寒衣代金四萬元，已匯募寒衣總會核收，又濟勝行商會公和鹽號捐代金一萬元。

△中央電影體籃球隊，加慶十節籃球賽。該隊隊員有[illegible]、高占[illegible]

消息详文

皖南空前大捷

《新华日报》1940年10月14日第2版整版

某軍事家縱談

皖南空前大捷

我以革命戰術：

使流竄敵寇全軍覆沒

（中央社屯溪十二日電）皖南我空前大捷之後，此間某軍事家語中央社記者云：週來皖南戰場，全面均發生猛烈之戰鬥，敵軍仍襲其流竄戰術，大舉來犯，我軍則遵照總裁之革命戰術原則，靈活機動，掌握全局，我各作戰部隊，英勇沉着，對敵作戰，遂能完成「向心運動」之殲滅戰計劃，將敵約一旅團之衆，包圍於涇縣以東地區，使陷遭受全軍覆沒之厄運。此次敵軍來犯，係於五日開始，其主力由灣沚出動，計六千餘人，分兩股流竄，一股三千餘，由黄墓渡經新林鎮南犯南陵，復向南竄，經峨嶺三里店汀潭鎮東竄，渡青弋江，進襲我涇縣。另一股二千餘，奔由灣沚出動，渡青弋江，經我西河鎮，再東向竄蔡亭鎮，復竄向馬頭鎮，至此兩股敵，遂於涇縣以北馬頭鎮以南之西峰山會合，企圖折回北竄，當敵流竄時，我青弋江兩岸大軍，爲進行「向心運動」之殲滅戰計劃，一部誘敵深入。同時在西峰山佈置陷阱，準備殲敵，及敵東竄入西峰山我預置之殲敵陣地後我青弋江東西兩岸大軍，即開始向敵包圍，於九日晨合圍，經兩日之激戰，至十日晚，已將敵壓迫於涇縣以東之獅子山蓋坑天官山方圓僅五公里之小包圍圈內。十日敵機廿餘架，向我猛烈轟炸，我軍仍加緊殲剿，十一日敵又有飛機二三十架前來助戰，掩護殘敵七八百渡青弋江逃竄，敵渡河後，經宋橋向南陵回竄，在南陵附近又遭我軍堵擊。該復渡河由于家灣北竄，仍在我軍堵擊中。其在涇縣鎮壩埂頭之敵，亦同時發動

消息详文①

，衢縣之敵經鑽塘衙南竄戴家灣，被我擊退，蜀埂頭之敵，經原安南竄，亦遭我軍之猛擊敗退。又銅陵大通之敵二千餘，竄臨興，主力作戰，犯我丁橋，

但被我軍迎頭痛擊，一支竄渠，於是敵之流竄計劃，被我完全粉碎，且西塔山一役，敵之全軍覆沒，我獲機步槍及大小砲甚多，現清查中。

皖南新四军青弋江畔光荣战绩

新華日報
犯宣城敵受創潰退
我軍靈活繞擊殲寇千餘
克馬當大軍向彭澤挺進
皖南新×軍
青弋江畔光榮戰績
晉冀我軍出擊捷報頻傳
克復重要據點殲敵甚眾
香港局勢趨緊張
日寇將有進一步威脅可能
英美日僑民紛作撤退準備
開放滇緬路前夜
廣德我軍告捷
介紹蘇聯農業照片展覽會
反轟炸是反侵略的具體化與尖銳化
簡訊

《新华日报》1940年10月15日第2版整版

皖南新×軍

青弋江畔光榮戰績

（本報江南前線某地十二日專電）活躍大江南北我軍，英勇作戰，迭殲蘇皖一帶敵寇，屢創光榮戰績。自汪逆[illegible]奔敵巢，[illegible]以來，我軍遵照最高統帥「革命戰術」原則，發揮殺敵精神，馳騁京鎮一帶，威脅南京，使敵偽坐臥不安，惶恐異常。日寇爲圖掙扎，以遂其擴大偽政權陰謀計，屢次集結兵力，向我進犯，均爲我英勇將士擊碎。上月初京鎮敵在長江北岸揚州邊境六合天長地區，慘遭失敗後，本月初，又復蠢動，向長江南岸南陵一帶猛犯，於本月二日起，由京滬沿綫增調皖南灣沚一帶約六千餘人，於五日始進犯，茲將戰鬥經過略誌如下：敵一路兩個聯隊三千餘，附飛機多架，經由戴家會竄至三里店犯汀潭，我軍於台山、菲山、大嶺、小嶺等地節節阻擊，激戰至八日拂曉，敵傷亡慘重，向後潰竄，我跟蹤追擊，敵復折渡青弋江東岸，與另由青弋江南竄之敵一股二千餘人會合於馬頭鎮（涇縣北）以南之西峰山，被我軍包圍，予以殲滅之打擊，殘敵數百，於十日午後向南陵方向逃竄，又被我軍於南陵附近截擊，敵復渡河向灣沚一帶逃竄。至此敵之蠢動企圖，復被我完全粉碎。當敵開始進犯後，我各將領督率部隊，親臨前線指揮，士氣益爲振奮，故能殺敵致果。此次戰役中，非但我軍英勇作戰，果敢殺敵，即各地民衆亦皆自動協助軍隊，到處截擊敵軍，而沿途搶救傷者，協助擡送受傷傷兵，打掃戰場者，不計其數，軍民感情，十分融洽，談笑歌唱，欣喜之色，溢於言表。

消息详文

新四军在皖南战役中迭克泾县南陵两县城

中華民國二十九年十月十七日 新華日報 星期四 第二版

冀中我軍捷報頻傳

連克據點十三處斃敵近千

桂南我攻入龍州正巷戰中

新×軍在皖南戰役中迭克涇縣南陵兩縣城

江南之行

晉察冀邊區的從軍運動

各地藥業將士電謝府夫人慰勞

華北敵補給困難

加緊抵制日貨

美紅十字會運糧來華賑災

華北敵軍阻止原料輸出

敵機三架昨晚襲豫

邊政急待改善

簡訊

《新华日报》1940年10月17日第2版整版

新×軍在皖南戰役中
迭克涇縣南陵兩縣城

（本報江南前綫十五日專電）「遲到」皖南我軍，於九日晨收復涇縣縣城後，即乘勝追擊逃竄潰敵，計斃敵二百四十餘人，殘敵渡青弋江向東逃竄，我另一部狙擊於汀潭，復激戰於大小嶺等地，至九日拂曉，敵傷亡慘重，向後潰退，我跟蹤追擊，殘敵折向西河渡江逃竄。另一股敵配合步騎砲二千七百餘，附敵機三架配合助戰，由南陵進犯三里店，復經我軍一部迎敵不意，前後夾攻，展開空前激戰，我神勇之某將軍，指揮所部，奮勇衝殺，士氣大振，敵因傷亡慘重不支，即向南陵潰退，我軍乘勝追殺，當將南陵縣城收復，並於雙十節在某將軍領導下召開祝捷國慶紀念大會。此次敵進犯皖南行動，終被我徹底粉碎，人民欣喜若狂，歡呼之聲，震撼山岳，沿途人民抬茶送飯，扛送傷兵，道爲之塞。

（中央社屯溪十六日電）竄擾宣城廣德之敵，經我擊潰，現兩處已無敵蹤，其突圍之殘敵，圖竄犯蘇皖邊境之郎溪，分由廣德東北二十公里之金雞嶺及其西北廬灘附近向我進犯，金雞嶺敵被我軍迎擊，即不支敗退，十五日晚，又增援分路向我反撲，現在激戰中，廬灘附近敵亦被我包圍，正在聚殲中。

（中央社襄陽十六日電）京山龜市附近地敵千餘，會合宋河、三陽店等地之敵，附砲數門，分路北犯，經我軍於八字門、五穀台、大山頭等地截擊，連日激戰甚烈，斃敵數百，我一面加緊痛殲，一面向敵後夾擊，斷敵退路，殘敵陷我包圍中，不難將其消滅。

（中央社贛東某地十六日電）十二日晨，敵艦一艘，由長江下游駛至馬當東北江面，被我流動砲兵擊中，受創極重，狼狽逃逸。

（中央社修水十六日電）安義敵，十四日向奉新進犯，經我軍包圍痛殲，至十五日敵死傷慘重，突圍向東潰竄，我跟蹤追殲中。

（中央社宜都十六日電）由點軍坡向我竄犯之敵一部，經我軍圍殲，至十二日晚悉予殲滅。

（中央社樊城十六日電）犯黃龍寺敵於十一日一度竄入鎮內，經我軍包圍痛殲，至十二日晚，將敵消滅殆盡，我當將黃龍寺完全克復，鹵獲戰利品甚多。

（中央社香港十五日電）滬訊：十五日晨，滬西法華交界處，聞得緊密之機槍聲，傳係我軍已克復青浦，正向閔行推進中，惟尚未證實。

江南之行

中華民國二十九年十月十七日 新華日報 星期四 第二版

冀中我軍捷報頻傳

連克據點十三處斃敵近千

桂南我攻入龍州正巷戰中

新×軍在皖南戰役中

迭克涇縣南陵兩縣城

江南之行

晉察冀邊區的從軍運動

各地榮譽將士

電謝蔣夫人慰勞

華北敵補給困難

桂省公務員

儲蓄標準

緬甸僑胞

加緊抵制日貨

美紅十字會

運糧來華賑災

華北敵軍

阻止原料輸出

川省參議會

舉行大會

敵機三架

昨晚襲渝

簡訊

邊政急待改善

《新华日报》1940年10月17日第2版整版

江南之行

本報特派員 戈茅

七月底記者自頂縣到這皖南前線，此行長途萬里，觸目皆園，一路青山綠水，風光佳麗，深覺中國之偉大，錦繡河山的壯偉可愛！說中期記者發現了一個不可理解的謎，當人們總是接近前線，週精神愈覺爽朗愉快起來，一切都是活潑潑的，毫無暮色慨慨死氣沉沉的無精打采的景像。這里一切都是活潑愉快的。人們快樂的唱歌，興奮的舞蹈，心平氣和的百姓們，透露着誠摯熱情的心底的微笑，熱熱鬧鬧活活跳跳的年青的戰士，擁着來福槍親親熱熱的握着老百姓的手，很有興味地談着有趣的話兒。耕田的耕田，做工的做工，生活緊張而嚴肅，工作忽忙而起勁。當炮聲稍一平靜的時候，一切臨陣的村落，就又復歸安靜下來。正如陶潛的詩句中所描寫的情景：「暖暖遠人村，依依墟里煙，犬吠深巷中，雞鳴桑樹顛。」這是多麼令人驚奇的現象啊！如此情景，中國它甚時越到長備了呢？它能夠在日本帝國主義的刺刀下面屈服嗎？誰能相信那種噪骨頭人的胡說呢？……

且慢，自然我們並不是這樣容易樂觀的人。更多的曲折的前程還在後面呢。鬥爭依然是艱苦的，慢慢的長途仍舊橫亘在前進大路的當頭，我們須要用腳一步一步的走完，不是坐上飛機乘着火車要舒適春日嬉遊的旅行啊！應當記清，這是關係着一個國家的新生的命運，事情並非是好玩的。

這真是令想不到奇怪的現象，在砲聲隆隆火光閃閃的火線地帶，那里的城鎮，村莊，是日漸繁榮起來了，對於打仗已經變成了尋常的事情，百姓們並不覺得有所驚懼和恐慌。戰士們對於阻擊敵人或迎擊敵人的進攻，就像吃飯一樣平常，敵人多次對皖南敵後的無情的掃蕩，我們都把他們打退了，因此，人民對於最後勝利的信念，就益加堅定起來。

在皖南的前線，繁昌，銅陵，南陵一帶，這是常常要和敵人開火的地方，涇縣太平一帶有些村鎮也曾經遭遇過敵人的軍事「掃蕩」，但今天它們卻依然安靜如常的充滿自信力的生活着。我們的每一個城鎮，村莊，都是一道道堅固的堡壘，每一個人，都是一個個堅强勇敢的戰士。這裏，有我們英勇善戰的新×軍，他好像矯健的跳蚤一樣，到處可住敵人，糾纏着它，使它一刻兒都不能安靜。所以日本鬼子只要一聽到「新×軍」三個字，就感覺到頭痛！

皖南是一個美麗可愛的地方，它像祖國的任何一塊土地一樣的可愛，這兒有豐富的物產，遼闊的田園，蘊積豐饒的山河，為中國人民保持着光榮不屈的傳統。繁昌，南陵，銅陵，涇縣的許多村莊鄉鎮的民衆都組織武裝起來了，他們有保衛鄉土的自衛隊，獵戶隊，游擊隊。為了幫助抗日軍隊自動組成了大批的運輸隊，救護隊。還有防止漢奸敵探的鋤奸隊，緝奸隊。自動的站崗放哨，刺探敵軍消息。各鄉各村成立了各種各樣的抗敵協會，工抗會，農抗會，婦抗會，青抗會，商抗會，學抗會等等。孩子們則有他們自己的兒童團，每天唱歌，開會，宣傳。這正是一個熱鬧的團結活潑的自衛民主的世界。但這裏也有一些不幸的陰影，（註）在涇縣的南堡鄉和田中鄉，我也曾看到了幾千的自衛的大檢閱。鄉村小朋婦女的熱心的慰勞，使得每個自衛隊的戰士——新×軍的戰士，起了很大的激勵！民衆的力量，是支持長期抗戰的無限的源泉呵！——新×軍不能同意某種人的主張，他們是要依靠民衆的。

空想多是騙人的。中國的前線並非是危險可怕的地帶，你看到有一個人面現恐懼之色麼？不會的。各個村落照常是熱鬧非凡的世界，各個商店依舊生意興隆，市面一天天繁榮起來，整日開市，公平交易，遠處隆隆的砲聲，人們好像沒有聽到一樣，他們相信敵人的「掃蕩」和進攻，那是有把握可以打退的。你試和老百姓談一下：「你怕不怕鬼子兵呢？」他會很卑夷地回答你說：「為什麼要怕呢？只要有新×軍和我們在一起，我們怕誰呢？——哈，鬼子長三個頭我們都不怕，管它個鳥的！」

有的人覺得大後方是最安全的，可是這裏的民衆覺得他們是最安全的。有時打打仗他們覺得這是一種很有興味的事情，並不覺得那是可怕的。「敵來我打，敵退我進。」安安靜靜，不慌不亂，沉着應戰，這兒充分表現了中國人民的堅毅決戰的精神！

新四军青年战士电蒋委员长致敬

新華日報

龍州方面我敵對峙

我軒勇炮兵擊沉寇艦多艘

京滬路我軍迭次炸燬敵車

新×軍青年戰士電蔣委員長致敬

團結大江南北廣大青年

堅決擁護抗戰到底國策

溧縣士紳捐款軍糧

士兵讀物 第一輯出版

重慶十團體向馮治安獻旗

慰勞百團將士

各方捐款踴躍寄來

青年工人誓爲後盾

國府命令

滇緬路今晨開放

敵機昨又襲渝

粵省驛運下月開始

滬法租界交通未完全恢復

敵寇南進步驟

簡訊

川滇公路

趙浩生

抗戰的騾子

《新华日报》1940年10月18日第2版整版

新×軍青年戰士
電蔣委員長致敬
團結大江南北廣大青年
堅決擁護抗戰到底國策

（本報皖南某地通訊）新×軍直屬部隊五千餘青年，於上月一日在××舉行第廿六屆國際青年節慶祝大會，並舉行國際青年節科學展覽會，副軍長項英及政治部主任袁國平同志均到會演說，大會並通電向蔣委員長致敬，情況異常熱烈。茲將致蔣委員長原電錄後。

蔣委員長鈞鑒：

我國為民族獨立民主自由與世界和平人類正義的抗日戰爭，賴 委座領導與全國軍民齊心努力，已經堅持三年有餘，而萬惡日寇，在內外困難重重逼迫下，日趨崩潰之途，偉大中華民族，向世界人士肩負了何等光榮責任，尤其當此世界帝國主義戰爭依然熾烈之際，而臨「九一」國際青年團結反帝的偉大節日，更感到我們青年責任之重大，全軍青年在此紀念大會上，特向 委座致崇高的敬禮，堅決擁護 委座領導抗戰到底，並竭誠遵循 委座意旨，動員和團結大江南北廣大青年，發揚國際青年團結反帝精神，加強全國青年的團結，驅逐日寇，爭取抗戰的最後勝利，為人類的和平事業奮鬥到底！

新×軍紀念國際青年節大會叩

通讯详文

大江南北敌后新文化的成长

中華民國二十九年十月二十一日 新華日報 星期一 第二版

郎溪溧陽戰事激烈

宜昌西北我軍擊落敵機二架

龍州敵增援反撲被痛擊潰退

黃河新堤決口 兩門口已合龍

大江南北敵後新文化的成長 本報特派員 戈茅

全國負傷戰士 定期慶祝「傷兵之節」

振濟冀魯水災

紀念魯迅晚會

簡訊

蘇報紛加評論

中國之友 奧國爾博士 呼籲援華制日

《新华日报》1940年10月21日第2版整版

大江南北敵後新文化的成長

本報特派員 戈茅

新的文化是以新的戰鬥環境中生長出來的。過去江南曾經是中國新文化最繁榮的園地，特別是上海它始終站在進步文化的前哨的崗位。然而，可惜的是，絞殺中國新文化的劊子手——日本帝國主義者，卻給予了無比的摧殘與毀滅！因此，江南凡是在敵偽統治的地區，都變成了荒蕪的黑暗的沒有文化的世界，人民過著噁心的暗無天日的無知的地獄生活。上海南京一種醜惡的毒酸，似在劇烈地蠻橫霸行著，到處是魔鬼煽惑，弄得烏烟瘴氣一團糟！白色恐怖好像烈性的虎列拉一樣在吞噬著腐蝕著活人的生命。世界上最殘酷的一種，就是明知將要走向滅亡的人，無恥的日寇就是這樣。

這些情形，誠然是可悲的。倘使我們沒有看到那日益壯大生長的光明照射的一面，那是何等的錯誤啊！——即使在上海南京也一樣，在不久的將來的日子，它們仍舊是屬於我們的。目前的情形很清楚：一邊是麻醉無知的黑暗世界，一邊是智慧蓬勃活潑自由的光明世界。

江南的新文化，像是叢生的蔓草似的，無限地長大發展起來。這就如同扭亮了一盞盞的光亮的明燈一樣，正輻射着耀眼的光芒，指示人們艱苦鬥爭的前路。過去因種種不方便的關係，很少有人將江南的新文化繁衍發展的情形，介紹到全國的各個方面去。現在，我們就作一番新的文化巡禮吧。

這里，國內的大後方的報紙，書籍，雜誌，是不易見到的。為了滿足實際的需要，敵後小型報紙雜誌的大量產生，那是必然的。其他方面的情形，我們還不大清楚，單就新×軍的情形來講，油印和鉛印的報紙，雜誌，叢書，確是相當可觀。規模最大的一張報紙自然要數到新×軍政治部出版的「抗敵報」了，它有一個規模宏大設備完全的最新鉛印的印刷所，故「抗敵報」可算是一種印刷精良編排新穎的在敵後不易見到的報紙。係對開三日刊，它的讀者對象是敵後的各個部隊工作人員和戰士，以及一般有知識的民衆，銷行到七八千份，在敵後這樣困難的條件下，確是不容易的。他們主張堅持團結抗戰到底，反對任何投降分裂的陰謀，站在一種正確的政治觀點上面，教育戰士，反映全國人民要求自由解放的真實的意見。「抗敵報」除了江南版，以前還有一個江北版，它的銷路也是相當大的。另外，在軍政治部之下，還有一個「戰士園地」，顧名思義便知它是供給士兵們閱讀的報紙，係三日刊，文字生動，活潑，通俗。它充分反映著士兵的真實的生活，並經常刊載著一些英勇鬥爭的故事。此外，還有兩種大型的理論的和文藝的綜合雜誌，一是「抗敵」半月刊，一是「江淮」季刊。「理論與實踐」則是屬於小型的一種週刊，帶有研究和參考性的一種純理論的刊物。「抗敵叢書」，已經出版到二十幾種了，如「列寧主義概論」，「學習與修養」等等書籍都是。新×軍教導隊編印的有「學習半月刊」，這是鉛印的一種，另外還有一種叫做「火報」的，是油印報。至於手抄的牆報每個工作機關的俱樂部（以前叫做救亡室）裏都有，花花綠綠的紙片粘得滿滿的。每個人對於讀書看報，都是很熱心。於是，各種的適應環境需要的書報雜誌就應運而生了。

各種的書報也和其他的情形一樣，簡直達到了一種熱鬧非凡的情景。江南和皖南江北的情形都如此。只要有我們部隊活動的地方，那兒就有新的文化事業的生長與繁衍。這正如余敘倫說的：「實在的征服，征服而無遺憾的，是征服無知識」。部隊的學習空氣達到了空前的高漲的頂點。對於「無知識，不文化」，每個戰士都覺得這是一種恥辱！學習與戰鬥是同樣重要的課程，唯有提高一般士兵的政治文化水準，方能改進革命部隊的質量，以加強和提高戰鬥的能力。該各個部隊的指戰員，與廣大的前方和敵後的民衆，目前在江南皖南出版的所有的書報，仍感不足，他們在精神上依然是飢渴的。最近在皖南涇縣的附近，新×軍又成立了一個戰地文化服務處，準備將來在江南和整個南中國的東南戰場，大大展開新的文化運動，以配合全國新文化的當前任務，打擊一切漢奸謬論，揭破敵偽在上海，南京，杭州，蕪湖，以及各方敵軍軍事據點的報紙的欺騙和麻醉的宣傳，粉碎一切挑撥離間與造謠中傷的無恥的言論，喚起淪陷區域廣大的民衆，宣達中央抗戰建國綱領的意旨，深入敵後，對敵偽進行有力的宣傳戰。故他們首先注意到培養與發展大批的新聞通訊和文藝通訊的青年寫作的幹部。

於是，就開辦了一個新聞研究班，和中國青年記者學會江南分會聯合創辦，一期期的訓練着青年寫作與新聞採訪的幹部，部隊通訊員，農村通訊員，青年藝術家，文藝工作者。以及新×軍有一個文化事業委員會，專門主持着各個部隊的文藝工作與通訊的聯絡工作，差不多有三百多個的文藝青年和部隊通訊員，分散在各個地區，各個部隊裏，現在都一併被派到破地文化服務處的通訊社去了。最近他們計劃出版兩個刊物，一是「文藝通訊」，再就是尚未確定名稱的一本定期的鉛印大型文學雜誌。此外，正在着手進行出版第二集數將二十種，分供給連隊以下的部和營以上幹部閱讀的兩種通俗的小冊子。記者學會江南分會出版了一本十六開本精印的「敵後記者」。目前江南敵後的一般新聞與文化工作，正在日益蓬蓬勃勃地向上發展着，這不能不說是令人意想不到的一種可喜的現象！

至於說到各個支隊裏油印報紙的情形，那就更加熱鬧有趣了。也和作戰一樣，這是對於「征服無知識」與對抗敵偽宣傳的一種堅苦的尖銳的鬥爭。大江南北敵後游擊戰爭的開展，而新的文化事業也就跟着發展了起來。一切大的小的油印的報紙，它們很少固定性，部隊開到那裏，它就隨着跟到那裏，從頭至尾都充滿了一種活潑的戰鬥性。沒有一個長期固定的地方，能夠使它們長久地停留在那裏，它經歷着各種各樣的不同的新環境，像一種油印報都靈活地發揮着獨自的創造性。因此，生長在民衆的軍隊裏的文化，我們叫它游擊的新文化，並不爲過份吧？——在今天，這樣緊張的戰鬥的環境裏，油印報如同雨後春筍似的蓬勃的發展，是頗有興味的和意義深長的一件事。

爲了避免打瞌睡，關於各種敵後油印報的新鮮有趣的故事，似乎沒有必要一個一個的去介紹了。我們可以舉出一些較大的油印報的幾個名字來。在新×軍的各個支隊裏總不下有三十幾種的油印和鉛印的報紙，主要是油印。軍直屬×團出版了一大張「突擊報」，皖南×支隊有一個「蘇南報」，江南指揮部的油印報，叫「前鋒士報」，在大江以北，淮東，皖北，蘇北一帶，則更有不少的報紙，新×支挺進縱隊和×支隊則出版了「大張的油印「挺進報」與「挑戰報」，「挺進報」有時是鉛印。「挑戰報」則已是全國聞名的一張印刷精美，字跡清晰，編排新穎的油印報。它的發行範圍很廣，在國內大後方也往往可以見到「突擊報」，「前哨報」，「戰士報」等等，可以說都印刷得很精緻美觀，在內容上也包括很廣，有國內國際新聞，有專論，有副刊，有異常的部隊生活的反映，多數的文章大都屬於含有學習與教育意義的一類。此外，每期每張都有精緻的插圖，富有趣味的漫畫等等，有的還用了三兩種顏料的套色版，這實在是一個了不起的本領啊！

每一張報都好像一個萬花筒，包羅萬象，無所不有。「前哨報」的副刊「戰士生活」，和「挺進報」的副刊「鬥爭與生活」，都是很有趣味的一種小文章，它的作者多是出自士兵們自己的手筆。對於一個士兵，一個伙伕，一個勤務員，就作人模範的就加以發揚，對於那些懶漢和不長進的傢伙，則加以嚴格的批評和告發。像們稱讚：「堅苦卓絕的伙伕同志」和「刮刮叫的新同志」一類的活潑有趣的文章，幷時時警告着那些「一定火的幽出」，和在學習上不努力「沒有做飛機而當了烏龜」的諷刺，這是極易引人發笑的一種幽默諷刺的幾百字的小文章。每個戰士都害怕當「烏龜」，於是大家就拚命地學習爭取「飛機」。人人願意把自己的名字登到報上去，因此，就鼓起勇起文章來，然而，他們總得報紙太少了，似乎多發個報紙，才能滿足。——這是在一般部隊裏所不易看到的士兵熱心學習的情景！他們不僅是一個荷槍的戰鬥者，而且更是一個執筆桿的新文化的尖兵！

在江南，在江北，在敵人的後方，在廣大的游擊區，與這一「游擊文化」的發展和其自發地而蓬勃起來了。這和敵偽的那種萎靡，麻醉，虛妄，誘惑的「僞順文化」，恰恰形成了兩個世界的兩種文化的映照！

通讯详文②

新四军揭穿阴谋，肖逆家驹奸计无从售

新華日報
晉南犯芮城敵逃竄
我軍不斷破壞翼沁公路
粵海涸洲島敵寇亦撤退
黃炎培先生演講
嚴防敵誘降陰謀
日寇大舉撤兵係「和平攻勢」
我應求進步堅持抗戰到底
新×軍揭穿陰謀
肖逆家駒奸計無從售
定縣人民的從軍潮
為抗屬義診
湘獻機運動
八大抗戰名劇
渝市棉紗價格狂跌
短評
還是不應過分樂觀
簡訊
大公報

《新华日报》1940年11月4日第2版整版

汪逆漢奸招搖撞騙

新×軍揭穿陰謀

背逆家駒奸計無從售

（本報江南某地通訊）（遲到）去年曾有無恥之徒名背家駒者，經人介紹來新×軍，但新×軍觀察其行動甚不可靠，不予理會，更未委以任何工作，於去年七月下旬即將其逐出，不知下落。乃該背家駒竟使用無恥伎倆，妄稱爲新×軍「高級參謀」，曾登其照片於上海「密勒氏評論報」，並註稱「通訊處爲新×軍」，其他欺詐之行甚多，不勝枚舉。近更變本加厲，荒謬絕倫，假冒新×軍參謀長名義，向南京汪逆精衛自首。其造種種無稽謠言，如宣稱其自己曾參加徐州會議，此來係本軍委會白副參謀總長介紹，又稱奉顧司令長官命令來監視新×軍等等，顯然此輩企圖在於破壞我抗戰將領之威信，并挑撥新×軍與友軍間之團結。同時新×軍參謀長張雲逸，現在江北指揮部隊作戰，從未任委他人，此乃盡人皆知之事。乃該背家駒竟甘投降敵偽之不足，復無中生有，自吹自擂，南京汪偽組織之廣播電台爲之狂吠於前，漢奸報紙，如上海僞「新申報」僞「中華日報」及香港僞「南華日報」又大事渲染於後，圖以此欺騙中外人士耳目，但「司馬昭之心，路人皆知」，明眼人自不難洞燭其中奸計。新×軍將領曾發正申明，痛斥此種無恥行爲與鬼蜮伎倆。

浙東克復後

災情慘重

（中央社金華三日電）諸（暨）紹（興）克復後，我軍節節前進，已完全恢復。此次戰前原狀，浙贛路各車亦通至諸暨站，惟各地受敵寇蹂躪後，災情甚重，劫後民衆，待救

通讯详文

皖南军民协力生产

《新华日报》1940年11月5日第2版整版

皖南軍民協力生產

（本報皖南某地通訊）涇縣[illegible]東鄉××保新×軍駐軍，動員三百多戰士，幫助三十多家茶農和十多家抗日軍人家屬挖掘茶山。當地茶農，因居山地食米全靠南陵、宣城供給，今年各地歉收，糧食昂貴，茶農生活大受影響。最近獲得駐軍幫助，特別興奮鼓動，認爲，「民衆原應協助軍隊抗戰，現在相反，駐軍卻幫助民衆生產，實出意料之外。」

通讯详文

火线下——战地的一日

中華民國二十九年十二月十六日 新華日報 第二版 第一期

晉南鄂西續有戰事

魯南費縣附近激戰斃敵甚衆

華北「破擊戰」中的民兵

老農夫李經魁 賣養老田獻機

港婦女界舉行 慈善賣物會

桂振濟會 建築民住宅

旅港閩同鄉 不滿閩政

傅作義等 通電討汪

北萬餘軍民 追悼鍾毅

工程師學會 九屆年會今閉幕

孤島零訊

粵北滇西 敵機襲擾

陪都各界 將擴大慶祝元旦

肉商暗抬市價 陳梓衡被捕

論八文化團 昨舉行第二次晚會

簡訊

火線下 ——戰地的一日 （一） 本報特派員 茅

月下澗邊

《新华日报》1940年12月16日第2版整版

火線下（一）

——戰地的一日

本報特派員　戈茅

幾日來盛傳着敵人大舉「掃蕩」皖南的消息，各種的戰鬥準備都已經計劃妥當了，人，照常安靜靜的做着各自的事情，好像全然沒有這回事似的。但有些「小鬼」，卻沉不住氣了，他們在深深疑慮着「為什麼還不打起來呢？」「這氣悶人！打仗對於他們便是一種快樂，他們渴望着戰鬥的來臨，猶如孩兒每日都要過一個熱鬧的新年一樣。倘使一直沒有半點事故發生，「小鬼」們是很難熬過這些單調寂寞的日子的。然而，戰士們在這時也同樣表現出他們的緊急的心情，大家都在磨拳擦掌地躍躍欲試，生活在英雄無用武之地。

十月四日那天，蕪湖繁昌的敵人已經出動了，靠近長江的南岸，望江墩鐵礦山一帶有五百多個敵軍，剛剛進至梅冲口，就和新×軍×支隊×團一部接火了；可是情形並不怎樣緊張，後來敵人一直前進到了赤灘鎮，從向一兩坑的時候，終於展開了一場血戰，那結果是可以想像得出的，敵人退卻了，而我們勝利了。那時我，另一部份是住在方村，也是銅陵縣管轄的地區，四面環山，險岩峭壁，當中閃出了一片低低的平地，形勢雖然險要，可是對於我們並不怎樣有利，倘使沒有足夠的兵團去扼守四面的高山，那我們簡直像是沉睡在一只密封的鐵桶裏，秋風吹來，處處歷歷可聞。然而我們卻依然鎮靜着，至當沒有什麼事故發生。

翌晨連魚山方面有一千多敵人，分兩路向着方村合圍來了，情況再也不容許鎮靜以待了。天還未亮，朦朧的夜色仍然籠罩着沉默的山野，偵察員的緊急的報告說：「敵軍已經逼近了衛門場，離開方村只不過幾里路。」當時指揮部的火急的命令是：「棄[illegible]

門目上山！」我聲者灑強的就跟着上山了。那山勢着實有些陡峭，好像在攀登一架直豎的爬梯似的，又高又陡。挑伕、騾馬、鬧烘烘的，人們不時地揩着汗水，大聲地吆喝着。走不動的就在石頭上坐下來喘息，眼睛看不清楚的踏着了別人的大腿，那人就怒聲怨氣地咒駡着：「你的眼睛只會流淚麼，連這大的人都看不見！」山路兩旁是深陷的溝壑，滿生着叢密的亂草，如同長手撥髮的散髮。一不小心，人往往被跌進深溝裏。草上的夜露，水淋淋的，過於疲倦的人們，似乎管不了這些，有的纔到草窩裏就睡，一分鐘也是好的。有的就喊着：「不許掉隊！」然而，這時的情緒不能不說有些緊張，可是從表面上就是難以看得出來的，槍聲打從爬山已經成了生活的老習慣。在深秋的天氣裏，大家只穿了一件單薄的軍服，好容易爬上了一個山頭，略事休息，就又覺得冷起來了，每個人的心情都為過度興奮的情緒鼓湧着，又似乎什麼都未覺得。

天色漸漸亮了，我跟隨了一個非戰鬥的小隊，繼續前進，戰鬥部隊，一個通訊，李部留在山上，陣線佈置得很好。直屬部隊特務×，在山腳下埋伏了一小部，通訊兵把電話從山頂一直架到山脚的下面，這一切的準備都是為了決心一戰。

到天明我纔越了兩座十幾里路的高山，到張家山這個小村子裏休息下來了。正當吃早飯的時候，忽然的砲聲隔山隆隆約約的傳過來，這時我們推測戰鬥一線已經正式接觸了。支隊部宣傳科副科長提議，還是回到火線上，在這裏既得不到什麼消息，又覺寂寞，實在無甚趣味。做好了偽裝，我們復向來路前進，太陽高高懸掛中天，爬過一個山嶺，累得滿身大汗。正當走得很起勁的時候，隆隆的機聲在頭上響了起來，仰目一望，三架太陽牌的敵機，飛得很低很低的盤旋着向我們來了，我們立刻臥倒在樹叢裏，幸好沒有發覺目標，敵機打一個迴旋，就又很快飛去了。當我們到了小張家山，已快近中午時分，中途又遇了兩次敵機的侵襲，倘再爬上一個山坡，那便是戰鬥的第一線了。現在我們所停的地方，已經是緊張的火線地帶。後來在一灣蘆葦叢裏，碰到了敵工科的段科長，他是一個健壯而愉快活的人，說話方式一個傾斜的小小的山坡，隔四十米突，有幾間破舊的房，坐落在我們的對面，再上去不遠就是我們的機槍陣地。清脆的機關槍聲，清脆的重機聲，隆隆的敵機聲，一直在耳邊嗡嗡的鳴響着。戰士們一個隊[illegible]門前進的姿態，我們全看得清清楚楚的。我心裏異常興奮地想着：「這次總算親眼看到戰爭，親身嚐味到戰爭了」。

整整一天敵機在頭上盤旋着，從沒有半刻的休停，飛得低到幾乎碰着了山頂，不斷地投擲炸彈，不斷地用機槍掃射，我們卻依然安靜地坐在蘆葦叢中，講說着生動有趣的故事。照實際的情況說來，我們幾個人的處境，是相當危險的，所以後來才向後轉移了一下，躲在一棵大樹下，蓋了一層稻草，也就呼呼睡去。一覺醒來，仍是[illegible]似的槍聲，偶爾似的砲聲，在怒吼着，在呼喊着，這儼然似被籠在一場模糊的夢境之中，好像什麽感覺也沒有，望着滿山紅葉，瀰漫的綠色的草叢，只是陷入在默默的沉思裏。

心境上的寂寞和緘默是難堪的，這全然不像是在戰場上。

秋天是淒涼的，連一隻鳥鳴也沒有，牠們大約沒有勇氣來看一看這血淋淋的人生和殘酷着所造成的不幸的災難吧？

山坡上有幾個人走下來了，當中二人抬了一架昇牀，是同志受傷了麽？我走上去看了一下：

「怎麽？這位同志傷得很厲害嗎？」

一個農民感嘆地說道：

「他和鬼子拚了刺刀呢！噓，真是一條漢子！」

那位受傷的通訊連的一位同志，他把眼睛微微張開了一下，什麽話也沒說，他是痛苦的，而也是光榮的。

他們過去了，而我們仍

他們過去了，而我們仍倦回到大樹邊坐下來，一直到暮色蒼茫的黃昏。

"天色將近傍晚，砲聲漸漸停歇，敵機的聲音也早已飄得遙遠的了。一天緊張的情緒，此刻略略鬆弛了一些。四山寂靜得異常可怕，戰士們在山頭傲然地來往走動着，可是在剛小時之前，他們曾經持着槍刺作過多次的壯烈地肉搏，而現在他們還在傲然地活着，可有什麽感想呢？

這里，有一件使我非常感動的事：一個誠實的素樸的農民，結結實實的挑了兩桶滿滿的冒着熱氣的米飯，一大碗炒得很好的青菜，跑了十五里的山路，他聲明是來火線上服務的新×軍的，什麽危險他都不怕，只要新×軍的同志吃到了他親自煮熟的飯，那麽，他是高興去冒一切危險的。

戰鬥整整繼續了一天，我佔領着一座高山，敵人盤踞在山下的村子裏，血戰終日，敵人被我消滅了兩百多，還打死了幾匹騾馬，新×軍的戰士只不過傷了幾個人。然而，敵軍的兵力大過我們幾倍，我們的任務是：「堅持守衛陣地，打退敵人！」

現在天快黑了，敵人既無退卻的模樣，亦無斷[illegible]前進的象徵，但一入夜晚，我們估計敵軍可能退却，同時也可能堅持到明天，拂曉向張家山攻擊前進。如果我們堅決不讓敵人攻上山來，留一部兵力正面相抵，抽調其餘部隊繞向敵後，來一個前後夾擊，收復方村，這就是指揮部的新的任務和命令。

夜來了，我們大隊人馬向着敵後進發！

月下進軍

肩荷明月，醉歌刁斗，秋夜漫遊，這種悠然恬談的風趣，是高人雅士狂夫騷客的事，而一個正真的戰鬥者，將永生也不會有這樣風雅的閒情吧？擺在我們面前的只有血肉的搏鬥，和爲祖國犧牲的義務，從血路中打出一條光明的坦途，讓苦難和不幸的人們走向那自由燦爛的世界！

一個晴和的美好的夜晚，上弦月掛在山上低低的梢頭，發着冷寂清越的光輝。秋容清明，天高月晶，萬山虫聲唧唧，好像感泣，在沈吟地歌唱。然而，世界卻仍然是沉靜的。

一支隊默的浩蕩的鐵流，我們戰鬥的隊伍，在月夜悄悄地行進，腳尖連着腳踵，腳踵連着腳尖，一聲不響地在前進。這是一條粗壯的蛇，一支狹鋌的火箭，一道鐵的長城！默默地爬過了一座山，又一座山，跨過了一道河流，又一道河流。月色淡了，

座山，跨過了一道河流，又一道河流。月色淡了，埋在心裏的火光亮了。一步步在和敵人接近，一步步在和戰鬥接近。

馬嘶鳴着，戰鬥的行列前進着。沒有火光，沒有人的聲音，只有悄悄的腳步聲響。月兒漸漸沉下山背去了，繁星在白雲間閃耀着。此時夜露正濃，山下一片黝黑。正所謂「道狹草木長，夕露沾我衣」，鞋子和褲管多半被打濕了。在行進的中間常常有人跌倒下去，然後一聲不響地又爬起來。

人們是靜穆的，世界也是靜穆的。

戰鬥部隊走在前面，手無寸鐵的工作人員與雜務人員被夾在中間，騾馬、担子，踢踢踏踏地緊緊跟隨前進。有時騾馬跌到水溝裏去，這真是一件討厭的事。隊伍失掉了聯絡是不能大聲喊叫的，只好輕輕地來一下掌。人們愈走愈興奮，心情也愈覺緊張。走起路來，烟是不准抽

。走起路來，烟是不准抽的，連輕聲咳嗽也須要忍耐一下。

走了很久很久，沒有休息，也沒有停留。究竟走了多少路，我們是不須要知道的。戰鬥擺在我們的面前，戰鬥之箭在弦上，戰火一觸即發了。夜中究竟是如何景色，漫漫似乎忘記了這一切。必然戰勝敵人的信念，像一團火在燃燒着每個人的心。……

我們的任務，從夾擊敵人。進攻的路線：自張家山經大王沖，水龍山，葉家，金山沖，龍濱沖，收復方村。因爲這是新×軍×支隊的駐地，那兒有我們的人民，有我們戰鬥的血液，我們一定要收回它，並牢牢的守衛它。然而，它永遠是祖國的一方土地，誰願於沾污它，沒有呢

一九四一年

周恩来为皖南事变题词

新华日报　中华民国三十年一月十八日　第二版

晋南豫北屡创敌寇

闽南海坛岛我敌激战中

邮务总工会昨开四次代表大会

朱学范恳切致词：团结是邮工的生命　工会是邮工的家庭

阋墙之争　外侮是招　徐庭瑶通电讨汪

川省五专区行政会议昨闭幕

华西制药厂提倡自制西药

黄庞殉难十九周年

陆章造纸厂昨日正式开工

缅政府代表团昨谒蒋委员长

反侵略分会成立三周年

简讯

为江南死国难者志哀

中华民国卅年一月十七日夜

周恩来

《新华日报》1941年1月18日第2版整版

新華日報

美議長史汀生主張 國會應迅通過援英

美加聯防委員會 定期召開會議

美參院海委會通過：撥款增建新艦

傳法內閣辭職

德軍雲集荷境

印度不合作運動

英人民代表會議

千古奇冤
江南一叶
同室操戈
相煎何急！！
周恩来

《新华日报》1941年1月18日第3版整版

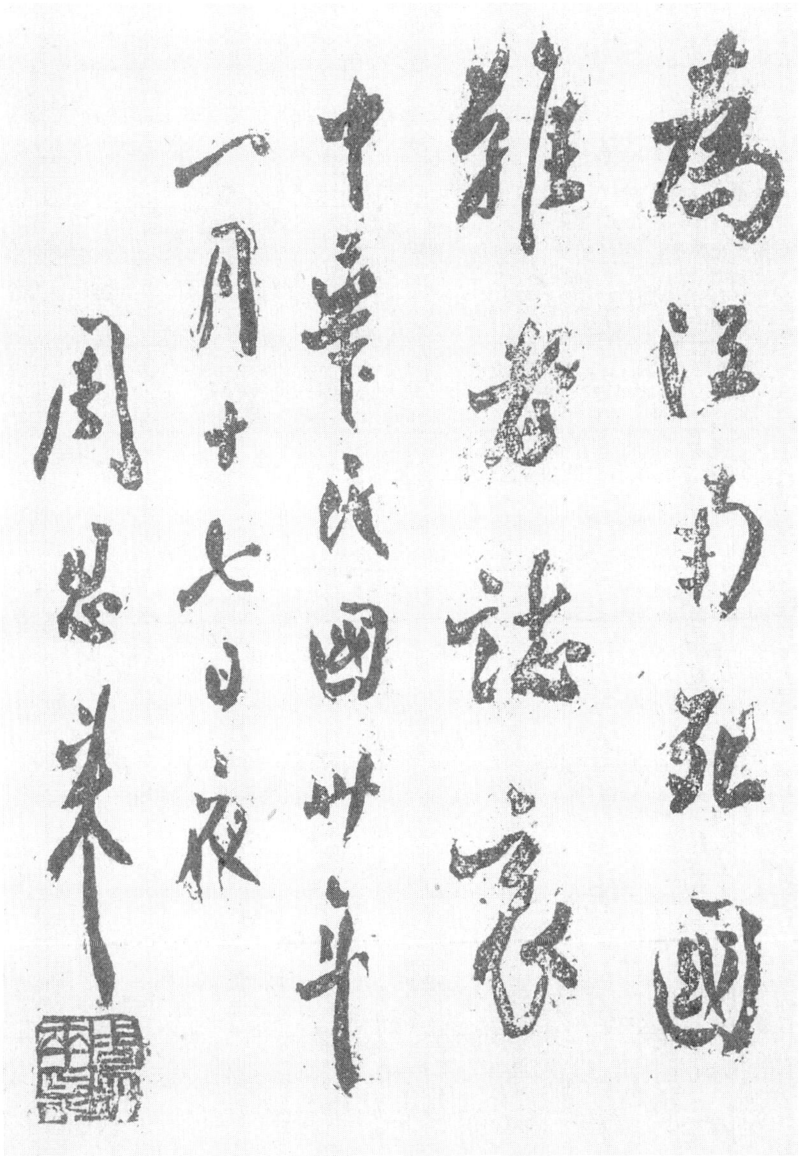

题词详文①

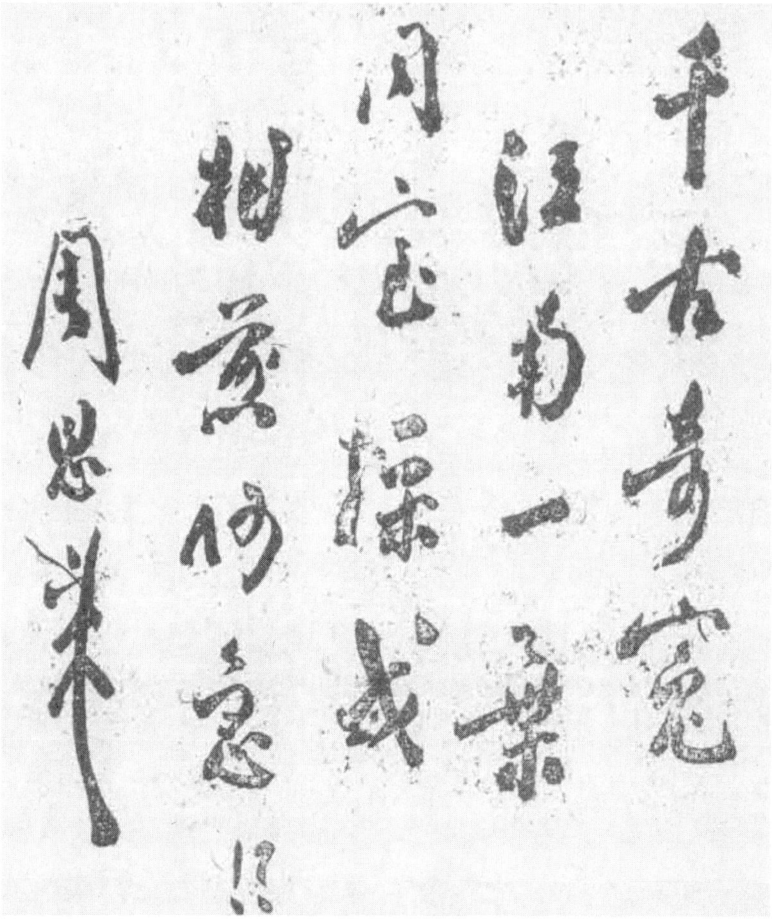

题词详文②

中共七参政员未出席本届参政会之全部文件

新華日報

SIN XUA RHBAO

我空軍炸宜昌敵

粵南我續克北海陽江兩城

晉東南垣曲等地敵續出擾

參院通過軍火租借案

美政府積極援英

羅斯福或將宣佈 置美國於緊急狀態之下

聯共中央公佈

紀念三八節決議

巴爾幹大戰前夕

德迫希停戰言和

英對希前途極表關切

泰越簽約延期

蘇聯館譽聲載道

德加緊潛艇戰

蘇聯各地

簡訊

中共七參政員不出席參政會之全部文獻

請閱今日本報增刊

十三日·月蝕

念七日·日蝕

《新华日报》1941年3月10日第1版整版

中華民國三十年三月十日　新華日報增刊　星期一　第一版

中共七參政員不出席參政會之全部文獻

一　毛澤東等七參政員致參政會秘書處刪電

國民參政會秘書處公鑒：關於政府對新四軍之處置，我黨中央曾有嚴重抗議，並提出善後辦法十二條，如（一）懸崖勒馬，停止挑釁，（二）取消一月十七日的命令，（三）懲辦皖南事變禍首何應欽顧祝同上官雲相三人，（四）恢復葉挺自由，繼續充當軍長，（五）交還新四軍全部人槍，（六）撫卹皖南新四軍全部傷亡將士，（七）撤退華中的剿共軍，（八）平毀西北的封鎖線，（九）釋放全國一切被捕的愛國政治犯，（十）廢止一黨專政，實行民主政治，（十一）實行三民主義，服從總理遺教，（十二）逮捕各親日派首領，交付國法審判等項，請政府採納。在政府未予裁奪前，澤東等礙難出席，特此逹知，敬希鑒察。毛澤東、陳紹禹、秦邦憲、林祖涵、吳玉章、董必武、鄧穎超叩刪（十五日）印

二　周恩來致張冲公函

淮南先生勛鑒：

逕啓者，日來為出席參政會事，與延安敝黨中央往返電商，經考慮結果，特提出臨時解決辦法十二條，附誌於後，敬請轉陳貴黨中央，倘能蒙諸採納，並獲有明確保證，則敝黨參政員屆時必能報到出席。謹此函達，至希鑒察，並頌公祺！

周恩來謹啓　卅年三月二日

三　董必武鄧穎超致國民參政會公函

國民參政會秘書處公鑒：

關於我黨七參政員遲遲未出席本屆參政會事，曾有二月刪電通知在案。茲為顧全團結加强抗戰起見，必武 穎超 特就各論所見各方奔走之餘，提出臨時解決辦法十二條列於後，倘此十二條能蒙政府採納，並獲有明白保證，必武 穎超 屆時必可報到出席，此點已得延安我黨中央復電同意。特此逹知，敬希鑒察，並頌公祺！

董必武　鄧穎超同啓　卅年三月二日

附：臨時解決辦法十二條：

一、立即停止全國向我軍事進攻。

二、立即停止全國的政治壓迫，承認中共及各黨派之合法地位，釋放西安東廣各地之被捕人員，啓封各地被封書店，解除扣寄各地抗戰書報之禁令。

三、立即停止對新華日報之一切壓迫。

四、承認陝甘寧邊區之合法地位。

五、承認敵後之抗日民主政權。

六、華北華中及西北防地，均仍維持現狀。

七、於十八集團軍外，再成立一個集團軍，共應轄有六個軍。

八、釋放葉挺，回任軍職。

九、釋放所有皖南被捕幹部，發給撫卹死難家屬。

十、退還皖南所有被捕人槍。

十一、成立各黨派聯合委員會，每黨派出席一人，國民黨代表為主席，中共代表副之。

十二、中共代表加入參政會主席團。

四　周董鄧致各黨派領導人士書

任之　表方　問漁　默秋
君勱　努生　漱溟　士觀
舜生　幼椿　伯鈞　唐陶
衡山　慧僧　中府　綺蜜

諸先生：

敬啓者，數日來承奔走團結，欽感無既。敝黨代表之礙難出席此屆參政會，所有苦衷，早經洞鑒。現當顧全大局起見，特與敝黨中央往返電商，改定臨時解決辦法十二條，具見於與參政會公函中。凡有可以謀團結之道者，無不惟力是赴，今茲所提，已力求容忍，倘能得有結果，並獲有明確保證，必願往參政會報到。考其形，容或有負諸先生之望，察其心，又知諸先生之必能見諒。方今事小，國家事大，惟求諸先生能一致主張，俾此臨時辦法早得結果，斯真國家民族之福。為一國一時打算，大局趨於惡化，實已委曲求全，關心可告無愧。而諸先生尤為愛國先進，屆時必有更多匡時宏謨，亦極感奮，並電竭轉追隨不懈也。延安請同人開致謝意，特此奉達，敬請公安！

周恩來　董必武　鄧穎超　謹啓　卅年三月二日晨

五　國民參政會秘書處致中共七參政員魚電

董參政員必武鄧參政員穎超並轉毛參政員澤東陳參政員紹禹秦參政員邦憲林參政員祖涵吳參政員玉章鈞鑒：三月六日本會大會以全體一致通過決議如下：（一）本會於閱悉毛參政員澤東等七人致秘書處關於此事經過之報告以後，對於毛董諸參政員未能接受本會若干參政員之勸告出席本屆大會引為深憾。本會為國民參政機關，於法於理自不能對任何參政員接受出席條件或要求政府接受其出席條件以為本會造成不良之先例。（二）本會連日聆悉政府各種報告之後，深覺政府對於全國團結之意至為懇切，一切問題除有關軍令軍紀者外，在遵守抗戰建國綱領之原則下當無不可提付本會討論並依本會之議決以促政府之實行，因是本會仍以聆共產黨參政員深體本會團結全國抗戰之使命，並堅守共產黨民國二十六年九月擁護統一之宣言，出席本會，俾一切政治問題悉循正當途徑得完善之解決，抗戰前途實深利賴。特此錄案電達，至希察照。國民參政會秘書處魚

（三十年三月八日國民參政會秘書處發）

六　中共七參政員覆電

國民參政會秘書處轉參政員先生公鑒：魚電誦悉。諸先生關懷團結，盛意同深。四年以來，中共同人謀民族抗戰與國內團結，心力交瘁，早為國人所公認。中共參政員對於歷次參政會無一次不出席，亦為諸先生所共見，惟獨本屆參政會則有礙難出席者在。蓋中共參政員為

（下接第二版）

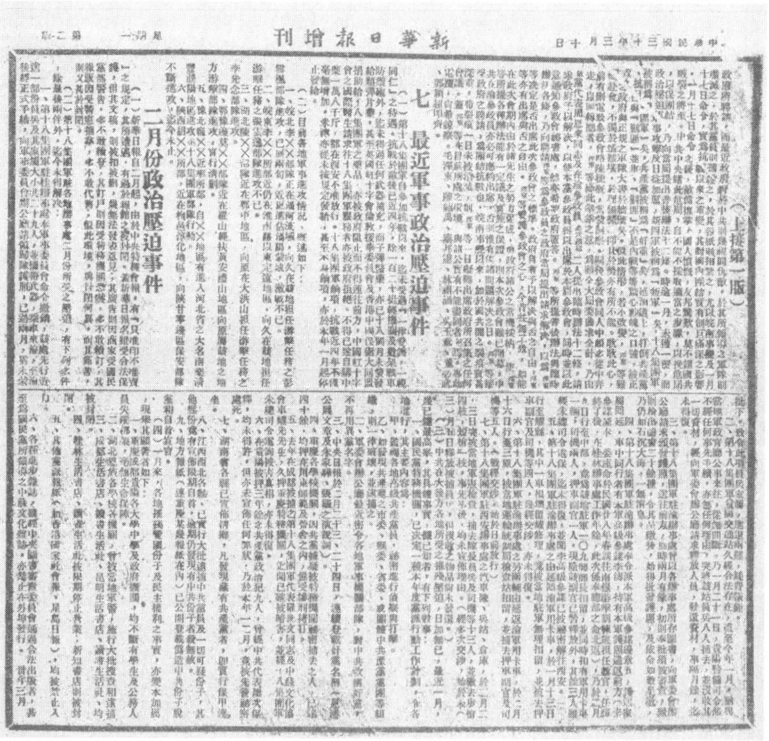

中華民國三十年三月十日　新華日報增刊　星期一　第二版

（上接第一版）

七　最近軍事政治壓迫事件

（二）目前各地軍事進攻情況，略述如下：

一、皖北李××部隊，正在淮河流域，向久在該地担任游擊任務之彭雪楓部隊進攻，已經兩旬，迄仍在淮南激戰不已。

二、皖東李××所部，近在淮南路以東定遠地區，向久在該地担任游擊任務之張雲逸部隊進攻不已。

三、湖北陳××部隊，近在鄂中地區，向原在大洪山担任游擊任務之李先念部隊進攻。

二月份政治壓迫事件

N4A

一九四二年

中国共产党中央委员会告抗日根据地全体党员和八路军新四军将士书

中華民國三十一年七月八日　新華日報　星期三　第二版

五年抗戰業績
斃傷敵二百餘萬
贛崇仁臨川敵西犯豐城

蔣委員長分電
申謝英美元首賀忱

陪都昨紀念盛況
各界紀念大會極嚴肅悲壯
慰勞盟國戰友游園尤熱烈

社論
加强團結爭取時間

陪都文化界
今日晚會
紀念抗建五週年

答謝盟邦祝賀之道
爲加强作戰努力
郭外次對外籍記者談話

阿留申島海面
美擊毀日艦四艘
三艘沉沒一艘起火燃燒
美注視阿留申西端局勢

何總長等
對盟國廣播

各地紀念

朱世明談話

泰國承認
南京僞組織

宗教團體
祈禱勝利

中國共產黨中央委員會告抗日根據地全體黨員和××軍××軍將士書

愛國模範

中國共產黨中央委員會

《新华日报》1942年7月8日第2版整版

中國共產黨中央委員會告抗日根據地全體黨員和××軍××軍將士書

在抗戰五週年的日子，中國共產黨中央委員會特向抗日根據地全體黨員和××軍××軍全體將士致親切的慰問與崇高的敬禮！

同志們，五年來你們是很辛苦了，在全國抗戰的配合之下，你們創造了很多的抗日根據地，你們堅持了艱難的敵後游擊戰爭，你們拖住了日寇在華的一半兵力，你們組織了千百萬群衆，你們保護了華北華中千百萬民衆的生命財產與自由，你們表現了英勇奮鬥和艱苦犧牲的精神。沒有敵後游擊戰爭，（被略十一字）抗戰能有今天的局面，你們是有功勞的。

在抗戰的第六個年頭，敵後鬥爭是會比過去更加困難了。敵人的「掃蕩」會更加頻繁，敵人的堡壘與封鎖線會更加多，敵人的燒光，殺光，搶光的「三光政策」會更加殘酷；我們的地區可能暫時縮小，我們的經濟可能更困難，我們的犧牲與損失也可能更大。同志們！困難是有的，而且是很大的，我們要認識這些困難，但我們在困難面前絕不悲觀，絕不失望，絕不屈服。共產黨員和××軍××軍將士從來是在困難中生長的，從來是不怕困難的，是能夠克服困難的。

我們今天的困難是勝利前的困難，黨中央曾經指出過，明年可以打敗日本，現在再讓我們向同志們講清楚這個道理：

蘇聯，英，美與反侵略同盟國在今年內打敗希特拉法西斯是具備了充分的條件。請看：

蘇聯與同盟國共有人口十五萬萬，德國與其他侵略國只有二萬萬七千萬。

蘇聯與同盟國共有土地一萬萬平方公里，德國與其他侵略國只有五百萬平方公里。

美國英國蘇聯等同盟國每月出飛機九千六百架，德國與其他侵略國每月出飛機三千九百架。

美國英國蘇聯等同盟國月出坦克八千三百輛，德國與其他侵略國月出坦克三千輛。

總之，蘇聯紅軍與英美軍隊是保衛自己的國土，士氣日盛。德國是侵略別人，士氣日衰。蘇英美人民抗戰積極性日益提高，德國人民則悲觀失望。蘇英美後方鞏固，而德國本國及其佔領地日益不安。蘇英美最近又訂了盟同條約，歐陸第二條戰線在今年內建立，德國會兩面受敵，德國東線戰爭已陷於僵局。蘇聯紅軍則不斷的取得勝利，斯大林同志在「五一」節的命令中，蘇聯人民在他的行動中，英美在建立歐陸第二條戰線的準備中，都預計在今年——一九四二年戰勝希特拉。

我們在明年打敗日本同樣具備充分的條件：

日本兵力更加分散了：在太平洋戰爭中日本雖然佔了些便宜，可是到處都要兵，都要運輸聯絡，力量不集中了。你們在前線不是看見四十歲的日本老兵及十七歲的日本娃娃兵嗎？日本經濟也更加困難了：你

告将士书详文①

們不是看見日本兵士穿的吃的都比過去壞了嗎？日本不但與中國爲敵，而且已經與英美等很多民主國家爲敵了，向日本宣戰的有廿四個國家。（被略四十六字）

同志們！我們現在的困難是嚴重的，但是暫時的。犧牲是重大的，但勝利是在不久的將來。我們全體同志的責任就在熬這困難的兩年，迎接將來的勝利。爲克服困難，爲迎接勝利，我們應當怎樣呢？

我們應當堅定我們的抗戰意志，反對悲觀失望。

我們要有信心，要相互勉勵，要共同奮鬥！

我們應當堅持游擊戰爭，時時警惕，刻刻準備，不僅軍隊英勇作戰，而且幫助老百姓，組織民兵，到處打敵人，疲勞敵人，消滅敵人。

我們應當始終與老百姓在一起，保護羣衆的生命財產與自由，遵守紀律，不脫離羣衆，不浪費民力，要向老百姓做宣傳工作，要教育敵佔區的人民，要牢牢記住：假如老百姓擁護我們，日寇就無法打我們；假如我們脫離了羣衆，我們就會失敗。

我們應當不僅與日僞軍作戰，還要對敵僞軍做宣傳。敵軍士兵也是工人農民，僞軍官兵也是中國人，我們要向他們發傳單，寄標語，爭取他們同情我們，反對敵人。

（被略五十七字）

我們是共產黨員，是革命軍人，應當進攻在前，退卻在後，更不怕危險，不叫困難，率領大家奮鬥到底！

我們應當加強根據地內部的團結，我們與老百姓的團結，老百姓間各階層的團結，我們與友黨，友軍的團結，軍隊中官兵的團結，軍隊與地方的團結，本地人與外地人的團結，新黨員與老黨員的團結。遇到困難大家一同克服，不要推諉，不要害怕，我們的團結是最鞏固的堡壘。

同志們！五年來，日本強盜佔領了我們很多的土地，燒掉了我們很多美麗的村莊，殺掉了我們很多的同胞，强姦了我們很多的姊妹，抓走了我們很多的壯丁；我們的田地荒蕪了，我們的親戚朋友死掉了；窩驅的日寇打破了中國人民素來的和平生活，使我們不能不忍受長期戰爭的苦痛！

同志們，報仇呵！鬥爭呵！再鼓一把勁的一直把日寇全部趕出中國，恢復與創造一個獨立的，自由的，和平的，繁榮的新中國。（被略四十字）我們始終是同老百姓在一起，大家團結起來，團結是戰勝敵人最重要的保證！

中國共產黨中央委員會

民國卅一年七月七日

一九四五年

苏浙军区我克广德、金坛、溧水

中華民國三十四年九月六日 新華日報 星期四

晉境三十五城獲得解放

山東我軍進迫濟南城郊

蘇浙軍區我克廣德、金壇、溧水以後，三路繼續進軍

加拿大九團體 關切國共談判

中國民主同盟 開會慶祝勝利

美軍抵東京西郊

威爾納評中蘇條約 美蘇合作由此加強

蔣主席和夫人舉行茶會 招待彼得羅夫大使

社論 澈底肅清漢奸！

英印軍登陸新加坡

蘇聯佔領千島和南庫頁島 美國政府并不反對

《新华日报》1945年9月6日第2版整版

晉境三十五城獲得解放
山東我軍進迫濟南城郊
蘇浙軍區我克廣德、金壇、溧水
以後，三路繼續進軍。

華中方面：㈠我新四軍上月二十八日解放蘇南五湖地區中心的高淳城。㈡蘇北軍民已將鹽城—海州的中心聯絡點阿湖鎮。㈢被我軍民圍困多日的皖南廣德城已告解放。八月二十四日，我軍民攻下[illegible]城[illegible]軍退[illegible]石門那鎮，就向這塊[illegible]進攻，二十九日下午七時我佔該城。我民主政府隨軍入城時，民眾懸旗歡迎。南京偽會等民眾團體組織已成立，該區武裝也於二十九日成立鋤奸隊，政府[illegible]，以救濟貧苦難民，鎮壓搶掠的漢奸正在審訊中。㈣蘇浙軍區[illegible]，現在向三個方向進攻：攻克廣德我軍上月二十八日攻克宣城——長興公路上的要鎮洲安鎮。攻克金壇部隊隨向武進（常州）邊界，二十二日逆襲五十對六十里，攻克僞軍集中地夏溪鎮，俘僞團長以下官兵四百八十多名。此役同時解放金壇武進公路上的河頭鎮、黃塔鎮、弋橋和夏溪間[illegible]的六處據點，現正逼近武進城郊。溧水解放後，當地以溧水以西的小丹陽、博望、[illegible]鎮、謝村、橫溪等重要據點[illegible]，都在我軍進攻圍困之下，敵已紛紛潰逃。

消息详文

江南新四军开始撤退

中華民國三十四年十月二十五日 新華日報 星期四 第二版

社論 江南新四軍開始撤退

中共迅速實行談判諾言
撤退江南新四軍
蘇南、皖南、浙東、浙西各解放區軍隊，撤往蘇北、皖北解放區。
盼望國民黨實現和平建國政策，避免內戰，實現民主等諾言。

為了實現和平與團結
向江南同胞忍痛告別
希望你們加強團結保護已得的民主
希望國民黨保證人民已有民主權益

吳國楨向外記者報告
政治協商會議
下月初或可以召開

熊式輝等
紛紛飛赴東北

接收上海區敵偽產業
政院制定處理辦法

張治中在迪化公忙

上海工人堅持鬥爭
要求工作、和平、生活

日寇擄去的我國工人
還有三萬多流落日本

華南和越南

國民黨部隊
續到濟南

如此「不干涉」

《新华日报》1945年10月25日第2版整版

社論

江南新四軍開始撤退

撤退江南新四军

《新华日报》1945年10月25日第2版整版

中共迅速實行談判之諾言

撤退江南新四軍

蘇南、皖南、浙東、浙西各解放區軍隊，撤往蘇北、皖北解放區。盼望國民黨實現和平建國政策，避免內戰，實現民主等諾言。

【華中十八日訊】中國共產黨中央為了迅速實行國共談判中中共方面所允諾的讓步，已命令新四軍江南部隊（包括蘇南、皖南、浙東、浙西各解放區的軍隊），即日撤往蘇北、皖北解放區，現各該部隊正迅速執行北移的命令。（新華社）

【華中解放區十八日訊】新四軍發言人發表聲明：新四軍受命撤退到長江以北。聲明中說：自從江南陷入敵手以後，新四軍奉命深入敵後與敵偽作戰。憑諸官兵的勇敢和當地人民的支持，我們能夠在過去八年中打擊敵偽，建立了蘇南、皖南、浙東和浙西幾片根據地，解放了幾百萬國民，實現了民主政策，並且改善了人民生活，圍攻了江南的大城市如南京、上海、杭州和寧波等，雖然這一切都是在艱苦困難的情況之下進行的。

消息详文

新四军建军八周年

新華日報

中華民國三十四年十一月二十日

新四軍建軍八週年

發表八年光輝戰績

奮戰江淮河漢八大戰略地區

殲敵四十萬解放人民四千萬

陪都各界反對內戰聯合會成立大會宣言

要求承認印越東印獨立

逮捕戰犯小磯國昭

保加利亞前天選舉

嘉陵煤業陷絕境

《新华日报》1945年11月20日第3版整版

新四軍建軍八週年

發表八年光輝戰績

奮戰江淮河漢八大戰略地區

殲敵四十萬解放人民四千萬

【新華社華中十月十五日訊】新四軍軍部於十月十二日發表新四軍建軍八週年紀念日，發表八年來堅持敵後[illegible]：新四軍轉戰大江南北已經八年，在北自[illegible]，南自[illegible]，西自湖北，東至大海的廣大富饒的地區，解放前線，收復失土，先後解放了四千萬同胞，[illegible]人民建立了民主政權，計有行政公署七個，一個新區，[illegible]，二十[illegible]的專署，及一百五十多個縣政府，八年來新四軍指戰員在江淮河漢之間八大戰略地區（蘇中、淮南、淮北、鄂豫皖、蘇浙、皖中、蘇南、浙東）抗擊敵寇十三個師團及偽軍二十三萬人，總計大小戰鬥近三萬次，斃傷俘敵偽四十二萬九千六百三十六名，[illegible]二十四萬二千一百七十六支，[illegible]，各種[illegible]四百四十八門。敵偽在這八年中所使用各種兇殘的辦法「掃蕩」「清鄉」「[illegible]」「強化」，但華中解放區軍民卻[illegible]，[illegible]傷亡與我傷亡的比例已由一九四一年的一・四比一增至一九四二年的三・一比一，一九四三年的三・四比一，一九四四年的三・九比一。一九四五年尤其是本年八月以來，新四軍奉朱總司令命令向華中敵偽展開全線進攻，迄今已解放[illegible]三十四座，我[illegible]大小敵據點四百四十個，[illegible]四三、八四五人，[illegible]三七、四一六支，[illegible]六七四挺，[illegible]三四五門，[illegible]三二個。[illegible]，[illegible]的[illegible]。

【又訊】華中十月十六日訊 十月十二日爲新四軍建軍八週年紀念，是日下午，軍部全體指戰員，工作人員齊集駐地舉行紀念大會，[illegible]毛主席[illegible]像來，全場[illegible]，[illegible]的[illegible]，口號聲，歡呼聲，[illegible]一片。軍區[illegible]主任[illegible]開會，[illegible]，[illegible]分析當前政治形勢後指出：[illegible]中央對目前時局宣言六大要求的完全[illegible]，[illegible]了爭取更大的勝利，必須更加[illegible]全黨，全軍，全解放區人民的團結，發揮我軍[illegible]，在毛主席領導之下，克服一切困難，[illegible]勝利之[illegible]。[illegible]同志[illegible]在[illegible]新四軍爲人民[illegible]，[illegible]提出[illegible]，不[illegible]，而[illegible]保衛全國的和平，民主，團結[illegible]。最後，全場[illegible]，[illegible]的口號聲後，又通過了向毛主席、朱總司令致敬的電文。[illegible]「打[illegible]」，「[illegible]」助興。（新華社）

消息详文

新華日報 中華民國三十四年十一月二十七日 星期二 第二版

來件 東北文化協會 對當前國是的主張

國民黨軍進攻東北人民 美軍參加指揮作戰

每軍中美軍將校幹部隊有幾百人之多，統歸駐華美軍總部指揮。

前天東北復員協進會開會 CC派頭子導演反蘇劇

社論 警告第三次世界大戰製造者

國民黨特務進入東北 擾亂長春治安

反動派積極佈置內戰

蘇南新四軍北撤途中 民衆挽留依依不捨

皖南新四軍北撤後 國民黨軍屠殺人民

唐河棗陽間劉峙部進攻 解放區軍民忍痛自衛

《新华日报》1945年11月27日第2版整版

皖南新四軍北撤後
國民黨軍屠殺人民
繁昌有功抗戰的工作人員
被槍殺後並公然懸頭示衆

▲華中廿三日電：新四軍撤離皖南游擊區後，國民黨反動派就殘殺對抗戰有功的民兵抗屬、榮譽軍人和區村幹部。繁昌縣某區區長胡冰，在部隊北撤後，曾同鄉長胡來啓前往鴨棚黃，向民衆解釋新四軍撤離皖南原因，不意國民黨第三戰區挺進軍第四縱隊駐在三山鎮（繁昌東北廿里）的□家莊部，竟將鴨棚環包圍，胡冰同志等均被槍殺，並將胡的首級懸掛在三山鎮「示衆」，把鄉長胡來啓也被綁到三山鎮後槍殺。（新華社）

消息详文

美军家书:我是帮新四军的

新華日報

社論 國民黨的所謂「接收」

美遠東民主政策委員會 函杜魯門指責對華政策

認為中國內戰是美國干涉的結果

四十軍副軍長劉世榮 發表被騙參加內戰經過

美軍家書：我是幫新四軍的

偽軍楊四子部全部被殲

上海市政府統制新聞 記者卅餘人宣言反對

南京學生集體請願

設立新兵招募處

《新华日报》1945年12月3日第2版整版

美軍家書：

我是幫新四軍的

譯自十一月十四日紐約下午報

太岳工農青婦聯合會

請美政府停止干涉中國

美军家书详文

一九四六年

我的爸爸叶挺将军

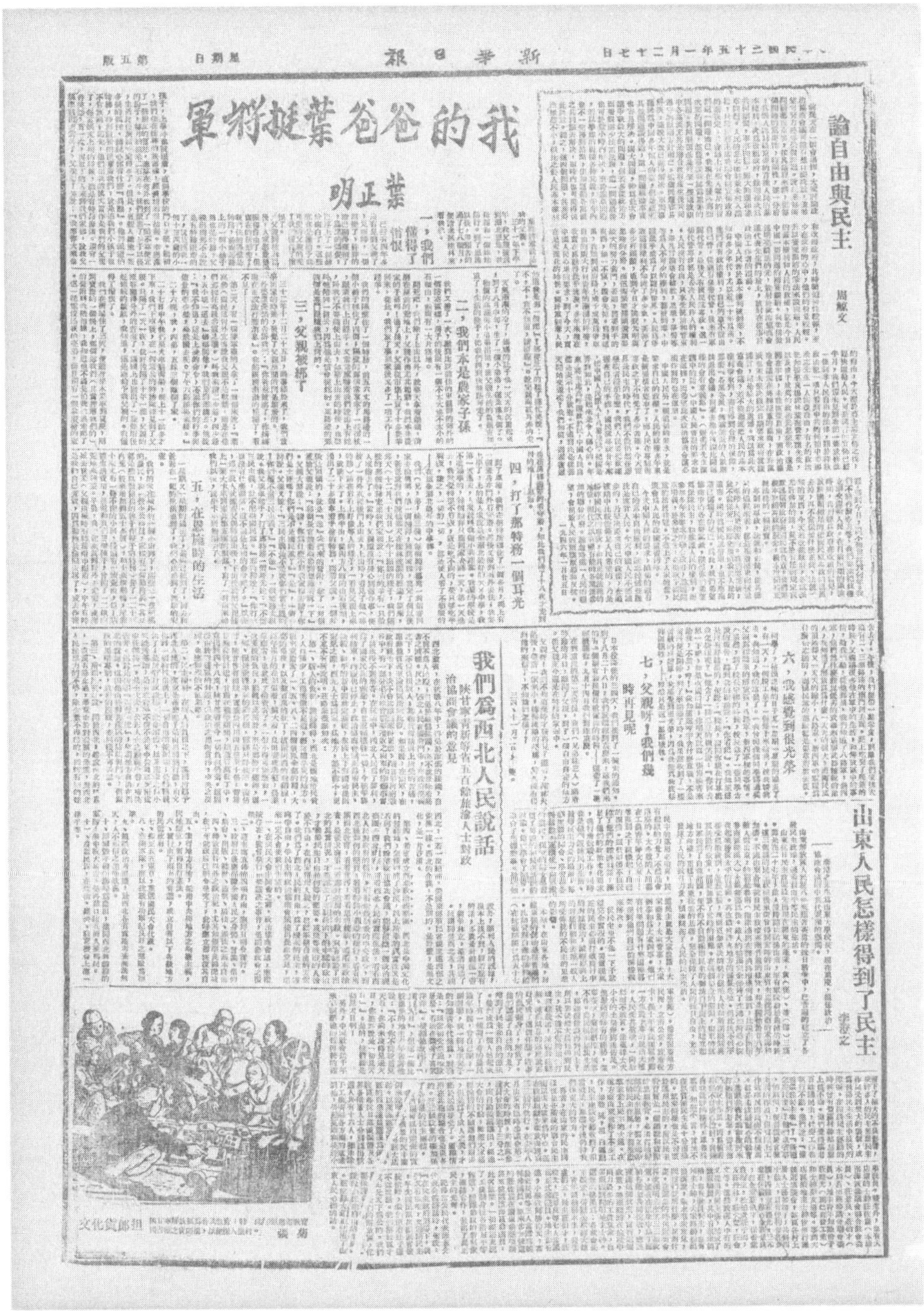

《新华日报》1946年1月27日第5版整版

我的爸爸葉挺將軍

葉正明

葉挺將軍就是我的父親。三十一年下半年，我父親被送到湖北恩施，我母親和一個妹妹就隨行。到了恩施以後，他們艱苦的過了七八個月，便請求回桂林來看我們。

一，我們懂得了憎恨

已經有四年多沒有見到父親了，見面時，一切都變了，肥胖的臉已瘦得瘦削了，烏黑的頭髮，已浮上了一絲絲的斑白了。這些究竟是誰給予我可愛的父親的呢？我們懂得了憎恨了。

父親到桂林以後，人家都說總算獲得自由了，但實在的情形呢？我們住的隔壁是特務，前面馬路上的一個小舖子裏也是特務，父親出街那不必說是有特務跟着的了，就是[illegible]我一個十三四歲的小孩子，上學時也被跟着，直到學校的門口才罷。起初，我們住在桂林的旅館裏，經濟情形很拮据。幸而靠了一些朋友的幫助，總算在郊外找到了一間不算便宜的房子，每月租米二石五斗。我們搬進了房子以後，生活比住旅館時安定得多了。但是，有些人總像一隻多疑的狐狸，總擔心你有什麼『異動』。他們派遣的特務，時刻監視的注意着我們，就是連我們小孩子也不肯放過，起先，他們把我的姨丈當作是我們的父親了，每當姨丈上街的時候，總是有特務跟蹤。還有一件笑話，有一次，捉壯丁的人來到我們家裏，說我父親應該[illegible]兵了，父親聽了笑說：『我想你大概也知道我是那一個吧』？那捉壯丁的聽了連忙笑說：『不，不，我不知道，請原諒』。說完就兩耳紅赤的走了。

天氣漸漸的冷了，媽媽的肚子也一天天的沉重起來，到了八月中旬，生了一個小弟弟，這是第九個了。物價的高漲與小弟弟出世，使父親生活的負擔更加重了，生活的擔子，把我們擠到快無路可走了。

二，我們本是農家子孫

我們又搬了一次，搬到比以前住的更偏僻的郊外的一個防空區裏，房子的後面有一個不太大也不太小的石頭山，前面有一大片空地。

開荒吧，我們除了上山以外，就整天拿着鋤頭，消磨在屋前的荒地上，父親作得尤其起勁。我們本是農家的子孫啊！過了幾天，父親從市場上買了十多隻羊回來，從此，我們放了學回家後又多了一項工作——趕羊。

我們的隔壁住了一個特務，前五六丈的馬路邊的一個小舖子裏住了四個，隔壁的那個常常拿了一枝拐杖，跟着我們上山趕羊，又常常威嚇着我們說山上有蛇，叫我們不要隨便上山去，如果上山去的時候，也要叫他陪同一路去，因爲他是慣會捉蛇的。馬路邊的那四個是專門跟隨我們上街的。

三，父親被綁了

三十二年十二月二十五日，禍事終於來了，我們放學回家的時候，發覺了父親房間的門是鎖着的，外婆很嚴肅的告訴我們：『你爸爸被綁了，你媽媽現在正設法打聽消息』。我的眼睛漸漸的模糊了，看不見了……

第二天，有一個穿軍服的人拿了一封信來說：『葉高參（國民黨對外宣傳說我父親不是軟禁，而是在他們那裏任高級參議之職。）叫我來請二少爺，四少爺，五小姐一道去』。媽媽問他，我們是到那裏去。他說：『我不知道，這是上峯的命令，不過你們的行李要儘量的帶少些，趕飛機去呢。下午六點鐘再來接』。

二十六晚，我，四弟，五妹三個離開了家。

二十七日中午我們坐火車到衡陽，晚上十一點多才下車，我們下車後，在一個憲兵的特務隊裏見到了父親。只隔了一天一夜，就好像隔了十年一樣，父親的面容顯得分外的蒼老了，額頭上也顯出了一條條[illegible]蜿蜒的縐紋，我知道，這是誰給予我父親的。我懂得了憎恨了。

我們在衡陽住了三天，便動身坐木炭車到貴陽，剛到貴陽的一個晚上，那個送我們（其實是押解我們的）的特務叫我陪他睡，我知道他不過是怕我們逃走罷了。這一晚電燈通夜的亮着，而且還有一個拿着槍的憲兵在房裏通宵的看守着，如此我們過了十八夜才走到目的地——恩施。

四，打了那特務一個耳光

到了恩施，我們在招待所裏住了一個多月，晚上有一個憲兵在門外看守着。然後又搬到城外去住，我要上學了，上的是人家說是全湖北最好的××中學，我第一天進去，人家就叫我做小共產黨。我讀的學校是不准通學的，每個禮拜只能回家去過一天，第一天進去，我就覺得很不舒服，飯是吃不飽的，菜只够吃半碗飯，總之，一切的一切，都是使人看了不順眼的——在號稱全湖北最好的中學裏。

我們（兄，弟，妹三個）每個禮拜都寫一封信寄回家去給媽媽，第一個禮拜，回到家裏，讀完了信以後，爸爸就對我們說他那天在桂林被綁的經過，原來那天（十二月二十五日）上午十點鐘的樣子，我們隔壁的那個特務走進我們家裏說：『你們的羊有一只給人家偷去了。』當時，父親還沒有疑心到這件事，便拿了一件外衣從後門上山去，上山時，看見了他（那特務）站在岩石上好像等人的樣子，一看見父親上來，就跳下去了。上到半山，從四方八面的山石後面，湧出了二十多個拿着手槍的特務，圍着父親，一個好像是領頭的，就是『送』我們來的[illegible]，拿了一封信遞給父親說：『郭副長官請葉高參到恩施去玩一下』。父親大怒說：『請，你爲什麼不到我家裏去請？你們是土匪嗎？你們是不是國民黨？』『是』，一個特務說。父親又說：『三民主義是不是教你們當土匪的？你們懂不懂三民主義？』『不懂』，一個特務大胆說。我父親氣極了，打了那特務一個耳光說：『不懂三民主義，就不配做國民黨。』那特務說：『你打我也沒有什麼關係，這不過是上司的命令吧了。』以後，那一批人就擁着父親轉過山後，下山後就把父親推上一架大卡車到憲兵第五團的團部，寫了一封信來給我們以後，就坐卡車到衡陽去了。

五，在恩施時的生活

一星期又一星期的過去了，媽媽已經到了，回去和爸爸在一起的生活也過到了，我們心裏感到了無限的安慰。

我們的家在城外的一個小山腳下，附近有一些純樸的農民，和一幾小公務員，家裏有二個勤務兵（其實都是些以勤務兵的身子作掩護的特務）養了二三十隻兔兒（後來增加到五十多個），和十來隻鵝鴨，屋前十來丈有一條不深的小河，後面有一個荒山，爲了貼補生活費用，爸爸和我們三個孩子，曾開了一二畝的荒地來種菜。早晨，我們起來就到野外去走走，或進城去買菜（父親進城時有特務暗中跟着），中午有時是我們自己煮飯，因爲勤務兵偷偷去玩了，或去作報告去了。午後，我們便帶一點零食，到離我們家裏大概有二、三里路遠的清門河去玩。晚上吃完了晚飯的時候，父親講很多他在軍中的生活，和解放區中的事情，給我們聽，從他那裏，我們知道了八路軍，新四軍，他們爲什麼能以低劣的武器來戰勝武器精銳的敵人，我知道了解放區爲什麼一天天的擴大，而國民黨的領域卻又一天天的縮小，八路軍，新四軍的軍隊爲什麼是志願的，而國民黨的部隊都是要拿着槍去捉。

六，我感覺到很光榮

開學了，枯燥乏味的日子又一星期一星期的過去了。有一天，一個校工拿了一張條子來給我，校長請我去。我知道，我的事發了。（我曾向幾個同學講過從父親那裏聽來的解放區，八路軍，新四軍裏的事情。）果然，到了校長室裏的時候，校長拿了一張同學告發的報告，擲到我的面前說：『你看吧』。我知道這是沒有好結果的，便說：『校長，請問你現在打算把我怎麼樣呢？』他含了一種陰險的微笑說：『你回去想一下吧，如果改過的話，你明天就寫一張悔過書來給我，不然，哼！』我知道這『哼』字含什麼意義，不是留級便是開除。到了學期終了時，我果然收到了一張留級的成績單，我感覺到很光榮，因爲我能爲我底信仰而犧牲，——雖然只是這一點點犧牲。

七，父親呀！我們幾時再見呢

日本投降後的三四天，我們接到了一個走的通知。到了八月二十八日，我們就起程到重慶來，送我們來的有一個副官和幾個荷槍實彈的特務——還帶了一挺機關槍，九月十四日我們到達重慶。

在到重慶的第二天清晨，我們（兄弟妹三人）瞞着特務的耳目，離開了父親，到了一個自由自在的地方。但父親至今還是在特務的掌握中。

父親呀！我們不知道幾時才能再見？還有，桂林失陷後，帶着一家老小，轉輾流離的媽媽，許久沒有得到她的來信了，不知她們怎樣了？

三四、十一月二[illegible]。

新四军军长叶挺昨获自由

新華日報 中華民國三十五年三月五日 星期二 第二版

不顧東北人民和平願望
國民黨軍在東北進行內戰
向遼西熱河中共軍大舉進攻
山東國民黨軍破壞停戰協定，糾合偽軍，圍攻塔耳堡

新四軍軍長
葉挺昨獲自由

人民軍隊的光榮領導者
重獲自由的葉挺將軍

馬張周昨日赴延安
今日飛漢口視察
李先念師長已赴漢口候晤
陳毅將軍公畢由徐返臨沂

天津當局厚待漢奸

社論
中國法西斯派實行恐怖的自由

國民黨內某集團轉移注意力
企圖爭取政府機構位置

解放報在平創刊後
迭遭軍警沒收

俞鴻鈞報告財政問題

熱烈慶祝和平民主

馬來亞華僑慶祝政協成功

本報啟事

《新华日报》1946年3月5日第2版整版

新四軍軍長
葉挺昨獲自由
葉軍長希望國民黨當局釋放一切愛國政治犯。

▲重慶四日電 堅持華中抗戰艱苦卓絕的新四軍軍長葉挺將軍，迭經中共與政府無數次交涉，在獄五年後，方於本日午後五時恢復自由。由邵力子氏護送，六時五十分抵達中共代表團。代表團全體工作同志熱烈歡迎。葉軍長着淡灰黃色軍衣，兩袖破爛。但，衣袋上戴有其女所贈的紅花，精神奕奕。葉軍長表示：希望國民黨當局敞開手，釋放一切愛國政治犯。（新華社）

消息详文

重获自由的叶挺将军

《新华日报》1946年3月5日第2版整版

人民軍隊的光榮領導者

重獲自由的葉挺將軍

五年牢獄的折磨損毀不了他充沛的生命力。他說：中國人民的事業不是那一黨一派可以做完，希望大家爲民主團結而努力。

▲本報特訊 在江南一直堅持抗戰，給敵人以重大打擊的人民軍隊新四軍軍長葉挺將軍，於五年前在皖南事變中，失去了自由。昨天下午六時五十分由參政會邵秘書長力子親陪送到中共代表團。

葉將軍確實能夠獲釋的消息，是前天（三日）上午才得到的，大家聽到了這個消息之後，都焦灼的等待着，葉軍長的十二歲的女兒揚眉，盼着他爸爸早點回來，裡裡外外的跳着，還寫了『歡迎爸爸』的一條標語。因爲盼望她爸爸，她一夜都未睡好。

『葉軍長來了』，不知誰叫出了這一聲。中共代表團的人們，歡喜如狂，擁上石砌道上，每個人都引長頸項，探望着葉軍長。壁上立刻貼上了『歡迎葉挺將軍』，『葉挺將軍是人民的軍隊的光榮』等等的標語。忽而汽車停在中共代表團的門首，一陣爆竹和歡呼的聲音爆發起來，已辨不出誰在說什麼了。葉軍長就在這種熱烈的情況中，出現在人們的面前。

董必武、陸定一、王若飛、鄧穎超、秦博古等同志，一窩蜂地迎了上去，擁着葉軍長到了會客室。當葉軍長見到剛釋放了一個月的廖承志同志時，他們倆熱烈擁抱着，葉軍長說：你是『第一號』，我是『第二號』。

葉軍長把他的女兒揚眉，抱來坐在籐椅上，眼淚不禁流了出來。葉將軍一手撫着揚眉，眼眶也潤濕了。擠在葉軍長面前的人，眼圈也不禁紅起來了。葉軍長有意把過去的傷心事避開，站起來說：『我還有行李呢？』走到椅子旁邊拿着一個白色的包袱，擺在几上說：『誰猜着裡面是什麼東西？給他三十萬元』。大家的心裡猜換着這究竟是什麼東西呢？揚眉搶前打開一看，原來是葉將軍在牢裡喂的小兎子，才生下地兩天，大家哄堂大笑，每個沉重的心情被笑聲驅散了。說到釋放政治犯，葉將軍對送他回來的邵力子先生說：『希望國民黨當局不要把人民的兩臂緊緊的捆着，要放開手，把全國的政治犯都釋放出來』。說着兩臂有力的揮着，從舊黃色軍裝的兩個袖子上露出的破棉花，也在隨着搖蕩，邵先生頻頻點頭，稍坐片刻，告辭而去。

葉將軍雖然失去自由五年多了，頭髮有些花白，但是他的精神還好，談話的聲音宛如在皖南一帶，堅持民族革命戰爭發佈向敵人進攻的命令時一樣的洪亮。接着他的老友，郭沫若先生及章伯鈞先生，新聞記者等都趕到了。當記者要求見葉將軍，葉將軍對新聞記者們說：『中國人民的事業，不是那一黨那一派可以做完的，希望大家來爲民主團結而努力』。大家隨便的談着，詢問着，記者都關心葉將軍在牢中的生活。

葉將軍雖然經過了五年獄中生活的消磨，他仍然是很有精神的，胸前掛着他的女兒送他的一朵紅花？不斷地發着爽朗的笑聲，愈顯得他生命的充沛。葉軍長是中國人民軍隊的光榮，人民是需要他的。

通讯详文

叶挺夫人将来重庆

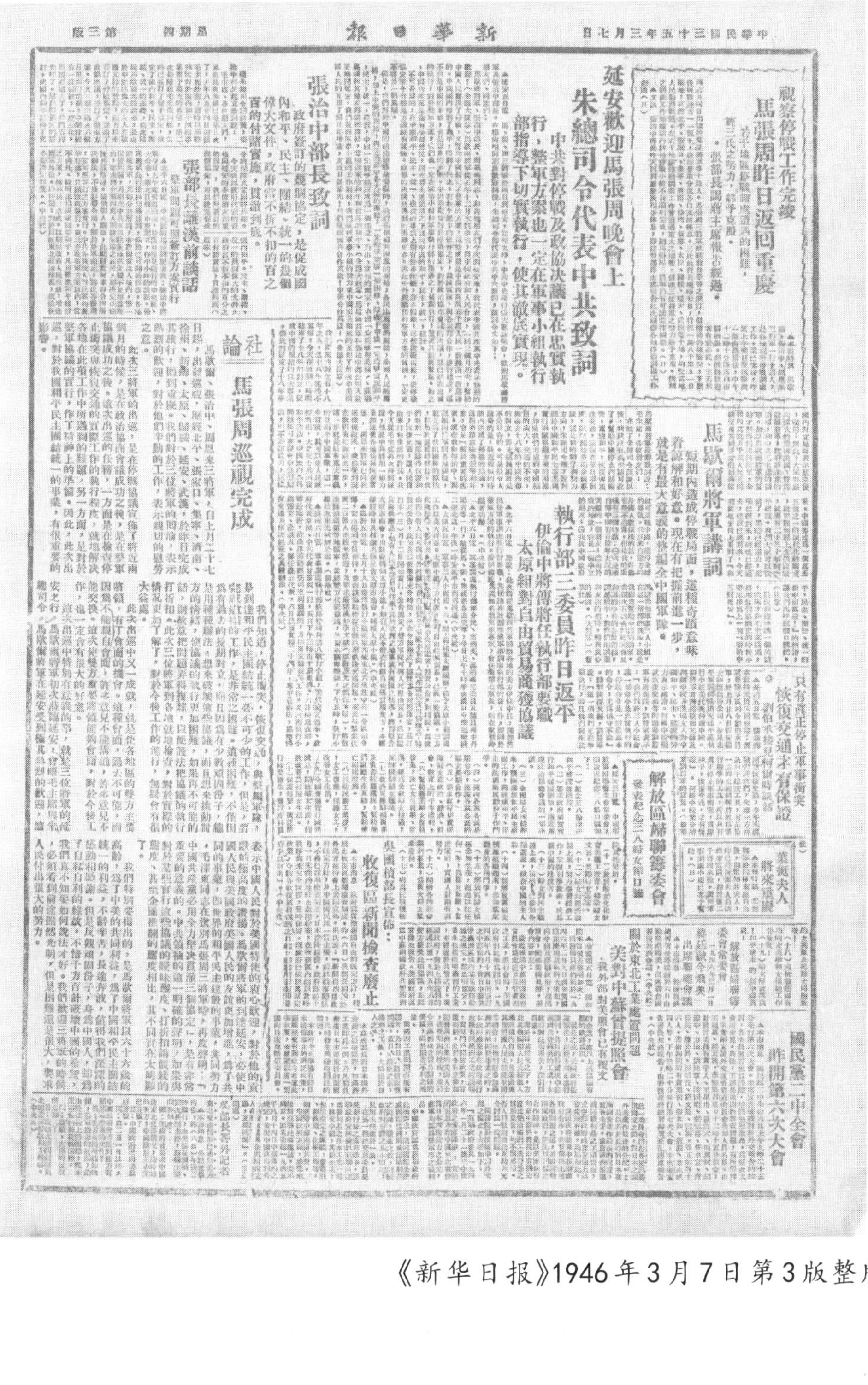

中華民國三十五年三月七日 新華日報 星期四 第三版

視察停戰工作完竣
馬張周昨日返回重慶

延安歡迎馬張周晚會上
朱總司令代表中共致詞

張治中部長致詞

馬歇爾將軍講詞

執行部三委員昨日返平

社論 馬張周巡視完成

解放區婦聯籌委會

收復區新聞檢查廢止

國民黨二中全會昨開第六次大會

《新华日报》1946年3月7日第3版整版

葉挺夫人
將來重慶

△本報特訊 葉挺將軍於四日重獲自由後，即電知其夫人，昨已接獲葉夫人自廣州來電稱，即將攜二子搭機來渝。廣州軍事調處小組已允予協助。（丑）

消息详文

新四军军长叶挺参加中国共产党

中華民國三十五年三月十四日 新華日報 星期四 第二版

堅持十四年東北抗戰領袖
周保中將軍談東北形勢

中國共產黨和東北人民一起
為保衛東北主權而奮鬥

英勇的東北兒女
寫下光榮歷史

社論(一)
打擊保持法西斯統治的企圖

東北人有權參予協商

新四軍軍長葉挺
參加中國共產黨

希望國民政府者

《新华日报》1946年3月14日第2版整版

新四軍軍長葉挺
參加中國共產黨
中共中央覆電接受請求，並對長期爲民族忠貞服務致慰。

▲延安八日電 新四軍葉挺軍長出獄，即於五日致電延安中共中央，請求加入中國共產黨，中共中央昨（七）日已覆電接受葉挺將軍入黨，往返電文如下：

葉軍長電：「毛澤東同志轉中國共產黨中央委員會：我已於昨晚出獄，我決心實行我多年的願望，加入偉大的中國共產黨，在你們的領導之下，爲中國人民的解放貢獻我的一切。我請求中央審查我的歷史是否合格，並請答覆，葉挺寅微簽字。」

（二）中共中央覆電：「親愛的葉挺同志：五日電悉，欣聞出獄，萬衆歡騰。你爲中國民族解放與人民解放事業進行了二十餘年的奮鬥，經歷了種種嚴重的考驗，全中國都已熟知你對民族與人民的無限忠誠。茲決定接受你加入中國共產黨爲黨員，並向你致熱烈的慰問與歡迎之忱。中共中央三月七日。」（新華社）

消息详文

叶挺同志说明入党志愿

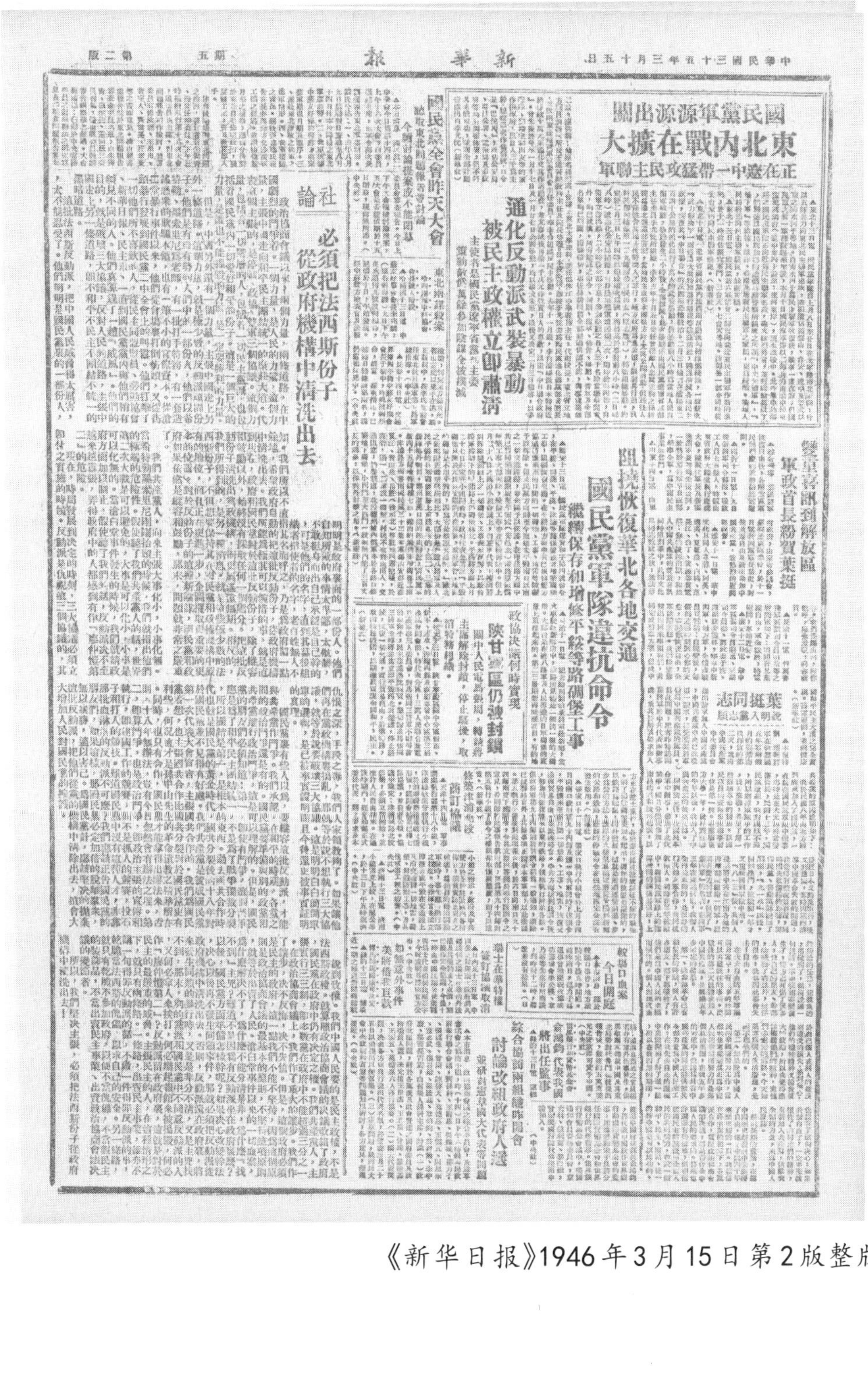
中華民國三十五年三月十五日　新華日報　第二版

國民黨軍源源出關
東北內戰在擴大
正在遼中一帶猛攻民主聯軍

通化反動派武裝暴動
被民主政權立即肅清

國民黨全會昨天大會

社論
必須把法西斯份子從政府機構中清洗出去

雙重喜訊到解放區
軍政首長紛賀葉挺

葉挺同志說明入黨志願

阻撓恢復華北各地交通
國民黨軍隊違抗命令
繼續保存和增修平綏等路碉堡工事

陝甘寧邊區仍被封鎖

綜合協商兩組聯席會
討論改組政府人選

《新华日报》1946年3月15日第2版整版

葉挺同志說明入黨志願

▲本報特訊 葉挺將軍在他經過五年零兩個月的監禁而被釋放的第二天，就向中國共產黨中央委員會提出請求加入中國共產黨，中國共產黨中央已批准這一請求，接受葉挺將軍做為中國共產黨的黨員。為此問題，記者昨特訪問葉將軍於中共代表團辦事處，承其將所以要求加入共產黨的原因說明如下：

我於民國八年由北方回到廣東加入了國民黨，一直就在國民黨軍隊中做事，那時是在大元帥府當營營長，民國十三年，國民黨改組，我對現狀不滿，所以辭掉軍隊中的工作，後去蘇聯，希望了解一些蘇聯革命的情形。以國民黨員的資格去蘇聯學習，我是第一個。在蘇聯東方大學一年，就在到蘇聯的半年以後，我加入了中國共產黨的旅莫支部。

回到廣東後，在國民革命軍中做事，參加了北伐戰爭。國共分裂我參加了南昌起義和廣州起義，以後經日本又到莫斯科，後又到德國，那時因黨內清算中國革命失敗的問題，我覺得有些說法不當，同時因失敗情緒的影響，與國民黨、共產黨都脫離了關係，「九一八」以後，回到澳門，抗戰前一年才又重新回到軍隊中來。「八一三」後，我個人提議將中共在江南各地的游擊部隊組織一個軍，經國共雙方同意，發表了「新四軍」的名義。新四軍三年在實際抗戰，我個人覺得是正確的，是很好的，與其他友軍合作，共同抵抗敵人。同時在三年抗敵中，與國民黨軍隊上的指揮機關的關係都很好，上級所給的任務，能擔負的，都做到了，從沒說過一句謊話。不幸皖南事變發生了，雙方都死傷了很多人，我自己的朋友、幹部，除犧牲了的以外，被俘的很多，我也因此事件失去了自由。

在失去自由的五年零兩個月當中，有很多的時間可以考慮既往的事情。出獄後的第二天就請求加入中國共產黨，是經過五年多考慮的結果。

第一、我參加革命已有相當長的時期，個人有許多朋友、部下都犧牲了，他們是為中國人民的幸福而犧牲的。個人對幾次由於自己個人或別人的錯誤而遭受的損失，感到痛心，他們的犧牲精神又給我很大的鼓勵，所以我覺得應該繼續他們的精神，走他們未走完的道路。今天如果專為個人生活着想，是對不起他們的。

第二、如果說為中國人民的幸福而努力工作，當然我也考慮過真正為中國人民的幸福而努力的是那個政治集團，在我五年多的考慮中，我認為只有中國共產黨的同志能供獻其全部力量為中國人民來工作。在我失去自由的環境中更能深刻了解了這一點，所以在我囚禁的期間，我就有了這個決心：如果我能自由了，一定要繼續犧牲了的同志們的精神，並重新加入共產黨，供獻我全部的力量，來為中國人民服務。

經過長期的監禁，在這中國歷史新發展中我獲得了自由，這在中國四千年來歷史是新的一頁。我相信在蔣主席的領導下，各黨派合作，實現政治協商會議的決議，這是符合全中國人民的要求的。將來也許還要有些困難，但相信經過民主的黨派與全國人民的共同努力，建設一個和平、民主、團結、統一的新中國是可以成功的。

消息详文

新四军第五师被围粮绝

新華日報 中華民國三十五年三月十八日 星期一 第二版

法西斯在東北實行恐怖政策
抗日領袖李兆麟被暗殺
國民黨內法西斯反動派，勾結漢僞殘餘，進行反蘇反共活動。

反動派蓄意消滅有功部隊
新四軍第五師被圍糧絕
爲執行停戰令駐地縮小僅餘百里，要求移防皖省五河，未獲允許。
前新四軍江漢區政委鄭紹文悲切陳辭

在國民黨軍封鎖進攻下
民食軍糧陷入絕境

山東解放區各種物資
大量運往濟南徐州

社論
爲新四軍五師呼籲

山東執行小組中共人員
遭國民黨軍拘留

在華府記者招待會上
馬歇爾發表聲明
中國的和平努力必須成功
執行小組應迅速派往東北

中央社報導東北情形

國民黨二中全會閉幕
發表宣言提出六項主張

國民黨中央委員
充任國大代表名單

《新华日报》1946年3月18日第2版整版

反動派蓄意消滅有功部隊
新四軍第五師被圍糧絕
為執行停戰令駐地縮小僅餘百里，要求移防皖省五河，未獲允許。
前新四軍江漢區政委鄭紹文悲切陳辭

▲本報專訪 八路軍新四軍中原軍區武漢辦事處長前新四軍江漢軍區政委鄭紹文同志，於日前由該軍駐地宣化店經漢口來渝。本報記者往訪，據談：新四軍第五師李先念同志所部，乃一九三八年敵軍相繼侵陷武漢應城，國民黨軍隊望風潰際紛紛四散於途之際，由當地中共黨員聯合民衆奮起保衛家鄉，抗拒敵偽進攻而成立，八年來艱苦作戰屢殲敵偽收復豫、鄂、湘、贛大地區：西至宜昌附近，東抵九江，南至石首、公安、陽新、大冶、北比溪河，建立廣大豫鄂解放區。在敵侵鄂西與長沙戰役中，策應正面國軍作戰，牽制敵軍，掩護友軍作戰，以及解救友軍和營救美空軍人員，供應武漢地區之空軍情報，因而獲得陳納德將軍及當事友軍將領之獎謝，國民黨老黨員滞怡，楊經曲等先生為當地知名之士，均參與解放區政權工作度。

自去歲日寇投降，不久雙十協定公佈，我新四軍第五師分佈長江以南部隊，奉命自石首，公安，陽新及武昌附近撤過江北，以示忠實履行協定。可是到去年十月下旬，國民黨軍隊以十個軍之衆，並大量收編偽軍，配合向我猛烈進攻，企圖以絕對優勢兵力一舉殲滅此抗戰有功之部隊，我軍為生存計，乃轉移隨棗地區，而彼方猶猛攻不已，我為避免生靈塗炭，含淚撤退，東向豫南光山，以求生存，而國民黨軍隊仍復尾追。在光山得停止衝突命令，我方即通知國民黨軍隊停止衝突，對方不顧停戰命令，繼續進迫，奪佔光山。我全師五萬餘人撤退鄂境宣化店周圍現駐區，自前時在停戰小組抵達，和字四號命令公佈之後，但國民黨軍仍在潢進逼包圍封鎖，依然如故。本月廿二日十三師駐應山部隊進攻我鄂中分區之張揚店及鄂東國民黨衛隊圍攻我夾山地區之鄒少川部，即其近例。近數日來，此種進攻，突然增多。

目前我軍駐區直徑只一百華里，容此五萬大軍，給養極度困難，全軍每日能食稀粥二頓，已算最好，國民黨軍隊十一個軍則密佈四週，大事建築碉堡，一方禁我根據和字第四號命令與執行小組組織協定，持護照非武裝人員可通行無阻的規定，不許我軍向外採購軍糧民食。柳林車站，我兩持護照人員被國民黨軍隊捉住槍斃，路經孝感地區，我從獄脫出來之杜明同志等四人，持護照經過廣水，國民黨軍隊扯毀護照，打我同志半死。目前從宣化店到漢口，亦多方留難。執行總部和字第四號命令，國民黨軍毫不履行，最近尤復進攻不已。據可靠消息，此種進攻為有計劃的，期在削弱我軍，最後則一舉殲滅我軍。

专访详文

为新四军五师呼吁

《新华日报》1946年3月18日第2版整版

社論

為新四軍五師呼籲

[illegible]

社论详文

为和平民主团结而牺牲

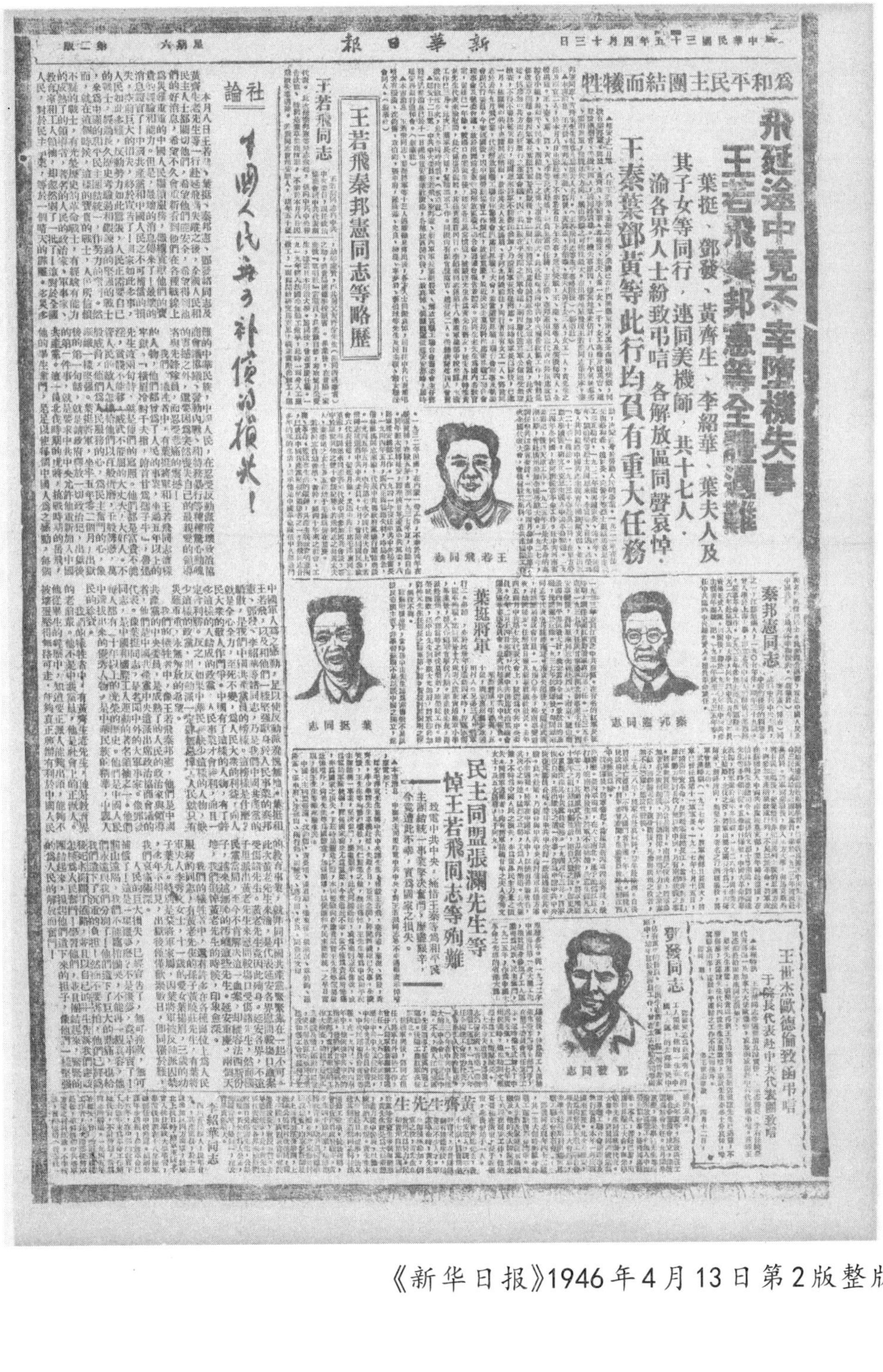
新華日報

中華民國三十五年四月十三日　星期六　第二版

為和平民主團結而犧牲

飛延途中竟不幸墜機失事

王若飛秦邦憲等全體遇難

葉挺、鄧發、黃齊生、李紹華、葉夫人及其子女等同行，連同美機師，共十七人

渝各界人士紛致弔唁　各解放區同聲哀悼

王秦葉鄧黃等此行均負有重大任務

王若飛秦邦憲同志等略歷

王若飛同志

王若飛同志

葉挺將軍

葉挺同志

秦邦憲同志

秦邦憲同志

鄧發同志

鄧發同志

民主同盟張瀾先生等悼王若飛同志等殉難

致電中共中央，稱王秦等為和平民主團結統一事業奮鬥，歷盡艱辛，今竟遭此不幸，實為國家之損失。

王世杰歐德倫致函弔唁

黃齊生先生

李紹華同志

社論

中國人民無可補償的損失！

《新华日报》1946年4月13日第2版整版

為和平民主團結而犧牲

飛延途中竟不幸墜機失事
王若飛秦邦憲等全體遇難

葉挺、鄧發、黃齊生、李紹華、葉夫人及其子女等同行，連同美機師，共十七人·

渝各界人士紛致弔唁 各解放區同聲哀悼·

王秦葉鄧黃等此行均負有重大任務

▲延安十二日電 八日王若飛、葉挺等所乘之飛機已在山西興縣東南之黑茶山觸山焚燬，同機有秦邦憲、鄧發、黃齊生、李紹華、黃曉莊、葉夫人並一女、一子，女工高瓊及魏萬吉、趙登俊兩副官、美機師四人，均同時遇難。失機失事原因，據當地群衆估計：八日下午氣候惡劣，雲雨頗重，飛機迷失方向，觸山焚燬之可能性最大。在出事地點發現王若飛同志筆記本、秦邦憲同志、黃齊生先生私章及葉挺夫人名片。（王若飛同志等生平事略附後）（新華社）

▲本市消息 王若飛、秦邦憲、葉挺、鄧發、黃齊生、李紹華、葉夫人與子女二人，女工一人，黃先生之孫及副官二人，於本月八日由渝赴延，不幸於當日下午失事，飛機焚燬，王、秦、葉等人及美機師四人，全體遇難。王、秦、葉、鄧、黃、李等此次赴延，均負有重要任務，王若飛、秦邦憲兩同志代表中共出席政協綜合小組，對和平、民主、團結、統一之偉大事業貢獻極大。此次赴延係向中共中央報告政協工作，特別是修改憲草問題。新四軍軍長葉挺將軍於出獄後，曾一同周恩來將軍出席陳誠將軍參加之軍事三人會議，此次赴延，係參加中共方面在延舉行之整軍會議，因中共代表在平召開之整軍會議，嗣因駐代表將軍公館遭受無理檢查，不得不遷移延安舉行，而周恩來將軍不能親往參加，乃請葉軍長飛延出席。同時葉軍長出獄後，已逾一月，極願與中共中央諸同志晤面，故攜其夫人及女揚眉、子阿九同機前往，同行者並有女工一人。鄧發同志於去年九月飛巴黎，代表解放區職工聯合會籌備會出席世界職工大會，並當選世界職工聯合會理事及執委會副執行委員。今春返國後，因中國勞動協會工作煩忙，故留重慶，最近決定去莫斯科出席世界職工聯合會理事會及執委會議，故於出國前先返延向解放區職工聯合會籌備會報告並請示。黃齊生老先生為國內名教育家，留延已一年餘。較場口血案發生後，延安各界異常憤慨，被毆諸先生多為黃先生舊友，延安各界特推黃老先生代表來渝慰問，此次係事畢返延，其孫黃曉莊同行。李紹華同志係第十八集團軍總部中校參謀，來渝工作已三月。此次隨葉軍長去延，幫助整軍工作。同機尚有副官魏萬吉、趙登俊二人。美籍機師等四人曾駕機來往渝延多次，此次亦同時殉難。（新華社）

▲延安十二日電 中共中央委員王若飛、秦邦憲、新四軍軍長葉挺將軍、解放區職工聯合會籌委會主任鄧發等遇難消息已於十一日晚由延安新華社廣播，各解放區聞訊後，一致哀悼，俟靈柩運抵延安安葬時，屆時延安再舉行追悼會。（新華社）

▲本市消息 王若飛同志、葉挺將軍等十三人遇難確息傳出後，各方人士同深哀悼，昨日往中共代表團弔唁者有張瀾、沈鈞儒、章伯鈞、張申府、羅隆基、史良、柳湜、寧麥岩、李伯球等先生及民主報、婦女聯誼會同人。（新華社）

消息详文

讣告

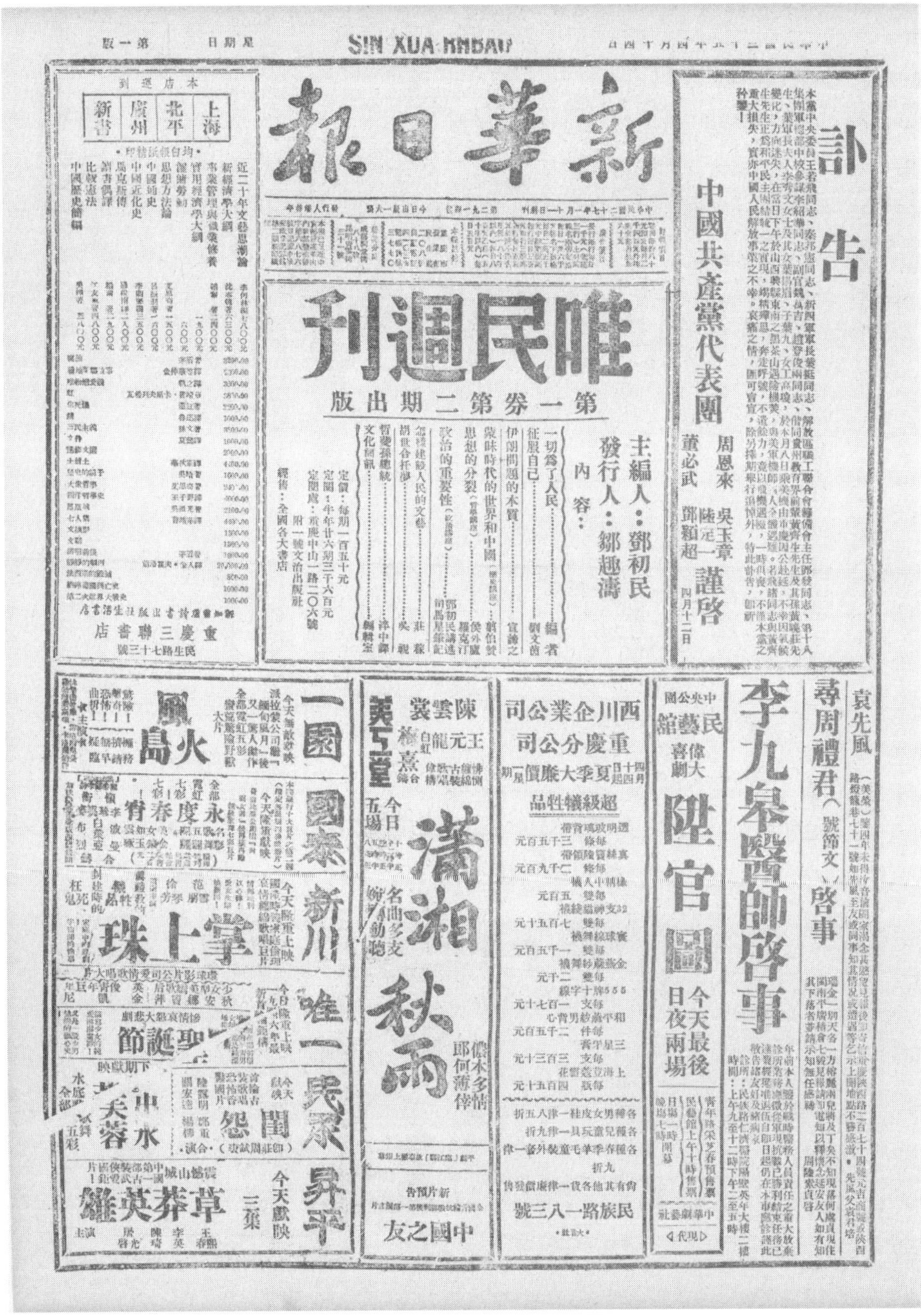
SIN XUA RHBAO

新華日報

訃告

本黨中央委員王若飛同志、秦邦憲同志、新四軍軍長葉挺同志、解放區職工聯合會籌備會主任鄧發同志、第十八集團軍總部中校參謀李紹華同志、副官魏萬吉、趙登俊兩同志、貴州教育界前輩黃齊生先生及其孫黃曉莊先生、葉挺同志夫人李秀文女士及其女葉揚眉、子葉阿九、女工高瓊，於本月八日乘美機由渝飛延，因氣候變化，美機迷失方向，在當日下午於山西興縣東南之黑茶山遇險，機焚人亡，全體遇難。……實為中國人民解放事業之不幸。哀痛之情，匪可言宣，除另擇期舉行追悼外，特此訃告，即祈矜鑒！

中國共產黨代表團 周恩來 吳玉章 董必武 陸定一 鄧穎超 謹啓

四月十二日

唯民週刊

第一券第二期出版

主編人：鄧初民

發行人：鄒趣濤

重慶三聯書店

李九皋醫師啓事

壽周禮君（號飾文）啓事

袁先鳳

西川企業公司 重慶分公司

民藝館 偉大喜劇 陞官圖 今天最後 日夜兩場

中國之友

《新华日报》1946年4月14日第1版整版

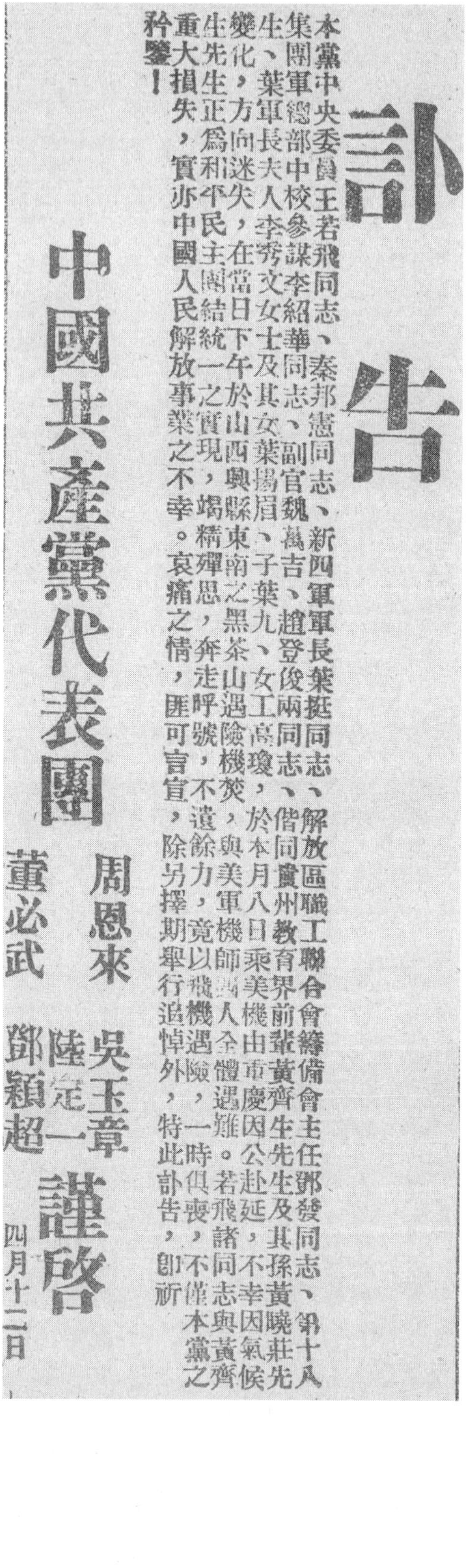

訃告

本黨中央委員王若飛同志、秦邦憲同志、新四軍軍長葉挺同志、解放區職工聯合會籌備會主任鄧發同志、第十八集團軍總部中校參謀李紹華同志、副官魏萬吉、趙登俊兩同志、偕同貴州教育界前輩黃齊生先生及其孫黃曉莊先生、葉軍長夫人李秀文女士及其女葉揚眉、子葉九、女工高瓊、於本月八日乘美機由重慶公赴延，不幸因氣候變化，方向迷失，在當日下午於山西興縣東南之黑茶山遇險，機焚，與美軍機師四人全體遇難，諸同志與黃齊生先生，為和平民主團結統一之實現，竭精殫思，奔走呼號，不遺餘力，竟以飛機遇險，一時俱喪，不僅本黨之重大損失，實亦中國人民解放事業之不幸。哀痛之情，匪可言宣，除另擇期舉行追悼外，特此訃告，即祈矜鑒！

中國共產黨代表團

周恩來　吳玉章　董必武　陸定一　鄧穎超　謹啓

四月十二日

讣告详文

各界人士同声哀悼

中華民國三十五年四月十四日　新華日報　星期日　第二版

王秦葉鄧同志等噩耗傳出

各界人士同聲哀悼

國民黨代表團，第三黨幹部會，青年黨代表，社會名流，友邦使節，外國記者，青年學生等，或致函或親至中共代表團弔唁。

國民黨第三黨及青年黨唁函

國民黨代表

第三黨中央

青年黨代表

本報暨委會和職工會向殉難同志等家屬致唁

並電中共中央，誓繼承殉難同志遺志，不怕任何艱險，站穩崗位，加強工作，以補償此次巨大的損失於萬一。

致中共中央委員會唁函

致遇難諸同志及黃齊生先生家屬唁電

東北應無條件停戰

——解放日報社論——

沙磁區大學生三百餘人致唁

飛延途中飛機遇難魏萬吉同志等略歷

本報讀者痛表悼惜

東北政治建設協會呼籲東北應該立即停戰

本報啓事

更正

《新华日报》1946年4月14日第2版整版

王秦葉鄧同志等噩耗傳出

各界人士同聲哀悼

國民黨代表團，第三黨幹部會，青年黨代表，社會名流，友邦使節，外國記者，青年學生等，或致函或親至中共代表團弔唁。

▲本市消息　王若飛、秦邦憲等同志遇難之噩耗傳來，各方友好紛紛致函中共代表團弔唁，計收到國民黨代表團及孫哲生、邵力子、雷震、張家璈、莫德惠、張四曼等先生，中國第三黨中央幹部會彭澤民、章伯鈞、郭冠杰、丘哲等三十一位先生，中國青年黨曾琦、陳啓天、常乃悳、余家菊、楊永浚等先生，中國民[illegible]總部侯野君、方茂山、劉子文等先生，及世界科學社、陪都青年聯誼社，沙磁區大學生三百餘人之[illegible]。（新華社）

▲本報特訊　王若飛、葉挺等十三位同志遇難消息證實後，本市各界人士同深哀悼，紛紛親到中三路中共代表團弔唁，各黨派的領袖，社會名流，科學文化教育經濟界的人士們，年老的，青年的，都痛惜這十三位為和平民主奮鬥的戰士的喪失，大家都說着：『這是意外的，巨大的，無可補償的損失啊!!』有些白髮蒼蒼的老先生和婀娜英俊的年青人甚至流出了眼淚。周恩來、吳玉章、陸定一、鄧穎超等同志以悲痛的心情接待着，感謝着，朋友們的慰言一點一滴的填進他們胸中巨大的空虛。弔唁者從早到晚絡繹不絕，計有張群、邵力子、譚平山、張君勱、郭沫若、莫德惠、王雲五、陳啟天、常燕生、王葆真、鄧初民、傅斯年、閻寶航、朱學範、蔣勻田、范樸齋、許德珩、杜國庠、何公敢、翦伯贊、董冰如、丁瓚、田漢、李公樸、侯外廬、陽翰笙、臧雲遠、蕭智僧、林可璣等百餘人。

▲本報訊　駐渝各友邦外交界人士，接獲王若飛、秦邦憲、葉挺等先生遇難消息後，紛至中共代表團致悼慰之意。今日蘇聯大使彼德諾夫、加拿大大使歐德倫、美代辦施麥斯、法代辦達理當、美陸軍武官包瑞德上校等先生，或致函或向中共代表團人員表示對死者致最深哀悼。

▲本報特訊　前昨兩日，英美法各國記者，紛紛到中共代表團表示對殉難者的哀悼。

报道详文

痛悼死者——延安《解放日报》13日社论

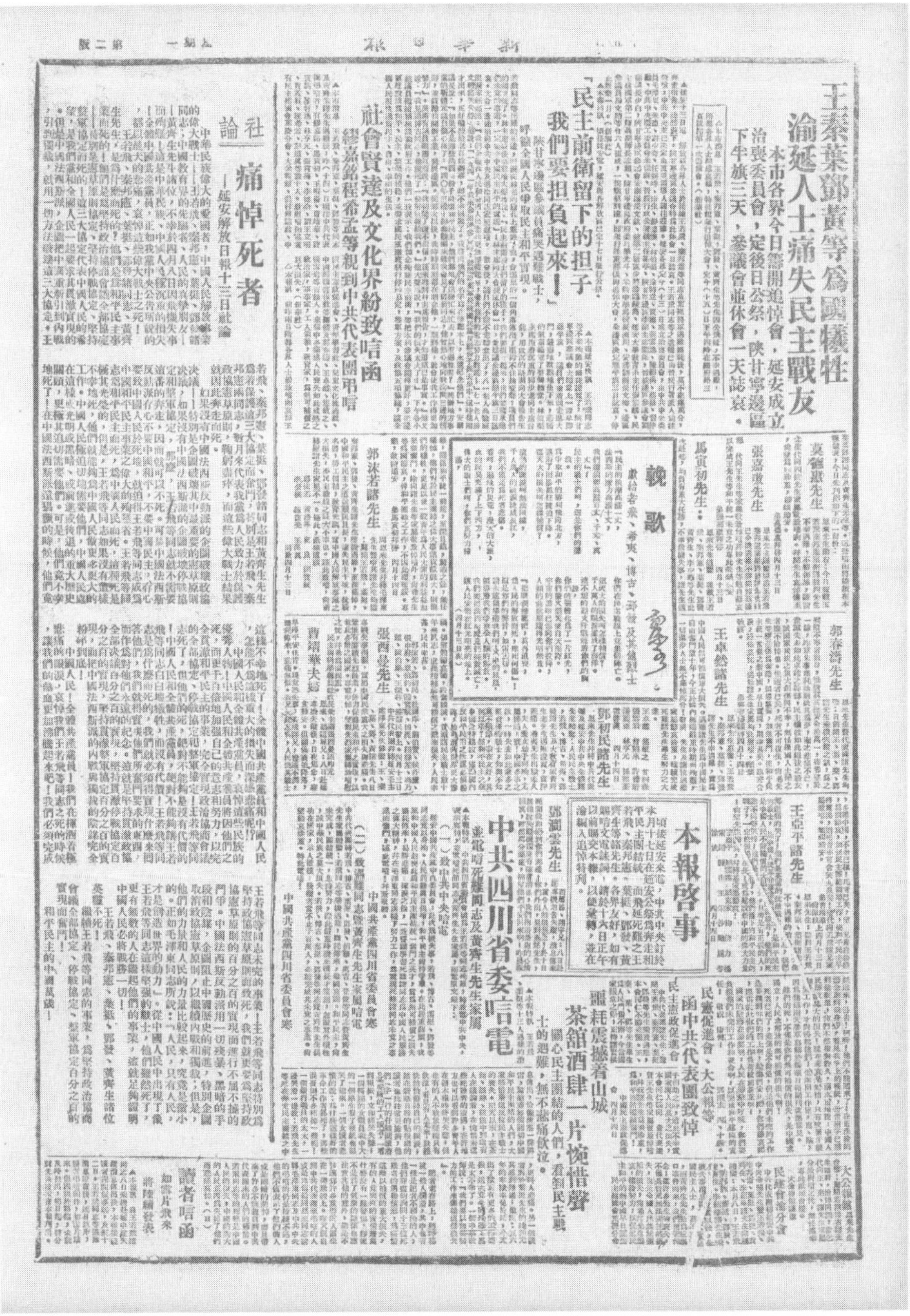
新華日報 第二版

王秦葉鄧黃等為國犧牲
渝延人士痛失民主戰友
本市各界今日籌開追悼會，延安成立治喪委員會，定後日公祭，陝甘寧邊區下半旗三天，參議會並休會一天誌哀。

「民主前衛留下的担子
我們要担負起來！」

社會賢達及文化界紛致唁函

社論
痛悼死者
——延安解放日報十三日社論

輓歌

本報啓事

中共四川省委唁電

茶舘酒肆一片惋惜聲

讀者唁函

《新华日报》1946年4月15日第2版整版

社論

痛悼死者

——延安解放日報十三日社論

中華民族偉大的愛國者，中國人民解放事業的偉大戰士——王若飛、秦邦憲、葉挺、鄧發諸同志；中國教育界的先驅者、人民的真摯朋友——黃齊生先生諸位，不幸於四月八日因飛機失事而殉難！這是中華民族、中國人民極沉重的損失——全體中國共產黨員，正如我黨中央公告所說的，都以極大的悲痛，哀悼這些偉大戰士之死！王若飛、秦邦憲、葉挺、鄧發諸同志、黃齊生先生，是為什麼而死的？他們是為和平民主事業而死的！他們是為堅持政治協商會議全部協定——特別是憲草原則協定、堅持停戰協定、堅持整軍協定而死的！這三大協定代表中國人民的希望，是我們黨和全國人民一起要求其貫澈實現的。但是中國法西斯派，企圖把中國重新引到內戰，引到獨裁，就用一切方法破壞這三大協定。王若飛、秦邦憲、葉挺、鄧發諸同志和黃齊生先生為着保護這三大協定而奮鬥，特別是王若飛、秦邦憲兩同志，數月來代表我黨為人民致力於保護政協憲草原則，鞠躬盡瘁，而這些偉大戰士結果就因此奔走而死。如果沒有中國法西斯反動派的企圖破壞政協決議——特別是企圖破壞其中最重要的憲草原則決議，如果沒有中國法西斯派的企圖破壞停戰協定和整軍協定，那麼，王若飛等同志就不會要這番的奔走，因而就可以不死。可是中國法西斯反動派存心不要中國和平，不要中國民主，存心要致中國人民於死地，就迫得王若飛等同志成為中國和平民主事業之偉大的殉難者。王若飛等同志為和平民主而死，為中國人民而死，這種死是極其光榮的，但是，王若飛等同志如果沒有這樣不幸地死，他們就能夠為中國人民做更多更大的工作。中國人民極迫切地需要他們，中國人民處在這樣或光明或黑暗、或前進或後退的重大歷史關頭，更極其迫切需要他們。可是，他們竟不幸地死了！在中國法西斯派還猖獗的時候，他們竟

社论详文①

這樣不幸地死了！全體中國共產黨員和中國人民，怎能不為這樣重大的損失而深感悲痛呢！？

中國人民和全體共產黨員，哀悼這些民族的優秀人物！中國人民和全體共產黨員將因他們之死，而更千百倍地加強自己的意志和努力，以完全貫澈和平民主的事業，完全實現政治協商會議的全部協定、停戰協定和整軍協定！王若飛等同志死了，但他們的死，絕對不能夠是沒有代價的！中國人民和全體共產黨員，絕對不能夠讓王若飛等同志白白地犧牲，而沒有代價！王若飛等同志是為什麼而死的，我們就必須得實現什麼來回答他們，我們就得實現他們所奮鬥要求的東西，而作為對他們永遠的紀念。這就是堅持貫澈政協全部決議百分之百的實現，堅持貫澈停戰協定百分之百的實現，堅持貫澈整軍協定百分之百的實現，而把中國法西斯派的內戰與獨裁的陰謀完全粉碎到底！

中國人民！全體共產黨員！我們在揮灑着極悲痛的眼淚，哀悼我們王若飛等同志之死的時候，讓我們的熱血更加沸騰起來吧！我們必須完成王若飛等同志未完的事業！王若飛等同志特別為堅持政協憲草原則而致死，我們就更要為堅持政協憲草原則的百分之百的實現而進行不屈不撓的鬥爭。中國法西斯反動派用一切殘暴、黑暗的手段和陰謀，企圖阻止中國歷史的前進；特別企圖取消政協憲草原則，以繼續內戰和獨裁，但是，他們的力量和人民的力量比較起來，究竟是微小的。正如毛澤東同志所說：「人民，只有人民，才是創造世界的動力」。從中國人民中出現了像王若飛等同志這樣堅強的戰士，他們雖然死了，更有無數的人在繼起他們的事業，這就足夠證明中國人民必將戰勝一切！

王若飛、秦邦憲、葉挺、鄧發、黃齊生諸位英靈不死！

繼續王若飛等同志的事業，為堅持政治協商會議全部協定、停戰協定、整軍協定百分之百的實現而奮鬥！

和平民主的中國萬歲！

遥 献

中華民國三十五年四月十五日 星期一 新華日報 第二版

四平街民主聯軍堅強抵抗
國民黨軍猛犯未逞

三人小組代表昨日到瀋陽

東北民主政府努力建設
東滿鐵路大部通車

實施反共教育準備內戰

法越談判預備會議
今日起在叻茶舉行

英荷政府已商得協議

安全理事會今日復會
波將正式控訴佛朗哥

閻日軍勾結進攻解放區

莫洛托夫

遭到國內外輿論譴責

遙獻

《新华日报》1946年4月15日第2版整版

遺骸

廖承志

下午三時，最壞的消息來了。一切幻想，希望他們安全降落的心願，都成爲泡影，陰沉的暗紋浮在每人臉上。

我垂着頭踱進房裏，一抬眼，桌子底下端端正正放着小揚眉的一雙皮鞋，那是郭先生送給他的。臨走前一夜，揚眉還坐在這裏——這籐椅子裏，說：「舅舅，這鞋子我帶不走哪——。行李擠得滿滿的；下次有什麼人，到延安，你要他帶給我，好不好？好舅舅？——」

我雙手蒙着自己的臉。低微的啜泣聲打破了沉默。隔壁房間有女同志哭了。我想，揚眉！揚眉！

那化了灰的揚眉！

今夜，又聽到了。說遺骸都一片糢糊了，誰也無法辨認。北方的同志來問：「骨格有什麼特徵沒有？牙齒有什麼特徵沒有」？

我想，揚眉——突然，我想到他的爸爸。有什麼「特徵」沒有？有的？那是鉄一樣的骨頭，在困難時緊勒着鉄頭的，鋼鐵般的牙齒！——還有什麼別的特徵?!——這些特徵，就是燒成灰也辨認得出來的。

我想。楊眉——。漸漸，夜色朦朧裏，眼前展了一片蜃樓海市——。我看——時間流逝得多快呵！那是快二十年前的事了：

★ ★ ★

廣州，東山百子路十二號。時間，一九二五年九月。窗上圍着黑紗，時鐘的擺手都停了。大門上遺體蓋着白布的長條。一切都這樣沉靜，只有火車的汽笛聲遠遠在聲嘶力竭地叫。牆上，父親的鏡掛上的遺像對着斜陽，他的眼睛似乎深沉地望着很遠的地方。

工人進來，說「葉團長」。

母親站起來，我站起來。一個人進來了，中等身裁，剃光了頭，鼻子尖尖的，穿着一身灰的「正領西裝」。他一進來，不說一句話，拿着母親的手，眼淚就像一串珠子的滾下來。我們沒有說一句話，他沒有說一句話。

這便是葉挺。

我們相對着一個鐘頭，沒有談些什麼。突然，他站起來了，對着我，向母親說：「他會繼承他父親的事業的」。我想：「我會的!!」

★ ★ ★

十二年過去了。南京，一切如是陰森森，過路的車輛車輪都像在哭，在呻吟。天空是灰暗的。才放了警報，偶而聽見些高射砲聲，鉛暗的空盾上，就開放出幾朵黑色的花。

那正是南京撤退前三個星期。我們在南京傅厚崗的八路軍辦事處。一輛車子在門口停了。一個黑棕色方格絨大衣，裡面穿黃呢軍裝，掛上中將領章的人鑽了出來。

熱烈的握手。葉參謀長迎出來了。兩個葉，

兩個戰將，兩個客家人。笑。握手。笑——。

葉挺笑了。他突然沉下眉毛，由齒縫裡說出幾句話：「麻煩還多着呢！管他。新四軍是要搞起來的。你看罷——」。

★ ★ ★

又兩年。香港。

我在家裡不耐煩地走來走去。我由袋子裡掏出錶來。該到了。爲什麼？

葉挺由新四軍到廣東來了。他聽說廣州淪陷之後，他的家鄉，惠州週圍一帶，已出現有華僑、學生、與救亡青年及當地群衆自動起來組成的抗日游擊——東江縱隊了。他笑得跳起來。他說：「我去看看！」

他去了。已一個星期。說是今天回來的。門鈴響了。一開門，五尺六寸的葉挺像老虎似的跳進來。他笑得臉上剩了一張嘴。

他說：「孩子們搞得不錯！搞得不錯！」

他隨手從袋子裡摸出一大把東西拋到椅子上，紅的，綠的。他笑，他高興。

「這都是照片。趕快拿去洗！給大家看看，好的……。」

★ ★ ★

一九四〇年三月。香港新亞酒店。我扣門，門沉靜地開了。嫂嫂出來了，穿着一身黑色的長袍，面上沒有絲毫表情。

我問她：「那人看見他沒有？」

她慢慢將頭低了——一顆晶瑩的淚珠，沿着下巴滴到黑旗袍的紅花邊上。她不說一句話，將一封信交給我。那自然是他的筆跡。他寫的這幾句話，我記的清清楚楚：

「你們不要再派人來看我，你們也勿想來。砍頭，就砍頭好了，你們來有什麼?!」

★ ★ ★

一九四六年三月。重慶。黃昏過了。大家都忙起來。黃磚的牆壁歪斜斜的貼出了一些標語。其中有一張：「歡迎爸爸——揚眉！」

石路上人堆滿了。大家的眼睛都盯視着前路一樣，挨擠着。「這輛車是不是？」「討厭！一直往東開走了。」「這輛車該是了罷？」——

一輛車停下來了。鼓掌聲，歡呼聲——，一個灰白頭髮的人由車裡鑽出來。啊！瘋狂的鼓掌！擁抱！有些同志忘形地抱着對方跳躍起來了。

進了屋子。一個兩條小辮子，穿工裝，臉色像牛奶似的小小人兒，撲過去了。「爸爸！」

「揚眉！」

一切景像都飄揚起來了，好像沉在水裡——每個人的兩頰上，都掛着晶瑩的淚珠……。

× × ×

都過去了，都過去了——。他們永遠不會再來了。只留下了他們的話——他們說過的話，未曾說完的話。這些話依然活在我們心中，直到永遠。

他們變成了灰了——在我們自己解放區的大地上。這些灰，必定就肥潤了那裡的土地——年年由這塊泥土上長出一叢叢血般的紅花出來。

我低下頭來了。揚眉的鞋兒又在那裡，——漸漸，這鞋兒下面長了腿，多了一段灰色的工裝褲，上面又添上兩枝乳紅色的小小手臂——兩條小辮子，玫瑰色的面頰——。

我斗地站起來。我說：「揚眉！你要告訴爸爸，告訴王伯伯，博叔叔，鄧叔叔，告訴他們安心！我們還活着哩!!」

王秦叶邓黄等追悼大会，陪都各界定19日举行

中華民國三十五年四月十六日 新華日報 星期二 第二版

本溪我民主聯軍被迫自衛

國民黨軍受了嚴重打擊

新一軍新六軍五十二軍的官兵死傷三千，千餘人放下武器，副軍長師長各一人及團長二人送命，師長一人團長二人受傷，大批美式武器被繳。

東北民衆紛起反對內戰

長春人民渴望民主聯軍早臨

留濟三人代表今天返平

馮玉祥譚平山李杜等先生

痛悼王秦葉鄧黃諸氏之死

中共代表團昨續收到各方唁函

社論

東北問題的解決辦法

他們活在人民心裏

王秦葉鄧黃等追悼大會

陪都各界定十九日舉行

由孫科邵力子馮玉祥張瀾等發起，籌備會昨開首次會，決定印發紀念特刊和編纂紀念冊。

將在延安公葬

政協綜合小組各方代表

昨出席蔣主席茶會

《新华日报》1946年4月16日第2版整版

王秦葉鄧黄等追悼大會
陪都各界定十九日舉行

由孫科邵力子馮玉祥張瀾等發起，籌備會昨開首次會，決定印發紀念特刊和編纂紀念册。

▲本市消息：王若飛、秦邦憲、葉挺、鄧發等同志及黄齊生先生乘機赴延，途中遇難。陪都各界聞訊，均異常痛悼，咸認爲彼等之犧牲，不特中共一黨之損失，實亦中國和平團結工作中之大不幸。擬於月之十九日下午一時舉行追悼大會。地點正由邵力子先生接洽，發起者有孫科、邵力子、馮玉祥、張瀾、張君勱、沈鈞儒、周恩來、董必武、吳玉章、鄧穎超、曾琦、陳啟天、李德全、陳銘樞、郭沫若、譚平山等百餘人，昨日下午四時在國府路三百號舉行第一次籌備會，雷震代表宋彬若及張申府、周鯨文、周新民、蔣匀田、王葆真、齊燕銘、錢之光、李德全、張雪岩、李公樸，閻寶航等，籌備會將分秘書、總務、交際、佈置、編輯五組工作，並由即日起開始進行籌備，定每日下午四點至五點各組負責人在國府路三百號會報。大會所需費用，由發起者量力分担。（新華社）

▲本報訊：陪都各界追悼王若飛、秦邦憲、葉挺、鄧發、黄齊生諸先生大會籌備會，昨天成立，即日起開始辦公，會址設於國府路三百號，經費擬由政協、民盟等各團體自動認捐，追悼大會上決印發紀念特刊，會後並將編纂永久性的紀念册，該籌備會以時間怱促，遇難諸先生生前好友恐尚有許多不及知道發起追悼會的事，故決在報端登載啓事徵求參加發起人。所有輓聯花圈奠儀除由該會及中共代表團接收外，將請民主報及本報代收。（日）

消息详文

哭希夷

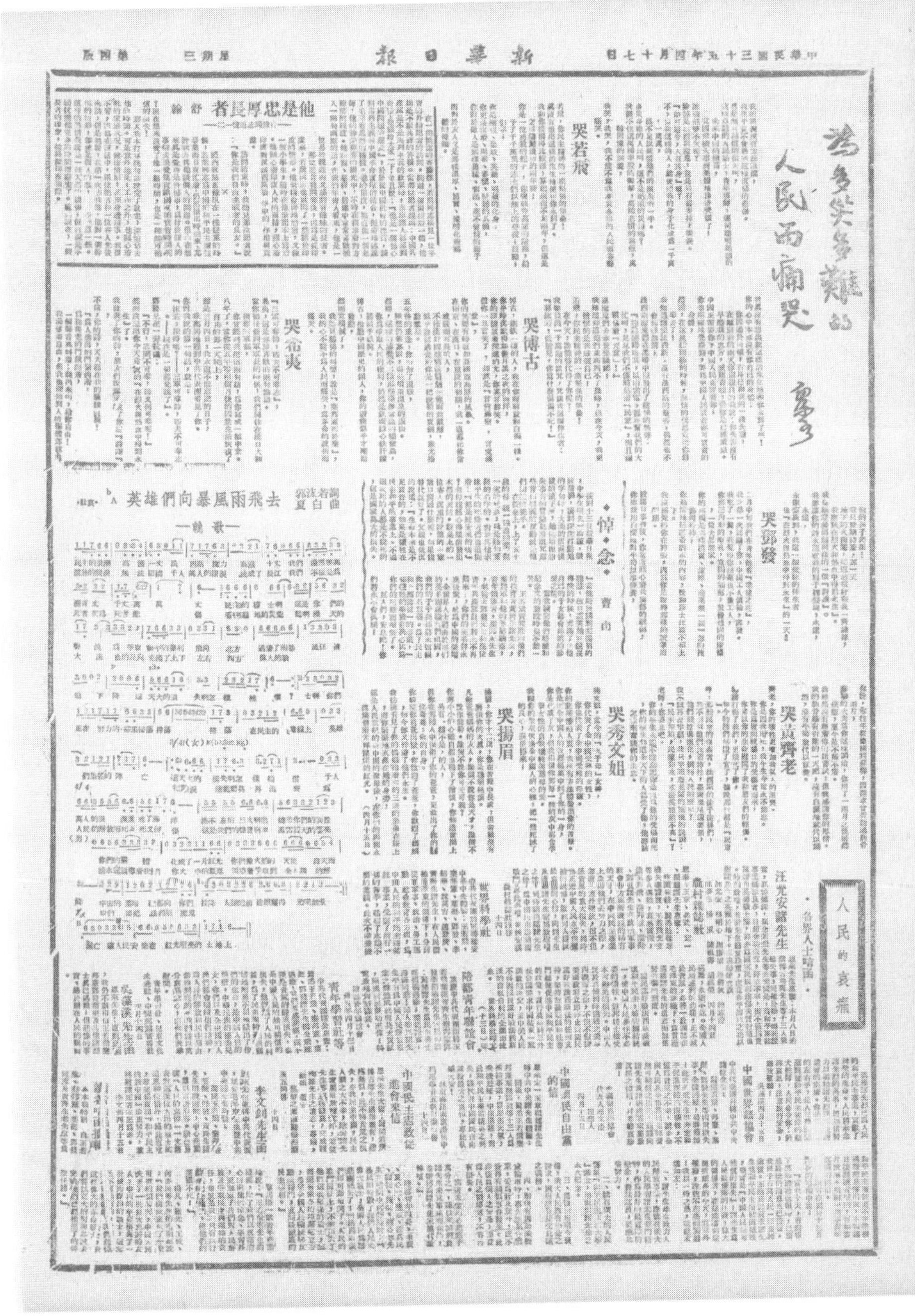
新華日報　中華民國三十五年四月十七日　星期三　第四版

為多災多難的人民而痛哭

他是忠厚長者

哭若飛

哭博古

哭希夷

哭鄧發

悼念

哭秀文姐

哭揚眉

英雄們向暴風雨飛去

人民的哀痛

《新华日报》1946年4月17日第4版整版

哭希夷

『三軍可奪帥，匹夫不可奪志』，
希夷，這是你頂喜歡的兩句論語。
當你初任新四軍軍長的時候，我們同住在漢口大和街你的軍部，
你曾經叫我把這兩句話，爲你寫成一幅中堂。
八年了，當你從五年零兩個月後的囚禁生活恢復了自由的那一天晚上，
那是三月四日，我永遠不能忘記的日子，
我高興地趕到中共代表團看見了你。
你對我說的第一句話，就是：
『沫若，記得嗎？——三軍可奪帥，匹夫不可奪志。——現在是一切都兌現了』。
鄧發兄在一旁抗議：
『不行，志固不可奪，帥又何可奪呢！』
然而沒想出你今天竟飛的『在烈火與熱血中得到永生』了。
我發表了你的詩，朋友們說那竟成了你的『詩讖』，
不錯，你的詩，天天都在我的腦裡盤旋！
『爲人進出的門緊鎖着，
爲狗爬走的門敞開着，
一個聲音高叫着：爬出來呵，給你自由！
我渴望着自由，但我也深知到人的軀體那能由狗的洞子爬出！
我只能期待着，那一天
地下的火衝騰，把這活棺材和我一齊燒掉，
我應該在烈火和熱血中得到永生』。
我也願意發出這同樣的一個『詩讖』。
我要讓你的詩永遠在我的腦子裡盤旋，永遠，
永遠，
永遠盤旋到，我這一個低能的倖生者
也『在烈火與熱血中得到永生』的一天！

《哭希夷》详文

沉痛的悼念，难忘的“四八”

中華民國三十五年四月十八日　新華日報　星期四　第三版

東莊國民黨軍拒絕撤兵
美方代表責其破壞協定

閻錫山拒絕調處扣押中共聯絡人員

粵境兩處仍有內戰
十萬大山區及瓊島戰火正烈

沉痛的悼念

極大的災難

難忘的四·八！

波蘭控告佛朗哥案
安理會昨日舉行討論

控告鄉長貪污
征屬反被拘押

烏拉圭京城舉行大會
要求和佛朗哥絕交

昨日舉行會員大會

《新华日报》1946年4月18日第3版整版

沉痛的悼念

鄧初民

四月八日下午六時，在陶行知李公樸兩先生邀宴的會談中，知道本日午前中共朋友王若飛、秦邦憲、鄧發、葉挺、葉夫人愛女及其幼子，還有黃齊生先生等一共十三人飛延，尚無平安抵延消息，便頗為焦慮，直到九、十兩日經各方派機偵察，仍無結果。凶多吉少，大家都在這麼想着，但究竟還在吉凶莫卜，疑信參半的心情中，尙有一線希望，可以聊自慰藉。十一日午後，我從化龍橋返寓隨手翻開新民報晚刊，載有新華社消息，證實那一羣我們的友人，始終致力獻身於人民事業的中國人民的友人，確已在晉西北興縣黑茶山全部遇難，我不禁失聲而號了！

自然，這絕不是由於個人的私交，而是由於這是民族國家不能補償的損失，是民主和平事業，全中國人民和全不可補償的損失，尤其在這民主和平事業前途十分艱險崎嶇的時候。論私交，鄧發先生我并不認識，秦邦憲先生此次來渝才認識，黃齊生老先生，只於前年（一九四四）見過一次面（那時他還沒有去延安）。葉挺將軍也不算很熟，就是王若飛先生駐渝兩年當中，我見面多，認識熟一點，不過我對於這一羣朋友為人民服務的忠誠、勇敢、堅決的偉大精神，那雖尤其是臨大節大難而不苟的『做人』精神的敬佩崇仰，是超過任何私交私情的。

我對於若飛先生的印象，深深同意他的一位同志悼念他的幾句話：『他在人民的敵人的面前是那樣鐵面無情的，他和革命的同志在一起時又是多麼慈祥的長者。』……『在若飛同志身上，就這樣很明顯的表現了一個革命者的偉大的分明的愛與憎。』這是一點不錯的。不過我更覺得他沉着、堅定、勇敢、坦白、不苟且，無成見、更無私見，在駐渝兩年多的歲月中，雖時時在驚濤駭浪中，他只是把穩團結民主之舵前進。在日寇投降以後的八個月中，他為全中國人民乃至全世界人士都要求着的和平、團結、民主、統一的基本方針所努的力，所嘔的心血，可以說只次於恩來先生。

在要就是抗戰，那就還能生存；要就是不抵抗，那就只有亡國的歷史重要關頭，要就是民主和平，那就是人民的幸福，要就是內戰獨裁，那就是人民的災難的歷史重要關頭，過去我們對於抗戰有功，現在我們對於民主和平事業有貢獻的人，都一樣寄與深厚的同情與無限的崇敬，猶想沒有什麼黨派之見，這樣的人一旦遭遇非常之變，成為中國民主和平事業之偉大的殉道者，天下人都能不同聲一哭嗎！

我對於葉挺將軍的深刻印象，可以說只由於最近郭沫若先生寫着，葉挺將軍的詩一文（全文已見唯民週刊創刊號）郭先生在這篇文裡說他這首詩是『用生命和血寫出來的』，這首詩就是葉挺將軍自己，就是他整個人格的表現。這是一點不錯的。他無辜的被關在牢中五年多，他在失掉自由的長時期中，受着以高官厚祿來毀損他『做人』的種種誘惑。在他的命運之前，[illegible]爲他擺着做狗，[illegible]主，做人則爲高官厚[illegible]死的兩條路。則繫獄沉[illegible]屈不撓！他終於[illegible]人的道路，毅然決然走了做[illegible]限的路，他以燃燒着無[illegible]輝憤激，輻射着明澈的光」，以詩句向魔鬼們[illegible]樣宣言：

『爲人進出的門緊鎖着，

爲狗爬出的洞敞開着，

一個聲音高叫着：

——爬出來啊，給你自由！

我渴望着自由，但也深知道：

人的軀體那能由狗的洞子爬出！

我只能期待着，那一天，

——地下的火衝騰，

把這活棺材和我一齊燒掉，

我應該在烈火和熱血中得到永生。』

（此詩亦已見唯民週刊創刊號）

這確實是篇宣言，是一篇人權宣言，是一篇爲人類爭自由的宣言。

但他自己卻寧願不要自由——不要狗的自由，卻寧願去死——願爲沒有自由的人們去死，他期待着那一天（地下的自由之火衝騰，把這活

——極大的災難——

侯外廬

有多少民族英雄在抗戰中犧牲了，多災多難的中國呀！在爭取和平民主實現中不幸竟奪去了中國人民的領袖一羣，集叢之極大災難的中國呀！王秦葉鄧黃諸先生之遇難，的確是無可補償之損失，令我們感覺到中國民主的舵師忽然離去，如失重心，全中國人民心裡所受的創痕，再也沒有比黑茶山上的殞星更大的了！後死者的職責，祇有以爭取民主完全成功，當做紀念他們的心碑，以爲奮鬥目的，沒有第二種想法。損失太大了，損失在解析中國民主的工程師，是爲國哀！

《沉痛悼念　难忘的“四八”》详文①

棺材（監禁他的牢獄）和他一齊燒掉。那時，他是應該在烈火和熱血中，得到永生的。

本年三月四日，他於囚禁五年多之後，民主的潮流，人民的力量，終於在要求『釋放政治犯』的口號下，恢復了他的自由，郭先生於他那一篇文的末尾，很興奮的引用葉挺將軍的詩句說：『現在果真是『地下的火衝騰，把活棺材燒掉，』而他『在烈火和熱血中得到永生』了』。啊！天下事就有這麼奇怪！葉挺將軍的詩，郭沫若先生的文，不料竟成了不祥的讖語，而葉挺將軍及其夫人與女幼子的遇難，也就成了插在我心上永遠不能拔掉的一根刺。

不過最不幸的是這讖語只驗了一半，葉挺將軍是『在烈火和熱血中得到永生了』，但『活棺材』并沒有燒掉。囚禁葉挺將軍的監牢——活棺材，還囚禁着不少爭民主爭自由的無辜之人，此外所有印刷紙張被控制，所有來往郵電被檢扣，所有水陸交通被封鎖，所有集會結社被禁阻，所有學術娛樂性質晚會被搗亂，所有人民的報館被搗毀打，而深夜搜查機關住宅，拘捕學生工作人員，動輒有人自行失足落水，無故失蹤等等，何一非拘禁、埋葬人民的活棺材？不自由的地方，不民主的地方，都是滿佈着活棺材的地方，這一不自由不民主的中國，這一活棺材，必需被燒掉，而還沒有燒掉，我們還要『期待着，那一天，地下的火衝騰』，如果希臘哲人赫拉克利特說得不錯，萬物的根源，都是具體的物質，就是永而具體的物質，就是永恆的活生生地火，那麼，地下的自由之火是總要衝起來，把這『活棺材』燒掉的，我們期待着吧！

一九四六，四，十五，於陪都。

難忘的四·八！

任白濤 鄧潤雲

一九四六年四月八日，由渝飛延，乘機者爲和平、民主、團結而努力奮鬥的戰士——王若飛、秦邦憲、鄧發、葉挺、黃齊生諸先生們！

一的專機失蹤的消息傳來，令我們由憂慮而焦急。

十三日確實消息來了，飛機失事，人機俱焚！

啊！我們這許多寶貴的戰士，竟不能够復生了！真好像新民主的船望着新民主的燈塔前駛，遭遇了兇惡的波浪的襲擊，掌舵的人被打沉了，把新民主的船擱到險灘上！這時候，船上的人們，可是如何的受驚，如何的悲痛啊！這樣成啊！有政治的戰士，有新聞的戰士，有工運的戰士，有教育的戰士，有軍事的戰士！正是新民主運動達到最高潮的關頭，而突然喪失了這麼多有力的戰士，這不僅是一個政黨的無可補償的損失，實在是全中國的求和平、民主、團結實現的大衆的無可補償的損失！

這許多的寶貴的新民主戰士們，你們是爲和平、民主、團結而竟以身殉了；你們的責任是始終如一地盡了！你們安息吧。你們未完成的工作，有你們所教導出來的無數的戰士和你們的無數的後輩，是一定會繼承你們的遺志，而循着你們的道路走定的！一定能够完成你們未走的路，做完你們未完的事，以求和平、民主、團結的實現！

民主的戰士們，安息吧。你們的精神是永不會死的！

末了，我們並請向那四位幫助我們的民主戰士，駕機往返渝延多次的美國盟友——希望報上登出他們的姓名——的英靈致最敬禮！

《沉痛悼念　难忘的“四八”》详文②

周恩来："四八"烈士，永垂不朽！

新華日報　中華民國三十五年四月十九日　星期五　第二版

向"四八"被難烈士致哀　毛澤東

親愛的戰友們，不朽的英雄們！數十年來，你們爲人民事業做了許多有益的工作，今天你們爲人民事業而死，雖死猶榮！

你們的死，是一個號召，它將加深中國人民對於中國共產黨的認識，它將加强中國人民堅持和平、民主、團結事業的決心！

你們的死，是一個號召，它號召全黨黨員和全國人民團結起來，爲和平、民主、團結的新中國而奮鬥到底！

全黨黨員和全國人民將繼承你們的遺志，繼續奮鬥，貫徹勝利，決不懈怠，決不退縮！

四月十三日

馬歇爾特使昨天飛抵渝

世界科學社對東北等問題提供意見

東北民主聯軍力戰自衛

四平西國民黨八十七師被擊潰

美艦將自粵運國民黨九十三軍增援

完成死難者所遺下的事業　朱德

歡迎民主聯軍

長春八十八萬民衆

代論

四八烈士永垂不朽！　周恩來

陪都各界追悼王秦葉等

今晨九時在青年館舉行

東北文協宣言

籲請停止內戰

中共中央追悼會

十五日在延安舉行

他們爲人民利益而死

負責完成王秦鄧葉諸同志及黃老先生的志願！　董必武

應把悲痛變成力量

各解放區紛紛來電

本報啓事

《新华日报》1946年4月19日第2版整版

代論

四八烈士永垂不朽！

周恩來

若飛！博古！希夷！鄧發！黃老先生以及一切遇難的中美朋友、同志和揚眉！你們集體犧牲，你們已成了「四八」烈士。

十天過去了，沉重的十天！沉痛的心，悲憤的淚，殘酷的回憶，還有，你們遺留下來的沉重的担子，抑壓得我們還只在默默無言中悼念你們。

二十餘年來，成千成萬的戰友和同志，在共同奮鬥中犧牲了，但沒有一次像你們死得這樣突然，這樣意外。突然的襲擊，意外的犧牲，使我們更加感覺到這真是無可補償的損失！

二三十年爲中國人民解放事業的奮鬥生涯，已經把你們鍛鍊成爲人民的英雄，羣衆的領袖，靑年的導師和堅强不屈的革命戰士。你們中，像若飛等七位同志，都經過一二十年共產主義黨的教育，已成爲久經考驗永遠忠於人民事業的黨的優秀領導者和黨的骨幹。你們是中國人民的寶貴，你們是中國共產黨的光輝。現在竟活生生地把你們從我們中間奪去，從中國人民中間奪去，這是中國共產黨的最大不幸！這是中國人民的最大不幸！

抗戰勝利後，若飛等同志爲中國的和平團結民主統一的事業，努力奮鬥，奔走呼號，從未息止。雙十國共會談紀要、政協五項決議、停戰協定、整軍方案、直至三月二十七日的東北停戰協定，都有着若飛同志的共同籌劃以及其他同志的後來參加；尤其近兩月來，爲保障人權，爲保護政協五項決議，爲堅持憲草修改原則，爲反對破壞停戰協定，若飛、博古兩同志更站在鬥爭的前線，與一切破壞份子的反動陰謀作最堅强的搏鬥，四月八日飛回延安，也正是爲保護政協決議、堅持憲草修改原則而向我黨中央報告和請示的，不幸竟遭大難。你們是爲國奔波、爲人民事業奮鬥到最後一口氣的。你們的功績，在人民歷史中，將永垂不朽！你們的精神，激勵着千百萬羣衆、黨員跟隨你們的奮鬥目標，補上你們的崗位前進。

代论详文①

如果沒有反動派破壞政協決議的陰謀活動，也就沒有你們這次冒着惡劣天氣飛囘延安的必要。但是道高一尺，魔高一丈，政協決議、停戰協定和整軍方案的實施，是決不會順利的。中國人民爲求和平民主的實現，已付了極大代價，沒料到還付上這樣慘重的代價，並且還未付完；反動派正在改組政府、召開國大和接收主權等表面文章後面，進行着更大的獨裁、分裂和屠殺的陰謀活動呢！

烈士們！同志們！你們的責任已盡。我敢向你們保證：有中國人民在，有中國共產黨在，有中國一切民主黨派和力量在，我們決不讓反動派破壞政協、破壞停戰、破壞整軍的陰謀活動成功。你們堅持的方針，是全中國人民的方針。和平、民主終必會在全中國實現。

若飛！你最後一夕話，是爲中國人民及其代表所受到統治者的壓迫鳴不平的。我記住，我永遠記住。我敢向你保證：萬萬以上的中國人民已經覺醒了，已經起來了，中國共產黨在毛澤東同志思想領導下永遠不會離開他們的。我們要爲人民的中國、人民的世紀奮鬥到底！

博古！你是爲修改憲草而粉身碎骨的。我記住，我永遠記住。我敢向你保證：我們要爲堅持完成一部民主憲法、建立民主中國而奮鬥到底！

希夷！你是人民隊伍的創造者，北伐抗戰，你爲新舊四軍立下了解放人民的汗馬功勞。十年流亡，五年牢監，雖蒼白了你的頭髮，但更堅強了你的意志，一出獄，你就要求重新入黨，一見面，你就提到皖南死難同志，檢討皖南事變，要我交涉繼續放人。我記住，我永遠記住。我敢向你保證：我們要爲保護人民隊伍和釋放一切政治犯而奮鬥到底！

鄧發！你是工人隊伍裏培養出來的領袖，最後，你爲中國工人階級聯合戰線同時也是爲世界工人階級聯合戰線，建立了光輝的成續。但是這成就剛剛開始，你竟一去不返。爲繼續和發揚這一成就，我敢向你保證：我們要爲中國和世界的職工聯合運動的澈底成功而奮鬥！

一切飛延遇難的中美朋友，同志！你們每一個人的優點和成就，都是人民中的希望。我們要向你們學習。我們要繼續你們遺留下來的爲人民教育服務、爲革命工作努力、爲培養革命後代而自我犧牲、爲努力中美合作而奮不顧身的精神，並把它們永遠堅持下去。

我們要將一切悲痛，化成團結的力量，向一切反動派搏鬥！

和平民主，就是你們的旗幟！

四八烈士，永垂不朽！

代论详文②

悼念叶挺将军

4.

回憶和印象

我們的領導者

若飛同志二三事

憶博古同志

哀悼中國工人領袖——鄧發同志

悼念葉挺將軍

齊老先生的優良性格

懷念葉夫人

「揚眉的恨！」

悼曉莊

紹華——年青優秀的參謀

萬吉同志 我再也不能見你了

我和登俊相處的日子

《新华日报》1946年4月19日特刊第4版

悼念葉挺將軍

方卓芬

記得我在小學讀書的時候，故鄉的親友時常在談論着葉賀的故事，葉挺將軍的英名，在十八年前就傳遍了華南海邊的每個角落裡，他的革命事迹，使進步的青年響往，使頑劣的敗類戰慄。那時候在我幼小的心靈中已刻上了這位革命戰士的影像。

二十八年春，我在皖南涇縣雲嶺村參加了新四軍，我慶幸自已居然作了葉將軍的一名士兵。我們這個隊，就住在軍部附近，見到他的機會特別多。

每當晚飯以後，正是同志們休息散步和做各種遊戲的時候，我總看見葉將軍長穿着和士兵一樣的衣服，和他們在一起，有說有笑，如果不認識他的，還以爲是一個大兵呢？

葉將軍對於士兵的愛護，是無微不至的，他不僅熱愛本軍的戰鬥員，對於其他的軍隊也是一視同仁的，會使得友軍大爲感動。在涇縣的一次對日戰役中，國民黨部隊聞風而逃，不戰就跑，撤退得那麼快，那麼狼狽，沿途丟下傷兵和武器，新四軍除了堅決抵抗進攻的敵寇之外，還要動員民衆扶持傷兵，把他們送到軍部的醫院裡去療養，在戰鬥剛一結束，他就親自跑到病院一個去慰勞傷兵，向他們一一問好，這些爲國流血的健兒們都感動得流淚了，異口同聲的說：「這樣的待遇，這樣真心的慰問是從來沒有過的」。

當時新四軍的處境是異常惡劣的，一方面要對付強大的敵人，另一方面又要預防友軍的襲擊，在這種條件下開展工作，其困難的情境是可想而知的，但是，他毫不猶豫、退縮，堅決地執行抗日民族統一戰線，無情地粉碎敵人的進攻，痛擊敵人，大大地發展了新四軍，開闢了大江南北的敵後工作。

可惜我因爲是一個身體不大好的女兵，無法繼續服務生活，只有半年的光景我就離開隊伍，"離開了葉軍長，以後就是皖南事變，國民黨政府給這位忠勇愛國的戰士的酬勞是五年的冤獄。

今年他出獄了，我又看見到他，幾年的磨難，使他鬚髮斑白了，然而他爲人民服務的意志，還是那麼堅決，愛護同志們的慈心，還是那麼真誠。他出獄的第一件事，就是要求參加共產黨，把整個生命交給革命。另一件事就是關心着還在牢獄中的千萬個政治犯和前方將士的復員還鄉後的生活問題。

葉軍長剛出獄不久，就參加了工作，日夜辛勤地作着爲中國和平民主的事情，這次，爲了赴延安去參加中共的整軍復員會議，誰知道竟以殉職呢？

《追念叶挺将军》详文①

卅三年的秋天，桂林又在緊急的疏散中。她爲了全家的完全，又不得不離開了桂林。相隔了兩年，我們又在重慶相遇了。她得了葉軍長出牢的消息，她立即由廣州來渝。那是三月十四日的清晨，揚眉歡天喜地的跑來告訴我說：『今午十二點鐘媽媽可以到了，你去接麼？』我回答她：『去』。匆匆忙忙的吃了午飯，和揚眉葉軍長一起到機場。飛機降落了，那張和藹可親的笑臉，又呈現在我底眼前。過後幾天，我看到葉軍長和承志站在石階面前，拿着一張報紙在讀。我看到他非常高興，指手劃脚的。我只聽到一句，是葉軍長說的：『怎這奇？他們上海報的消息，比我們還來得快呢？』晚上，葉夫人笑嘻嘻的跑到我們房間裡來。我問他：『你今天怎還高興？』葉夫人笑着說：『可不是，我一輩子不會看見他像今天似的歡喜過』。我問她：『究竟爲什麼？』葉夫人正正經經的說：『他一出來，就打電報給延安，要求恢復他的共產黨籍，如果可以，他準備在報上公開宣佈。現在延安正式批准的覆電到了，——你看他啊！整天笑嘻嘻地……』。

清明那一天，葉軍長夫婦，揚眉，鄧發，以及許多人一起上墳去了。那天早上，我和承志還去買了一大束花，回來的時候，他看見那束花，便跑過來搶了去，和葉夫人手挽着手的笑着說：『我們又結婚了哩。』當時手拿着照相機的鄧發同志，便當與給他們拍了一張照片。這該是他們最後的一張照片了。

四月七日的晚上，揚眉又是歡天喜地的來告訴我說：『我們明天去延安了，爸爸媽媽都去』。第二天的清晨，門外嘈雜的聲音把我驚醒了，原來他們快要出發。我趕快起床，她們一切都已準備齊了，我握着葉夫人的手，她說：『我們先去了你什麼時候來，歡迎你來啊！』我說：『我很快就會來的。』……

一切猶如都在眼前。是一場惡夢麼？不是的，一切都已證實了，還有什麼可挽回的餘地呢？她們的血肉雖然是模糊了，但是她們的精神，她們的英靈，我相信是永遠存在的。

《追念叶挺将军》详文②

和叶挺将军一次谈话

5.
追悼飛延遇難諸先生特刊

沉痛的哀思
陽翰笙

哀詞

記者們的追念

悼念幾個新聞人物

從一件小事看王若飛先生
曾敏之

爭取和平民主團結統一的實現，來紀念死者

悼念海古先生

和葉挺將軍一次談話

是中國人民的大不幸
紀方

憶念王若飛先生
——緬懷東北

忘不了的一次會晤
弘仁

《新华日报》1946年4月19日特刊第5版

和葉挺將軍一次談話

丁露

我緊緊的記住：『八號，早晨，七至八。』這句話。

七號（三月）的晚上，我到了中三路二六三號。當我步上了高的台階，滿貼的『歡迎葉挺將軍出獄』的標語，就已經使人感到興奮了！可是那天晚上葉將軍早已被許多外國記者所包圍，我只好望洋興嘆的走了出來。葉將軍卻爲我安排下『八號，早晨，七至八』這時間，作爲談話的預約。我臨走的時候，工人叮囑我說：『他一定等你！』

『葉將軍昨夜兩點才睡，現在還沒有起來』。第二天的早晨我如約的趕到了原來的地方，工人開頭就告訴了我這句話。我溜躂了一下，當我回去時，工人告訴我說：『葉將軍起來啦』！

『是丁先生』，一位看來不過三十幾歲（他已經五十了）的穿着淡灰色西服的人迎出和我握手，並且這樣說。我知道他就是葉挺將軍了！

坐下來，他開始抽烟，濃烟一環一環的繚繞着他。

他開始思索我所詢問的：『新四軍是怎樣被解散的』這一問題。當時我覺得我的來，對他可能是一種過早的打擾，不過他忙着說：『我又不是官僚』。如是，我又泰然了！

又過了幾分鐘，葉將軍開始了他侃侃的談鋒。雖然，他的言語帶有濃重的廣東音，但聽來並不困難。

他說：『當時江南新四軍的部隊一萬多人，遵令北移，當我們走到皖南太平縣以北的茂林地區時，就遭受了國軍七萬多人的重重包圍。我們新四軍當時所在的地域範圍極小。既經他們包圍，一共又血戰了七個晝夜。新四軍的弟兄們傷亡極重，而最後又是彈盡糧絕！那時顧祝同給我們指定了向蘇南轉移北上的路線。我們遵照了這路線移動，可是這才知道他們打算一網打盡新四軍：……』

他停了一下，又拚命的抽烟，一支接着一支地不停地抽。

『在這樣的情形下，是非自然是容易辯明的』。他繼續說。

從這以後，他的生活就失去了自由，就受到了莫明其妙的監視，住的地方總在東遷西遷的，一直就沒有安定過。

最後，談到他的『囚犯』生活。他說在這期間他沒有錢。因此，連看報紙雜誌的機會都是少有的。和外界簡直是隔絕了。

『詩兒子的興趣是什麼時候才有的？』我問他。

他聽到以後，開始笑啦，而且笑得那麼天真！

『這是去年九月到渝（江北）後在獄裡才有的，起初並不大歡喜這些』。

『在我出獄前，曾經和蔣主席派來的人談過話，他的意思是說我願意回到那方面（指國共——作者）都可以』。

『可是有一點我堅決主張的，那就是在我還沒有獲得自由以前，一切都談不到，一切條件我都不考慮』！

在說這句話的時候，連他的臉上的肌肉也都表現了堅定，表現了富貴不能淫，威武不能屈的絕大信心。

這時，門開了，走進來的是他的愛女揚眉，他爲我介紹說：『這是我的女兒。』揚眉睜着聰慧的大眼睛，偎依在葉將軍的身旁。對她的才出獄的爸爸，她該感到多大的親切！

『三月四日那天，我看大公報，忽然看到「葉挺今日可恢復自由」的消息，當時我尚沒有得到任何人的通知。過了一會，邵力子先生來，他正式告訴我出獄的消息，那天午後六時並由他陪我到這裡來（代表團）。我是自由了。當時皖南事件最後留下來的新四軍的五百多個弟兄，仍然還沒有着落，還，我也曾要求釋放過』。

最後，我握緊了他的手向他告別。他告訴我說：『今後我還沒有打算，除了爲人民外，還有什麼？』（四、十四）

《和叶挺将军一次谈话》详文

叶挺将军不死！

追悼飛延遇難諸先生特刊

他們的心沒有成灰　田漢

敬悼偉大的人民戰士　施復亮

哀詞

悼偉大的民主戰士　翦伯贊

血的紀念

我的哀悼

悼王若飛秦邦憲諸烈士　劉王立明

葉挺將軍不死！　臧雲遠

復活

哀悼之餘的話　沈起予

北望雲天

悼王秦諸先生　林亨元

悼

《新华日报》1946年4月19日特刊

葉挺將軍不死！

臧雲遠

那是在抗戰爆發不久，我同東平從濟南到了南京，在鐵湯路一號陳銘樞先生家裡，碰到了葉挺將軍，穿一身黃軍裝，時常在屋子裡轉轉，好像有什麼心思一樣，有時停在玻璃窗前，望着江南的原野，大概是在想未來的新四軍吧。發起來的時候，我同東平，辛人躲到木板架起上面鋪着三尺沙土的防空壕裡，卻從沒碰到葉挺將軍。

「這個人膽子真大。」

我們三個人，真替他擔心，於是東平談着北伐時代的葉挺將軍的故事，使我忘掉了警報和飛機。

新四軍在江南激烈成長起來了，葉挺將軍的影子，是跟着他們一道在我的面前活。有一天，在新四軍事變過了很久，在贛家橋畔，大家傳說着：「葉挺夫人來了！」她是到重慶探聽葉將軍的消息，到鄉下來看沫若先生的。七八桌人，大夥兒給她洗塵，屋裡屋外，熱鬧得很，可是天空並不因熱鬧而開朗，濃濃地飄浮着白霧，院子裡那棵白果樹，沒有風也搖幌着葉子，好像在沉悶中惋惜什麼似的。

「如果葉將軍出來，今天同夫人一道來，有多好呵」。

我那時這樣想。

等了很久，葉將軍出獄了，英俊不減當年，惱人的年月把烏黑的頭髮偷偷地換成了灰白，這是怎末回事呢？東平的土墳該又長滿了春草，多少朋友很久失掉了音信……但是葉將軍自由了，葉夫人也來了，我遙望着我的家鄉——山東，心裡多高興呀。

「葉將軍，江南對不起你，山東老百姓歡迎你呵」。

我幻想着葉將軍如果到了山東，心裡一高興，頭髮又變成烏黑的，像我在南京時見到的一樣。

「這是怎末啦的？消息是真的嗎？」

我同亞平坐在小汽船上，看着新華日報上飛機失事的消息，還在希望消息是假的，同時葉將軍的影子，博古先生的影子，若飛先生的影子，黃曉莊小朋友的影子在面前走來走去，但慢慢這一些人影擴大，在廣大人民的海洋裡，那不可挽回的哀痛，那更加勇敢的呼聲，在江面上，在中國人民的心裡，翻滾着。

「有眼淚的，誰不哭嘛。」

亞平這樣說着，我向心裡緊着這些人影，什麼也說不出來。

四月十三日

《叶挺将军不死！》详文

陪都昨晨举行追悼

中華民國三十五年四月二十日 新華日報 第二版

萬人含悲弔「四八」烈士
陪都昨晨舉行追悼
張瀾先生主祭，孫院長，羅隆基，王雲五等先生致詞，周恩來同志報告烈士生平事蹟。

社論
慶長春

輓歌唱起熱淚滾流
人們都忍不住哭了

輓聯一束

「生為民主死為民主」

孫院長讚揚王秦

恩來同志悲痛誓詞

祭文

邵力子強調和平民主

羅隆基說定要光明

陸定一同志發表談話

平中共人員昨亦追悼

馬歇爾

馮玉祥

《新华日报》1946年4月20日第2版整版

萬人含悲吊「四八」烈士

陪都昨晨舉行追悼

張瀾先生主祭，孫院長，羅隆基，王雲五等先生致詞，周恩來同志報告烈士生平事蹟。

▲本市消息 陪都各界追悼王若飛秦邦憲葉挺鄧發黃齊生諸先生大會，於昨日上午九時在青年館隆重舉行，到孫科、邵力子、吳鐵城、曾琦、劉健群、王寵惠、王世杰、谷正綱、沈鈞儒、張君勱、[illegible]、李伯鈞、[illegible]、[illegible]、[illegible]、郭沫若、[illegible]、王雲五、傅斯年、陳啓天、陳銘樞、譚平山、吳鐵城、吳鼎昌、張厲生、章伯鈞、李德全、[illegible]、馮玉祥、王卓然、[illegible]、郭沫若、[illegible]、李公樸、王明、[illegible]、[illegible]、[illegible]、馮玉祥先生及周恩來、董必武、吳玉章、陸定一、[illegible]等同志及工人、學生、職業青年、教員、教授、[illegible]、各機關公務員、商人等共六千餘人，會場附近，有無數羣衆默默致意，[illegible]小時來到。[illegible]電唁者若干餘件。[illegible]上述諸先生外，尚有宋子文、[illegible]、[illegible]、郵政、鄭振鐸、[illegible]、[illegible]、[illegible]、[illegible]、南京[illegible]花圈輓聯。大會由張瀾主祭，孫科、邵力子、[illegible]、吳鐵城、[illegible]、沈鈞儒、[illegible]、王雲五、周恩來等陪祭。孫科、周恩來、[illegible]、王雲五先後致詞，宋[illegible]大會[illegible]，於十一時散會。

▲本報特寫 正當停戰協定和政協決議遭受着曲解和破壞，中國進到內戰動亂危機邊沿的時候，正當中國的[illegible]戰的[illegible]，中國人民的[illegible]在不同的風雲中建設的[illegible]山上，王若飛、秦邦憲、葉挺、鄧發、黃齊生等十三位同志和先生，在爭取和平民主途中同遭遇難，他們將中國人民的民主和幸福，當門到的時候一口氣。感謝[illegible]，這是一個晴天霹靂，它把四萬萬顆心震碎了，碎了，可是中國人民的[illegible]的，無法補償的損失啊！

陪都各界人士跟了他們自己心底的哀悼，懷念[illegible]為人民服務的烈士們，昨天上午在青年館舉行了一個悲壯大團結的追悼會。

一清早，工人們，學生們，職業青年們，大學教授和教員們，以及各黨派各界領袖們，帶着哀痛的心情，踏着沉重的步子從郊區和市區各方面會集向青年館來。青年館門口橫上，用黑白布的[illegible]，寫着「陪都各界追悼王若飛秦邦憲葉挺鄧發黃齊生先生大會」幾個大字。會場的[illegible]在[illegible]和[illegible]上的[illegible]，[illegible]不住心中的悲痛，一個個走進會場，第一個便走到祭台上[illegible]下一[illegible]和[illegible]的[illegible]，[illegible]在[illegible]青年會。[illegible]白布[illegible]上，放着一[illegible]三[illegible]鮮[illegible]，[illegible]的二排花圈，台前[illegible]「精神不死」四個大字，下面一排白幛，[illegible]對祭台上，[illegible]遺像，[illegible]光[illegible]，[illegible]哀[illegible]的遺像。整個人的心頭分外[illegible]的[illegible]，[illegible]的[illegible]，掛滿了[illegible]哀幛，和使人傷心的[illegible]一片[illegible]。

前遇難者的遺像，在悠悠哀樂聲中，一陣低低失了聲人的嗚咽，便撕碎了每個人的心；一陣平靜，許多人的眼淚，從眼眶裏湧出來，在悲壯的間隙中，[illegible]機的哭泣聲。[illegible]先生作的輓歌——「安息吧[illegible]們向魔鬼飛去」——開始了。一種低沉的歌聲唱着：

「我們的眼淚流成江湖，

千人萬人的眼淚流成了長江……

這天大的損失啊！怎樣補償?……」。

試圖像失利的鋼針一樣刺痛每個人的心，熱淚在男的、女的、老的、少的臉龐上，又流到了地上。太陽光穿過右邊的窗戶射在人們的臉上，淚光閃爍，人們再也抑止不住心中的悲痛。當試[illegible]而[illegible]堅強自信，最後，雄壯地唱出：「烈火中的鳳凰，[illegible]人類的解放，我們要把法西斯和屠夫送亡，讓人民安樂在紅光明亮的土地上」的時候，會場就沉浸在肅靜一種神聖的哀傷中的心，被時間像石般地堅固起來。

吞声饮泣哀战友

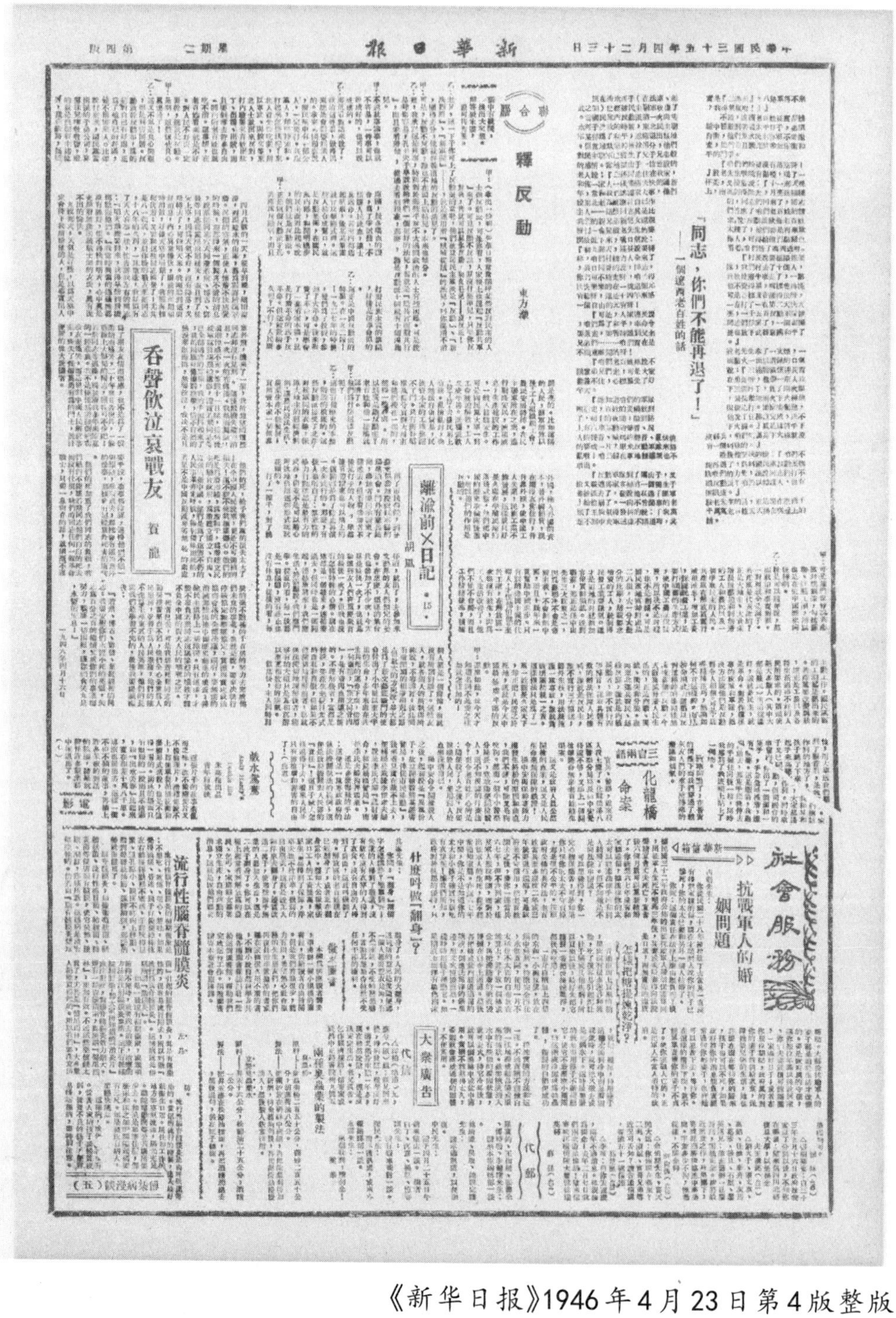
新華日報
中華民國三十五年四月二十三日　星期二　第四版
釋反動
「同志，你們不能再退了！」
吞聲飲泣哀戰友
離渝前×日記
社會服務
抗戰軍人的婚姻問題
什麼叫做「翻身」？
大衆廣告
流行性腦脊髓膜炎

《新华日报》1946年4月23日第4版整版

吞聲飲泣哀戰友

賀龍

四月八號的一天，從早到晚，細雨濛濛，把延水的山巒，都爲雲霧所籠罩着。沉悶的空氣，正使人懷着不快感覺的時候，忽然得來一個驚人不幸的消息，說若飛同志昨天同葉希夷、博古、鄧發等同志從重慶回延安，並且到了延安上空，因爲天氣不好，沒有降落，又飛轉去了，可能明天來。我剛聽到這個好消息，內心異常愉快，眼前的陰霾頓時消散，好像天空中晴朗了！我腦海裏紀念着：又要和這些同志團聚了！尤其是八一起義，並肩作戰的戰友葉挺同志，十八年的久別，一旦重逢，我好似有了天大喜事一樣，忙告訴我左右的同志：「明天飛機要到來，決得早些到機場歡迎他們。」我當時興奮的情緒難得，沒有睡好，恨不得快到明天，心中真是充滿着無限戰士期待的友愛，真有說不出的愉快。

九號那天，天氣是好些，以爲天空中定會降下我所盼望的人，但是事實出人意外，飛機來了一架，我所盼望的這些同志卻沒有見到。隨後飛機失蹤的消息，一次一次的在傳播。我始終關懷，還時懷不安。直到十一日早晨，消息傳來黑茶山發現飛機殘骸，證實了若飛同志已全部遇難的電報，我的手不禁抖起來了，我的眼睛模糊了，情不自禁的熱淚奪眶而出，無聲飲泣，我決不是只爲了戰友交情而傷感，也不是爲了一般感情而痛哭，二十年來目睹犧牲，一般戰場上大批見的同志，犧牲何可不少吧！的一般同志遇難，國家失去多年來領導的一群老戰士。我不是依據個人的感情爲友誼痛哭，而是痛惜中國人民解放事業，喪失了我們最英勇有爲的鬥士，國計建設的偉大愛國者。

他們的死，給予我們黨的損失太大了！在全中國人民說來，更是不可彌補的損失！這不能不使我極度傷心。他們的死是爲着團結，爲着和平，爲着建立民主的聯合政府，爲着獨立、自由、富強的新中國。他們是爲了這個不朽的人民事業奔走呼號，輪到犧牲而死的，若果不是中國反動派卑劣無恥的盡處耍手段，事事搞陰謀，逼得他們不能一切犯難，冒險求進，都會有這次的遭難的機會，亦許不會因意外死去的遭遇。

他們的死加重了我們同志的負擔，我們絕對不能讓若飛同志他們白白的死去而沒有代價，我們的同志任何一個革命戰士，只要一息尚存的話，就絕不讓變的事不斷擴的千百倍的努力去完成他們未竟的事業，也就是說，要堅決執行停戰協定和整軍協定，貫徹實現政治協商會議的全部決議，以防一些無情的消滅那些阻撓中國歷史前進的頑固，掃除民主道路上一切障礙。只有這樣，才能不辜負若飛同志這樣慘烈的犧牲，才能不負全中國的廣大人民的期望之望。

「死者已矣，可是我想着死難同志的勤勞精實事不絕，他們全心全意爲人民服務，多替于爲人民服務，他們的榜樣不僅是千萬萬的人民英雄，他們的長處我們是學習不完的，是我們建設新中國的楷模。」

我說：

「若飛、博古、鄧發、葉挺、黃齊生諸同志：我要安慰你們永遠不死的英靈，矢志竭百分之百的能力完成你們的事業而努力，戰勝一切困難，請你們含笑九泉，永遠的安息！」

一九四六年四月十六日

魂归黄埔,涌民主春潮

中華民國三十五年五月四日 星期六 新華日報 第二版

何應欽和白崇禧兩人
直接組織中原內戰
白氏奔走徐鄭之間,積極佈置計劃,以湖北為大規模內戰的中心,同時進攻蘇豫皖以為策應。

遼寧南部又起大戰
國民黨軍再犯本溪
長春、公主嶺、通化、東豐等地,連日遭國民黨飛機轟炸和掃射。

社論 紀念「五四」

青年們怎樣紀念五四?
貫澈為民主與自由的鬥爭
建立為人民服務的人生觀
——解放日報社論

陝甘寧參議會勝利閉幕
通過邊區地方憲草原則

魂歸黃浦,湧民主春潮!
——記上海追悼四八烈士大會——

竟當了國大代表!

周恩來同志昨飛宣

《新华日报》1946年5月4日第2版整版

魂歸黃浦，湧民主春潮

——記上海追悼四八烈士大會——

「魂歸黃浦，湧民主春潮！」這是上海各界追悼王棻葉鄧黃諸先生大會輓聯中的一句。四月三十日上午的上海市民，正如春潮一樣，向滬西玉佛寺會場湧進。在五時半的清晨，當幹事們在佈置會場的時候，就已經陸續的來了數百職員和工人。他們三三兩兩的走到遺像前面，深深的鞠躬致敬，他們向招待人說：「真對不起，我們因為不好向廠方當局請假來參加大會，而又不忍不向這幾位為我們勞動大眾利益而奮鬥，為民主和平而犧牲的先烈表示我們的哀悼。所以在開會之前來向他們一拜，馬上還要趕回去上班」。有幾個是乎在埋怨大會為什麼不在星期日開，而在這星期二的早晨，使得好多工人，職員和學生們無法一瞻先烈的遺容，親到靈前祭奠。一位到會的女職員，向滂沱的雨憤怒地說，「既然吞食他們，又來阻止人們來祭奠他們，太惡毒了！」她的話聲還未消失，熱淚已經湧出了眼眶。

玉佛寺的大門上橫懸着「王棻葉鄧黃諸先生追悼大會」，兩邊寫着「摩頂放踵利天下」，「粉身碎骨為人民」。八時左右，人潮就從這個大門湧進，六個簽名簿子都不夠使用，發花，發死難者事略小冊子和輓聯的同志們忙得滿頭大汗，許多來賓見了職員的忙碌自動的幫忙他們來發冊子，掛輓聯招待，當道謝他們的時候，他們說，還是大家的事情，全國人民的事情，何必道謝，親切的款待，在來賓中流露。一羣工人的輓聯上寫着：「我們不願追悼××，而願追悼你們，為什麼？為什麼？」每個人都知道這是為什麼。大院子裡人羣黑壓壓的擠着，大院四壁掛滿各人民團體送來的輓聯，走廊上佈滿了花圈。

外國的人士也來了，計有中國戰區美軍總司令部參謀長馬達克中將代表歐少校，中國戰區美軍總司令部參謀部情報處長葉明上校代表張市尉，以及合眾社記者蔣衛等各國記者。

靈堂上的素蠟燭，高懸着烈士遺容，遺像的上面橫掛着「精神不死」四個大字，這是柳亞子先生的輓聯，兩旁是孫夫人宋慶齡女士的輓聯：上聯是「和平大業猶餘，賢勞正賴，何竟中道捐棄，碧血長天永留恨」，下聯是「民主曙光初吐，瞻望方殷，難堪噩耗驚傳，蒼生大地齊含悲」。兩壁上掛着中共中央委員會的輓聯，毛主席朱總司令和彭副總司令的輓詞以及中共上海市委及全體同志的輓聯。此外，是各民主黨派和人民團體的輓聯和哀詞，共約二千多幅。野草社和消息半週刊的輓聯寫道：「踏背變諾言，獨裁者好背信，十七位英雄一齊喪生，總停戰成大戰，陰謀家多端計，千百萬人民大家起來幹」。另一幅是「鮮血滋長苦，幸災只有頑固份子；清淚滴塵土，傷心豈獨共產黨人。」廳堂正面用英文寫着：中國的友人萬歲！民主的友人萬歲。上面寫着四位死難機師的大名。下面署着「上海市民敬輓」。

九點鐘了，大院子的來賓擠的滿滿的。大會在哀樂聲中開幕。

大會主席團是宋慶齡、左舜生、黃炎培、冷遹、李熙謀、胡政之、柳亞子、馬叙倫、馬寅初、陶行知、章乃器、葉聖陶、鄭振鐸、舒新城、江恆源、潘梓年、華崗、潘子沂、王紹鏊、沙千里、孫寶毅、林漢達、許廣平、王國秀等先生。公推左舜生爲總主席、馬叙倫主祭。在公祭之後，開始演講：左舜生以沉痛的聲調說：各位中共領袖死於和平民主團結未實現之前，我們痛惜，還要積極追求民主團結新中國的實現。黃炎培在他的演詞中叫大家不要哭，而應趕快完成民主統一，實現政協決議，來安慰死者在天之靈。陶行知先生認爲他們之死不是偶然的，是死於民主不够，如果大家忠實的實行政協決議，他們不用飛來飛去，而不至死於暴風雨中。在章乃器、張雲川、馬叙倫致詞之後，由死者黃齊生家屬黃可莊先生致答謝詞，由本社社長潘梓年同志以死難先烈的同志身份，向到會者致謝，他說今天冒雨來參加追悼會的人們，都不是爲了私人感情，而是爲了追悼民主的戰士，爲了熱情嚮往民主。未死的中共黨員當爲爭取中國的民主和平貢獻最後一滴血。」

大會在十點半宣佈閉會，可是人們還不願立即離開，爭取民主的歌聲四起，這裏在唱，那裏也在唱，匯合成爲一個巨大的聲浪，整個會場發出一致的我們要民主的呼聲。

會閉幕了，一部份人走了，可是另一部份人又來了，川流不息的直到下午二點多鐘，一萬份小冊子發光了，白花也完了。在十二點之後，來的人中多是由浦東趕來的工人羣，以及下班回家吃中飯的職工和學生。「下午還開會嗎？」他們睜大着眼睛向招待問，可是在他們確實知道不再開會了之後，仍是依依不肯離去，留戀在遺像的前面。

這次追悼大會的籌備委員會說，這個會本擬廣泛舉行，曾經邀請國民黨黨政方面人士參加發起，可是對這邀請的回答是「不便」，有的竟置之不覆，不免有些遺憾。「你們的死說明國內兄弟合作的必要」，（時代日報輓詞——摘聯共黨史斯大林語）可是在我們的國度裏還有一部份都不如此去想。

四八死難先烈是死了，可是在上海，也同在全中國一樣，有許許多多的後死者在他們的靈前宣誓：「堅決繼承民主烈士們爭取和平團結的遺志，擊破法西斯餘孽破壞三協議的陰謀。」（永安公司全體職工的輓聯）縱然一部份以製造分裂內戰爲生的人們不願和平團結民主，但是民主的巨流，已匯合在黃浦江頭，匯合在全中國其他的地方，將繼在先烈之後而激起澎湃洶湧的民主春潮。（鑑，四，三十日寄）

附录 《报人生活杂忆》[①]节选

石西民[②]

（一）
初到南昌

1938年6月，受到王明的有意排挤，我跟《新华日报》其他一些同志先后离开武汉报纸的编辑岗位，去前方当战地记者，我被派往江西。我这是第二次当战地记者了。当时正是抗战初期，民气昂扬，我盼望能够到前线去，真正成为"前方将士在浴血的苦斗中，一切可歌可泣的伟大的史迹之忠实的报道者记载者"，现在终于有了这样一个机会。我虽然对王明的拙劣行径感到愤懑，但总的说，心情还是很兴奋的。我记得，报馆还给我办了一张"战地记者证"，那上面赫然盖着国民党军事委员会的大印。

我出发时，徐州已经失陷，日寇铁蹄踏进了中州原野，进逼武汉。武汉外围的战线，长江以南还在马当、彭泽那一边，离九江尚有一段距离。我先到南昌，住在南昌中共中央东南分局（对外称新四军办事处）里面，认悉了当时主持分局工作的曾山、黄道等同志。他们都是老红军。在分局机关还认悉了一些新人，如朱镜我、薛尚实同志，这些都是久在白区工作的老同志。朱镜我主持着分局的宣传工作，这是一位非常诚恳朴实的文化人，我早在20年代与30年代之交，就知道他的名字了，他是创造社的一个小伙计。我们一见如故，非常谈得来。

黄道同志告诉我说，5天前我们发起召开了一次大型座谈会，国民党的元老李烈钧也参加了，大家对开放民众运动，发动全民抗战，保卫武汉，发表了许多精彩的意见，新四军南昌办事处的影响也随之扩大了。可惜你不在，不然把这情景向

---

①本文节选自姚北桦、王淮冰编：《报人生活杂忆——石西民新闻文集》，重庆出版社1991年版，第13—38、53—56。节选时内容和序号略有删改。

②石西民（1912—1987），浙江省浦江县人，1928年参加革命，1929年加入中国共产党，在上海沪东区委宣传部任干事，兼任中共中央机关报《红旗》（后为《红旗日报》）通讯员。自1936年起，一直从事新闻工作，先后任《申报》编辑、记者，中共机关报《新华日报》编辑部主任、采访部主任等。

外报道一下多好。当时的新四军南昌办事处有一幢房子，有几十个工作人员，现在能回想得起来的，只有那时还很年轻又英气勃勃的担任党的青年工作的陈丕显、黄知真等同志。

当时的南昌，还没有明显的临战气象，国民党江西省政府主席熊式辉是一个老官僚，浮沉宦海，对做官相当有经验，对发动群众组织群众抗战既是外行也不热心。那时各方记者云集，范长江、孟秋江等同志都在南昌，还有国民党中央社、《中央日报》、《扫荡报》的记者，大家相处得也还可以，中央社的记者叫韩待珩，这个被鲁迅骂过的人物是一个浪荡子，一般来往，也无太多顾虑。有一次，熊式辉举行记者招待会，我们去参加了。当时战云密集，正是武汉会战前夕，我问他有什么发动和组织群众的打算和办法？他顾左右而言他，大讲起他提出的四句口号，叫做“不准敌人走江西的路，不准敌人住江西的屋，不准敌人吃江西的米，不准敌人喝江西的水”。说起来堂而皇之，实际就是扒公路，烧民房，运粮食，堵水井，结果把老百姓搞得流离失所，哪里还谈得上什么“动员民众”？特别是扒公路这一条，不但没有阻滞敌人的进犯，反而给自己的军队调动造成了不小的困难，拆了一个大烂污。熊式辉还强调说：“民众动员不能由民众自动地去做，而要由政府统一办理。”这些高论，实在听了好笑，我就用客观报道的方法写了一篇通讯《江西省的动员民众办法》，登在《新华日报》上，揭露了他的那套官腔。

尽管如此，地下火还是在运行。南昌既有了共产党的公开领导机关存在，还有江西名人回到了南昌，如许德珩、王造时等，文化界如夏征农孙席珍等也在开展一些抗日文化工作，妇女界如雷洁琼等加上一批北平的流亡大学生，各种抗敌宣传文化活动还是进行得很热闹。记得当时夏征农、孙席珍等同志的住处，就成为我们这些“无冕之王”的落脚点，长江、秋江等都经常在那里高谈阔论。

蒋经国先生那时也在南昌，有几个进步的熟朋友在他手下做事，如现在仍在上海的笪移今同志等。蒋经国先生同记者特别是同长江、秋江和我见过多次面，还约到南昌东湖边上一个什么招待处作过长谈。这位蒋先生那时大概政治上还在观测动向，他的势力也还没有培养起来，羽毛未丰，所以肯与各方面人往来，同流亡大学生也经常有来往。态度比较随和，没有“公子”架子，但在政治上除抗战之外，对其他问题很少表示态度，讲话也常常不着边际，令人感到莫测高深，使人一眼就看出是一个城府很深的人。那次谈话是被敌机的几个炸弹给炸停了。

我从南昌随记者群到了九江，那时九江的最高指挥官是张发奎，前线尚无什么大战事，九江更是像一潭死水。我们几个记者闲闷无事，就相约上庐山看看。

那是“七七”周年纪念的前夕，从九江出发，说是有公共汽车，又说有人力车，我们一路走一路问，直到庐山脚下，什么交通工具也没有，问原因说是公共汽车都被拉去运兵了，人力车因为抓壮丁，纷纷躲藏起来。庐山脚下的莲花洞原来说有滑杆可供上山，一到又是踪影皆无，都被拉壮丁拉得不敢出来做生意了。国民党的拉壮丁实在是使老百姓天怒人怨。我记得后来在赣北前线采访，一天晚上正行进在公路上，汽车灯一亮，就看到一长队衣衫褴褛骨瘦如柴的壮丁，胳臂上缚着绳索串在一起，被荷枪的兵士押上前线。这样的军队，怎么能打胜仗？我真是说不出的难受。“七七”周年纪念日是在庐山牯岭过的，我们胡乱转了一阵，看到一些为阔人准备的房屋都闲着没人住，处处显出战时景象。“七七”早晨就有三架敌机从我们头顶飞过，我们觉得该回南昌去看看究竟。

赣北战场

大概从当年7月底8月初起，赣北战场在日寇不断进攻下日趋紧张。首先是九江陷落了，这是敌寇大举进攻的信号。作为战地记者，我的采访活动也更加繁忙起来。这期间，我在赣北一带见过不少国民党将领，如薛岳、吴奇伟、李汉魂、王耀武、冷欣等人，我去向国民党高级将领采访，从来不是独自一人，总要找个把别的报社记者同行，但确也没有那次受到闭门羹的待遇。后来同他们部队的八大处管接待的一些处长相识了，在深入前线采访时，有时也只是通过那些处长单独一人前往。现在回忆起来，有几点还是很清晰的。国民党这些高级将领对新闻记者一般态度都还很热情，这恐怕同他们的切身利害有很大关系，他们虽然没有坦率地讲出希望，可是总是愿意报纸通讯社替他们做些好的宣传。我是心里有数，这些人都是十年剿共的“名将”，所以为避免发生不愉快，处处不出头。但其实《新华日报》记者这块共产党招牌是清清楚楚的，我注意到这些人倒也没有公开表示任何区别对待。他们一般也根本不谈党派关系。在这些将领中，李汉魂先生是特别随和，给人的印象很深。有一次我到战地采访他，他在一间满壁挂着军用地图的简陋屋子里与我谈话。他很带感情地说：“我们坚持抗战必胜的唯一条件是坚持抗战到底。只要我们能坚持，抗战必然有前途。”他还说：“我敢相信，这一种坚持，不怕经济力量脆弱的敌人不崩溃，国际上的形势不怕不更变得与我有利。而且我们只要有人有枪有粮食，抗战从一期二期三期，甚至继续到九期十期都可以打下去。”杀敌爱国之心溢于言表。我把这次采访到的情况写成通讯《战地访问李将军》，于第二天发回报馆，很快就见报了。李汉魂先生的夫人吴菊芳女士那时就是他的贤内助，经常回旋于记者之间。几十年后，我从报纸上看到他们夫妇回国访问，吴女士仍然是一个活跃人物。

在战区后方的乡村里，在总部所在地，这些将领中有几位是很好客的，记者总是座上客，满满地摆上一桌酒席（当然大多数是罐头），我在恭与其盛的同时，常常想起唐宋诗人写的军中宴。这在我后来到新四军中采访时是看不到的。战士的辛勤艰苦，特别是我目睹的拉壮丁的惨状，与将军的豪宴，还有那些管军需总务的处长，经常在南昌的征歌酣饮，我不能不说实在是很不调和的两种场面。

但是，我也应该说，对神圣的抗日战争，他们那几位高级将领在当时确实还是相当认真的，前线的下级军官和士兵那就更显得坚决。那些营团连长和士兵在激烈的战斗中的英雄气概，至今还是令人神往的。坐落在德安到星子这条战线上的金轮峰下有一座无名高地，国民党一个团的兵力据守在那里，日军向这座小高地每日发炮不下三千发，并派出飞机投掷燃烧弹，把整个山头的土都烧焦了，这个无名高地遂被称为"火烧山"。这个团的士兵在火烧山不食不眠与日军恶战三天三夜，伤亡甚众。我闻讯后曾赶去采访。在德（安）星（子）公路战事紧张时，我来到战地指挥所，国民党某师长对我说："我今晚即上前线指挥作战，与我部下共存亡，只有这样，我才算对得起国家，对得起部下。当晚，他率领一连卫队上前线，我亦随同前往，采访中得知，一个叫张德强的士兵在战斗中身负重伤，横倒在日军区域里。他以手代脚，滚入树林，一连三天，白天以尿解渴，晚上到田里挖山芋充饥，到第四天爬到自己阵地附近，当他发现有日军在修筑工事，就用仅有的两颗手榴弹炸死了几个敌人，缴获了几支步枪，返回队伍。我把采访到的这些材料都写成报道寄回报馆。那时我不能像国民党中央社记者那样有利用电讯设施发稿的便利，如果写消息用平信邮寄，寄到报馆早就成了明日黄花，所以我多以战地通讯的形式反映战事实况，这样还可使报道增强现场感，并可补充消息的简约。

作为一名战地记者，经常要往火线上跑，越是战事激烈的地方越是要去，这就难免冒一点生命的危险。有一次采访归来，刚遇到一个隐蔽的炮兵阵地，就碰上日军两架轻型轰炸机前来轰炸，我还没有选择到掩蔽地点，炸弹就响了，我就伏在一门大炮的炮架底下。日军轰炸机见地面没有对空射击，愈加肆无忌惮，俯冲扫射，飞得很低，那驾驶员甚至把头伸出机窗向下张望。阵地上浓烟滚滚，好几个士兵被炸死了，我却从灰土中爬出，没有受伤。

《新华日报》对抗日战争初期国民党军队努力作战这些事实，是做过许多报道的。到后来，国民党消极抗战积极反共，形势变化，《新华日报》记者的活动备受限制，足不能出重庆青木关一步，也就谈不到深入前线采访报道了。当然，公平而论，抗战初期，国民党军队对日作战是积极的，有功的，也是人数最多的抗战部队（八路军、新四军当时只有几万人），这一点是应该实事求是地指出的。

（二）
到新四军去

1938年10月底武汉失守，战局重心已西移至粤汉路北段一带，南昌已非时局重心，国民党军政机关纷纷撤退，各报记者星散。当时《新华日报》已移重庆出版。我得知报馆同志撤退时乘坐的江轮于途中遭日机轰炸，潘美年、李密林同志不幸牺牲（后来才具体知道共牺牲25人，其中报馆同志16人，余为八路军驻武汉办事处的同志），心中悲愤交集。这时，中共东南分局的同志们劝我同他们一道到皖南新四军军部去，既可到前方作战地采访，又可帮他们创办一张报纸。我几经考虑，决定不回重庆而到皖南军部去。

我于1938年11月离开南昌，行前给报馆几位同志写了一封信。不曾料想，经过40多年的战火和动乱，这封信竟然还能保存下来。去年，有位同志在搜集《新华日报》史料时发现了这封信，并送给我看。兹录于后，从中似可窥见当年一个党报战地记者的思想、工作的某些方面：

西园　宝权

梓年　汉夫　诸同志：

克坚　涤新

在赣闻美年密林两兄遇难，深为哀悼，报馆迁渝后，粤汉路形势又极紧张，将来通讯诸多困难，赣局今已非重心所在，目下敌亦无大举，故暂维持残局，南昌市民已撤退一空，弟留赣工作，甚感无重大意义，经与此间东南同志相商之下，决跟随彼等赴皖南，将来挺进前方沦陷区城，此乃弟素昔所期望者，前曾函告。在彼方除从事新闻工作外，间或可另贡献绵力襄助彼等创刊报纸。道远未克征求兄等同意，即自作决定，心殊不安，然军电纸电局不允拍发，邮递返复不知何日，客观困难，希加原谅，是幸。弟自前方返南昌，瞬已旬余，不幸病腿，所寄通讯，恐皆成为空幻。弟书籍一部早已赠诸报馆，尚有铺盖一，大衣一，皮箱一，此物请西园兄代为保存，若不能保存，则随意处理，送人亦可，自用亦可。匆此敬祝

努力

弟西民十一月九日

我离开南昌后，先到金华暂停。当时的金华是浙江省政府所在地，我的老朋友骆耕漠、邵荃麟在那里主编一个大型刊物，叫《东南战线》，团结了大量的有志青年。我住在他们编辑部，经过他们又认识了严北溟同志，他是当时金华最有影响的一个文化人，跟国民党的省政府主席黄绍竑也有很好的关系。金华有一些进步的文化活动，在那里见到了不少老熟人，他们都是从上海撤退到浙江去的进步文化人。我在《申报》工作时的老同事王闻识，也在金华见到了，他正在浙西前方，主持一张由浙江省政府办的报纸。他是广西人，看起来是受到黄绍竑信任的，想做一番事业。

我到金华不久，黄绍竑派车来约我去他的郊外住处谈话。作为一个新闻记者，我是打算要去访问这位主席的，但是他却先来邀请了。我去谈了两个小时，主要是他想了解一些江西战区的情况以及政治情况，我也乘机问问他对浙江的抗战有何方针大计。黄绍竑是桂系的重要人物，不顽固，愿意与进步的人士包括像我们这些公开的中共党员交朋友。听他讲话的口气，是想在浙江干一番事业的。可是浙江的政治情况十分复杂，一个桂系人物，要在蒋介石的老家做出一番事业，确实是很少可能的。我不相信会出现奇迹，我也始终没有看到发动工农群众的坚实措施，因而也没有可能向读者报道点什么“气象”。

金华是我小学念书的地方，我在这里度过了少年时代。这次重来，已经相距14年了。当年的金华，非常闭塞，我头脑中印象仍然十分深刻的是那个教会办的医院，有几个施药的外国嬷嬷。那座在落花井附近的，白粉坡上与木制栏杆上画着阴森、恐怖的地狱惨状的庙宇，还有那偶尔看到的大规模的迎神赛会。除此之外，就是每逢“五七”等国耻纪念日，我们小学生也手拿三角纸旗，口喊反日反帝口号，跟在省立第七中学、第七师范学生后面游行的情景。现在，一切都有了变化，浙赣铁路通车了，金华成了一个大站，好多旧时的景物已无踪影，而日寇已深入国土，金华交成一个东南抗战的重要后方了。

在金华遇到了从上海撤退的黄源同志，他听说我要去新四军军部，也表示愿意去看看。我们几个人，黄源、邵荃麟还有一位女同志汪瑛和我，一道坐上新四军的军用汽车，由金华到达皖南的岩寺，这是新四军的兵站所在地。然后由岩寺步行，经黄山脚下，沿青弋江向泾县出发，到新四军军部去。

在新四军军部

皖南山区沿青弋江的旅程是非常吸引人的，沿途青山绿水，风景独好。同行的也是在路上照顾我们的是一位红军老干部，年纪比我们要大一点，非常朴实、诚恳，给我们留下十分深刻的印象，可惜名字记不起来了。途中路过小河口，这是军部的一个后方。医院设在这里，后来我们办的《抗敌报》的印刷厂也设在这里。小河口很小，坐落在青弋江边的山沟里，住民不多。我们沿青弋江向北走，江面也缓缓宽大起来。又经过茂林，这是一个大镇，镇外路边集中了几十座贞节石头牌坊，这是道学家毒害妇女的可怕记录。皖南是出朱熹的地方，也是出大学者戴震（东原）的地方，看到这些密密麻麻令人恐怖的牌坊，也就明白为什么戴震要大声斥责"理学杀人"的缘故了。

我们终于到达了新四军军部所在地云岭村，住在招待所里。照当时流行的做法，像我们这样一个文化人的小集体到达，就要举行各种欢迎会，要登台讲话，军首长要接见。南昌新四军办事处的同志都比我们先到。朱镜我同志已担任军宣传部长。在做了几天客人之后，邵荃麟同志因浙江有事要回去了。黄源同志确实有如一块未琢的美玉，他在那里过着没有想象过的生活，处处吸引着他，最后决定留下工作了。我呢，一到这里就怀着向大后方人民报告新四军健儿纵横大江南北，奋勇杀敌的英雄业绩的急切心情，开始了采访活动。当时，新四军虽然组建不久，但已在十分困难的条件下接连打了许多漂亮仗，指战员们甚至在南京城郊与日寇展开了游击战，以赫赫战果杀出了军威，振奋了民气，震慑了敌人。我很快写出了通讯《活跃在京芜的新四军》，具体报道了新四军的几次重要战斗。这篇稿件于1939年初刊登在《新华日报》上。我希望能尽早地到前方去进行采访，但朱镜我同志要我留在军部，建议我先帮助他们把报纸办起来，还劝我兼上宣传科长的职务。最后我答应先办报再去前方，科长与当记者有矛盾，请他另外物色人。我也搬到军宣传部与他们住在一起。

军宣传部所在的那个村子很小，一二十个年轻人，一清早还未爬起来，抗战歌声就震动屋瓦。这段生活至今令人神往。新年过后，我就开始筹备组织《抗敌报》的出版工作。《抗敌报》当时是一张四开的小型报纸，在大家的努力下，很快就正式出版了。我只主持了开始几期的编辑工作，后来就上前方去，没有再管这件事情。由于年久，当时在编辑部一起工作的几位同志，现在只记得有逝世不久的上海市党校校长陈一诚同志，还有姜庆湘同志。报纸出版是与印刷厂的建设分不开的。我曾到小河口去住过几天，对在那样困难的条件下，同志们依靠自己的辛勤和干劲，终于在山沟里建起了一个小印刷厂，这个印象至今很清晰。

《抗敌报》每期的编辑出版，都得到了军政治部主任袁国平同志和朱镜我同志的热忱关心，袁国平同志还亲自动笔写社论、改文章。我在新四军包括到江南敌后采访，整个时间不到一年。如果说在那里我多少实践了在南昌时和朱镜我同志相约，帮助做点事的话，就是帮助办了一份报纸，发起了出版“新四军一日”，还在新四军教导队创办了一个新闻训练班。我在教导队教了一段时间的课，当时薛暮桥、罗琼、夏征农等同志都在这里教书。遗憾的是，1939年夏因重庆来电报要我回报馆，没有等到第一期训练班毕业，我就匆匆离去了。

现在回忆起当年在皖南新四军军部生活的那些日子，仍然难以忘却。中国共产党就是在皖南的崇山中，在抗日烽火里，吸引了多少英气蓬勃的知识青年，走上民族解放的大道，并且使那个沉寂的山区，成为青春火热的革命青年成长的摇篮。

（三）
到新四军第一支队司令部去

1939年春，周恩来同志陪叶挺同志到达皖南。

那天天气很好，军部各单位负责人在项英等率领下，骑马三十里，到章家渡江边迎候。这次活动在我头脑里印象很深的有两件事。其一是当周恩来、叶挺同志过了章家渡与前来欢迎的同志见面时，项英同志特别表现得恭敬。我看到项英同志的举动，完全是下级见到上级的真诚态度，心头暗暗觉得一喜。因为叶挺是北伐名将，第四军就是声威赫赫具有“铁军”光荣称号的北伐军，叶挺这个第四军的主要将领，现在来担任新四军军长，应是再好也没有的人选，项英同志能够以真诚态度相待，怎能不令人欣喜。可是，很快另一个印象又使我感到有些迷茫。那是在欢迎的大会上，我十分注意倾听叶挺军长的讲话。在他讲话时，态度恳切，感情真挚，但又使人感到似乎有些沉郁，令人担忧领导层的合作。

我去看周恩来同志，他正在理发，我就将我的工作打算向他作了汇报。他要我早点到前方去，多向大后方读者报道这支红军改编的部队——新编第四军的战斗和各种工作情况，特别要我多报道一些江南敌后的斗争情况，以鼓舞大后方的人民，提高大家抗战的胜利信心。周恩来同志的一番话，促使我在3月初就动身去苏南陈毅同志率领的新四军一支队司令部，同行的是徐平羽同志，他正在一支队从事宣传工作。

与陈毅同志相处

从皖南走到苏南，一路上杏花春雨，典型的江南春色。我们说说笑笑，走了五六天，就到了一支队司令部所在地。我的采访工作，当然首先要向大后方的读者介绍陈毅将军。发表在重庆《新华日报》上的《陈毅将军访问记》，是我最早的一篇新四军将领的访问记。

陈毅同志这个风云人物，在当时就给我一个强烈的印象。他手不释卷，我第一次见到他时，他手中拿着的就是一部线装的《庄子》。在红军老干部中，这是非常突出的。他在接受我的访问时，谈吐中所表现出来的敏锐深刻的形势分析和高度灵活的斗争策略，乃至他那热情、坦率、豪爽的性格，那种谈笑风生、善于运用语汇的风度，使人感到可敬可亲。在我的一生中，同党的领导干部接触也不算少，可是细细想来，使我感到最亲切，在他们面前可以放心地说自己想说的话，即使说错了受到批评，内心也只有感到舒畅而不会产生任何顾虑心情的，换句话说，在领导者面前，不会感到像古文大家韩愈讲的"足将进而趑趄，口将言而嗫嚅"的，一个周总理，一个陈老总是最突出的。这两位领导人的民主作风和他们那种真诚像水晶一样透明的人格，真是像一块磁铁把人吸住了。

我在一支队采访期间，陈毅同志的一次谈话，长留在我的记忆之中。那是一个春雨如丝的上午，乍暖还寒，我们二三人在一间幽明的小屋子里，围一盆炭火，听陈毅同志纵论江南抗战形势。作为一位军事家，陈毅同志先给我们勾画了江南游击区的自然环境，北面是滚滚长江，对开展游击战是一大障碍，京沪铁路与长江平行，更缩小了我北方活动的地区，东西南三面，四个大湖，小湖泊、运河、公路交织如蛛网，在这样一个交通发达的平原地带开展游击战争，是十分困难的。接着，陈毅同志果断地说："但是，我们始终认为：游击战主要条件是人力，人力可以战胜地形条件的不利。江南虽然地形条件困难，但是日寇的滥烧滥杀已激起了千万大众的仇恨。我们有了人民群众的拥护和支持，就会使敌人如陷孤岛！"陈毅同志告诉我们，一支队初到苏南时，有人看到他们装备很差，就对他们的战斗力产生了怀疑，有一个好心人甚至对他说："陈司令，你的司令部只有七支枪，怎么能够抗日呢？日寇一包围来，你们是逃不掉的，我劝你们改换服装，穿便衣吧！"陈毅同志正气浩然地说："我们堂堂的国家正规军，怎能脱下军装改换便衣？"就在苏南一般民众震慑于南京失守，大军西退，敌人深入而人心惶惶时，新四军一支队开始了战斗。

一说起打仗，陈毅同志的眼里闪射出兴奋的光芒。他用强有力的声调说："我当时首先指出，一切当前的困难，都可以由战争的胜利来解决，而且也只有战争的胜利才能解决。我们武器不够，但是战争的胜利可以夺取敌人武装来武装自己；

我们人力物力困难,但是战争的胜利,可以得到人民抗战信心的提高和踊跃参加,慰劳援助。我们要以一个一个大大小小的战斗的胜利,来创建江南模范抗敌根据地,来配合全国战局。"陈毅同志向我们讲述了一支队几次战斗的经过。

他那绘声绘色的话语,使我听得入了迷。他告诉我,从1938年6月15日到8月15日,两个月里,新四军一支队与敌作战30余次,屡战屡捷。新四军曾一度攻入句容城,在城门口就击毙敌军30余人,城内伪维持会完全烧毁,烧死汉奸武装和日寇很多,残部狼狈逃出。新四军还动员了17万民众,在很短的时间里把镇江到句容、丹阳到句容、金坛到丹阳、镇江到江阴的四条公路彻底破坏了,使敌人仅仅能够保持京沪铁路和溧武公路。在新四军的有力打击下,日寇部队寝食难安,汉奸组织闻风丧胆,而人民群众的抗战热情大大高涨起来,江南游击战出现了新局面。

日寇在屡次遭我痛击后,改变了战略,挖空心思搞了一个"梅花堆式的堡垒政策。所谓"梅花堆",就是敌人通过修复被我破坏的公路和修筑新的公路,并利用河流湖沼错综的水网,把地区划分为几小块,搞得像棋盘格子一样,然后在每一小棋盘格子里又布置像梅花点般的工事据点,派少数兵力固守,以此缩小我活动区城,增加我活动困难,对我实行封锁战术。陈毅同志轻蔑地说:"敌人搞'梅花堆'我们讲辩证法。他采取新措施想乘我之弱打击我,但又暴露了自己的新弱点。敌人到处设据点,就把自己集中的兵力分散了,运送子弹给养、交通均感不便,这是挨打战术。敌人是外来民族,据点敌人不能不与我民众发生关系,我就可乘机袭击他。新四军抓住敌人的新弱点,经常消灭敌人守备比较疏忽的据点,袭击它的运输子弹给养的队伍。"梅花堆"战术不但没有赶走新四军,反而成了敌人自己的坟墓。讲到这里,陈毅同志朗声大笑起来。

陈毅同志又讲了江南地区抗日民族统一战线的工作,讲起了对国民党政府设立在江南游击区的行政机构的意见。他颇为气愤地说:"今天游击区的行政机构还是抗战以前的老作风,等因奉此的公式主义。这种弊病在平时还可以马虎过去,但在战时就不行了。为了适应战争紧迫的要求,任何一件事的决定和实行,都需要当机立断。陈毅同志针对这些官僚机构的弊病指出:"游击区的行政今天特别需要独立性、创造性,需要党政军民协同的统一战线的最有力的动员组织,更需要有新的财政经济政策,这是保证游击战更大胜利的基本条件。"后来,在我回到重庆学习了毛泽东同志的许多重要著作以及党的六届六中全会文件之后,我才进一步理解,陈毅同志这些有关军事、政治的思想观点,与毛泽东同志提出的游击战争和抗日民族统一战线中坚持独立自主的原则的意见是多么的一致。皖南事变后，全党都清楚了解，项英同志犯了错误，而正确的代表是陈毅同志。

现在回顾1939年春陈老总当时那番说话，就更清楚了，这绝对不是偶然的。

陈毅同志侃侃而谈，不知不觉间三个小时过去了。在我向他告别的时候，他那英武豪爽的形象和这次长谈的美好印象，就深深地留在我的心间。

在苏南时，我还陪陈毅同志去东坝拜访过新到任不久的国民党江南行署主任冷欣。冷欣此前在江西赣北前线活动过，我在赣北采访时认识他。陈老总去拜访完全是礼节性的，也没有什么好谈，所以约我这个记者作伴。我们在去东坝途中住在东坝一个小旅馆里，天南地北地谈了很多。我发觉他那时对王明的真面目尚很少了解。可是最早告诉我毛泽东同志情况的是陈毅同志。他第一个向我介绍了毛泽东同志在苏区时的好学不倦。陈毅同志说，每逢行军，毛泽东同志的两箱书挑总是跟着他走的。每到一地，毛泽东同志都要收集可以收集到的报纸，而且看报时总是从头一个字看到最后一个字，谁都没有他看得那样仔细。有几次敌情的判断，就是靠分析报上所载的各种动态得出的。他还说，最近毛泽东同志还给他写了信来，劝他多读书，等等。我在武汉《新华日报》时候，报社的同志经常受到王明的斥责，大家对他的作风非常不满，因此非常尊敬毛泽东同志，但对毛泽东同志并不了解。当我听到陈毅同志的这些介绍时，自然非常感动。

对“两面派”的争取

我在江南新四军采访期间，陈毅同志和其他新四军领导同志，都向我介绍过在这一地区开展抗日统一战线工作的情况，许多感人的故事，至今难忘。

日寇在江南一面烧杀抢掠，一面施展政治阴谋。他们大肆恫吓民众不得与新四军往来，挑拨各地方势力之间的矛盾以坐收渔人之利。新四军开进江南之后，面对这种复杂的政治局面，以很大的注意力开展党的抗日统一战线工作。陈毅同志给我讲过这样一件事：有一次，他正和一个来访的绅士交谈时，参谋跑进来告诉他：“与这位绅士同村的另一绅士已组织人要杀这个绅士了。”他听了很惊奇，马上派人把那位绅士请来询问究竟。那位绅士来了，承认确有此事，并指斥另一绅士是汉奸。陈老总当面指出这种举动的不对，对双方晓以大义，使他们握手言和。两位绅士甚为感动，安然回去。像这类事情当时确有不少。新四军一到，许多地方绅士就送来互相攻击为汉奸的函件，要求军队惩办。有些人对新四军多方包围、请客，甚至暗示可以奉送金钱，等等，想借军队力量达到消灭异己的目的。新四军认为，这不仅是地方势力的内讧，更是日寇政治阴谋造成的现象。所以新四军坚持原则，各方调解，决不偏袒。由于抗日统一战线政策的正确运用，地方民众的团结一天天地巩固起来。

陈毅同志团结韩紫石老先生的事迹是我们党作统一战线工作的光辉范例，早已为大家所知道。在苏南时期，还有一个纪振纲转变的故事，多年已不为人所提及。而争取纪振纲正是陈毅同志运用统一战线政策，取得光辉成果的第一步。抗战初期，江南处在敌我尖锐搏斗的环境下，出现了不少"两面派"人物。这种两面讨好的"两面派"，情况也各不相同，有的自我表白为"明保曹操，暗保刘备"；有的则说什么"身在日本心在中国"，"大丈夫能屈能伸"；有的心头还存民族大义，但又顾虑财产，在苦闷中两面敷衍。总之，这种"两面派"当时成为一个社会性的问题。人们概括说："江南有七多：麻将多，茶馆多，澡堂多，大刀会多，土匪多，青帮多，两面派多。"新四军认清了"两面派"动摇、媚敌、降敌的行径，同时也看到，这些人还没有死心蹋地做汉奸，因此就有争取的可能。新四军通过文字和口头的宣传，反复说明这种"两面派"的态度在全民族的抗日战争中是不允许的，晓以民族大义，同时又直接间接地派人做"两面派"的工作，尽可能地把他们争取到抗战阵营中来。新四军排除种种阻碍，坚决执行统一战线政策，使许多两面人物转变了态度，沉重打击了日寇"以华制华"的政策。纪振纲的转变即是最有影响的一例。

纪振纲是金坛附近规模宏大的茅农公司的经理，是一个远近闻名的实业界人物。他在南京失守时，召集了一百多名从前线撤下来的广东籍士兵，连同他原有的守备队，计有300多人枪。他是当地影响最大的一个"两面派"。新四军开到当地后，一再派人去规劝他，向他说明："在这抗日战争中，应做民族英雄，为国家民族尽力，两面应付是不好的。"纪振纲听到这些谆谆劝导，内心斗争十分激烈。他既有民族正义感的一面，但又惧怕参加抗战而失掉他20年苦心经营积累起来的40万的投资。就在他犹疑、苦闷的时候，日寇武装把他抓到金坛去，威胁利诱，提出三个条件，要他表明态度：第一脱离与抗日军队和政府的关系；第二委任他为镇江等七县的"剿匪"司令；第三要他组织伪军，每月给他5万元。纪振纲想起了新四军对他的忠诚劝告，回到茅农公司后，伪称儿子有病急须送上海治疗，举家逃往上海。行前，他给新四军写了一封恳挚感人的信，说明他决不做汉奸，说明他不得不走的苦衷。他指命百多个广东战士携带武器开到新四军，托新四军转送他们回原部队参加抗战。他在信中祝望新四军努力杀敌，并表示他到上海后就转去抗战后方为国家效力。他还写信给亲友，鼓励他们牺牲一切，参加抗战。

事情过去几十年了，我还一直记在心上。像纪振纲先生这样拥有数十万资财，而能以国家民族的利益为上，毅然出走，不做汉奸，实在是难能可贵的了。纪振纲先生的转变，生动地反映了陈毅同志执行抗日统一战线工作的巨大成功和才华，也反映了在抗日战争的时代洪流中各阶层人士的觉醒。

在江南新四军采访期间，所见所闻一直使我处于兴奋和激动之中。我把这些令人感动的材料尽量写进我的通讯报道，寄回重庆报馆。这些昨天的新闻，今天已经成为历史。

（四）
一次没有成功的夜袭

我在新四军的这段生活，真是称得上丰富多彩。我经历了许多从未经历过的事情，结识了一些新四军将领和许多可亲可爱的战士。除了陈毅同志之外，罗炳辉同志也给我留下了十分深刻的印象。罗炳辉同志是新四军一支队副司令员，这位红军名将我是第一次认识，他是一个爽直而又带点粗豪性格的人，有一点中国农民性格的特征。

一天傍晚，罗炳辉同志率领一支部队要去袭击从据点出来骚扰的一股日寇，我跟着他的指挥部一起行动。到赣北采访以来，我经常在火线上活动，对战地生活并不陌生，但实地参加游击队夜袭敌寇却是第一次，想到即将发生的激烈战斗，心头产生了一阵阵的兴奋和激动。在夜幕的掩护下，一队队战士精神抖擞地出发了，一路上只听见沙沙的脚步声。我们急步行进数十里，包围了谍报所说的日寇肆虐的那个村庄。日寇20余人早已闻风逃走。在一间堆满柴草的房子里，罗炳辉同志听了各路情况的汇报后，决定收兵回营。仗没有打成，而罗炳辉同志的指挥调度，却处处显出他是一个经验丰富的将领。当然，扑空的失望心情，自然是大家相同的。但是，这次没有成功的夜袭也使我更加真切地感到，在新四军游击战士频繁的打击下，苦于兵力不足的日寇初到江南时的那种不可一世的骄横气焰，已经大大地收敛了。

说起日寇的这一变化，我不禁想起了在新四军中采访日军俘虏的一段往事。那还是我住在新四军军部的时候，每天都看见几个日军俘虏毫无拘束地自由行动，在卖香烟糖果的小铺子里也常碰到他们，驻地的小孩子们一边叫着“日本鬼子”，一边和他们嬉戏打闹。这些情况，引起了我这个记者的兴趣。

一天下午，在新四军敌工部同志的陪同下，采访了4个日军俘虏。他们的名字是山本俊一、田烟戈造、后藤勇、香河正男。他们来中国前，有的是渔民，有的是厨师，有的是工人，有的是大学生。他们没有想到会当兵到中国来打仗，更没有想到会成为新四军的俘虏。他们很真诚地对我说，这场侵略战争不但害了中国人民，也害了日本人民。战争爆发后，日本国内物价飞涨，他们在家时日子已经很艰难，被强征入伍后，家中只剩老弱妇孺，不知怎样挨过这日子。说起这些，这几个俘虏都流露出凄凉的神色。他们还告诉我，在新四军里感受最深的就是官兵平等，再就是对俘虏的人道主义精神，这些都是日本军队所做不到的。

经过在新四军中短短的一段生活，经过新四军的教育，他们都认清了中日两国人民的共同敌人是日本法西斯军阀，因此都踊跃地写“告日本士兵书”，积极参加反战宣传活动。我把这次采访了解到的情况写成报道，寄回《新华日报》。这4位日本朋友如果还健在，也都是古稀老翁了。

在采访中，经常有些新四军战士向我讲述他们亲身经历的战斗故事，听来活龙活现，生动感人。我涌起一个念头，要是他们用自己的语言把这些故事写下来，寄给《新华日报》发表，不是更有助于大后方人民了解我们英勇善战的新四军吗？后来我果然看到了战士们写的新闻报道，其中有一篇是记述新四军博望(安徽当涂县的一个乡镇)战斗的经过，一篇描写了新四军在天溧路(江苏天王寺到溧水的一段公路)上的伏击战。我把这两篇通讯加了一个总标题《火线下的报道》，还写了一段按语：报道神圣的抗日战争中的英雄业绩，“除了战地新闻工作者加倍努力之外，最主要的是要努力开展在全国南北战场上亲自在与敌人肉搏奋战的战士中的通讯工作。我们相信，从战士活生生的血的斗争中来描写他自己所参与的战斗故事，一定是有血有肉的。”“积极地来帮助前线战士写作，……帮助战士的写作尽可能获得发表机会，我们相信在今后的战地通讯工作上，将随着抗战的新阶段而放出异彩来。”这可以说是我在实践中获得的对党的新闻工作的群众路线的朴素认识。

到敌人后方去

在那次没有成功的夜袭之后不久，我动身到敌人后方去，目的地是丹阳的访仙桥。同行的是一位老红军，由陈毅同志派往访仙桥管文蔚部任参谋长。支队司令部派了两个侦察战士保护我们前行，并带有支队司令部的好几封介绍信，是给沿途一些打着抗日旗号或是两面应付的地方武装势力头头的，请他们逐段派人将我们护送过境。

当时苏南敌后地区,国民党势力纷纷后退,日寇在占领这个地区之后,除留下守交通据点及重要战略城镇的小部队之外,大部队都向西推进,因此敌后不少乡村市镇,政治上出现真空状态,一时鱼龙混杂,各种地方势力蜂起。江南大市镇多,每一个市镇,总有一个什么司令。这些司令往往都是:日寇不来,就控制市镇,收税称霸;日寇来扫荡,则撤往僻乡躲一下,待日寇返回驻地,又进入市镇。我到敌后去,沿途就见了不少马、牛、羊司令。他们一般都在市镇的最大茶楼酒馆见客办事。

我们每走到一个市镇,就先打听某某司令在什么地方。街上自有人出来接洽,把我们带到一个茶馆或酒楼上去,拣一雅座坐定。茶房泡上茶来。不久,一个个司令、副司令、参谋走上楼来,每来一位,总要拿起茶壶往客人与陪客面前的茶杯里斟一斟茶,然后从口袋里拿出纸烟,一支支分发,口里说一声"请"。然后就赐酒吃饭。我们除掉表示一支队司令员、副司令员对他们的问候外,主要是要求他们能派人带路和介绍前一站的司令,或者请派轮船送我们到下一站。这些地方势力,由于切身利害,也总是要向我们表示他们对新四军的"友好情谊",对于我们提出的具体要求,一般也能给以满足。因此一路上并没有遇到什么大的麻烦和障碍。这些地方武装势力,可以在新四军和日伪军的夹缝中苟存一时,却难以久安,政治、军事形势一有变化,他们就摇摆起来,开始分化。后来听说有的被改造为人民军队,也有的变成了打着"忠义救国军"旗号的汉奸武装。

夜过封锁线

我们在途中很快就发现,那两个二十岁左右的侦察员真是令人感到可爱。他们身穿便服(我们还是穿的军装),身上挂两颗手榴弹、一支驳壳枪,除此之外就是浑身是胆。一路上我听他们讲了不少与敌人突然遭遇的惊险。他们说,身上带了这两样玩意儿,就天不怕、地不怕,什么地方都敢去闯了。但是,过丹阳附近的三条封锁线(公路线、运河线、沪宁铁路线)时,我心头不免有点紧张。这三条线靠得很近,日寇据点又多,戒备甚严。那里虽然有我们的游击队,可是北边离长江不远,南有铁路、运河、公路的封锁,人地生疏,在这样的平原地区活动,情绪自然会显得紧张一些。我们在带路人的带引下,在运河旁的一处隐蔽地点挨到了傍晚,待到敌人收岗回营后就偷渡过去,接连过了三条封锁线,天色也黑了下来。带路的人回去了,我们继续向访仙桥前进。

我们趁着暗夜赶路。突然,对面来了几个人,一见我们人影,马上躲到稻田里去。护送我们的侦察员高声喝令他们快些出来，不然要开枪了。他们陆续走了出来，一盘问情况，才知道他们都是访仙镇上的商人，因为日寇突然进袭才逃了出来。我们得知日寇已进入访仙桥镇，深夜无法前进，只能就近找一个偏僻小村庄，叩门借宿。在这兵荒马乱的战争时期，夜半敲门借宿，老百姓是很不欢迎的。我们敲了半天门，没有人理。在无可奈何的情况下，只好试叫说，我们是过路的新四军，请借宿一宵，天亮就走。这一着居然成功了。屋内出现了亮光，一位老者开门把我们让进去了。老婆婆也起来，为我们烧水送茶，非常亲热。后来才知道，这对老年夫妇有一个儿子去新四军参军了。他们知道新四军是共产党领导的好军队，听到我们讲是新四军，就来开门。

第二天一早打听到敌人已撤出访仙桥，我们继续出发，上午九时到达，很快又被带到一个酒楼上吃了早点，然后见到了当时江抗的司令员管文蔚同志。这是一支新建立的游击队。我在那里住了好些天，写了访问记，向大后方读者介绍了南京附近的人民组织游击队英勇抗敌的情况。后来由原路返回一支队，再回到皖南军部。在这里，碰到扬帆、吴大琨等同志率领从上海来的慰问团，老朋友见面又是一番热闹。

江南游击区一个多月的生活，除掉报道工作得到丰收之外，我个人的好处也是非常多的。这就是对游击战争，即使在平原地区也是可以站住脚，可以取得胜利的认识十分深刻。只要游击队与人民血肉相联，受到人民拥护，虽然一时力量不强，又处在敌人心脏地区，仍然可以取得胜利和不断壮大。在沦陷区统一战线工作十分复杂重要，而做好了威力无边。以上这些体会对我以后从事编辑工作以及学习毛泽东思想，起了很大的作用。

回到军部以后，我仍然在教导队上课，也为培养第一期的新闻训练班学员忙碌着，生活过得紧张愉快，真是有点“乐不思蜀”了。可是有一天，项英同志突然把我找去，告诉我说，重庆来电要我回报馆工作，并让我到参谋长那里拿路费。我整束行装，怀着依依不舍的心情告别了新四军的同志们，告别了我生活了半年多的江南根据地，踏上了返回重庆的路程。

（五）

…………

在“皖南事变”的日子里

敌后的摩擦事件越来越多，国民党政府的反共高压也越来越猖獗，在1940年

10月和1941年1月，先后以何应钦、白崇禧两个国民党军队的正副参谋长名义，发出了臭名昭著的“皓”电和“齐”电，限期要八路军和新四军的全部抗日军队开往黄河以北的指定地区，否则就是违抗“军令”和“政令”，气势汹汹地掀起了第二次反共高潮。1941年1月初，皖南新四军军部9000人北撤途中，受到国民党预先部署堵袭的大军围歼，造成震惊中外的“皖南事变”，达到了第二次反共高潮的最高峰。在国民党心脏地区重庆，一场抗击反动派横逆的紧张战斗在周恩来同志领导下展开了。

我们得知新四军被袭击的消息是在《新华日报》创刊三周年的纪念集会上，参加集会的周恩来同志刚刚收到一份电报，就向大家宣布了。这份电报的内容很简单，事件的具体情况还不清楚，但我们已经明白。形势很严峻了。周恩来同志勉励大家要坚定信心，勇敢战斗，他以会场上突然熄灭而后又光明的电灯为例，强有力地说：“黑暗是暂时的，光明一定要到来！”此后，周恩来同志一面向国民党当局提出严正抗议，要求急电制止袭击新四军部队的军事行动，一面布置《新华日报》要用各种宣传手段，把国民党蓄意袭击在江南英勇作战的抗日部队的消息发布出去，以引起中外舆论的重视。《新华日报》作为一个战斗单位，紧张地动员了起来，大家怀着悲愤的心情，下决心要排除各种艰难，打好这场宣传仗。

1月12日，即《新华日报》创刊三周年纪念的第二天，我们就在报纸上透露了国民党制造“皖南事变”的消息。但是，《新华日报》随后编写的所有的有关报道，统统被国民党新闻检查机关扣押。报馆四周山坳里和通往公路的小径上，布满了国民党的军警特务。

1月17日晚，国民党政府的军事委员会悍然发布命令和谈话，诬称新四军为叛军，军长叶挺交军法审判，新四军番号撤销。国民党政府强令各报在第二天（18日）刊登这个命令。黑云压城，寒流滚滚，《新华日报》的同志们从社长到报童全体动员，在周恩来同志的领导下，与国民党反动派展开了激烈而又机智的斗争。

国民党新闻检查机关奉令于1月17日晚派出大员，坐守在《新华日报》。这位大员色厉内荏，他晓得要《新华日报》刊登那个命令和谈话是不可能的，也不敢开口，而是宣称奉令来看看《新华日报》是否刊登了违检的新闻和言论，并表示要等到报纸印出来看完样张才回去复命。这位检查老爷本来还提出要到印报的地方亲眼看看，章汉夫同志对他说：报纸在防空洞中印刷，那里潮湿阴冷，场地狭小没有坐处，空气也不好，还是请你坐在会客室里等着，待第一张报纸印出就送给你看。也许是这位检查老爷怕辛苦吧，也就同意了。我们的章汉夫同志在会客室里陪着他。这位检查老爷，受够了章汉夫同志的义正辞严的责问和冷嘲热讽，气焰扫地，狼狈得很，好容易挨到天快大明，看完送给他的那张报纸，发现没有违检的新闻之后，讲了一通什么“国家大事不必多谈。总请你们原谅，希望大家都没事，对我好，对你们也好”。一派虚弱的腔调，认为可以放心回城去交差睡觉了。可是这天一清早在重庆街头发窗的《新华日报》，在二三版赫然刊登了周恩来同志亲笔书写的“为江南死国难者志哀”，“千古奇冤，江南一叶，同室操戈，相煎何急！?”两大块题字。国民党反动派的严密检查和封锁一齐破了产。这赫赫的二十五个闪光的大字，把国民党反动派倒行逆施的罪状，永远刻在了耻辱柱上！

根据周恩来同志的指示，我们在坚决抗击国民党反动派政治高压的同时，对新闻舆论界的同行展开了紧张的工作，力争使他们在报道中主持公道。我清楚地记得，1月17日那天夜晚漆黑如墨，潘梓年同志打一盏灯笼行走在崎岖的山径，我们到《新民报》《新蜀报》《商务日报》等报馆的编辑部，痛切说明“皖南事变”的经过，表明我党的严正立场和态度，向他们提出真诚的呼吁和希望。实践证明，反共不得人心，在那个严重的时刻，民营报纸几乎没有一家去吹捧国民党的乱命。我们在重庆新闻界的统战工作，经历了一次严峻的考验。

“皖南事变”发生后，中国共产党进行了坚决的政治反击，重庆地区的斗争在激化。根据周恩来同志为首的南方局的布置，我方人员陆续疏散，《新华日报》也走了不少人，留下来坚持到最后的，都作了坐牢甚至被杀头的准备，表现出共产党人威武不能屈的浩然正气。由于新闻检查的日益横蛮，《新华日报》的正常出版面临十分严重的困难，但是，只要国民党不宣告最后破裂，我们就要坚守住党在国统区这块唯一的公开舆论阵地。为了适应斗争环境，《新华日报》自2月1日起改出半张，报纸以启事的形式公开声明：“本报因奉令免登之稿件过多，难于安排，若勉强维持原有篇幅，既虚耗同人精力，更难副读者之雅望……”这也是一种抗议。报纸虽然减少了一半篇幅，国民党的新闻检查并不放松压迫，报纸上还是照样开天窗。我们想尽办法，在报道的字里行间或借助标题加以发挥，反映人民群众对反动派倒行逆施的愤懑。3月参政会后，反共高潮被打退了，《新华日报》的进一步疏散计划没有实施。在艰苦的战斗中，《新华日报》的同志们锻炼成长。

后　记

1937年，国共开始第二次合作。中国共产党与国民党当局商定，在南京公开发行中共党报《新华日报》，延至1938年1月11日，《新华日报》正式在武汉创刊，同时在广州设立分馆。同年10月25日，《新华日报》馆从汉口迁入重庆（10月21日广州馆迁入桂林）。该报发刊词宣称："本报愿将自己变成一切愿意抗日的党派、团体、个人的喉舌。"

因为宣城所处的位置，在《新华日报》上多有出现，特别是因为新四军在华中敌后抗战，军部就驻扎在宣城泾县云岭，所以其有关新四军的通讯报道，多多少少与宣城有点关系。前两年宣城市档案馆在整理馆藏档案时，发现藏有一套《新华日报》，从1938年1月11日创刊号到1947年2月28日被国民党当局最后取缔，一张不落，甚是惊喜，因为《新华日报》上有大量关于新四军的通讯报道。宣城市对新四军的研究起步较早，市新四军历史研究会成立得也比较早，很重视对有关新四军史料的搜集整理，宣城的档案方志部门对宣城本地史料的搜寻、本地档案历史编研也是竭尽全力，于是，立即组织力量对《新华日报》上相关新四军的通讯报道进行阅读鉴定，判定其有重要的新四军史料价值后，便立即着手进行整理，用了整整一年的时间，把报上有关新四军的新闻报道汇集成册。为了尽量保留原始面貌，最后决定对相关内容影印出版。在影印过程中，我们没有对影印文件做过多的修复，部分报纸因年代久远字迹有不清晰之处，我们也原貌呈现。现在终于由安徽师范大学出版社公开出版，限于编者的学识和水平，本书一定有很多疏漏和谬误，诚恳欢迎学术界同仁和读者朋友们提出批评和建议。

编　者

2018年3月29日